Natural Language
Processing
with Transformers

트랜스포머를 활용한 자연어 처리

| 표지 설명 |

표지 그림은 앵무새의 친척 '코코닛 잉꼬새coconut lorikeet'(학명: *Trichoglossus haematodus*)입니다. 녹색 목덜미 앵무새로도 알려져 있으며 오세아니아에서 서식합니다.

코코닛 잉꼬새의 컬러풀한 깃털은 다채로운 열대 및 아열대 환경과 조화를 이룹니다. 녹색 목덜미 위에 노란색 깃이 있고 그 위에 짙은 파란색 머리가 있으며 주황색 부리로 끝납니다. 눈은 오렌지색이고 가슴 깃털은 붉은색입니다. 일곱 종의 잉꼬새 중 가장 길고 꼬리가 뾰족하며 몸통의 위는 녹색이고 아래는 노란색입니다. 길이는 25~30cm, 무게는 105~135그램입니다.

코코닛 잉꼬새는 일부일처제를 유지하며 한 번에 무광택의 하얀 알을 두 개 낳습니다. 24미터 높이의 유칼립투스 나무에 둥지를 만들고 야생에서 15~20년을 삽니다. 서식지 유실과 애완동물 거래를 위한 남획으로 고통받고 있습니다. 오라일리 표지에 실린 많은 동물은 멸종 위기에 처해 있으며 이 동물들은 모두 소중한 존재입니다.

표지 삽화는 English Cyclopedia의 흑백 판화를 기반으로 캐런 몽고메리Karen Montgomery가 그렸습니다.

트랜스포머를 활용한 자연어 처리

허깅페이스 개발팀이 알려주는 자연어 애플리케이션 구축

초판 1쇄 발행 2022년 11월 30일
초판 3쇄 발행 2023년 11월 10일

지은이 루이스 턴스톨, 레안드로 폰 베라, 토마스 울프 / **옮긴이** 박해선 / **펴낸이** 전태호
펴낸곳 한빛미디어(주) / **주소** 서울시 서대문구 연희로2길 62 한빛미디어(주) IT출판 2부
전화 02-325-5544 / **팩스** 02-336-7124
등록 1999년 6월 24일 제25100-2017-000058호 / **ISBN** 979-11-6921-050-8 93000

총괄 송경석 / **책임편집** 서현 / **기획 · 편집** 이민혁 / **교정** 김묘선
디자인 표지 박정우 내지 박정화 / **전산편집** 김민정
영업 김형진, 장경환, 조유미 / **마케팅** 박상용, 한종진, 이행은, 고광일, 성화정 / **제작** 박성우, 김정우

이 책에 대한 의견이나 오탈자 및 잘못된 내용에 대한 수정 정보는 한빛미디어(주)의 홈페이지나 아래 이메일로 알려주십시오. 잘못된 책은 구입하신 서점에서 교환해드립니다. 책값은 뒤표지에 표시되어 있습니다.
한빛미디어 홈페이지 www.hanbit.co.kr / **이메일** ask@hanbit.co.kr

지금 하지 않으면 할 수 없는 일이 있습니다.
책으로 펴내고 싶은 아이디어나 원고를 메일(**writer@hanbit.co.kr**)로 보내주세요.
한빛미디어(주)는 여러분의 소중한 경험과 지식을 기다리고 있습니다.

Natural Language Processing with Transformers

트랜스포머를 활용한 자연어 처리

O'REILLY® 한빛미디어 Hanbit Media, Inc.

지은이 소개

지은이 **루이스 턴스톨** Lewis Tunstall

허깅페이스의 머신러닝 엔지니어입니다. 스타트업과 기업을 위해 NLP, 위상 기반 데이터 분석 topological data analysis, 시계열 분야의 머신러닝 애플리케이션을 만들었습니다. 이론 물리학으로 박사 학위를 받고 호주, 미국, 스위스에서 연구를 수행했습니다. 현재는 NLP 커뮤니티를 위한 도구를 개발하며 이를 효율적으로 사용하는 방법을 가르치는 일에 열중합니다.

지은이 **레안드로 폰 베라** Leandro von Werra

허깅페이스 오픈소스 팀의 머신러닝 엔지니어입니다. 산업 분야에서 NLP 프로젝트를 제품화하는 데 머신러닝 스택 전반에 걸쳐 다년의 경험을 쌓았으며, 트랜스포머와 강화 학습을 결합해 인기 있는 파이썬 라이브러리 TRL을 만들었습니다.

지은이 **토마스 울프** Thomas Wolf

허깅페이스의 최고 과학 책임자이자 공동 설립자입니다. 그가 이끄는 팀은 NLP 연구를 촉진하고 민주화하는 임무를 수행합니다. 허깅페이스를 공동 설립하기 전에 물리학 박사 학위를 취득하고 나중에 법학 학위를 받았습니다. 한때 물리학 연구원과 유럽 변리사로 일했습니다.

옮긴이 박해선 haesun.park@tensorflow.blog

기계공학을 전공했지만 졸업 후엔 줄곧 코드를 읽고 쓰는 일을 했습니다. 텐서 플로우 블로그 (tensorflow.blog)를 운영하고, 머신러닝과 딥러닝을 주제로 책을 집필하고 번역하면서 소프트웨어와 과학의 경계를 흥미롭게 탐험하고 있습니다.

『챗GPT로 대화하는 기술』(한빛미디어, 2023), 『혼자 공부하는 데이터 분석 with 파이썬』(한빛미디어, 2023), 『혼자 공부하는 머신러닝+딥러닝』(한빛미디어, 2020), 『Do it! 딥러닝 입문』(이지스퍼블리싱, 2019)을 집필했습니다.

『핸즈온 머신러닝(3판)』(한빛미디어, 2023), 『만들면서 배우는 생성 AI(2판)』(한빛미디어, 2023), 『코딩 뇌를 깨우는 파이썬』(한빛미디어, 2023), 『케라스 창시자에게 배우는 딥러닝 2판』(길벗, 2022), 『개발자를 위한 머신러닝&딥러닝』(한빛미디어, 2022), 『XGBoost와 사이킷런을 활용한 그레이디언트 부스팅』(한빛미디어, 2022), 『구글 브레인 팀에게 배우는 딥러닝 with TensorFlow.js』(길벗, 2022), 『(개정2판)파이썬 라이브러리를 활용한 머신러닝』(한빛미디어, 2022), 『머신러닝 파워드 애플리케이션』(한빛미디어, 2021), 『파이토치로 배우는 자연어 처리』(한빛미디어, 2021), 『머신 러닝 교과서(3판)』(길벗, 2021), 『딥러닝 일러스트레이티드』(시그마프레스, 2021), 『GAN 인 액션』(한빛미디어, 2020), 『파이썬을 활용한 머신러닝 쿡북』(한빛미디어, 2019) 등 여러 권의 책을 우리말로 옮겼습니다.

추천사

이 책을 읽는 순간, 기적이 일어납니다. 이 지면의 문자들이 여러분의 대뇌피질을 통과하면서 단어, 개념, 감정으로 변환됩니다. 2021년 11월, 제가 하고 있던 생각이 이제 여러분의 뇌에 성공적으로 침투했습니다. 이 생각이 여러분의 관심을 끌고 냉정하고 치열한 경쟁에서 살아남는다면, 이 생각은 다른 사람에게 공유되어 그 사람에게서 되살아날 것입니다. 언어 위에 올라탄 생각은 공기 중에 떠다니며 전염성이 강한 미세 균처럼 증식합니다. 이를 막을 백신은 아무 것도 없습니다.

다행히 대부분의 생각 균은 해롭지 않습니다.[1] 어떤 것은 오히려 놀랍도록 이롭습니다. 사실 인간의 생각 균은 인류의 번영에 크게 기여한 지식과 문화를 형성합니다. 건강한 장내 박테리아가 없다면 제대로 소화할 수 없듯, 건강한 생각 균이 없다면 온전히 생각할 수 없습니다. 대부분의 생각은 사실 여러분 자신의 것이 아닙니다. 여러분을 감염시키기 전에 많은 사람들의 뇌에서 자생하고 진화를 거듭했습니다. 따라서 지능적인 기계를 만들고 싶다면 먼저 기계를 감염시킬 방법부터 찾아야 합니다.

지난 몇 년간 또 다른 기적이 일어나고 있다는 소식은 고무적입니다. 딥러닝의 여러 혁신이 강력한 언어 모델을 탄생시켰습니다. 이 책을 읽고 있는 여러분은 벌써 GPT-3 같은 언어 모델의 깜짝 놀랄 데모를 보았을지 모르겠습니다. 이 모델은 "a frog meets a crocodile" 같은 짧은 프롬프트prompt가 주어지면 이야기를 통째로 만들어냅니다. 물론 셰익스피어에 견줄 만큼은 못 되지만, 인공 신경망이 썼다고는 도저히 믿지 못할 훌륭한 글이 되기도 합니다. 사실 이 글을 쓸 때 깃허브 코파일럿Copilot 시스템의 도움을 받았습니다. 제가 실제로 쓴 글이 얼마나 되는지 여러분은 결코 알지 못할 것입니다.

이 혁명은 텍스트 생성에 그치지 않습니다. 텍스트 분류부터 요약, 번역, 질문 답변, 챗봇, 자연어 이해natural language understanding(NLU)까지 자연어 처리natural language processing(NLP) 전 분야를 아우릅니다. 언어, 음성, 텍스트가 있는 도처에는 NLP 애플리케이션이 있습니다. 이미 여러분은 내일 날씨를 스마트폰에 물어보고 문제 해결을 위해 가상의 상담원과 채팅하거나 검색어를 진

---

[1] 뇌 생리에 대해서는 CGP Grey의 훌륭한 비디오를 참고하세요(https://youtu.be/rE3j_RHkqJc).

정으로 이해하는 듯한 검색 엔진에서 의미 있는 결과를 얻습니다. 하지만 이는 여전히 신생 기술이며 아직 최고의 경지에 이르지 않았습니다.

과학의 여느 발전과 마찬가지로, 최근 NLP의 혁명은 이름 없는 수많은 영웅의 노고로 이루어졌습니다. 그 외 NLP 성공을 견인한 동력은 다음 세 가지입니다.

- **트랜스포머**는 2017년에 구글 연구팀이 발표한 획기적인 논문 'Attention Is All You Need'(https://arxiv.org/abs/1706.03762)에 제안된 신경망 아키텍처입니다. 이후 수년 만에 업계를 휩쓸며 순환 신경망(RNN)을 기반으로 한 전형적인 이전 아키텍처들을 압도했습니다. 트랜스포머 아키텍처는 긴 시퀀스 데이터에서 패턴을 감지하고 대용량 데이터셋을 처리하는 데 뛰어납니다. 따라서 이제 NLP를 넘어 이미지 처리 등의 작업에도 사용됩니다.

- 대부분 프로젝트는 밑바닥부터 모델을 훈련할 대규모 데이터셋이 없습니다. 다행히도 대개는 범용의 데이터셋에서 **사전 훈련한 모델**의 다운로드가 가능합니다. 그다음 할 일은 (규모가 훨씬 작은) 자신의 데이터셋에서 미세 튜닝하는 것이죠. 이게 전부입니다. 2010년 초부터 사전 훈련은 이미지 처리 분야의 주류가 됐습니다. 하지만 NLP에서는 문맥이 없는 단어 임베딩(즉, 개별 단어의 밀집 벡터 표현)으로 국한됐습니다. 가령 'teddy bear'와 'to bear'에서 'bear'는 사전 훈련된 임베딩이 동일합니다. 그 후 2018년에 여러 논문이 사전 훈련되어 다양한 NLP 작업에서 미세 튜닝할 수 있는 완전한 언어 모델을 제안했는데, 이를 계기로 판도가 완전히 바뀌었습니다.

- 허깅페이스의 **모델 허브**hub도 판도를 바꾸는 데 일조했습니다. 초기에는 사전 훈련된 모델이 여러 곳에 산재됐기 때문에 필요한 것을 찾기가 쉽지 않았습니다. 또 머피의 법칙처럼 파이토치 사용자가 텐서플로로 모델만 찾거나 그 반대의 일도 다반사였습니다. 그리고 모델을 찾은 후 미세 튜닝하는 방법을 파악하기는 언제나 어렵습니다. 이때 🤗 트랜스포머스 라이브러리가 등장했습니다. 이 라이브러리는 오픈소스이고 텐서플로와 파이토치를 모두 지원합니다. 허깅페이스 허브에서 최첨단의 사전 훈련 모델을 다운로드하고, 현재 작업에 맞게 설정하고, 자신의 데이터셋으로 미세 튜닝해 평가할 수 있습니다. 이 라이브러리 사용자는 빠르게 늘고 있습니다. 2021년 4분기 기준, 5천여 조직에서 사용 중이고 매달 pip를 통한 설치가 4백만 건을 상회합니다. 또 이 라이브러리와 생태계는 NLP의 경계를 넘어 확장되고 있습니다. 이제는 이미지 처리 모델도 제공합니다. 허브에서 수많은 데이터셋을 다운로드해 모델을 훈련하고 평가할 수 있습니다.

필요한 것이 남았나요? 네, 바로 이 책입니다! 이 책은 🤗 트랜스포머스 라이브러리의 개발자들과 허깅페이스의 오픈소스 개발자들이 공동 집필했습니다. 이 책에서 접하게 될 정보의 폭과 깊이는 놀라울 정도입니다. 트랜스포머 아키텍처 자체에서 시작해 🤗 트랜스포머스 라이브러리와 이를 둘러싼 생태계까지 전 영역을 아우릅니다. 저는 특별히 이 책의 실습 주도 방식을 높이 평합니다. 모든 예제 코드는 주피터 노트북을 따라 실습할 수 있으며, 직관적이고 이해하기 쉽습니다. 저자들은 초대형 트랜스포머 모델을 훈련해본 다년의 경험을 살려 모든 내용이 효율적으로 작동하도록 팁과 트릭을 제공합니다. 빼놓을 수 없는 이 책의 마지막 특징은 작문 기법입니다. 직접적이면서 생동감이 있어 소설처럼 읽게 됩니다.

한마디로, 저는 이 책을 정말 재미있게 읽었고 여러분도 그리리라고 확신합니다. 최첨단 언어 처리 기능의 제품을 만드는 데 관심 있다면 꼭 이 책을 읽어야 합니다. 이 책은 유익한 생각 균으로 가득합니다!

오렐리앙 제롱^{Aurélien Géron}, 『핸즈온 머신러닝』 저자
2021년 11월, 뉴질랜드 오클랜드

최신 NLP에 필수인 트랜스포머스 라이브러리를 놀랍도록 명확하고 예리하게 설명하는 가이드입니다. 추천합니다!

크리스토퍼 매닝 Christopher Manning, **스탠퍼드 대학 머신러닝 교수**

사전 훈련된 트랜스포머 언어 모델은 NLP 세상에 폭풍을 몰고 왔습니다. 🤗 트랜스포머스 같은 라이브러리는 이런 모델을 손쉽게 사용하게 해줍니다. 최근 NLP의 성과를 활용할 방법을, 이 라이브러리를 만든 사람보다 더 잘 설명할 사람이 있을까요? 『트랜스포머를 활용한 자연어 처리』는 저자들이 오랜 연구와 엔지니어링에서 축적한 지식을 모은 역작입니다. 상당한 폭과 깊이를 가진 통찰력을 제공하며 최신 연구와 실전 애플리케이션을 절묘하게 융합한 보기 드문 책입니다. 또 다국어부터 효율적인 모델 개발까지, 질문 답변부터 텍스트 생성까지 현재 NLP에서 가장 주요한 방법과 애플리케이션에 대한 정보를 담았습니다. 각 장은 실전 고려사항과 모범 사례를 강조하고, 연구 기반 모델을 실전에 활용할 수 있게 풍부한 예제 코드를 바탕으로 설명합니다. NLP를 처음 배우는 사람이든 베테랑이든 누구나 이 책을 통해 이 분야에 대한 이해도를 높이고 최첨단 모델을 빠르게 개발하고 배포할 수 있을 것입니다.

세바스찬 루더 Sebastian Ruder, **구글 딥마인드**Google DeepMind

트랜스포머는 NLP 작업을 변화시켰으며 허깅페이스는 트랜스포머를 제품과 연구에 활용하는 방법을 개척했습니다. 시의적절하게도 허깅페이스의 루이스 턴스톨Lewis Tunstall, 레안드로 폰 베라Leandro von Werra, 토마스 울프Thomas Wolf는 이 중요한 주제를 편리하고 실용적으로 소개하는 책을 썼습니다. 이 책은 트랜스포머 메커니즘의 개념을 기초부터 자세히 설명하고, 다양한 트랜스포머 모델과 트랜스포머 애플리케이션을 소개하고, 트랜스포머를 훈련하고 제품에 투입할 때 발생할 수 있는 실전 문제를 소개합니다. 이 책을 읽어보니 내용의 깊이와 명쾌한 그림 덕분에 트랜스포머, 특히 자연어 처리를 배우려는 모든 사람에게 최고의 자료가 되리라 확신합니다.

델립 라오 Delip Rao, **『파이토치로 배우는 자연어 처리』 저자**

복잡한 것이 단순해졌습니다. 이 책은 NLP, 트랜스포머와 이를 둘러싼 생태계를 다룬 보기 드문 귀중한 책입니다. 그저 유행어로 알고 있든, 이미 확실한 내용을 모두 알고 있든 관계없이 저자들은 유머와 과학적 엄격함, 풍부한 예제 코드를 사용해 여러분에게 이 최신 기술에 있는 은밀한 비밀을 소개할 것입니다. 바로 사용할 수 있는 사전 훈련된 모델부터 밑바닥부터 만드는 사용자 정의 모델까지, 또한 성능에서부터 레이블이 없는 경우에까지, 저자들은 ML 엔지니어의 문제를 실용적으로 해결하고 최신 솔루션을 제공합니다. 이 책은 향후 수년 동안 현장에서 표준으로 자리매김할 것입니다.

루카 페로치[Luca Perrozzi]**, PhD, 액센추어**[Accenture]**의 데이터 과학과 머신러닝 부관리자**

탁월한 모델인 트랜스포머를 위한 탁월한 책입니다!

제러미 하워드[Jeremy Howard]**, fast.ai 설립자 및**
『fastai와 파이토치가 만나 꽃피운 딥러닝』 저자

트랜스포머는 딥러닝 중 가장 중요한 모델들 중 하나이고, 허깅페이스는 이 트랜스포머를 쉽게 사용할 수 있도록 해줍니다. 이 두 가지는 딥러닝 관련 업무를 한다면 반드시 잘 알아야 하는 부분인데 박해선님이 번역한 이 책을 통해 쉽게 이해할 수 있습니다. 특히 간략한 소개 후 2장에서 바로 텍스트 분류를 통한 핸즈온을 진행해 바로 트랜스포머와 허깅페이스를 어떻게 사용하는지 이해할 수 있고, 이어지는 딥 다이브와 다국어 개체명 인식, 텍스트 생성과 요약, QA 등 많이 사용하는 NLP 문제는 깊은 지식을 전달합니다. 무엇보다도 박해선님의 번역 문체는 심플하면서도 이해하기 쉬워서 읽는 동안 내내 즐거웠습니다. 올해 딥러닝 기술 관련 한 권의 책을 추천한다면 바로 이 책을 주저함 없이 추천할 것입니다.

김성훈, 업스테이지 대표

인공지능의 놀라운 가능성은 트랜스포머 구조의 등장으로 다시 한번 재조명되었습니다. 그리고 🤗가 구축한 오픈소스 생태계는 트랜스포머 구조를 근간으로 한 다양한 머신러닝 모델과 이를 훈련하기 위한 환경의 사실상 산업 표준으로 자리잡았습니다. 더불어 자연어를 넘어, 이제는 비전, 오디오, 정형 다양한 분야에서 활용되고 있으며, 🤗에서도 이런 변화를 적극적으로 수용하고 있습니다. 또한 🤗는 인공지능 민주화를 목표로 오픈소스 생태계를 빠르게 구축, 확장하여 다양한 산업이 인공지능의 혜택을 누리게 하는 데 집중하고 있습니다. 이 책을 통해 인공지능의 혁신이 일어나는 🤗의 철학과, 미려하게 설계된 다양한 라이브러리의 API를 확인하고, 실제 작동하는 애플리케이션까지 모두 한눈에 확인하는 기회를 얻을 수 있기를 바랍니다.

박찬성, 허깅페이스 🤗 펠로우

트랜스포머는 현재 딥러닝 산학계를 휩쓸고 있는 가장 중요한 아키텍처입니다. 특히 자연어 처리에서는 피해갈 수 없는 존재입니다. 이 책은 이렇게 중요한 트랜스포머를 자연어 처리에서 활용하는 방법을 다양한 태스크를 통해 자세히 다룹니다. 또한 자연어 처리에서 점점 표준이 되어가는 허깅페이스를 활용하므로, 실전에서의 활용도도 더욱 증대될 것입니다. 마지막으로 역자의 많은 딥러닝 분야 서적 집필 및 번역 경험에서 우러나오는 전달 방식은 원서 저자의 의도를 독자들에게 충분히 잘 전달해줍니다. 이 책을 통해 독자들은 자연어 처리 분야에서 트랜스포머를 활용하여 실전 능력을 키울 수 있을 것입니다.

김기현, 『김기현의 자연어 처리 딥러닝 캠프』 저자

옮긴이의 말

자연어 처리 분야에 돌풍을 몰고 온 허깅페이스 라이브러리 책을 만나게 되어 정말 기뻤습니다. 챗GPT로부터 촉발된 생성 AI의 시대에 꼭 이 책을 읽어보고 싶었는데, 역시 기대한 대로 책을 번역하면서 많은 것을 배웠습니다. 흥미진진한 이 분야에 앞으로 어떤 일들이 벌어질지 상상하기조차 어려운 것 같습니다.

이 책을 번역하면서 보낸 올 여름은 여러 가지로 힘들었습니다. 비에 젖은 땅이 시간이 지나면 다시 마르듯, 우울한 마음도 화창한 햇살을 쬐면 조금 밝아지는 것 같습니다. 가을에는 책을 들고 집을 자주 나서야겠습니다.

이번에도 좋은 책을 믿고 맡겨 주신 한빛미디어 출판사와 꼼꼼하게 편집해준 이민혁 대리님에게 감사드립니다. 늘 격려해주시는 니트머스 김용재 대표님께 감사합니다. 언제나 명랑한 우리 가족 주연이와 진우에게 고맙고 사랑한다는 말을 전합니다.

이 책의 정오표는 블로그(https://bit.ly/transformer-home)에 등록해 놓겠습니다. 책을 보기 전에 꼭 확인해주세요. 번역서의 코드는 깃허브(https://bit.ly/transformer-git)에서 주피터 노트북으로 제공합니다. 디스코드 커뮤니티(https://discord.gg/fD3KzsZzJS)에 참여해서 책에 관해 자유롭게 이야기하고 정보를 공유할 수도 있습니다. 이 책에 관한 이야기라면 무엇이든 환영합니다. 언제든지 블로그나 이메일, 디스코드로 알려주세요.

2022년 11월

박해선

트랜스포머는 2017년 소개된 이후 학계와 산업계에서 광범위한 자연어 처리 작업을 수행하는 명실상부한 표준이 됐습니다. 오늘날 여러분은 자기도 모르게 이미 트랜스포머를 사용해봤을 겁니다. 구글은 이제 BERT를 사용해 사용자의 검색어를 더 잘 이해해 검색 엔진의 성능을 향상합니다.[2] 마찬가지로, OpenAI의 GPT 모델은 사람이 쓴 것 같은 텍스트와 이미지를 생성하는 능력에 찬사를 보내는 주요 언론의 헤드라인을 여러 번 장식했습니다. 이런 트랜스포머 모델은 [그림 P-1]에 소개된 깃허브 코파일럿Github Copilot(https://copilot.github.com) 같은 애플리케이션을 탄생시켰습니다. 코파일럿은 주석을 코드로 변환해 자동으로 신경망을 만듭니다!

트랜스포머의 어떤 점이 순식간에 업계를 뒤바꾼 걸까요? 여느 훌륭한 과학 혁신과 마찬가지로, 어텐션, 전이 학습, 신경망 확장 같은 여러 개념이 융합되어 당시 연구 커뮤니티에 스며들었습니다.

하지만 아무리 유용해도 산업계의 이목을 끌려면 새 방법을 활용할 도구가 필요합니다. 🤗 트랜스포머스 라이브러리(https://oreil.ly/Z79jF)와 이를 둘러싼 생태계는 이런 요구에 부응했습니다. 이 라이브러리는 기술자들에게 모델의 손쉬운 사용과 훈련, 공유를 선사했습니다. 덕분에 트랜스포머가 빠르게 적용되어 현재는 5천여 조직에서 사용 중입니다. 이 책에서는 실용적인 애플리케이션에서 이런 모델을 훈련하고 최적화할 방법을 안내합니다.

```
1    # Create a convolutional neural network to classify MNIST images in PyTorch.
2    class ConvNet(nn.Module):
        def __init__(self):
            super(ConvNet, self).__init__()
            self.conv1 = nn.Conv2d(1, 10, kernel_size=5)
            self.conv2 = nn.Conv2d(10, 20, kernel_size=5)
            self.conv2_drop = nn.Dropout2d()
            self.fc1 = nn.Linear(320, 50)
            self.fc2 = nn.Linear(50, 10)
```

---

2   NLP 연구자들은 세서미 스트리트(Sesame Street)의 캐릭터 이름으로 자신이 만든 모델의 이름을 짓곤 합니다. 이런 약어들이 무엇을 의미하는지는 1장에서 설명하겠습니다.

```
def forward(self, x):
    x = F.relu(F.max_pool2d(self.conv1(x), 2))
    x = F.relu(F.max_pool2d(self.conv2_drop(self.conv2(x)), 2))
    x = x.view(-1, 320)
    x = F.relu(self.fc1(x))
    x = F.dropout(x, training=self.training)
    x = sclf.fc2(x)
    return F.log_softmax(x, dim=1)
```

그림 P-1 깃허브 코파일럿의 예. 작업에 대한 간단한 설명이 주어지면 이 애플리케이션은 전체 클래스 내용을 제안합니다(class 다음에 나오는 모든 코드가 자동으로 생성된 것입니다).

루이스 턴스톨, 레안드로 폰 베라, 토마스 울프

대상 독자

최근 트랜스포머의 발전에 대해 들었지만, 이 모델을 자기 업무에 적용할 자세한 가이드가 부족한 데이터 과학자와 머신러닝 엔지니어, 바로 그들을 지원하기 위해 이 책을 썼습니다. 이 책은 머신러닝 입문서가 아닙니다. 독자 여러분이 파이썬 프로그래밍에 능숙하고 딥러닝 프레임워크, 가령 파이토치(https://pytorch.org)와 텐서플로(https://www.tensorflow.org)의 기본을 알고 있다고 가정합니다. 또 모델을 GPU에서 훈련한 경험도 있으리라 전제합니다. 😈 트랜스포머스의 파이토치 API를 주로 다루지만 2장에서 모든 예제를 텐서플로로 바꾸는 방법을 소개합니다.

다음 책을 통해 이 책에서 다루는 주제의 기본을 탄탄하게 구축하기 바랍니다. 여러분의 기술 지식이 대략 이 수준이라고 생각하겠습니다.

- 『핸즈온 머신러닝 2판』(한빛미디어, 2020)
- 『fastai와 파이토치가 만나 꽃피운 딥러닝』(한빛미디어, 2021)
- 『파이토치로 배우는 자연어 처리』(한빛미디어, 2021)
- 허깅페이스 오픈소스 팀이 만든 허깅페이스 온라인 코스(https://oreil.ly/n3MaR)

이 책의 구성

이 책의 목표는 여러분이 자신만의 언어 애플리케이션을 만들도록 돕는 것입니다. 이를 위해 실용적인 사례에 초점을 맞추고 필요한 경우에만 이론을 다루겠습니다. 이 책은 실습 위주로 구성됩니다. 따라서 예제 코드를 직접 실행하면서 자신만의 실험을 수행해보는 것이 좋습니다.

이 책은 NLP 분야의 주요 트랜스포머 애플리케이션을 빠짐없이 다룹니다. 각 장마다 (일부 예외는 있지만) 실제와 흡사한 예제와 데이터셋을 사용해 단일 작업에 집중하며, 부가적인 개념도 일부 소개합니다. 각 장에서 다루는 작업과 주제는 대략 이렇습니다.

- 1장은 트랜스포머를 소개하고 관련 용어의 이해를 돕습니다. 또 허깅페이스 생태계도 소개합니다.
- 2장은 (일반적인 텍스트 분류 문제인) 감성 분석 작업에 초점을 두고 Trainer API를 소개합니다.

- 3장은 이어지는 장을 배울 때 도움되도록 트랜스포머 아키텍처를 자세히 설명합니다.

- 4장은 (토큰 분류 문제인) 다국어 텍스트에서 개체명을 인식하는 작업에 초점을 맞춥니다.

- 5장은 텍스트를 생성하는 트랜스포머 모델의 능력을 탐구하고 디코딩 전략과 측정 지표를 소개합니다.

- 6장은 텍스트 요약이라는 복잡한 시퀀스-투-시퀀스 작업을 살펴보고 이 작업에 사용하는 측정 지표를 알아봅니다.

- 7장은 리뷰 기반 질문 답변 시스템을 만드는 데 초점을 두고 헤이스택Haystack을 사용한 검색 방법을 안내합니다.

- 8장은 모델 성능에 초점을 맞춥니다. (시퀀스 분류 문제의 일종인) 의도 감지 작업을 알아보고 지식 정제, 양자화, 가지치기 같은 기술을 탐색합니다.

- 9장은 레이블링된 대량의 데이터가 없을 때 모델 성능을 향상할 방법을 알아봅니다. 깃허브 이슈 태거tagger를 만들고 제로샷 분류와 데이터 증식 같은 기술도 살펴봅니다.

- 10장은 파이썬 소스 코드를 자동 완성하는 모델을 밑바닥부터 만들고 훈련하는 방법을 알려줍니다. 데이터셋 스트리밍과 대규모 훈련에 대해 배우고 사용자 정의 토크나이저도 만듭니다.

- 11장은 트랜스포머 모델의 도전 과제와 흥미로운 신생 연구 분야를 소개합니다.

🤗 트랜스포머스는 트랜스포머 모델을 사용하고 훈련하기 위해 여러 추상화 층을 제공합니다. 몇 줄의 코드로 모델에 텍스트 샘플을 전달하고 예측을 확인하는 사용하기 쉬운 파이프라인으로 시작하겠습니다. 그다음 주어진 문제에 맞게 모델을 훈련하기 위해 토크나이저, 모델 클래스, Trainer API를 알아봅니다. 나중에 Trainer를 🤗 액셀러레이트 라이브러리로 바꿔 훈련 루프를 완전히 제어하고 대규모 트랜스포머 모델을 밑바닥부터 훈련하는 방법을 알아보겠습니다! 각 장은 대부분 별도의 주제를 다루지만 후반부로 갈수록 작업 수준이 높아집니다. 이런 이유에서 1장과 2장을 읽고 난 후에 관심 있는 주제로 넘어가길 권합니다.

🤗 트랜스포머스와 🤗 액셀러레이트 외에 다른 라이브러리와 유연하게 통합된 🤗 데이터셋도 많이 사용합니다. 🤗 데이터셋은 판다스와 비슷한 데이터 처리 기능을 제공하지만 처음부터 대규모 데이터셋과 머신러닝 처리를 위해 설계됐습니다.

이런 도구를 사용하면 거의 모든 NLP 문제를 처리하는 데 필요한 것을 전부 갖춘 셈입니다!

예제 코드

실습 위주의 책이니 각 장을 읽으면서 예제 코드를 실행해보길 권합니다. 트랜스포머를 다루므로, 이런 모델을 훈련하려면 컴퓨터에 NVIDIA GPU가 탑재돼야 합니다. 다행히 온라인에서 무료 사용이 가능한 몇 가지 방법이 있습니다.

- 구글 코랩(https://oreil.ly/jyXgA)
- 캐글 노트북(https://oreil.ly/RnMP3)
- 페이퍼스페이스 그레이디언트 노트북(https://oreil.ly/mZEKy)

예제를 실행하려면 책의 깃허브 저장소에서 제공하는 설치 과정을 따라야 합니다. 설치 가이드와 예제 코드가 담긴 저장소입니다.[3]

https://github.com/rickiepark/nlp-with-transformers

도서 출간 이후 수정된 코드는 깃허브 저장소에 반영되며, 수정된 내용은 역자의 블로그 정오표(https://bit.ly/transformer-home)에 정리됩니다.

> TIP 집필하는 동안 16GB 메모리의 NVIDIA Tesla P100 GPU를 사용했습니다. 일부 무료 플랫폼에서 제공하는 GPU는 메모리가 작으므로 모델을 훈련할 때 배치 크기를 줄여야 합니다.

---

3 옮긴이_ 다음은 원서의 깃허브 저장소입니다. https://github.com/nlp-with-transformers/notebooks

감사의 말

변화를 거듭하는 머신러닝의 한 지류를 주제로 책을 쓰는 것은 많은 사람의 도움 없이는 불가능했을 것입니다. 훌륭한 오라일리 팀에 감사드립니다. 특히 멜리사 포터, 레베카 노박, 캐서린 토저의 지원과 조언에 감사합니다. 많은 시간을 할애해 귀중한 피드백을 보내준 놀라운 리뷰어들에게 많은 도움을 받았습니다. 특히 자세한 리뷰를 해준 루카 페로치, 하멜 후사인, 샤비 익발, 움베르토 루포, 말트 피치, 티모 밀러, 오렐리앙 제롱에게 감사합니다. 7장 예제에서 헤이스택 라이브러리 사용에 도움을 준 deepset(https://www.deepset.ai)의 브랜든 찬에게 감사합니다. 이 책의 아름다운 일러스트는 크리스타 란즈(https://christalanz.ch)의 솜씨입니다. 이 책을 더 특별하게 만들어주어 고맙습니다. 허깅페이스 팀의 지원을 전사적으로 받은 건 큰 보탬이 됐습니다. 🤗 데이터셋에 관한 수많은 질문에 답해준 쿠엔틴 로에스트, 허깅페이스 허브에 관련된 모든 것을 도와준 라이센더 드보, 🤗 액셀러레이트에 관해 도움을 준 실뱅 거거, 9장의 제로샷 학습에 대해 영감을 준 존 데이비슨에게 감사합니다. 또 10장에서 GPT-2의 안정화를 도운 시드 카람세티와 Mistral 팀에 감사합니다. 이 책은 모두 주피터 노트북으로 쓰였습니다. fastdoc(https://oreil.ly/yVCfT) 같이 신나는 도구를 만들어준 제러미 하워드와 실뱅 거거에게 감사합니다.

저자 일동

소피아^{Sofia}, 끝없는 지지와 격려를 보내주어 고마워. 당신이 없었다면 이 책은 빛을 보지 못했을 거야. 기나긴 집필이 끝났으니, 다시 함께 주말을 즐기자!

루이스

지난 일 년간 야근하며 주말까지 바쁘게 일한 나를 참아주며 격려해준 재닌^{Janine}, 고마워.

레안드로

먼저 루이스와 레안드로에게 감사합니다. 두 사람은 이 책의 아이디어를 내고 아름다우면서도 이해하기 쉽게 만들기 위해 정성을 쏟았습니다. 하나의 커뮤니티 노력인 이 AI의 미션을 믿어준 모든 허깅페이스 팀, 그리고 이 책에서 설명한 라이브러리와 연구를 함께 만들고 사용한 모든 NLP/AI 커뮤니티에도 감사합니다.

이 여정은 우리가 계획하고 안내한 것 그 이상입니다. 수천 명의 커뮤니티 구성원, 이 책을 읽는 여러 독자와 이 여정을 함께하는 특권을 누렸습니다. 진심으로 여러분 모두에게 감사드립니다.

토마스

CONTENTS

CHAPTER **1** **트랜스포머 소개**

CONTENTS

CHAPTER 4 다중 언어 개체명 인식

CONTENTS

CONTENTS

트랜스포머 소개

구글의 연구원들은 2017년 논문에서 시퀀스 모델링sequence modeling을 위한 새로운 신경망neural network 아키텍처를 제안했습니다.[1] **트랜스포머**Transformer란 이름의 이 아키텍처는 기계 번역 작업의 품질과 훈련 비용 면에서 순환 신경망recurrent neural network(RNN)을 능가했습니다.

동시에 효율적인 전이 학습transfer learning 방법인 ULMFiT가 매우 크고 다양한 말뭉치corpus에서 LSTMlong short-term memory 신경망을 훈련해 매우 적은 양의 레이블링된 데이터로도 최고 수준의 텍스트 분류 모델을 만들어냄을 입증했습니다.[2]

이런 발전이 오늘날 가장 유명한 두 트랜스포머의 촉매가 됐습니다. 바로 GPTGenerative Pretrained Transformer[3]와 BERTBidirectional Encoder Representations from Transformers[4]입니다. 이 모델은 트랜스포머 아키텍처와 비지도 학습unsupervised learning을 결합해 작업에 특화된 모델을 밑바닥부터 훈련할 필요를 없애고 거의 모든 NLP 벤치마크benchmark에서 큰 차이로 기록을 경신했습니다. GPT와 BERT가 릴리스release된 후 다양한 트랜스포머 모델이 등장했는데, 그중 주목해야 할 모델의 등장 시기를 [그림 1-1]에 나타냈습니다.

---

1 A. Vaswani et al., "Attention Is All You Need"(https://arxiv.org/abs/1706.03762), (2017). 이 제목이 멋지고 기억하기 쉬운 덕에 그 후로 제목에 "all you need"가 붙은 논문(https://oreil.ly/wT8Ih)이 50개가 넘습니다!

2 J. Howard and S. Ruder, "Universal Language Model Fine-Tuning for Text Classification"(https://arxiv.org/abs/1801.06146), (2018).

3 A. Radford et al., "Improving Language Understanding by Generative Pre-Training"(https://openai.com/blog/language-unsupervised), (2018).

4 J. Devlin et al., "BERT: Pre-Training of Deep Bidirectional Transformers for Language Understanding"(https://arxiv.org/abs/1810.04805), (2018).

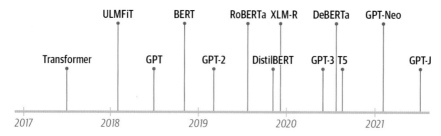

그림 1-1 트랜스포머 모델의 타임라인

본격적으로 시작하기 전에, 트랜스포머의 새로운 점이 무엇인지 이해하기 위해 다음 내용부터 설명하겠습니다.

- 인코더-디코더^{encoder-decoder} 프레임워크
- 어텐션 메커니즘^{attention mechanism}
- 전이 학습

그다음 트랜스포머의 기초가 되는 핵심 개념을 소개하고 어떤 종류의 작업을 잘 처리하는지 둘러보겠습니다. 마지막으로 허깅페이스^{Hugging Face} 생태계의 도구와 라이브러리를 알아보겠습니다.

먼저 인코더-디코더 프레임워크와 트랜스포머가 등장하기 이전의 아키텍처를 살펴보겠습니다.

1.1 인코더-디코더 프레임워크

트랜스포머가 등장하기 전, NLP에서는 LSTM 같은 순환 신경망 구조가 최고 수준의 성능을 달성했습니다. 순환 신경망 구조에는 정보를 한 스텝^{step}에서 다음 스텝으로 전파하도록 네트워크에 피드백 루프^{feedback loop}가 포함됩니다. 이런 구조는 텍스트와 같은 순차 데이터를 모델링하는 데 이상적입니다. [그림 1-2]의 왼쪽을 보면 RNN은 (단어 또는 문자와 같은) 입력을 받아 네트워크를 통과시킨 후 **은닉 상태**^{hidden state}라는 벡터를 출력합니다. 동시에 출력된 정보를 피드백 루프로 보내 자기 자신에 다시 입력합니다. 이런 과정을 거쳐 RNN은 출력한 정보의 일부를 다음 스텝에 사용하게 됩니다. [그림 1-2]의 오른쪽처럼 피드백 루프를 시간 축에 따라 펼치면

과정이 명확하게 보입니다. RNN은 각 스텝에서 상태에 대한 정보를 시퀀스의 다음 작업으로 전달합니다. RNN은 이런 식으로 이전 스텝의 정보를 추적하고 이를 사용해 예측을 만듭니다.

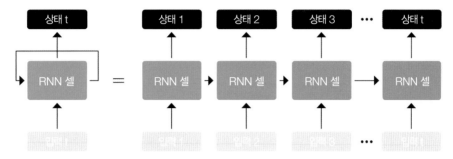

그림 1-2 시간 축을 따라 펼친 RNN[5]

이런 구조는 NLP 작업, 음성 처리, 시계열^{time series} 작업에 널리 사용됐고 지금도 사용되고 있습니다. 이와 같은 RNN의 능력은 안드레이 카패시^{Andrej Karpathy}가 훌륭하게 설명한 블로그를 참고하세요.[6]

RNN은 단어 시퀀스를 한 언어에서 다른 언어로 매핑하는 기계 번역 시스템을 개발할 때 중요한 역할을 했습니다. 이런 종류의 작업은 대개 **인코더–디코더** 또는 **시퀀스–투–시퀀스**^{sequence-to-sequence} 구조로 처리하며[7] 입력과 출력이 임의의 길이를 가진 시퀀스일 때 잘 맞습니다. 인코더는 입력 시퀀스의 정보를 **마지막 은닉 상태**^{last hidden state}라고도 부르는 수치 표현으로 인코딩합니다. 그다음 이 상태가 디코더로 전달되어 출력 시퀀스가 생성됩니다.

일반적으로 인코더와 디코더는 시퀀스를 모델링할 수 있는 어떤 종류의 신경망도 가능합니다. [그림 1-3]은 영어 문장 'Transformers are great!'을 은닉 상태 벡터로 인코딩한 다음, 이를 디코딩해 독일어 문장 'Transformer sind grossartig!'으로 만든 한 쌍의 RNN을 보여줍니다. 입력 단어는 순차적으로 인코더에 주입되고 출력 단어는 위에서 아래 방향으로 한 번에 하나씩 생성됩니다.

---

5   옮긴이_ RNN에서는 신경망의 층을 종종 셀(cell)이라 칭합니다.

6   The Unreasonable Effectiveness of Recurrent Neural Networks(https://oreil.ly/Q55o0)

7   I. Sutskever, O. Vinyals, and Q.V. Le, "Sequence to Sequence Learning with Neural Networks"(https://arxiv.org/abs/1409.3215), (2014).

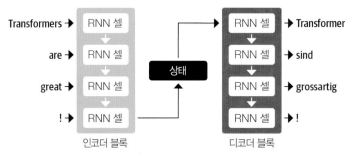

그림 1-3 한 쌍의 RNN으로 구성된 인코더-디코더 구조(보통 그림에 있는 것보다 훨씬 더 많은 순환 층을 사용)[8]

간결해서 산뜻하지만, 이 구조는 인코더의 마지막 은닉 상태가 **정보 병목**information bottleneck이 된다는 약점이 있습니다. 디코더는 인코더의 마지막 은닉 상태만을 참조해 출력을 만들므로 여기에 전체 입력 시퀀스의 의미가 담겨야 합니다. 시퀀스가 긴 경우, 모든 것을 고정된 하나의 표현으로 압축하는 과정에서 시작 부분의 정보가 손실될 가능성이 있어 더욱 취약합니다.

다행히 디코더가 인코더의 모든 은닉 상태에 접근해 이 병목을 제거합니다. 이런 일반적인 메커니즘을 **어텐션**attention[9]이라 하는데, 이는 최신 신경망 구조의 핵심 구성 요소입니다. RNN을 위한 어텐션을 만드는 방법을 이해하면 트랜스포머 아키텍처의 주요 구성 요소도 잘 이해하게 됩니다. 조금 더 자세히 알아보겠습니다.

1.2 어텐션 메커니즘

어텐션은 입력 시퀀스에서 은닉 상태를 만들지 않고 스텝마다 인코더에서 디코더가 참고할 은닉 상태를 출력한다는 주요 개념에 기초합니다. 하지만 모든 상태를 동시에 사용하려면 디코더에 많은 입력이 발생하므로 어떤 상태를 먼저 사용할지 우선순위를 정하는 메커니즘이 필요합니다. 여기서 어텐션이 등장합니다. 디코더가 모든 디코딩 타임스텝timestep마다 인코더의 각 상태에 다른 가중치 또는 '어텐션'을 할당합니다. [그림 1-4]에 이 과정을 나타냈습니다. 그림에서 어텐션은 출력 시퀀스에 있는 두 번째 토큰token을 예측하는 역할을 합니다.

---

8   옮긴이_ [그림 1-2]와 같이 RNN을 시간 축에 따라 펼친 모습을 그렸습니다. RNN 셀이 네 개 있는 것으로 오해하지 마세요.

9   D. Bahdanau, K. Cho, and Y. Bengio. "Neural Machine Translation by Jointly Learning to Align and Translate" (https://arxiv.org/abs/1409.0473), (2014).

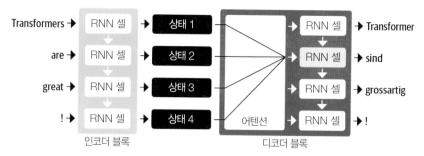

그림 1-4 한 쌍의 RNN과 어텐션 메커니즘으로 구성된 인코더–디코더 구조

어텐션 기반 모델은 타임스텝마다 가장 많이 관련된 입력 토큰에 초점을 맞추므로 번역 문장에 있는 단어와 원 문장에 있는 단어의 복잡한 정렬 문제를 학습합니다. 예를 들어, [그림 1–5]는 영어–프랑스어 번역 모델의 어텐션 가중치를 보여줍니다. 여기서 각 픽셀은 각각의 가중치를 나타냅니다. 그림은 각 언어에서 다른 위치에 있는 단어 'zone'과 'Area'를 디코더가 어떻게 올바르게 정렬하는지 보여줍니다.[10]

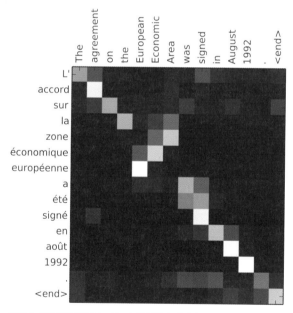

그림 1-5 RNN 인코더–디코더에서 영어 단어와 프랑스어 번역 단어의 정렬(Dzmitry Bahdanau 제공)

....

10 옮긴이_ 프랑스어 zone과 동일한 다섯 번째 토큰은 European이지만 일곱 번째 토큰인 Area와의 가중치가 높은 값(밝은 색)을 가집니다.

어텐션으로 번역이 한결 좋아졌지만, 인코더와 디코더에 사용하는 순환 모델의 단점은 여전히 존재합니다. 태생적으로 계산이 순차적으로 수행되며 입력 시퀀스 전체에 걸쳐 병렬화할 수 없습니다.

트랜스포머는 모델링 패러다임을 바꿨습니다. 순환을 모두 없애고 **셀프 어텐션**self-attention이라는 특별한 형태의 어텐션에 전적으로 의지하게 된 것입니다. 셀프 어텐션은 3장에서 자세히 다루겠지만, 기본적으로 신경망의 같은 층에 있는 모든 상태에 대해서 어텐션을 작동시키는 방식이란 점만 알아둡시다. [그림 1-6]에 있는 인코더와 디코더는 각각 셀프 어텐션이 있습니다. 어텐션의 출력은 피드 포워드 신경망feed-forward neural network(FF NN)에 주입됩니다. 이 구조는 순환 모델보다 훨씬 더 빠르게 훈련하며 최근 NLP 분야에서 대단한 혁신을 일으켰습니다.

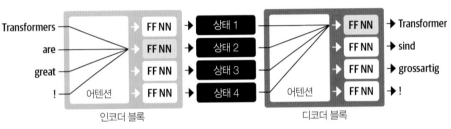

그림 1-6 원본 트랜스포머의 인코더-디코더 구조

트랜스포머 원래 논문에서는 처음부터 다양한 언어의 문장 쌍으로 구성된 대규모 말뭉치에서 번역 모델을 훈련했습니다. 하지만 많은 실용적인 NLP 애플리케이션이 모델 훈련에 사용할 레이블링된 대규모 텍스트 데이터를 구하지 못합니다. 트랜스포머 혁명을 시작하는 데 필요했던 마지막 퍼즐 조각은 전이 학습이었습니다.

1.3 NLP의 전이 학습

요즘 컴퓨터 비전computer vision에서는 전이 학습을 사용해 ResNet 같은 합성곱 신경망을 한 작업에서 훈련한 다음 새로운 작업에 적용하거나 미세 튜닝fine-tuning하는 일이 많습니다. 이를 통해 신경망은 원래 작업에서 학습한 지식을 사용합니다. 구조적으로 볼 때 모델은 **바디**body와 **헤드**head로 나뉩니다. 바디의 가중치는 훈련하는 동안 원래 도메인domain에서 다양한 특성을 학습하고, 이 가중치를 사용해 새로운 작업을 위한 모델을 초기화합니다.[11] 전통적인 지도 학습 supervised learning과 비교하면, 전이 학습은 일반적으로 다양한 작업에서 적은 양의 레이블 데이터로 훨씬 효과적으로 훈련하는 높은 품질의 모델을 만듭니다. [그림 1-7]에서 두 방식을 비교합니다.

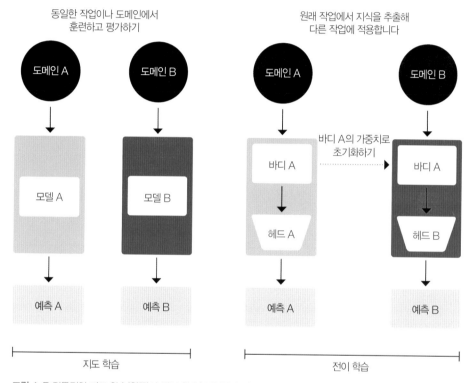

그림 1-7 전통적인 지도 학습(왼쪽)과 전이 학습(오른쪽)의 비교

컴퓨터 비전에서는 먼저 이미지가 수백만 개인 ImageNet(`https://image-net.org`) 같은 대규모 데이터셋에서 모델을 훈련합니다. 이 과정이 **사전 훈련**pretraining이며, 모델에게 에지edge 나 색깔 같은 기본적인 이미지 특징을 가르치는 것이 그 목적입니다. 그다음 사전 훈련된 모델을 후속 작업에서 미세 튜닝할 수 있습니다. 예를 들면 비교적 적은 개수(보통 클래스당 수백개 정도)의 레이블링된 샘플로 꽃 품종을 분류하는 작업이 있습니다. 미세 튜닝한 모델은 일반적으로 처음부터 동일한 양의 레이블링된 데이터에서 훈련하는 지도 학습 모델보다 정확도가

---

11 가중치는 신경망의 학습 가능한 파라미터입니다.

더 높습니다.

컴퓨터 비전에는 전이 학습이 표준이 됐지만, NLP에서 전이 학습과 유사한 사전 훈련 과정이 무엇인지는 수년간 특정하지 못했습니다. 그 결과 NLP 애플리케이션은 성능을 높이기 위해 레이블링된 대량의 데이터를 사용했지만, 그럼에도 컴퓨터 비전의 성능보다 훨씬 낮았습니다.

2017년과 2018년, 몇몇 연구 단체가 NLP에서 전이 학습을 수행하는 새 방식을 제안했습니다. OpenAI 연구원들이 감성 분류 작업에 비지도 사전 훈련에서 추출한 특성을 사용해 높은 성능을 얻으며[12] 소개된 방식입니다. 그 뒤를 이어 범용적인 프레임워크 ULMFiT가 등장했습니다.[13] ULMFiT는 다양한 작업에 사전 훈련된 LSTM 모델을 적용합니다.

[그림 1-8]에 그려졌듯 ULMFiT는 세 개의 주요 단계로 구성됩니다.

사전 훈련

초기 훈련의 목표는 매우 간단합니다. 이전 단어를 바탕으로 다음 단어를 예측하는 것입니다. 이 작업을 **언어 모델링**language modeling이라 합니다. 편리하게도 이 작업은 레이블링된 데이터가 필요하지 않으며 위키피디아 같은 소스에 있는 풍부한 텍스트를 활용합니다.[14]

도메인 적응

언어 모델을 대규모 말뭉치에서 사전 훈련한 후, 다음 단계로 도메인 내 말뭉치에 적응시킵니다(가령 그림 1-8처럼 위키피디아에서 훈련한 모델을 IMDb 영화 리뷰 말뭉치에 적응하기). 이 단계에서 여전히 언어 모델링을 사용하지만 이제 모델은 타깃 말뭉치(IMDb 영화 리뷰)에 있는 다음 단어를 예측합니다.

미세 튜닝

이 단계에서 언어 모델을 타깃 작업을 위한 분류 층과 함께 미세 튜닝합니다(가령 그림 1-8처

---

12 A. Radford, R. Jozefowicz, and I. Sutskever. "Learning to Generate Reviews and Discovering Sentiment"(https://arxiv.org/abs/1704.01444), (2017).

13 이 시기에 관련이 있는 다른 작업으로는 ELMo(Embeddings from Language Models)가 있습니다. 사전 훈련된 LSTM으로 후속 작업을 위해 고품질의 단어 임베딩(word embedding)을 만드는 방법을 보여주었습니다.

14 지구상의 대부분 언어에서는 디지털화된 대규모 텍스트 말뭉치를 구하기 어렵기에 이는 영어에 해당되는 말입니다. 이 차이를 극복하는 방법을 찾는 것이 NLP의 한 분야이며 활발한 연구와 활동이 이루어지고 있습니다.

럼 영화 리뷰 감성 분류하기).

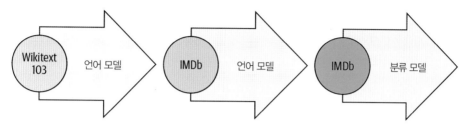

그림 1-8 ULMFiT 프로세스(Jeremy Howard 제공)

NLP에서 사전 훈련과 전이 학습을 수행하기 위해 ULMFiT이 제시한 프레임워크는 트랜스포머가 부상하는 데 필요한 마지막 퍼즐 조각이었습니다. 2018년에 셀프 어텐션과 전이 학습을 결합한 두 개의 트랜스포머 모델이 릴리스됐습니다.

GPT

트랜스포머 아키텍처의 디코더 부분만 사용하고 ULMFiT 같은 언어 모델링 방법을 사용합니다. GPT가 사전 훈련한 BookCorpus[15] 데이터셋은 어드벤처, 판타지, 로맨스 등 장르를 망라한 미출판 도서 7,000권으로 구성됩니다.

BERT

트랜스포머 아키텍처의 인코더 부분을 사용하고 **마스크드 언어 모델링**masked language modeling이라는 특별한 형태의 언어 모델링을 사용합니다. 마스크드 언어 모델링의 목표는 텍스트에서 랜덤하게 마스킹된 단어를 예측하는 것입니다. 예를 들어 'I looked at my [MASK] and saw that [MASK] was late'라는 문장에서, 모델은 [MASK]로 마스킹된 단어에 대해 가장 가능성이 높은 후보를 예측합니다. BERT는 BookCorpus와 영어 위키피디아에서 사전 훈련했습니다.

GPT와 BERT는 다양한 NLP 벤치마크에서 기록을 새롭게 경신하며 트랜스포머 시대를 열었습니다.

---

15 Y. Zhu et al., "Aligning Books and Movies: Towards Story-Like Visual Explanations by Watching Movies and Reading Books"(https://arxiv.org/abs/1506.06724), (2015).

하지만 연구실마다 서로 호환되지 않는 프레임워크(파이토치^{PyTorch}나 텐서플로^{TensorFlow})를 사용해 모델을 릴리스했고, 이런 모델을 NLP 기술자들이 자신의 애플리케이션에 포팅하기란 쉽지 않았습니다. 허깅페이스(🤗) 트랜스포머스^{Hugging Face Transformers}(`https://oreil.ly/Z79jF`)가 릴리스되면서 점진적으로 50여 개의 아키텍처에 걸쳐 단일화된 API가 구축됐습니다. 이 라이브러리는 트랜스포머 연구의 폭발적인 성장을 이끌며 NLP 기술자들 사이에 빠르게 전파되어 오늘날 실제 애플리케이션에 이런 모델이 쉽게 통합되게 했습니다. 그럼 🤗 트랜스포머스 라이브러리에 대해 알아보죠!

1.4 허깅페이스 트랜스포머스

새로운 머신러닝 아키텍처를 새로운 작업에 적용하는 일은 복잡한 작업으로, 일반적으로 다음 단계를 거칩니다.

1. 모델 아키텍처를 코드로 구현합니다. 전형적으로 파이토치 또는 텐서플로를 사용합니다.
2. (가능하다면) 서버로부터 사전 훈련된 가중치를 로드합니다.
3. 입력을 전처리하고 모델에 전달합니다. 그다음 해당 작업에 맞는 사후 처리를 수행합니다.
4. 데이터로더^{dataloader}를 구현하고 모델 훈련을 위해 손실 함수^{loss function}와 옵티마이저^{optimizer}를 정의합니다.

모델과 작업에 따라 단계마다 별도의 사용자 정의 로직이 필요합니다. 관행적으로 (하지만 '항상'은 아닙니다!) 연구실은 논문을 발표할 때 코드와 모델 가중치도 함께 릴리스합니다. 하지만 이 코드는 거의 표준화가 안 돼 있어서 새로운 문제에 적용하기 위해 수정하는 데 며칠이 걸리곤 합니다.

이런 배경에서 NLP 기술자를 위한 🤗 트랜스포머스가 등장한 것입니다! 매우 다양한 트랜스포머 모델에 표준화된 인터페이스를 제공합니다. 또 새로운 문제에 모델을 적용하는 코드와 도구도 제공합니다. 이 라이브러리는 현재 세 개의 주요 딥러닝 프레임워크(파이토치, 텐서플로, JAX)를 지원하며 프레임워크 전환이 용이합니다. 작업에 맞는 헤드를 제공하므로 텍스트 분류, 개체명 인식^{named entity recognition}, 질문 답변^{question answering} 같은 후속 작업에 트랜스포머를 미세 튜닝하기도 쉽습니다. 따라서 기술자들이 여러 모델을 훈련하고 테스트하는 데 걸리는 시간이 일주일에서 한나절로 단축됐습니다!

다음 절에서 몇 줄의 코드로 🤗 트랜스포머스를 적용해 실전에서 다루게 될 여러 가지 NLP 애플리케이션을 처리해봅시다.

1.5 트랜스포머 애플리케이션 둘러보기

NLP 작업은 텍스트를 다룹니다. 온라인 주문에 대한 가짜 피드백을 예로 들어보죠.

```
text = """"Dear Amazon, last week I ordered an Optimus Prime action figure from your
online store in Germany. Unfortunately, when I opened the package, I discovered to
my horror that I had been sent an action figure of Megatron instead! As a lifelong
enemy of the Decepticons, I hope you can understand my dilemma. To resolve the
issue, I demand an exchange of Megatron for the Optimus Prime figure I ordered.
Enclosed are copies of my records concerning this purchase. I expect to hear from
you soon. Sincerely, Bumblebee."""
```

애플리케이션에 따라 다루는 텍스트는 법률 계약, 제품 설명 등 천차만별입니다. 텍스트가 고객 피드백이라면 아마도 긍정적인 피드백인지 부정적인 피드백인지 알고 싶을 것입니다. 이런 작업을 **감성 분석**sentiment analysis이라 하는데, 이는 2장에서 광범위하게 살펴볼 **텍스트 분류**text classification에 속합니다. 여기서는 🤗 트랜스포머스를 사용해 예시 텍스트의 감성을 분류하는 방법을 알아보겠습니다.

1.5.1 텍스트 분류

이후 장에서 살펴보겠지만, 🤗 트랜스포머스는 다양한 추상화 수준에서 라이브러리와 상호작용하도록 계층화된 API를 제공합니다. 이 장에서는 원시 텍스트를 미세 튜닝된 모델의 예측으로 변환하기 위해 필요한 모든 단계를 추상화하는 **파이프라인**pipeline을 사용하겠습니다.

🤗 트랜스포머스에서는 `pipeline()` 함수를 호출하면서 관심 작업 이름을 전달해 파이프라인 객체를 만듭니다.

```
from transformers import pipeline

classifier = pipeline("text-classification")
```

처음 이 코드를 실행하면 파이프라인이 자동으로 허깅페이스 허브^{Hugging Face Hub}(`https://oreil.ly/zLK11`)에서 모델 가중치를 다운로드하기 때문에 몇 개의 진행 표시줄이 나타납니다. 파이프라인 객체를 다시 만들 때는 가중치가 이미 다운로드됐으므로 캐싱된 버전을 사용한다는 안내 메시지가 나옵니다. 기본적으로 `text-classification` 파이프라인은 감성 분석을 위해 설계된 모델을 사용하지만, 다중 분류^{multiclass classification}와 다중 레이블 분류^{multilabel classification}도 지원합니다.

파이프라인이 준비됐으니 예측을 만들어보죠! 각 파이프라인은 텍스트 문자열(또는 문자열의 리스트)을 입력으로 받고 예측 리스트를 반환합니다. 각 예측은 하나의 파이썬 딕셔너리이므로 판다스^{Pandas}의 `DataFrame`으로 멋지게 출력할 수 있습니다.

```
import pandas as pd

outputs = classifier(text)
pd.DataFrame(outputs)
```

	label	score
0	NEGATIVE	0.901546

모델은 텍스트가 부정적이라고 확신합니다. 화난 고객의 불만을 처리하고 있다는 뜻입니다. 감성 분석 작업에서 파이프라인은 POSITIVE와 NEGATIVE 레이블 중 하나를 반환합니다. 출력되지 않은 레이블의 점수는 `1-score`로 계산하면 되기 때문입니다.

이제 텍스트에서 개체명을 인식하는 작업에 대해 알아보겠습니다.

1.5.2 개체명 인식

고객 피드백의 감성을 예측하는 일은 분석의 좋은 출발점이 되지만, 피드백이 특정 제품과 서비스 중 무엇에 대한 것인지 알고 싶을 때가 많습니다. NLP에서는 제품, 장소, 사람 같은 실제 객체를 **개체명**^{named entity}이라 하고 이런 개체명을 텍스트에서 추출하는 작업을 **개체명 인식**^{named entity recognition}(NER)이라 합니다. 해당 파이프라인을 로드하고 고객 리뷰를 전달해 NER을 적용해보겠습니다.

```
ner_tagger = pipeline("ner", aggregation_strategy="simple")
outputs = ner_tagger(text)
pd.DataFrame(outputs)
```

	entity_group	score	word	start	end
0	ORG	0.879010	Amazon	5	11
1	MISC	0.990859	Optimus Prime	36	49
2	LOC	0.999755	Germany	90	97
3	MISC	0.556569	Mega	208	212
4	PER	0.590256	##tron	212	216
5	ORG	0.669692	Decept	253	259
6	MISC	0.498350	##icons	259	264
7	MISC	0.775361	Megatron	350	358
8	MISC	0.987854	Optimus Prime	367	380
9	PER	0.812096	Bumblebee	502	511

이 파이프라인은 모든 개체명을 감지하고 ORG(조직), LOC(위치), PER(사람) 같은 카테고리에 할당했습니다. 이 예에서 모델 예측에 따라 단어를 그룹화하기 위해 aggregation_strategy 매개변수를 사용했습니다. 예를 들어 개체명 'Optimus Prime'은 두 단어로 구성되지만 하나의 카테고리 MISC(그 외)에 할당됐습니다. 점수는 모델이 개체명을 얼마나 확신하는지 나타냅니다. 'Decepticons'과 첫 번째 'Megatron'에서 확신이 가장 낮았습니다. 따라서 두 경우 모두 하나의 개체로 묶이지 못했습니다.

NOTE_ 앞의 표에서 word 열에 있는 해시hash 기호(#)가 이상하지 않나요? 이는 모델의 토크나이저tokenizer가 생성한 것입니다. 토크나이저는 단어를 토큰token이라는 기본 단위로 분할합니다. 토큰화tokenization는 2장에서 자세히 배우겠습니다.

텍스트에 있는 모든 개체명이 잘 추출됐습니다. 하지만 이따금 더 구체적인 질문을 하고 싶을 때가 있습니다. 이를 위해 **질문 답변**question answering을 사용하겠습니다.

1.5.3 질문 답변

질문 답변에서는 텍스트 구절과 함께 답을 얻고 싶은 질문을 모델에 전달하고, 모델은 답변 텍스트를 반환합니다. 고객의 피드백에 대해 질문했을 때 어떤 답이 나오는지 확인해보죠.

```
reader = pipeline("question-answering")
question = "What does the customer want?"
outputs = reader(question=question, context=text)
pd.DataFrame([outputs])
```

	score	start	end	answer
0	0.631291	335	358	an exchange of Megatron

파이프라인은 답변과 함께 (NER처럼) 답이 위치한 문자 인덱스에 해당하는 **start**와 **end** 정수도 반환합니다. 질문 답변에는 여러 유형이 있는데, 이 내용은 7장에서 알아보겠습니다. 이 예제의 경우 답변을 텍스트에서 직접 추출하기 때문에 **추출적 질문 답변**extractive question answering이라 합니다.

이런 식으로 고객 피드백에서 관련 정보를 빠르게 추출합니다. 하지만 장황하게 늘어놓은 불평이 산더미처럼 쌓여 이를 전부 읽을 시간이 없다면 어떻게 할까요? 이때 도움될 요약 모델에 대해 알아보겠습니다!

1.5.4 요약

텍스트 요약text summarization의 목표는 긴 텍스트를 입력으로 받고 관련 사실이 모두 포함된 간단한 버전을 생성하는 것입니다. 모델이 논리적인 텍스트를 생성해야 하므로 이전 문제보다 훨씬 더 복잡한 작업입니다. 지금쯤이면 익숙해졌을 패턴을 따라 다음처럼 요약 파이프라인을 만들어보겠습니다.

```
summarizer = pipeline("summarization")
outputs = summarizer(text, max_length=45, clean_up_tokenization_spaces=True)
print(outputs[0]['summary_text'])
```

> Bumblebee ordered an Optimus Prime action figure from your online store in
> Germany. Unfortunately, when I opened the package, I discovered to my horror
> that I had been sent an action figure of Megatron instead.

요약이 아주 나쁘지는 않네요! 원본 텍스트의 일부가 복사됐지만 모델이 문제의 핵심을 감지하고 (원본 텍스트의 마지막에 등장하는) 'Bumblebee'가 불만을 제기한 사람이라는 것을 정확히 구분했습니다. 이 예에서는 파이프라인에 max_length와 clean_up_tokenization_spaces 키워드 매개변수를 사용했습니다. 이런 매개변수를 통해 실행 시점에 출력을 조정합니다.

만약 피드백이 이해할 수 없는 언어로 돼 있다면 어떻게 할까요? 구글 번역을 이용하거나 직접 트랜스포머 모델을 사용해 번역하는 방법이 있습니다!

1.5.5 번역

요약과 마찬가지로, 번역 또한 텍스트를 생성해 출력하는 작업입니다. 번역 파이프라인을 사용해 영어 텍스트를 독일어로 번역하겠습니다.

```
translator = pipeline("translation_en_to_de",
                      model="Helsinki-NLP/opus-mt-en-de")
outputs = translator(text, clean_up_tokenization_spaces=True, min_length=100)
print(outputs[0]['translation_text'])
```

> Sehr geehrter Amazon, letzte Woche habe ich eine Optimus Prime Action Figur aus
> Ihrem Online-Shop in Deutschland bestellt. Leider, als ich das Paket öffnete,
> entdeckte ich zu meinem Entsetzen, dass ich stattdessen eine Action Figur von
> Megatron geschickt worden war! Als lebenslanger Feind der Decepticons, Ich
> hoffe, Sie können mein Dilemma verstehen. Um das Problem zu lösen, Ich fordere
> einen Austausch von Megatron für die Optimus Prime Figur habe ich bestellt.
> Anbei sind Kopien meiner Aufzeichnungen über diesen Kauf. Ich erwarte, bald von
> Ihnen zu hören. Aufrichtig, Bumblebee.

이번에도 매우 잘 번역했습니다. 'Ihrem'와 'Sie' 같은 독일어 대명사를 바르게 사용했습니다. 또 파이프라인의 기본 모델을 오버라이드override해서 애플리케이션에 가장 잘 맞는 모델을 선택하는 방법을 보여줍니다. 허깅페이스 허브에는 수천 개 언어 쌍에 대한 모델이 있습니다. 한걸음 물러나서 허깅페이스의 생태계를 조망하기 전에, 애플리케이션 하나를 더 살펴보겠습니다.

1.5.6 텍스트 생성

자동 완성 기능으로 고객 피드백에 빠르게 응답하고 싶다고 가정해보죠. 이때 텍스트 생성 모델을 사용합니다.

```
generator = pipeline("text-generation")
response = "Dear Bumblebee, I am sorry to hear that your order was mixed up."
prompt = text + "\n\nCustomer service response:\n" + response
outputs = generator(prompt, max_length=200)
print(outputs[0]['generated_text'])
```

Dear Amazon, last week I ordered an Optimus Prime action figure from your online store in Germany. Unfortunately, when I opened the package, I discovered to my horror that I had been sent an action figure of Megatron instead! As a lifelong enemy of the Decepticons, I hope you can understand my dilemma. To resolve the issue, I demand an exchange of Megatron for the Optimus Prime figure I ordered. Enclosed are copies of my records concerning this purchase. I expect to hear from you soon. Sincerely, Bumblebee.

Customer service response:
Dear Bumblebee, I am sorry to hear that your order was mixed up. The order was completely mislabeled, which is very common in our online store, but I can appreciate it because it was my understanding from this site and our customer service of the previous day that your order was not made correct in our mind and that we are in a process of resolving this matter. We can assure you that your order

좋네요. 이 답변으로 범블비를 진정시키지는 못하겠지만 어떻게 답변할지 아이디어를 얻었습니다.

트랜스포머 모델을 사용한 멋진 애플리케이션을 몇 가지 보았습니다. 그런데 훈련이 어디에서 이루어지는지 궁금할 것입니다. 이 장에서 사용한 모든 모델은 공개됐으며 이미 작업에 맞게 미세 튜닝됐습니다. 그래도 자신의 데이터에서 모델을 미세 튜닝하고 싶을 것입니다. 이어지는 장에서 그 방법을 배우겠습니다.

하지만 모델 훈련은 NLP 프로젝트에서 작은 부분에 불과합니다. 효율적으로 데이터를 처리하고, 결과를 동료와 공유하고, 작업을 재현 가능하게 만드는 것이 핵심 요소입니다. 다행히 🤗 트랜스포머스 생태계에는 최신 머신러닝 워크플로 대부분을 지원하는 유용한 도구가 많습니다.

1.6 허깅페이스 생태계

🤗 트랜스포머스는 NLP와 머신러닝 프로젝트의 속도를 높이는 다양한 라이브러리와 도구를 갖춘 생태계로 빠르게 성장했습니다. [그림 1-9]에 정리됐듯, 허깅페이스 생태계는 크게 라이브러리와 허브로 구성됩니다. 라이브러리는 코드를 제공하고, 허브는 사전 훈련된 모델 가중치, 데이터셋, 평가 지표를 위한 스크립트 등을 제공합니다. 다양한 구성 요소를 이 절에서 간단히 살펴보겠습니다. 🤗 트랜스포머스는 앞서 소개했고 앞으로 자세히 살펴볼 예정이니 여기서는 생략합니다.

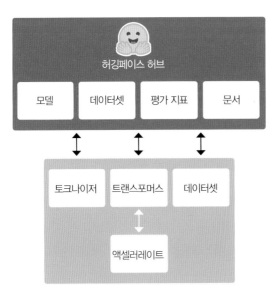

그림 1-9 허깅페이스 생태계

1.6.1 허깅페이스 허브

앞서 소개한 것처럼 전이 학습은 트랜스포머의 성공을 견인한 주요 요소입니다. 이를 통해 사전 훈련된 모델을 새로운 작업에 재사용하는 것이 가능해졌습니다. 결과적으로 사전 훈련된 모델을 빠르게 로드하고 실험할 수 있습니다.

허깅페이스 허브는 무료로 공개된 20,000여 개의 모델을 호스팅합니다. [그림 1-10]처럼 작업, 프레임워크, 데이터셋 등으로 필터링해 허브를 탐색하면 가능성 있는 후보 모델을 빠르게 찾을 수 있습니다. 파이프라인 예제에서 보았듯이 모델은 코드 한 줄이면 로드됩니다. 그 덕에 다양한 모델을 간단히 실험하고 프로젝트에서 특정 도메인에 해당하는 부분에 더욱 집중할 수 있습니다.

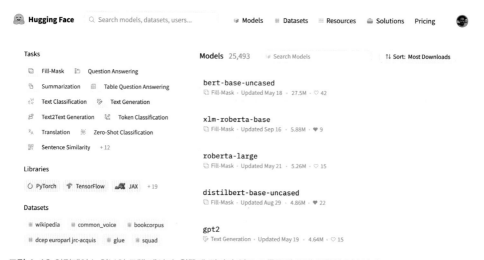

그림 1-10 허깅페이스 허브의 모델 페이지. 왼쪽에 필터가 있고 오른쪽에 모델 목록이 있습니다.

허브는 모델 가중치 외에 데이터셋과 평가 지표 계산을 위한 스크립트도 호스팅하고 있어 공개된 결과를 재현하거나 애플리케이션에 활용 가능한 추가 데이터를 얻는 데 유용합니다.

허브는 모델과 데이터셋 내용을 문서화한 **모델 카드**와 **데이터셋 카드**도 제공하므로 자신에게 적합한지 여부를 정보에 입각해 결정하는 데 도움됩니다. [그림 1-11]처럼, 허브는 다양한 작업에서 인터랙티브한 위젯^{widget}을 통해 모델을 직접 테스트하는 멋진 기능도 있습니다.

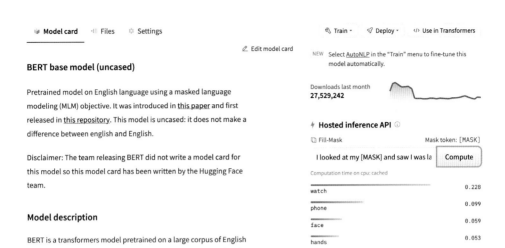

그림 1-11 허깅 페이스 허브에 있는 모델 카드. 오른쪽에 있는 추론 위젯에서 모델을 실험할 수 있습니다.

이어서 🤗 토크나이저를 살펴보겠습니다.

> **NOTE_** 파이토치와 텐서플로도 각각 허브를 제공하므로 허깅페이스 허브에 특정 모델이나 데이터셋이 없다면 이들 허브를 확인해보세요.

1.6.2 허깅페이스 토크나이저

이 장의 파이프라인 예제는 원시 텍스트를 토큰이라는 더 작은 단위로 분할하는 토큰화 단계를 거칩니다. 토큰화 방법은 2장에서 자세히 배우고, 여기서는 단어, 단어의 일부 또는 구두점 같은 문자도 토큰이 된다는 점만 이해해도 충분합니다. 트랜스포머 모델은 이런 토큰의 수치 표현에서 훈련합니다. 따라서 이 단계를 바르게 실행하는 것이 전체 NLP 프로젝트에서 매우 중요합니다!

🤗 토크나이저(`https://oreil.ly/Z79jF`)는 다양한 토큰화 전략을 제공하는데, 러스트^{Rust} 백엔드 덕분에 매우 빠르게 텍스트를 토큰화합니다.[16] 또 입력을 정규화하거나 모델 출력을 적

---

16 러스트(`https://rust-lang.org`)는 고성능 프로그래밍 언어입니다.

절한 포맷으로 변환하는 등의 모든 전처리, 사후처리 단계를 처리합니다. 🙂 토크나이저를 사용하면, 🙂 트랜스포머스로 사전 훈련된 모델 가중치를 로드하는 방식으로 토크나이저를 로드할 수 있습니다.

모델을 훈련하고 평가하려면 데이터셋과 평가 방법이 필요합니다. 이런 일을 담당하는 🙂 데이터셋을 살펴보죠.

1.6.3 허깅페이스 데이터셋

데이터셋을 로드, 처리, 저장하는 것이 번거로운 과정이긴 합니다. 특히 데이터셋이 대용량이어서 랩톱laptop의 메모리에 다 들어가지 않는 경우에 그렇습니다. 또 데이터를 다운로드하고 표준 포맷으로 변환하기 위해 여러 가지 스크립트를 구현해야 합니다.

🙂 데이터셋(https://oreil.ly/959YT)은 이런 일련의 과정을 허브(https://oreil.ly/Rdhcu)에서 찾을 수 있는 수천 개의 데이터셋에 대한 표준 인터페이스를 제공해 단순화합니다. 스마트한 캐싱을 제공하고 **메모리 매핑**memory mapping이라는 특별한 메커니즘을 활용해 램 부족을 피합니다. 메모리 매핑은 파일 내용을 가상 메모리에 저장하고 여러 개의 프로세스로 더 효율적으로 파일을 수정합니다. 이 라이브러리는 판다스와 넘파이NumPy 같은 인기 있는 프레임워크와 상호 운영이 가능하므로 즐겨 사용하는 데이터 랭글링data wrangling 도구를 그대로 사용해도 좋습니다.

성능을 안정적으로 측정할 수 없다면 좋은 데이터셋과 강력한 모델은 쓸모가 없습니다. 안타깝게도 고전적인 NLP 평가 지표에 대한 여러 구현은 조금씩 달라서 잘못된 결과를 내기도 합니다. 🙂 데이터셋은 많은 평가 지표를 위한 스크립트를 제공해 실험의 재현 가능성과 결과의 신뢰성을 높입니다.

🙂 트랜스포머스, 🙂 토크나이저, 🙂 데이터셋 라이브러리를 사용하면 자신만의 트랜스포머 모델을 훈련할 수 있습니다! 10장에서 보겠지만, 훈련 루프를 미세하게 제어할 때가 있습니다. 이를 위해 이 생태계의 마지막 라이브러리인 🙂 액셀러레이트Accelerate가 필요합니다.

1.6.4 허깅페이스 액셀러레이트

파이토치로 훈련 스크립트를 작성해봤다면 랩톱에서 실행되는 코드를 회사 클러스터로 포팅할 때 어려웠던 경험이 있을 겁니다. 🤗 액셀러레이트(`https://oreil.ly/iRfDe`)는 사용자 정의 로직을 처리하는 일반적인 훈련 루프에 훈련 인프라에 필요한 추상화 층을 추가합니다. 말 그대로 필요한 인프라 전환을 단순화해 워크플로를 가속화합니다.

지금까지 허깅페이스의 오픈소스 생태계의 핵심 구성 요소를 소개했습니다.[17] 이 장을 마무리하기 전에, 트랜스포머 모델을 실전에 배포할 때 발생하는 일반적인 문제에 대해 살펴보겠습니다.

1.7 트랜스포머의 주요 도전 과제

이 장에서 트랜스포머 모델로 가능한 여러 NLP 작업을 잠깐 살펴봤습니다. 미디어 헤드라인을 읽으면 이런 모델의 능력이 무한하게 느껴질 때가 있습니다. 유용한 점이 많더라도, 트랜스포머는 그 어떤 것도 뚫어버리는 은 탄환과는 거리가 멉니다. 트랜스포머가 해결해야 할 도전 과제는 다음과 같습니다.

언어

　NLP 연구에 사용된 언어는 거의 영어입니다. 그 외 언어를 위한 모델도 있지만 데이터가 거의 없거나 소량이어서 사전 훈련된 모델을 찾기 어렵습니다. 다중 언어multilingual 트랜스포머와 제로샷 교차 언어 전이zero-shot cross-lingual transfer를 수행하는 능력은 4장에서 살펴보겠습니다.

데이터 가용성

　모델에 필요한 레이블링된 훈련 데이터의 양은 전이 학습을 사용하면 크게 줄지만 사람이 작업을 수행하는 데 필요한 양에 비하면 여전히 많습니다. 레이블링된 데이터가 없거나 소량인 경우는 9장에서 다루겠습니다.

17　옮긴이_ 이외에도 머신러닝 모델 평가를 위한 🤗 이밸류에이트(`https://github.com/huggingface/evaluate`)이 있습니다. 또한 이미지와 오디오 생성을 위한 확산 모델을 제공하는 🤗 디퓨저(`https://github.com/huggingface/diffusers`) 라이브러리가 있습니다.

긴 문서 처리하기

셀프 어텐션은 텍스트 길이가 문단 정도 될 때 잘 동작합니다. 하지만 문서와 같이 긴 텍스트에서 사용하려면 비용이 많이 듭니다. 11장에서 이를 완화하는 방법을 알아보겠습니다.

불투명성

트랜스포머는 다른 딥러닝 모델처럼 대부분 투명하지 않습니다. 모델이 그렇게 예측한 이유를 설명하기가 어렵거나 불가능합니다. 불투명성은 모델로 중요한 결정을 내리려 할 때 특히 문제가 됩니다. 2장과 4장에서 트랜스포머 모델의 오류를 조사하는 몇 가지 방법을 살펴보겠습니다.

편향

트랜스포머 모델은 주로 인터넷의 텍스트 데이터를 사용해 사전 훈련을 합니다. 따라서 이런 데이터에 있는 편향이 모델에 고스란히 전이됩니다. 인종차별, 성차별 또는 더 나쁜 편향이 있는지 확인하는 일은 어렵습니다. 이 문제는 10장에서 자세히 논의하겠습니다.

벅차긴 하지만, 이 도전 과제 중 많은 부분은 극복이 가능합니다. 이 책의 거의 모든 장에서 이 주제를 다루겠습니다.

1.8 결론

다재다능한 모델을 훈련하고 애플리케이션에 통합하는 방법까지 배우게 되어 살짝 흥분됐을 것입니다! 이 장에서는 분류, 개체명 인식, 질문 대답, 번역, 요약을 위한 최고 수준의 모델을 단 몇 줄의 코드로 사용하는 모습을 확인했습니다. 하지만 이는 '빙산의 일각'에 불과합니다.

이어지는 장에서 텍스트 분류 모델이나 제품을 위한 경량 모델을 구축하는 방법, 언어 모델을 처음부터 훈련하는 등의 다양한 문제에 트랜스포머를 적용하는 방법을 배우겠습니다. 이 책은 실습 위주로 설명합니다. 즉 개념을 다룰 때 구글 코랩이나 로컬 GPU 머신에서 실행 가능한 코드도 함께 제공합니다.

트랜스포머의 근간이 되는 기본 개념을 익혔으니, 첫 번째 애플리케이션을 만들 차례입니다. 바로 다음 장의 주제인 텍스트 분류 애플리케이션입니다!

## CHAPTER 2

텍스트 분류

텍스트 분류는 NLP에서 매우 일반적인 작업입니다. 고객 피드백을 여러 카테고리로 분류하거나 언어에 따라 고객 지원 요청 티켓을 전달하는 등 매우 다양한 애플리케이션에 사용합니다. 여러분이 사용하는 이메일 프로그램의 스팸 필터가 받은메일함에서 정크 메일을 걸러내기 위해 텍스트 분류를 사용할지도 모릅니다!

또 다른 일반적인 텍스트 분류 작업은 감성 분석입니다. (1장에서 보았듯) 주어진 텍스트의 감정 상태를 식별하는 것이 목적입니다. 예를 들면 테슬라^{Tesla} 같은 회사는 사람들이 신형 차의 지붕을 좋아하는지 알아보기 위해 [그림 2-1] 같은 트위터 포스트를 분석할 것입니다.

그림 2-1 트위터 콘텐츠를 분석하면 고객이 작성한 유용한 피드백을 얻을 수 있습니다(Aditya Veluri 제공).

데이터 과학자가 트위터를 분석해서 사람들이 자사 제품에 드러낸 감정 상태(예를 들면 'anger'나 'joy')를 자동으로 인식하는 시스템을 만들어야 한다고 가정해보죠. 이 장에서는 BERT 의 한 종류인 DistilBERT[1]를 사용해 해당 작업을 다루겠습니다. 이 모델은 BERT에 비견할 만한 성능을 내지만 훨씬 작고 효율적이라는 장점이 있습니다. 분류 모델을 몇 분 만에 훈련할 수 있습니다. 만약 대규모 BERT 모델을 훈련해야 한다면 간단히 사전 훈련된 모델의 **체크포인 트**checkpoint를 바꾸면 됩니다. 체크포인트란 트랜스포머 아키텍처로 로드되는 일련의 가중치입니다.

또 이 예제에서 허깅페이스 생태계의 핵심 라이브러리인 🤗 데이터셋, 🤗 토크나이저, 🤗 트랜스포머스를 처음 사용해보겠습니다. [그림 2-2]에 있듯 이런 라이브러리를 사용하면 원시 텍스트에서 시작해 새로운 트윗에서 추론을 수행하는 미세 튜닝된 모델을 빠르게 만들 수 있습니다. 옵티머스 프라임의 정신을 이어받아 힘차게 시작해보죠. 변신, 출동![2]

그림 2-2 🤗 데이터셋, 🤗 토크나이저, 🤗 트랜스포머스 라이브러리를 사용해 트랜스포머 모델을 훈련하는 전형적인 파이프라인

2.1 데이터셋

감정 감지기를 개발하기 위해 영어로 작성된 트위터 메시지에 감정이 어떻게 표현되는지 연구한 논문의 데이터셋을 사용하겠습니다.[3] '긍정적'과 '부정적'으로 나뉘는 대부분의 감성 분석

---

1 V. Sanh et al., "DistilBERT, a Distilled Version of BERT: Smaller, Faster, Cheaper and Lighter" (https://arxiv.org/abs/1910.01108), (2019).

2 옵티머스 프라임은 어린이들에게 (그리고 동심을 지닌 사람들에게) 인기 있는 프랜차이즈 〈트랜스포머〉에 등장하는 로봇 종족의 리더입니다.

3 E. Saravia et al., "CARER: Contextualized Affect Representations for Emotion Recognition," Proceedings of the 2018 Conference on Empirical Methods in Natural Language Processing (Oct-Nov 2018): 3687-3697, http://dx.doi.org/10.18653/v1/D18-1404.

데이터셋과 달리, 이 데이터셋은 분노(anger), 혐오(disgust), 두려움(fear), 기쁨(joy), 슬픔(sadness), 놀람(surprise)의 여섯 개 감정으로 나뉩니다. 트윗이 주어지면 여섯 개의 감정 중 하나로 분류하는 모델을 훈련하겠습니다.

2.1.1 허깅페이스 데이터셋 처음 사용하기

🤗 허브 라이브러리를 사용해 허깅페이스 허브(https://oreil.ly/959YT)에서 데이터를 다운로드하겠습니다. list_datasets() 함수를 사용하면 허브에서 제공하는 데이터셋 목록을 리스트로 만들 수 있습니다.

```
from huggingface_hub import list_datasets

all_datasets = [ds.id for ds in list_datasets()]
print(f"현재 허브에는 {len(all_datasets)}개의 데이터셋이 있습니다.")
print(f"처음 10개 데이터셋: {all_datasets[:10]}")
```

```
현재 허브에는 70002개의 데이터셋이 있습니다.
처음 10개 데이터셋: ['acronym_identification', 'ade_corpus_v2', 'adversarial_qa',
'aeslc', 'afrikaans_ner_corpus', 'ag_news', 'ai2_arc', 'air_dialogue',
'ajgt_twitter_ar', 'allegro_reviews']
```

데이터셋마다 이름이 있습니다. load_dataset() 함수로 emotion 데이터셋을 로드해보죠.

```
from datasets import load_dataset

emotions = load_dataset("emotion")
```

emotions 객체를 출력하겠습니다.

```
emotions
```

```
DatasetDict({
    train: Dataset({
```

```
        features: ['text', 'label'],
        num_rows: 16000
    })
    validation: Dataset({
        features: ['text', 'label'],
        num_rows: 2000
    })
    test: Dataset({
        features: ['text', 'label'],
        num_rows: 2000
    })
})
```

이 객체는 파이썬 딕셔너리와 비슷합니다. 각 키는 다른 분할split에 상응하며, 일반적인 딕셔너리 사용법으로 개별 분할을 참조할 수 있습니다.

```
train_ds = emotions["train"]
train_ds
```

```
Dataset({
    features: ['text', 'label'],
    num_rows: 16000
})
```

이는 Dataset 클래스 객체를 반환합니다. Dataset 객체는 🤗 데이터셋의 핵심 데이터 구조의 하나입니다. 이 책 전반에 걸쳐 Dataset 객체의 다양한 기능을 살펴보겠습니다. 평범한 파이썬 배열이나 리스트처럼 동작하므로 길이는 다음으로 확인합니다.

```
len(train_ds)
```

```
16000
```

또는 인덱스로 개별 샘플을 참조합니다.

```
train_ds[0]
```

```
{'label': 0, 'text': 'i didnt feel humiliated'}
```

한 개의 행이 하나의 딕셔너리로 표현됩니다. 여기에서 키는 열 이름에 해당합니다.

```
train_ds.column_names
```

```
['text', 'label']
```

이 딕셔너리의 값은 트윗과 감정에 해당합니다. 🤗 데이터셋은 아파치 애로우^{Apache Arrow}(https://arrow.apache.org)를 기반으로 합니다. 아파치 애로우는 기본 파이썬보다 훨씬 더 메모리 효율적인 열기반 포맷^{typed columnar format}을 사용합니다. 사용 중인 데이터 타입은 Dataset 객체의 features 속성에 표시됩니다.

```
print(train_ds.features)
```

```
{'text': Value(dtype='string', id=None), 'label': ClassLabel(num_classes=6,
names=['sadness', 'joy', 'love', 'anger', 'fear', 'surprise'], names_file=None,
id=None)}
```

이 경우 text 열의 데이터 타입은 string이고, label 열은 클래스 이름과 정수 매핑에 대한 정보가 담긴 특별한 ClassLabel 객체입니다. 슬라이스(slice) 연산자를 사용하면 몇 개의 행이 선택됩니다.

```
print(train_ds[:5])
```

```
{'text': ['i didnt feel humiliated', 'i can go from feeling so hopeless to so
damned hopeful just from being around someone who cares and is awake', 'im
grabbing a minute to post i feel greedy wrong', 'i am ever feeling nostalgic
about the fireplace i will know that it is still on the property', 'i am feeling
grouchy'], 'label': [0, 0, 3, 2, 3]}
```

이 경우에 딕셔너리 값이 개별 항목이 되지 않고 리스트로 묶입니다. 이름으로 특정 열을 지정할 수 있습니다.

```
print(train_ds["text"][:5])
```

```
['i didnt feel humiliated', 'i can go from feeling so hopeless to so damned
hopeful just from being around someone who cares and is awake', 'im grabbing a
minute to post i feel greedy wrong', 'i am ever feeling nostalgic about the
fireplace i will know that it is still on the property', 'i am feeling grouchy']
```

🤗 데이터셋으로 데이터를 로드하고 확인하는 방법을 알아봤습니다. 이제 트윗 내용에서 몇 가지를 확인해보죠.

허브에 필요한 데이터셋이 없다면 어떻게 하나요?

이 책의 대부분 예제는 허깅페이스 허브를 사용해 데이터셋을 다운로드합니다. 하지만 많은 경우, 노트북 컴퓨터나 회사 원격 서버에 저장된 데이터를 사용해 작업합니다. 🤗 데이터셋은 로컬 데이터셋이나 원격 데이터셋에 사용 가능한 로딩 스크립트를 몇 가지 제공합니다. [표 2-1]에 가장 널리 사용하는 데이터 포맷의 예가 있습니다.

표 2-1 포맷에 따른 데이터셋 로딩 방법

데이터 포맷	로딩 스크립트	예시
CSV	csv	load_dataset("csv", data_files="my_file.csv")
텍스트	text	load_dataset("text", data_files="my_file.txt")
JSON	json	load_dataset("json", data_files="my_file.jsonl")

이렇게 데이터 포맷마다 load_dataset() 함수에 연관된 로딩 스크립트를 전달하고 data_files 매개변수에 파일 경로나 URL을 하나 이상 지정합니다. 예를 들어 emotion 데이터셋의 소스 파일이 사실 드롭박스^{Dropbox}에 저장됐기 때문에 이 데이터셋의 첫 번째 분할은 다음과 같은 방식으로 다운로드합니다.

```
dataset_url = "https://huggingface.co/datasets/transformersbook/emotion-train-
split/raw/main/train.txt"
!wget {dataset_url}
```

셸shell 명령 앞에 ! 문자를 쓰는 이유는 주피터 노트북에서 셸 명령을 실행하기 때문입니다. 터미널에서 데이터셋을 다운로드하는 경우, ! 문자를 입력할 필요가 없습니다. 이제 train.txt 파일의 첫 행을 출력해보죠.

```
!head -n 1 train.txt
```

```
i didnt feel humiliated;sadness
```

출력을 보면 열 이름이 없습니다. 트윗과 감정이 세미콜론(:)으로 분리됐군요. 하지만 CSV 파일과 매우 비슷하기 때문에 csv 스크립트와 data_files 매개변수를 사용해 로컬에 있는 train.txt 파일을 로드할 수 있습니다.

```
emotions_local = load_dataset("csv", data_files="train.txt", sep=";",
                              names=["text", "label"])
```

여기에서 구분자(sep)와 열 이름(name)을 지정했습니다. 더 간단하게는 data_files 매개변수에 URL 자체를 지정하는 방법도 있습니다.

```
dataset_url = "https://huggingface.co/datasets/transformersbook/emotion-train-
split/raw/main/train.txt"
emotions_remote = load_dataset("csv", data_files=dataset_url, sep=";",
                               names=["text", "label"])
```

이 함수는 데이터셋을 다운로드한 후 자동으로 캐싱합니다. 여기서 보듯이 load_dataset() 함수는 기능이 매우 많습니다. 이 함수에 대한 자세한 설명은 🤗 데이터셋 온라인 문서(https://oreil.ly/Jodu4)를 참고하세요.

2.1.2 데이터셋에서 데이터프레임으로

🤗 데이터셋의 저수준 기능을 사용해 데이터를 분석해도 되지만 Dataset 객체를 판다스 DataFrame으로 변환하는 것이 편리할 때가 많습니다. 판다스 DataFrame은 고수준 데이터 시각화 API도 지원합니다. 이런 변환을 위해 🤗 데이터셋은 Dataset의 출력 포맷을 변경하는 set_format() 메서드를 제공합니다. 하지만 내부 데이터 포맷(아파치 애로우 테이블)은 바꾸지 않으므로 나중에 필요에 따라 다른 포맷으로 변환이 가능합니다.

```python
import pandas as pd

emotions.set_format(type="pandas")
df = emotions["train"][:]
df.head()
```

	text	label
0	i didnt feel humiliated	0
1	i can go from feeling so hopeless to so damned...	0
2	im grabbing a minute to post i feel greedy wrong	3
3	i am ever feeling nostalgic about the fireplac...	2
4	i am feeling grouchy	3

열 제목이 출력되고 앞서 본 몇 개의 행이 출력됐습니다. 하지만 레이블이 정수로 출력되므로 features 속성으로 label 열을 선택한 후 int2str() 메서드[4]로 레이블 이름에 해당하는 새로운 열을 DataFrame에 추가하겠습니다.

```python
def label_int2str(row):
    return emotions["train"].features["label"].int2str(row)

df["label_name"] = df["label"].apply(label_int2str)
df.head()
```

---

4 옮긴이_ ClassLabel 클래스 객체는 정수 레이블을 클래스 이름으로 바꿔주는 int2str() 메서드와 그 반대 작업을 수행하는 str2int() 메서드가 있습니다.

	text	label	label_name
0	i didnt feel humiliated	0	sadness
1	i can go from feeling so hopeless to so damned...	0	sadness
2	im grabbing a minute to post i feel greedy wrong	3	anger
3	i am ever feeling nostalgic about the fireplac...	2	love
4	i am feeling grouchy	3	anger

본격적으로 분류 모델을 만들기 전에 이 데이터셋을 조금 더 자세히 둘러보겠습니다. 안드레이 카패시Andrej Karpathy의 유명한 블로그 포스트 'A Recipe for Training Neural Networks' (https://oreil.ly/bNayo)에 언급됐듯 좋은 모델을 훈련하려면 반드시 '데이터와 하나가 되어야' 합니다!

2.1.3 클래스 분포 살펴보기

텍스트 분류 문제를 다룰 때는 언제나 샘플의 클래스 분포를 조사하는 것이 좋습니다. 클래스 분포가 편향된 데이터셋은 훈련 손실과 평가 지표 측면에서 균형 잡힌 데이터셋과 다른 처리법이 필요합니다.

판다스와 맷플롯립을 사용하면 빠르게 클래스 분포를 시각화할 수 있습니다.

```
import matplotlib.pyplot as plt

df["label_name"].value_counts(ascending=True).plot.barh()
plt.title("Frequency of Classes")
plt.show()
```

이 데이터셋은 불균형이 심하네요. joy와 sadness 클래스가 많이 등장하고 love와 surprise 클래스는 5~10배나 더 적습니다. 불균형한 데이터는 다음 방법으로 다룹니다.

- 소수 클래스를 랜덤하게 오버샘플링oversampling합니다.
- 다수 클래스를 랜덤하게 언더샘플링undersampling합니다.
- 클래스의 대표성이 부족하다면 레이블된 데이터를 더 많이 수집합니다.

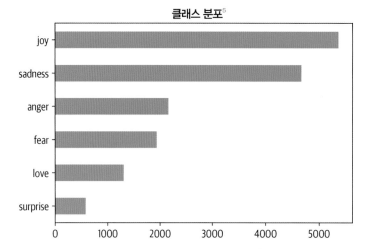

이 장에서는 문제를 간단하게 하기 위해 불균형한 클래스 분포를 그대로 사용하겠습니다. 샘플링 기법을 자세히 알고 싶다면 imbalanced-learn 라이브러리(https://oreil.ly/5XBhb)를 참고하세요. 다만, 훈련/테스트 분할을 만들기 전에는 샘플링 전략을 적용하지 마세요. 그렇지 않으면 분할 사이에 많은 정보가 새나갑니다![6]

클래스 분포에 대해 알아봤으니 이번에는 트윗 내용을 살펴보겠습니다.

2.1.4 트윗 길이 확인

트랜스포머 모델은 **최대 문맥 크기**maximum context size라는 최대 입력 시퀀스 길이가 있습니다. DistilBERT를 사용하는 애플리케이션에서 최대 문맥 크기는 512토큰으로 문단 몇 개 정도가 됩니다. 다음 절에서 보겠지만, 토큰은 텍스트의 기본 단위입니다. 여기서는 토큰을 단어로 간주하겠습니다. 트윗당 단어 분포를 보면 감정에 따른 트윗 길이가 대략 추정됩니다.

```
df["Words Per Tweet"] = df["text"].str.split().apply(len)
df.boxplot("Words Per Tweet", by="label_name", grid=False,
           showfliers=False, color="black")
plt.suptitle("")
plt.xlabel("")
plt.show()
```

5 옮긴이_ 번역서에서는 이해를 돕기 위해 그래프에 나오는 텍스트를 번역했습니다.
6 옮긴이_ 일반적으로 훈련 세트에만 샘플링 전략을 사용합니다.

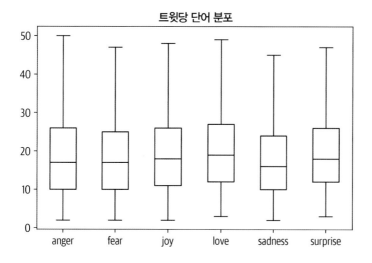

그래프를 보면 각 감정의 트윗 길이는 15개 단어 정도입니다. 가장 긴 트윗도 DistilBERT의 최대 문맥 크기보다 더 작습니다. 텍스트가 모델의 문맥 크기보다 길면 잘라내야 하는데, 잘린 텍스트에 중요한 정보가 있을 경우 성능에 손실이 생길 수 있습니다. 다행히, 이 경우 이런 문제가 없습니다.

이제 원시 텍스트를 🤗 트랜스포머스에 적합한 포맷으로 변환하는 방법을 알아보겠습니다! 또 더 이상 `DataFrame` 포맷이 필요하지 않으니 데이터셋의 출력 포맷을 초기화하겠습니다.

```
emotions.reset_format()
```

2.2 텍스트에서 토큰으로

DistilBERT 같은 트랜스포머 모델은 원시 문자열을 입력으로 받지 못합니다. 대신 텍스트가 토큰화되어 수치 벡터로 인코딩됐다고 가정합니다. 토큰화는 문자열을 모델이 사용하는 기본 단위로 분할하는 단계입니다. 적용할 수 있는 토큰화 전략이 몇 가지 있으며 단어를 부분단위로 나누기 위한 최적 분할은 일반적으로 말뭉치에서 학습됩니다. 문자 토큰화와 단어 토큰화라는 극단적인 두 가지 방식을 살펴본 후 DistilBERT에서 사용하는 토크나이저에 대해 알아보겠습니다.

2.2.1 문자 토큰화

가장 간단한 토큰화 방법은 각 문자를 개별로 모델에 주입하는 것입니다. 파이썬의 **str** 객체 내부는 사실 배열입니다. 따라서 문자 수준의 토큰화는 코드 한 줄로 쉽게 구현됩니다.

```python
text = "Tokenizing text is a core task of NLP."
tokenized_text = list(text)
print(tokenized_text)
```

```
['T', 'o', 'k', 'e', 'n', 'i', 'z', 'i', 'n', 'g', ' ', 't', 'e', 'x', 't', ' ',
 'i', 's', ' ', 'a', ' ', 'c', 'o', 'r', 'e', ' ', 't', 'a', 's', 'k', ' ', 'o',
 'f', ' ', 'N', 'L', 'P', '.']
```

시작으로 괜찮지만 아직 끝난 것은 아닙니다. 모델은 각 문자가 정수로 변환되리라 기대합니다. 이런 과정을 이따금 **수치화**^{numericalization}라 합니다. 가장 손쉬운 방법은 고유한 각 토큰(이 경우는 문자)을 고유한 정수로 인코딩하는 것입니다.

```python
token2idx = {ch: idx for idx, ch in enumerate(sorted(set(tokenized_text)))}
print(token2idx)
```

```
{' ': 0, '.': 1, 'L': 2, 'N': 3, 'P': 4, 'T': 5, 'a': 6, 'c': 7, 'e': 8, 'f': 9,
 'g': 10, 'i': 11, 'k': 12, 'n': 13, 'o': 14, 'r': 15, 's': 16, 't': 17, 'x': 18,
 'z': 19}
```

어휘사전^{vocabulary}에 있는 각 문자를 고유한 정수로 바꾸는 매핑 딕셔너리를 만들겠습니다. 이제 **token2idx**를 사용해 토큰화된 텍스트를 정수 리스트로 변환합니다.

```python
input_ids = [token2idx[token] for token in tokenized_text]
print(input_ids)
```

```
[5, 14, 12, 8, 13, 11, 19, 11, 13, 10, 0, 17, 8, 18, 17, 0, 11, 16, 0, 6, 0, 7,
 14, 15, 8, 0, 17, 6, 16, 12, 0, 14, 9, 0, 3, 2, 4, 1]
```

각 토큰이 고유한 숫자 식별자로 매핑됐습니다(그래서 이름이 **input_ids**입니다). 마지막 단계로 **input_ids**를 원-핫 벡터$^{one-hot\ vector}$의 2D 텐서로 바꿉니다. 원-핫 벡터는 머신러닝에서 순서형^{ordinal} 또는 명목형^{nominal} 범주 데이터를 인코딩하기 위해 자주 사용됩니다. 예를 들어 트랜스포머 TV 시리즈의 캐릭터 이름을 인코딩한다고 해보죠. 다음처럼 각 이름을 고유한 아이디로 매핑하는 방법이 있습니다.

```
categorical_df = pd.DataFrame(
    {"Name": ["Bumblebee", "Optimus Prime", "Megatron"], "Label ID": [0,1,2]})
categorical_df
```

	Name	Label ID
0	Bumblebee	0
1	Optimus Prime	1
2	Megatron	2

이 방식은 이름 사이에 가상의 순서가 만들어진다는 문제가 있습니다. 신경망은 이런 종류의 관계를 학습하는 능력이 매우 뛰어납니다. 따라서 이 대신 범주마다 새 열을 만들어 이름이 범주에 해당하면 1, 그렇지 않으면 0을 할당하겠습니다. 판다스에서는 **get_dummies()** 함수를 사용합니다.

```
pd.get_dummies(categorical_df["Name"])
```

	Bumblebee	Megatron	Optimus Prime
0	1	0	0
1	0	0	1
2	0	1	0

이 **DataFrame**의 행이 원-핫 벡터입니다. 하나의 항목만 1이고 나머지는 0입니다. **input_ids**를 보면 원소 사이에 순서가 생기는 위와 비슷한 문제가 발생합니다. 하지만 두 ID를 더하거나 빼도 아무런 의미가 없습니다. 연산의 결과가 또 다른 토큰을 나타내는 ID가 되니까요.

대신 두 개의 원-핫 인코딩one-hot encoding을 더한 결과는 쉽게 해석됩니다. 벡터의 두 원소가 1 이라는 것은 해당하는 토큰이 동시에 등장한다는 의미입니다. 다음처럼 파이토치로 **input_ ids**를 텐서tensor로 바꾸고 **one_hot()** 함수를 사용해 원-핫 인코딩을 만들겠습니다.

```python
import torch
import torch.nn.functional as F

input_ids = torch.tensor(input_ids)
one_hot_encodings = F.one_hot(input_ids, num_classes=len(token2idx))
one_hot_encodings.shape
```

```
torch.Size([38, 20])
```

38개의 입력 토큰 각각에 20차원의 원-핫 벡터가 만들어졌습니다. 어휘사전을 구성하는 고유 한 문자가 20개이기 때문입니다.

> **WARNING_** one_hot() 함수에 항상 **num_classes** 매개변수를 지정하는 것이 중요합니다. 그렇지 않으 면 원-핫 벡터가 어휘사전 길이보다 더 짧아집니다(수동으로 0으로 패딩해야 합니다). 텐서플로에서 이와 동 일한 함수는 **tf.one_hot()**입니다. 이 함수의 **depth** 매개변수가 **num_classes**의 역할을 합니다.[7]

첫 번째 벡터를 조사해 **input_ids[0]** 값에 해당하는 위치에 1이 나타나는지 확인하겠습니다.

```python
print(f"토큰: {tokenized_text[0]}")
print(f"텐서 인덱스: {input_ids[0]}")
print(f"원-핫 인코딩: {one_hot_encodings[0]}")
```

```
토큰: T
텐서 인덱스: 5
원-핫 인코딩: tensor([0, 0, 0, 0, 0, 1, 0, 0, 0, 0, 0, 0, 0, 0, 0, 0, 0, 0, 0, 0])
```

간단한 예를 통해, 문자 수준의 토큰화는 텍스트의 구조를 무시하고 전체 문자열을 문자 스트

---

7   옮긴이_ 파이토치의 one_hot() 함수는 num_classes 매개변수를 지정하지 않으면 입력 텐서에서 가장 큰 정수에 1을 더한 값을 클래 스 개수로 사용하기 때문입니다. 텐서플로 one_hot() 함수의 depth 매개변수는 필수입니다.

림으로 처리한다는 것을 확인했습니다. 이 방식은 철자 오류나 희귀한 단어를 처리하는 데 유용하지만, 단어 같은 언어 구조를 이 데이터에서 학습해야 한다는 큰 단점이 있습니다. 이를 위해서는 상당량의 계산, 메모리, 데이터가 필요합니다. 실제로 이런 이유 때문에 문자 수준의 토큰화는 거의 사용하지 않습니다. 대신 텍스트의 일부 구조가 유지되는 토큰화를 사용합니다. **단어 토큰화**word tokenization는 토큰화를 하며 텍스트의 구조를 유지하는 간단한 방법이므로 작동 방식을 알아보겠습니다.

2.2.2 단어 토큰화

텍스트를 문자가 아니라 단어로 분할하고 각 단어를 정수로 매핑하겠습니다. 처음부터 단어를 사용하면 모델이 문자에서 단어를 학습하는 단계가 생략되어 훈련 과정의 복잡도가 감소합니다.

간단한 단어 토크나이저는 공백을 사용해 텍스트를 토큰화하는 것입니다. (트윗 길이를 계산한 것처럼) 원시 텍스트에 파이썬의 `split()` 함수를 적용하면 됩니다.

```
tokenized_text = text.split()
print(tokenized_text)
```

```
['Tokenizing', 'text', 'is', 'a', 'core', 'task', 'of', 'NLP.']
```

그다음 문자 수준 토큰화에서 수행한 단계를 동일하게 적용해 각 단어를 하나의 ID에 매핑합니다. 하지만 이 방식에는 겉으로 드러나지 않은 문제가 하나 있습니다. 구두점이 고려되지 않아서 **NLP.**이 하나의 토큰으로 처리됩니다. 단어에 곡용declination[8], 활용형, 철자 오류가 포함되어 어휘사전이 금세 수백만 개까지 늘어나기도 합니다!

> NOTE_ 일부 단어 토크나이저에는 구두점을 추가하는 규칙이 있습니다. 또 텍스트에서 일부 정보를 잃는 대신 단어를 어간stem으로 정규화하는 어간 추출stemming이나 표제어 추출lemmatization을 적용할 수도 있습니다(예를 들어 'great', 'greater', 'greatest'를 모두 'great'으로 바꿉니다).

----

8 옮긴이_ 교착어인 한국어와 달리, 굴절어에서 문법 기능에 따라 단어 형태가 변하는 것을 곡용이라 합니다.

어휘사전이 크면 신경망의 파라미터 역시 많이 필요해져 문제가 됩니다. 이를 설명하기 위해 100만 개의 고유한 단어가 있고, 이 100만 차원의 입력 벡터를 신경망의 첫 번째 층에서 1,000차원의 벡터로 압축한다고 가정해보죠. 이 절차는 대부분의 NLP 구조에서 기본입니다. 결과적으로 첫 번째 층의 가중치 행렬은 100만 개 × 1,000개 = 10억 개의 가중치를 가집니다. 이는 총 15억 개의 파라미터를 가진 가장 큰 GPT-2 모델[9]과 비슷한 수준입니다!

당연히 모델 파라미터가 낭비되는 것은 피하는 게 상책입니다. 모델을 훈련하는 데 많은 비용이 들고 대규모 모델은 유지 관리하기가 힘들기 때문입니다. 어휘사전의 크기를 제한하는 일반적인 방법은 드물게 등장하는 단어를 무시하는 것입니다. 가령 말뭉치에서 자주 등장하는 10만 개 단어만 사용합니다. 어휘사전에 없는 단어는 'unknown'으로 분류해 UNK 토큰으로 매핑합니다. 그러면 단어 토큰화 과정에서 중요한 정보를 일부 잃게 됩니다. 모델이 UNK에 매핑된 단어에서 어떤 정보도 얻지 못하기 때문입니다.

모든 입력 정보와 일부 입력 구조를 유지하는 문자 토큰화와 단어 토큰화를 절충할 수 있다면 좋지 않을까요? 네, 그 방법은 바로 **부분단어 토큰화**subword tokenization입니다.

2.2.3 부분단어 토큰화

부분단어 토큰화는 기본적으로 문자 토큰화와 단어 토큰화의 장점을 결합한 방법입니다. 드물게 등장하는 단어를 더 작은 단위로 나누면 모델이 복잡한 단어나 철자 오류를 처리하기 용이합니다. 다른 한편으로는 입력 길이를 적절한 크기로 유지하기 위해 자주 등장하는 단어를 고유한 항목으로 유지합니다. (단어 토큰화를 비롯해) 부분단어 토큰화는 통계 규칙과 알고리즘을 함께 사용해 사전 훈련 말뭉치에서 학습한다는 주요 특징이 있습니다.

NLP 분야에서 널리 사용되는 부분단어 토큰화 중 먼저 BERT와 DistilBERT의 토크나이저로 사용되는 WordPiece[10]로 시작해보죠. WordPiece 작동 방식은 직접 실행해봐야 가장 쉽게 이해됩니다. 🤗 트랜스포머스는 사전 훈련된 모델에 연관된 토크나이저를 빠르게 로드하는 `AutoTokenizer` 클래스를 제공합니다. 이 클래스의 `from_pretrained()` 메서드를 허브의 모

---

9 GPT-2는 GPT의 후속 모델이며 사실적인 텍스트를 생성하는 인상적인 능력으로 대중의 관심을 끌었습니다. GPT-2는 6장에서 자세히 알아보겠습니다.

10 M. Schuster and K. Nakajima. "Japanese and Korean Voice Search." 2012 IEEE International Conference on Acoustics. Speech and Signal Processing (2012): 5149-5152. https://doi.org/10.1109/ICASSP.2012.6289079.

델 ID나 로컬 파일 경로와 함께 호출하면 됩니다. DistilBERT의 토크나이저를 로드해보죠.

```
from transformers import AutoTokenizer

model_ckpt = "distilbert-base-uncased"
tokenizer = AutoTokenizer.from_pretrained(model_ckpt)
```

AutoTokenizer 클래스는 체크포인트 이름을 사용해 모델의 설정, 사전 훈련된 가중치, 어휘 사전을 자동으로 추출하는 '자동 클래스'(https://oreil.ly/h4YPz)입니다. 이 클래스를 사용하면 모델 간의 빠른 전환이 가능하지만, 특정 클래스를 수동으로 로드할 수도 있습니다. 예를 들어 DistilBERT 토크나이저를 로드하는 방법은 다음과 같습니다.

```
from transformers import DistilBertTokenizer

distilbert_tokenizer = DistilBertTokenizer.from_pretrained(model_ckpt)
```

NOTE_ 처음 AutoTokenizer.from_pretrained() 메서드를 호출하면 사전 훈련된 토크나이저의 파라미터를 허깅페이스 허브에서 로드하는 과정을 보여주는 진행 표시줄이 나타납니다. 이 코드를 두 번째 호출하면 캐시로부터 토크나이저를 로드합니다. 보통 캐시 위치는 ~/.cache/huggingface입니다.

간단한 예제 텍스트 'Tokenizing text is a core task of NLP.'를 전달해 이 토크나이저가 어떻게 동작하는지 확인해보죠.

```
encoded_text = tokenizer(text)
print(encoded_text)
```

```
{'input_ids': [101, 19204, 6026, 3793, 2003, 1037, 4563, 4708, 1997, 17953,
2361, 1012, 102], 'attention_mask': [1, 1, 1, 1, 1, 1, 1, 1, 1, 1, 1, 1, 1]}
```

문자 토큰화처럼 단어가 input_ids 필드에 있는 고유한 정수에 매핑됐습니다. attention_mask 필드의 역할은 다음 절에서 소개하겠습니다. input_ids가 있으므로 토크나이저의 convert_ids_to_tokens() 메서드를 사용해 이를 다시 토큰으로 변환하겠습니다.

```
tokens = tokenizer.convert_ids_to_tokens(encoded_text.input_ids)
print(tokens)
```

```
['[CLS]', 'token', '##izing', 'text', 'is', 'a', 'core', 'task', 'of', 'nl',
 '##p', '.', '[SEP]']
```

여기서 세 가지 지점을 살펴보겠습니다. 먼저, 특수한 토큰 [CLS]와 [SEP]가 시퀀스 처음과 끝에 추가됐습니다. 이런 토큰은 모델마다 다르지만 주요 역할은 시퀀스의 시작과 끝을 알리는 것입니다. 둘째, 토큰이 모두 소문자로 변환됐습니다. 이것이 이 체크포인트의 특징입니다. 마지막으로, 'tokenizing'과 'NLP'가 각각 두 개의 토큰으로 나뉘었습니다. 자주 등장하는 단어가 아니기 때문입니다. ##izing과 ##p에 있는 #는 앞의 문자열이 공백이 아님을 뜻합니다. 이런 접두사가 붙은 토큰은 문자열로 다시 바꿀 때 앞의 토큰과 합칩니다. AutoTokenizer 클래스는 이런 작업을 수행하는 convert_tokens_to_string() 메서드를 제공합니다. 앞의 토큰에 이 메서드를 적용해보죠.

```
print(tokenizer.convert_tokens_to_string(tokens))
```

```
[CLS] tokenizing text is a core task of nlp. [SEP]
```

AutoTokenizer 클래스는 토크나이저에 관한 정보를 제공하는 속성도 몇 가지 있습니다. 가령 어휘사전의 크기를 확인하겠습니다.

```
tokenizer.vocab_size
```

```
30522
```

모델의 최대 문맥 크기도 확인해보죠.

```
tokenizer.model_max_length
```

512

또 다른 흥미로운 속성은 모델이 정방향 패스^{forward pass}에서 기대하는 필드 이름입니다.

```
tokenizer.model_input_names
```

```
['input_ids', 'attention_mask']
```

단일 문자열의 기초적인 토큰화 과정을 이해했으니 전체 데이터셋을 토큰화하는 방법을 알아 보겠습니다!

> **WARNING_** 사전 훈련된 모델을 사용할 때, 모델 훈련에 사용한 것과 동일한 토크나이저를 사용하는 것이 정말 중요합니다. 모델 입장에서 토크나이저를 바꾸는 것은 어휘사전을 뒤섞는 것이나 다름없습니다. 주변 사람들이 'house'를 'cat'이라 하는 등 마음대로 단어를 바꾼다면 도대체 무슨 일인지 상황을 이해하지 못할 것입니다!

2.2.4 전체 데이터셋 토큰화하기

전체 말뭉치를 토큰화하기 위해 `DatasetDict` 객체의 `map()` 메서드를 사용하겠습니다. 이 책에서는 데이터셋에 있는 각 원소에 어떤 처리 함수를 편리하게 적용하기 위해 `map()` 메서드를 많이 사용합니다. 곧 보겠지만, `map()` 메서드는 새 행과 열을 만드는 데 사용할 수도 있습니다.

먼저 샘플을 토큰화할 처리 함수가 필요합니다.

```
def tokenize(batch):
    return tokenizer(batch["text"], padding=True, truncation=True)
```

이 함수는 토크나이저를 샘플 배치에 적용합니다. `padding=True`로 지정하면 배치에 있는 가장 긴 샘플 크기에 맞춰 샘플을 0으로 패딩^{padding}합니다. `truncation=True`로 설정하면 모델의 최대 문맥 크기에 맞춰 샘플을 잘라냅니다. `tokenize()`의 동작을 확인하기 위해 훈련 세트에서 샘플 두 개를 선택해 전달하겠습니다.

```
print(tokenize(emotions["train"][:2]))
```

{'input_ids': [[101, 1045, 2134, 2102, 2514, 26608, 102, 0, 0, 0, 0, 0, 0, 0, 0,
0, 0, 0, 0, 0, 0, 0, 0], [101, 1045, 2064, 2175, 2013, 3110, 2061, 20625, 2000,
2061, 9636, 17772, 2074, 2013, 2108, 2105, 2619, 2040, 14977, 1998, 2003, 8300,
102]], 'attention_mask': [[1, 1, 1, 1, 1, 1, 1, 0, 0, 0, 0, 0, 0, 0, 0, 0, 0, 0, 0,
0, 0, 0, 0], [1, 1, 1, 1, 1, 1, 1, 1, 1, 1, 1, 1, 1, 1, 1, 1, 1, 1, 1, 1, 1, 1,
1, 1]]}

패딩 결과를 보겠습니다. input_ids의 첫 번째 원소가 두 번째보다 더 짧으므로 길이를 동일하게 맞추기 위해 끝에 0을 추가했습니다. 0은 어휘사전에 있는 [PAD] 토큰에 해당합니다. 특수한 토큰은 앞서 본 [CLS]와 [SEP] 등입니다.

특별한 토큰	[PAD]	[UNK]	[CLS]	[SEP]	[MASK]
특별한 토큰 ID	0	100	101	102	103

토크나이저는 인코딩된 트윗을 input_ids로 반환하고, attention_mask 배열 리스트도 반환합니다. 추가된 패딩 토큰 때문에 모델이 혼동하지 않게 하려는 조치입니다. 어텐션 마스크를 사용하면 모델이 입력에서 패딩된 부분을 무시해도 됩니다. [그림 2-3]은 입력 ID와 어텐션 마스크가 패딩된 방식을 시각적으로 설명합니다.

그림 2-3 배치마다 입력 시퀀스는 배치에서 가장 긴 시퀀스 길이에 맞춰 패딩됩니다. 어텐션 마스크는 모델이 입력 텐서에서 패딩 영역을 무시하는 데 사용됩니다.

처리 함수를 정의하면 코드 한 줄로 말뭉치에 있는 모든 분할에 이 과정을 적용할 수 있습니다.

```
emotions_encoded = emotions.map(tokenize, batched=True, batch_size=None)
```

기본적으로 map() 메서드는 말뭉치에 있는 모든 샘플에 개별적으로 작용하므로, batched=
True로 설정하여 트윗을 배치로 인코딩하겠습니다. batch_size=None으로 설정했기 때문에
전체 데이터셋이 하나의 배치로 tokenize() 함수에 적용됩니다. 이렇게 하면 입력 텐서와 어
텐션 마스크는 전역적으로 동일한 크기로 생성됩니다. 또 이 연산은 데이터셋에 input_ids와
attention_mask 열을 새로 추가합니다.

```
print(emotions_encoded["train"].column_names)
```

```
['attention_mask', 'input_ids', 'label', 'text']
```

> NOTE_ 이어지는 장에서 배치에 있는 텐서에 동적으로 패딩 처리를 취하는 데이터 콜레이터data collator를 살
> 펴보겠습니다. 다음 절에서 보겠지만, 전역적인 패딩은 전체 말뭉치에서 특성 행렬feature matrix을 추출하는 데
> 도움이 됩니다.

2.3 텍스트 분류 모델 훈련하기

1장에서 언급했듯, DistilBERT 같은 모델은 텍스트 시퀀스에 있는 마스킹된 단어를 예측하도
록 사전 훈련됩니다. 하지만 이런 언어 모델을 바로 텍스트 분류에 사용하지는 못합니다. 약간
의 수정이 필요합니다. 어떤 수정이 필요한지 알기 위해 [그림 2-4]에 있는 DistilBERT 같은
인코더 기반 모델의 구조를 살펴보죠.

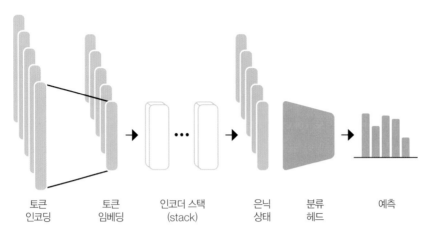

| 토큰
인코딩 | 토큰
임베딩 | 인코더 스택
(stack) | 은닉
상태 | 분류
헤드 | 예측 |

그림 2-4 시퀀스 분류에 사용하는 인코더 기반 트랜스포머 아키텍처. 모델의 사전 훈련된 바디와 사용자 정의 분류 헤드를 연결합니다.

먼저 텍스트를 토큰화해 토큰 인코딩token encoding이라 부르는 원-핫 벡터로 나타냅니다. 토크나이저 어휘사전의 크기가 토큰 인코딩의 차원을 결정하는데, 어휘사전은 보통 2만~2백만 개의 고유 토큰으로 구성됩니다. 그다음 토큰 인코딩을 저차원 공간의 벡터인 토큰 임베딩token embedding으로 변환합니다. 그다음 토큰 임베딩을 인코더 블록 층에 통과시켜 각 입력 토큰에 대한 은닉 상태를 만듭니다. 각 은닉 상태는 언어 모델링의 사전 훈련 목표objective[11]를 달성하기 위해 마스킹된 입력 토큰을 예측하는 층으로 전달됩니다. 그리고 분류 작업에서는 이 언어 모델링 층을 분류 층으로 바꿉니다.

> **NOTE_** 사실 파이토치는 토큰 인코딩을 위해 원-핫 벡터를 만드는 단계를 건너뜁니다. 행렬에 원-핫 벡터를 곱하면 행렬에서 열 하나를 선택한 결과가 나오므로, 행렬에서 토큰 ID에 해당하는 열을 가져오는 식으로 대체합니다. 3장에서 `nn.Embedding` 클래스를 사용할 때 이를 확인해보겠습니다.

트위터 데이터셋에서 이런 모델을 훈련하는 방법은 두 가지입니다.

특성 추출

사전 훈련된 모델을 수정하지 않고 은닉 상태를 특성feature으로 사용해 분류 모델을 훈련합니다.

---

11 DistilBERT의 경우 마스킹된 토큰을 추측합니다.

미세 튜닝

사전 훈련된 모델의 파라미터도 업데이트하기 위해 전체 모델을 엔드-투-엔드로 훈련합니다.

다음 절에서 DistilBERT를 위한 두 방법을 모두 살펴보고 장단점을 조사해보겠습니다.

2.3.1 트랜스포머를 특성 추출기로 사용하기

트랜스포머는 특성 추출기로 사용하기 편합니다. [그림 2-5]처럼 훈련하는 동안 바디의 가중치를 동결하고 은닉 상태를 분류 모델의 특성으로 사용합니다. 이 방식은 작거나 얕은 모델을 빠르게 훈련한다는 장점이 있습니다. 이때 훈련되는 모델로는 신경망 분류 층이거나 랜덤 포레스트random forest 같이 그레이디언트에 의존하지 않는 기법 등이 있습니다. 이 방법은 은닉 상태를 한 번만 미리 계산하면 되므로 GPU를 사용하지 못할 때 특히 편리합니다.

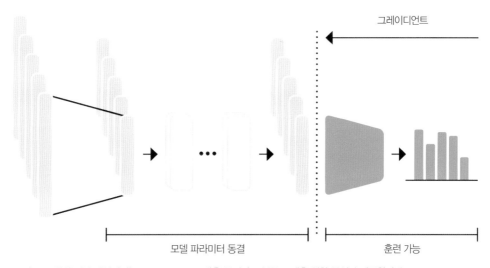

그림 2-5 특성 기반 방식에서는 DistilBERT 모델을 동결하고 분류 모델을 위한 특성만 제공합니다.

사전 훈련된 모델 사용하기

🤗 트랜스포머스의 또 다른 자동 클래스인 `AutoModel`을 사용하겠습니다. `AutoTokenizer` 클래스와 비슷하게, `AutoModel` 클래스는 사전 훈련된 모델의 가중치를 로드하는 `from_pretrained()` 메서드가 있습니다. 이 메서드를 사용해 DistilBERT의 체크포인트를 로드해

보죠.

```
from transformers import AutoModel

model_ckpt = "distilbert-base-uncased"
device = torch.device("cuda" if torch.cuda.is_available() else "cpu")
model = AutoModel.from_pretrained(model_ckpt).to(device)
```

파이토치를 사용해 GPU 사용 여부를 확인했습니다. 그다음 파이토치 nn.Module.to() 메서드를 모델 로더에 이어 호출했습니다. 그러면 GPU가 있는 경우 모델이 GPU에서 실행되고, 없는 경우에는 CPU에서 실행되는데 속도가 상당히 느려질 수 있습니다.

AutoModel 클래스는 토큰 인코딩을 임베딩으로 변환한 다음 인코더 스택에 통과시켜 은닉 상태를 반환합니다. 말뭉치에서 이런 상태를 어떻게 추출하는지 알아보겠습니다.

프레임워크 간의 상호운영성

이 책의 코드는 대부분 파이토치로 작성됐지만 🤗 트랜스포머스는 텐서플로나 JAX와의 긴밀한 상호운영성interoperability을 제공합니다. 즉, 코드 몇 줄만 바꾸면 선호하는 딥러닝 프레임워크에서 사전 훈련된 모델을 로드할 수 있습니다! 가령 TFAutoModel 클래스를 사용해 텐서플로에서 DistilBERT 모델을 로드하겠습니다.

```
from transformers import TFAutoModel

tf_model = TFAutoModel.from_pretrained(model_ckpt)
```

상호운영성은 특히 하나의 프레임워크로만 릴리스된 모델을 다른 프레임워크에서 사용하고 싶을 때 유용합니다. 예를 들어 4장에서 볼 XLM-RoBERTa 모델(https://oreil.ly/OUMvG)은 파이토치 가중치만 있습니다. 따라서 텐서플로에서 다음처럼 로드하려면 오류가 발생합니다.

```
tf_xlmr = TFAutoModel.from_pretrained("xlm-roberta-base")
```

이 경우 TfAutoModel.from_pretrained() 함수에 from_pt=True 매개변수를 지정하면 라이브러리가 자동으로 파이토치 가중치를 다운로드해 변환합니다.

```
tf_xlmr = TFAutoModel.from_pretrained("xlm-roberta-base", from_pt=True)
```

보다시피 🤗 트랜스포머스에서 프레임워크 간에 전환하기는 매우 쉽습니다! 대개는 클래스에
접두사 TF를 붙여 텐서플로 2.x 버전에 해당하는 동일한 클래스를 사용합니다. (다음 절에서처
럼) 파이토치의 약자 pt가 사용되는 곳은 텐서플로의 약자 tf로 바꿀 수 있습니다.

마지막 은닉 상태 추출하기

하나의 문자열에 대한 마지막 은닉 상태를 추출하는 것으로 시작해보죠. 우선 문자열을 인코딩
하고 토큰을 파이토치 텐서로 변환합니다. 토크나이저에 return_tensors="pt" 매개변수를
지정해 이 작업을 수행합니다.[12]

```
text = "this is a test"
inputs = tokenizer(text, return_tensors="pt")
print(f"입력 텐서 크기: {inputs['input_ids'].size()}")
```

```
입력 텐서 크기: torch.Size([1, 6])
```

여기서 결과 텐서의 크기는 [batch_size, n_tokens]입니다. 인코딩을 텐서로 준비했으니,
마지막 단계로 이를 모델이 있는 장치로 옮기고 입력으로 전달합니다.

```
inputs = {k:v.to(device) for k,v in inputs.items()}
with torch.no_grad():
    outputs = model(**inputs)
print(outputs)
```

```
BaseModelOutput(last_hidden_state=tensor([[[-0.1565, -0.1862,  0.0528,  ...,
-0.1188,  0.0662,  0.5470],
        [-0.3575, -0.6484, -0.0618,  ..., -0.3040,  0.3508,  0.5221],
        [-0.2772, -0.4459,  0.1818,  ..., -0.0948, -0.0076,  0.9958],
        [-0.2841, -0.3917,  0.3753,  ..., -0.2151, -0.1173,  1.0526],
```

---

12 옮긴이_ return_tensors 매개변수를 지정하지 않으면 파이썬 리스트가 반환됩니다.

```
        [ 0.2661, -0.5094, -0.3180,  ..., -0.4203,  0.0144, -0.2149],
        [ 0.9441,  0.0112, -0.4714,  ...,  0.1439, -0.7288, -0.1619]]],
      device='cuda:0'), hidden_states=None, attentions=None)
```

그레이디언트 자동 계산을 비활성화하기 위해 **torch.no_grad()** 컨텍스트 매니저^{context manager}를 사용했습니다. 이렇게 하면 계산에 필요한 메모리 양이 줄어 추론할 때 유리합니다. 출력은 파이썬의 namedtuple과 비슷한 클래스 형태로 모델 설정에 따라 은닉 상태, 손실, 어텐션 같은 여러 객체를 포함합니다. 지금 이 모델은 마지막 은닉 상태 하나만 반환합니다. 이 은닉 상태의 크기를 확인해보죠.[13]

```
outputs.last_hidden_state.size()
```

```
torch.Size([1, 6, 768])
```

은닉 상태 텐서의 크기는 **[batch_size, n_tokens, hidden_dim]**입니다. 다른 말로 하면 6개의 입력 토큰마다 768차원의 벡터가 반환됐습니다. 분류 작업에서는 보통 [CLS] 토큰에 연관된 은닉 상태를 입력 특성으로 사용합니다.[14] 이 토큰은 시퀀스 시작에 등장하므로 다음처럼 **outputs.last_hidden_state**에 인덱스를 지정해 추출합니다.

```
outputs.last_hidden_state[:,0].size()
torch.Size([1, 768])
```

문자열의 마지막 은닉 상태를 얻는 방법을 알았습니다. 전체 데이터셋에서 같은 작업을 수행하고 **hidden_state** 열을 만들어 이런 벡터를 모두 저장해보죠. 토크나이저에서 한 것처럼, **DatasetDict**의 **map()** 메서드를 사용해 한 번에 모든 은닉 상태를 추출하겠습니다. 먼저 앞에서 수행한 작업을 하나의 함수로 만듭니다.

---

13 옮긴이_ 여기서 마지막 은닉 상태는 마지막 층의 은닉 상태를 의미합니다. 모델을 호출할 때 output_hidden_states=True로 지정하면 전체 층의 은닉 상태를 얻습니다. 전체 층의 은닉 상태는 outputs 객체의 hidden_states 속성에 튜플로 저장되며 이 튜플의 마지막 원소가 last_hidden_state와 동일한 값입니다.

14 옮긴이_ BERT 모델에 있는 [CLS] 토큰은 분류 작업을 위해 전체 시퀀스의 정보가 담긴 특수한 토큰입니다.

```
def extract_hidden_states(batch):
    # 모델 입력을 GPU로 옮깁니다.
    inputs = {k:v.to(device) for k,v in batch.items()
              if k in tokenizer.model_input_names}
    # 마지막 은닉 상태를 추출합니다.
    with torch.no_grad():
        last_hidden_state = model(**inputs).last_hidden_state
    # [CLS] 토큰에 대한 벡터를 반환합니다.
    return {"hidden_state": last_hidden_state[:,0].cpu().numpy()}
```

이 함수와 이전 코드의 유일한 차이점은 끝에서 마지막 은닉 상태를 CPU로 다시 가져와 넘파이 배열로 바꾼 것입니다. map() 메서드에 배치 입력을 사용하려면 파이썬이나 넘파이 객체를 반환하는 함수가 필요합니다.

이 모델은 텐서가 입력되기를 기대하므로, 다음처럼 input_ids와 attention_mask 열을 "torch" 포맷으로 바꿉니다.

```
emotions_encoded.set_format("torch",
                            columns=["input_ids", "attention_mask", "label"])
```

그다음 모든 분할에 대해 은닉 상태를 한 번에 추출하겠습니다.

```
emotions_hidden = emotions_encoded.map(extract_hidden_states, batched=True)
```

batch_size=None으로 지정하지 않았기 때문에 기본값 batch_size=1000이 사용됩니다. 기대한 대로 extract_hidden_states() 함수를 적용하면 새로운 hidden_state 열이 데이터셋에 추가됩니다.

```
emotions_hidden["train"].column_names
```

```
['attention_mask', 'hidden_state', 'input_ids', 'label', 'text']
```

각 트윗에 대한 은닉 상태를 얻었으니, 다음으로 분류 모델을 훈련합니다. 그러려면 특성 행렬이 필요합니다. 어떻게 만드는지 알아보죠.

특성 행렬 만들기

이제 전처리된 데이터셋에 분류 모델을 훈련하는 데 필요한 모든 정보가 담겼습니다. 은닉 상태를 입력 특성으로 사용하고 레이블을 타깃으로 사용하겠습니다. 사이킷런^{scikit-learn} 스타일로 잘 알려진 형식을 따라 해당 배열을 만들어보죠.

```python
import numpy as np

X_train = np.array(emotions_hidden["train"]["hidden_state"])
X_valid = np.array(emotions_hidden["validation"]["hidden_state"])
y_train = np.array(emotions_hidden["train"]["label"])
y_valid = np.array(emotions_hidden["validation"]["label"])
X_train.shape, X_valid.shape
```

```
((16000, 768), (2000, 768))
```

은닉 상태로 모델을 훈련하기 전에 분류하려는 감정에 대한 유용한 표현을 제공하는지 확인하는 것이 좋습니다. 다음 절에서 특성을 시각화해 빠르게 확인해보겠습니다.

훈련 세트 시각화하기

768차원의 은닉 상태를 시각화하기는 어렵기 때문에 UMAP 알고리즘을 사용해서 이 벡터를 2D로 투영하겠습니다.[15] UMAP은 특성이 [0, 1] 범위에 놓일 때 잘 동작합니다. 따라서 먼저 사이킷런의 **MinMaxScaler**를 적용한 후에 **umap-learn** 라이브러리의 UMAP 구현으로 은닉 상태의 차원을 축소합니다.

```python
from umap import UMAP
from sklearn.preprocessing import MinMaxScaler

# 특성 스케일을 [0,1] 범위로 조정합니다.
X_scaled = MinMaxScaler().fit_transform(X_train)
# UMAP 객체를 생성하고 훈련합니다.
mapper = UMAP(n_components=2, metric="cosine").fit(X_scaled)
```

---

15 L. McInnes, J. Healy, and J. Melville, "UMAP: Uniform Manifold Approximation and Projection for Dimension Reduction" (https://arxiv.org/abs/1802.03426), (2018).

```
# 2D 임베딩의 데이터프레임을 만듭니다.
df_emb = pd.DataFrame(mapper.embedding_, columns=["X", "Y"])
df_emb["label"] = y_train
df_emb.head()
```

	X	Y	label
0	4.358075	6.140816	0
1	−3.134567	5.329446	0
2	5.152230	2.732643	3
3	−2.519018	3.067250	2
4	−3.364520	3.356613	3

출력 결과는 훈련 샘플과 개수가 동일한 배열입니다. 하지만 특성은 768개가 아니라 겨우 2개입니다! 압축된 이 데이터를 조금 더 조사해보죠. 각 범주에 대한 샘플의 밀도를 개별로 그리겠습니다.

```
fig, axes = plt.subplots(2, 3, figsize=(7,5))
axes = axes.flatten()
cmaps = ["Greys", "Blues", "Oranges", "Reds", "Purples", "Greens"]
labels = emotions["train"].features["label"].names

for i, (label, cmap) in enumerate(zip(labels, cmaps)):
    df_emb_sub = df_emb.query(f"label == {i}")
    axes[i].hexbin(df_emb_sub["X"], df_emb_sub["Y"], cmap=cmap,
                   gridsize=20, linewidths=(0,))
    axes[i].set_title(label)
    axes[i].set_xticks([]), axes[i].set_yticks([])

plt.tight_layout()
plt.show()
```

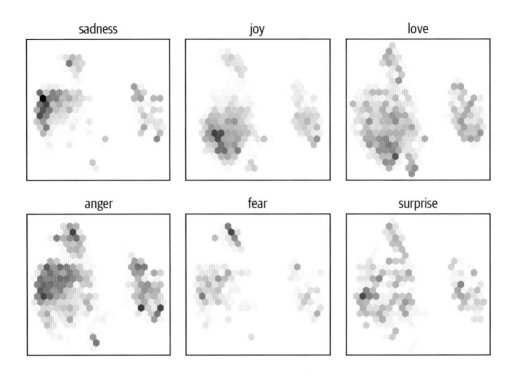

> **NOTE_** 이 그림은 단지 저차원 공간으로 투영한 것입니다. 일부 범주가 중첩됐다고 원본 공간에서 분리할
> 수 없는 것은 아닙니다. 이와 반대로 투영 공간에서 분리할 수 있다면 원본 공간에서도 분리할 수 있습니다.

그래프에서 확실한 패턴이 보입니다. sadness, anger, fear 같은 부정적인 감정은 조금씩 다르게 분포됐지만 차지한 영역은 모두 비슷합니다. 반면 joy와 love는 부정적인 감정과 잘 분리되고 비슷한 영역을 차지합니다. 마지막으로 surprise는 영역 전체에 골고루 퍼져 있습니다. 약간 분리되기를 원했지만, 모델은 감정의 차이를 구분하도록 훈련되지 않고 텍스트에서 마스킹된 단어를 추측해 암묵적으로 감정을 학습했을 뿐입니다.

데이터셋의 특성을 간파했으니, 마지막으로 특성을 사용해 모델을 훈련해보죠!

간단한 분류 모델 훈련하기

앞서 보았듯, 은닉 상태가 감정별로 조금씩 다르지만 일부 감정 사이에는 명확한 경계가 없기도 합니다. 이 은닉 상태를 사용해 사이킷런의 로지스틱 회귀logistic regression 모델을 훈련하겠습니다. 이런 간단한 모델은 훈련이 빠르고 GPU가 필요하지 않습니다.

```
from sklearn.linear_model import LogisticRegression

# 수렴을 보장하기 위해 `max_iter`를 증가시킵니다.
lr_clf = LogisticRegression(max_iter=3000)
lr_clf.fit(X_train, y_train)
lr_clf.score(X_valid, y_valid)
```

0.633

정확도는 모델이 무작위로 예측한 것보다 더 높은 것 같습니다. 하지만 불균형한 다중 클래스 데이터셋을 다루고 있기 때문에 실제로 이 정확도는 훨씬 더 좋습니다. 이 모델이 얼마나 좋은지를 단순한 기준 모델과 비교해보죠. 사이킷런의 **DummyClassifier**로 간단한 규칙을 사용하는 분류 모델을 만들 수 있습니다. 예를 들어, 항상 다수 클래스를 예측하거나 랜덤한 클래스를 예측하는 모델을 만듭니다. 이번 경우에는 무조건 가장 많이 등장하는 클래스를 예측하는 분류 모델을 만드는 것이 최상입니다. 그러면 모델의 정확도는 약 35%가 됩니다.[16]

```
from sklearn.dummy import DummyClassifier

dummy_clf = DummyClassifier(strategy="most_frequent")
dummy_clf.fit(X_train, y_train)
dummy_clf.score(X_valid, y_valid)
```

0.352

따라서 DistilBERT 임베딩을 사용한 간단한 분류 모델은 기준 모델보다 훨씬 더 뛰어납니다. 분류 모델의 성능을 자세히 조사하기 위해 오차 행렬confusion matrix[17]을 살펴보겠습니다. 오차 행렬은 진짜 레이블과 예측 레이블의 관계를 보여줍니다.

---

16 옮긴이_ 감정이 6개 있으므로 무작위로 예측하면 정확도는 약 16.5%가 됩니다. 이런 방식을 사용하려면 DummyClassifier에 strategy='uniform'을 지정합니다.

17 옮긴이_ 혼동 행렬이라고도 합니다. 이 책에서는 오차 행렬로 옮겼습니다.

```
from sklearn.metrics import ConfusionMatrixDisplay, confusion_matrix

def plot_confusion_matrix(y_preds, y_true, labels):
    cm = confusion_matrix(y_true, y_preds, normalize="true")
    fig, ax = plt.subplots(figsize=(6, 6))
    disp = ConfusionMatrixDisplay(confusion_matrix=cm, display_labels=labels)
    disp.plot(cmap="Blues", values_format=".2f", ax=ax, colorbar=False)
    plt.title("Normalized confusion matrix")
    plt.show()

y_preds = lr_clf.predict(X_valid)
plot_confusion_matrix(y_preds, y_valid, labels)
```

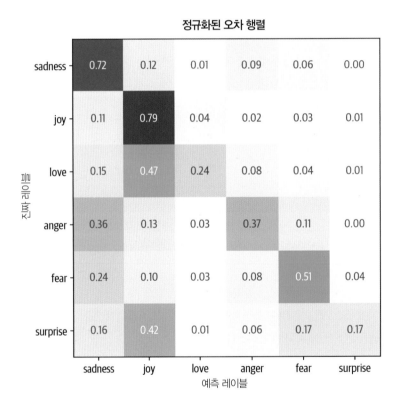

anger와 fear는 sadness와 가장 많이 혼동됩니다. 이는 임베딩을 시각화했을 때와 일치합니다. 또 love와 surprise는 joy로 많이 오인됩니다.

분류 성능을 높이기 위해 미세 튜닝하는 방법을 다음 절에서 알아보겠습니다. 하지만 GPU 같은 계산 자원이 더 많이 필요하다는 점을 유념하세요. 이런 자원을 이용하지 못하는 기업에는 전통적인 머신러닝과 딥러닝을 절충한 특성 기반 방식이 좋습니다.

2.3.2 트랜스포머 미세 튜닝하기

이제 트랜스포머를 엔드-투-엔드로 미세 튜닝하는 조건을 알아보죠. 미세 튜닝 방식에서는 은닉 상태를 고정된 특성으로 사용하지 않고 [그림 2-6]과 같이 전체 모델을 훈련합니다. 이를 위해 분류 헤드는 미분 가능해야 합니다. 따라서 이 방식은 일반적으로 신경망으로 분류 작업을 수행합니다.

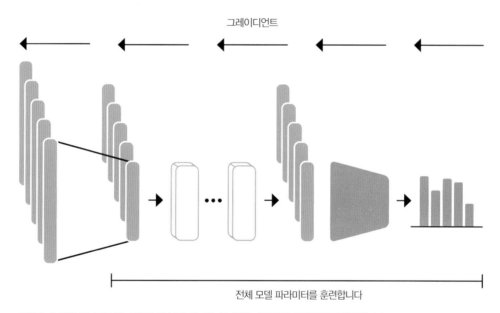

그림 2-6 미세 튜닝 방식을 사용할 때 분류 헤드와 함께 DistilBERT 모델 전체가 훈련됩니다.

분류 모델에 입력으로 사용하는 은닉 상태를 훈련하면 분류 작업에 적합하지 않은 데이터를 다룬다는 문제를 회피할 수 있습니다. 초기 은닉 상태는 훈련하는 동안에 모델 손실이 감소하도록 수정되고 따라서 성능이 높아집니다.

🤗 트랜스포머스의 **Trainer** API를 사용해 훈련 루프를 간단하게 구현하겠습니다. 이때 필요

한 요소를 살펴보죠!

사전 훈련된 모델 로드하기

첫째로 필요한 요소는 특성 기반 방식에서 사용한 것과 같은 사전 훈련된 DistilBERT 모델입니다. 그때와 달리 AutoModel 클래스 대신 AutoModelForSequenceClassification을 사용하겠습니다. AutoModelForSequenceClassification 모델은 사전 훈련된 모델 출력 위에 베이스 모델[base model][18]과 함께 쉽게 훈련할 수 있는 분류 헤드가 있다는 점에서 다릅니다. 분류 헤드의 출력 크기를 설정하기 위해 모델이 예측할 레이블 개수(여기서는 여섯 개)를 지정합니다.

```python
from transformers import AutoModelForSequenceClassification

num_labels = 6
model = (AutoModelForSequenceClassification
        .from_pretrained(model_ckpt, num_labels=num_labels)
        .to(device))
```

모델 일부가 랜덤하게 초기화된다는 경고를 보게 됩니다. 분류 헤드가 아직 훈련되지 않았으니, 이는 정상입니다. 미세 튜닝 과정에서 모델 성능을 평가할 때 사용할 측정 지표를 다음 단계에서 정의합니다.

성공 지표 정의하기

훈련하는 동안 성능을 모니터링하기 위해 Trainer에 사용할 compute_metrics() 함수를 정의합니다. 이 함수는 EvalPrediction 객체(predictions와 label_ids 속성을 가진 네임드 튜플[named tuple])를 입력받아 측정 지표 이름과 값을 매핑한 딕셔너리를 반환합니다. 이 애플리케이션의 경우, 다음처럼 모델의 F_1-점수와 정확도를 계산합니다.

```python
from sklearn.metrics import accuracy_score, f1_score

def compute_metrics(pred):
```

----

18 옮긴이_ 베이스 모델은 사전 훈련된 DistilBERT 모델을 의미합니다.

```
labels = pred.label_ids
preds = pred.predictions.argmax(-1)
f1 = f1_score(labels, preds, average="weighted")
acc = accuracy_score(labels, preds)
return {"accuracy": acc, "f1": f1}
```

데이터셋과 측정 지표가 준비되면 Trainer 클래스를 정의하기 전에 마지막으로 두 가지만 처리하면 됩니다.

1. 허깅페이스 허브에 로그인합니다. 미세 튜닝한 모델을 허브 계정에 저장하고 커뮤니티에 공유합니다.
2. 훈련을 위한 모든 하이퍼파라미터를 정의합니다.

이 단계를 다음 절에서 수행하겠습니다.

모델 훈련하기

다음 코드를 주피터 노트북에서 실행해 허브에 로그인합니다.

```
from huggingface_hub import notebook_login

notebook_login()
```

사용자 이름과 패스워드 또는 쓰기 권한을 가진 액세스 토큰access token을 입력하는 위젯이 나타날 것입니다. 액세스 토큰을 만드는 방법은 허브 문서(https://oreil.ly/IRkN1)를 참고하세요. 터미널을 사용한다면, 다음 명령을 실행해 허브에 로그인합니다.

```
$ huggingface-cli login
```

훈련 파라미터를 정의하기 위해 TrainingArguments 클래스를 사용합니다. 이 클래스는 많은 정보를 저장하며 훈련과 평가를 상세하게 제어합니다. 가장 중요한 매개변수는 훈련 과정에서 생성된 부산물이 저장될 output_dir입니다. TrainingArguments를 사용한 예를 보죠.

```
from transformers import Trainer, TrainingArguments

batch_size = 64
```

```
logging_steps = len(emotions_encoded["train"]) // batch_size
model_name = f"{model_ckpt}-finetuned-emotion"
training_args = TrainingArguments(output_dir=model_name,
                                  num_train_epochs=2,
                                  learning_rate=2e-5,
                                  per_device_train_batch_size=batch_size,
                                  per_device_eval_batch_size=batch_size,
                                  weight_decay=0.01,
                                  evaluation_strategy="epoch",
                                  disable_tqdm=False,
                                  logging_steps=logging_steps,
                                  push_to_hub=True,
                                  save_strategy="epoch",
                                  load_best_model_at_end=True,
                                  log_level="error")
```

배치 크기, 학습률, 에포크 횟수도 설정하고 훈련이 끝난 후 최상의 모델을 로드하도록 지정했습니다.[19] 이런 설정으로 **Trainer** 객체를 만들고 모델을 미세 튜닝합니다.

```
from transformers import Trainer

trainer = Trainer(model=model, args=training_args,
                  compute_metrics=compute_metrics,
                  train_dataset=emotions_encoded["train"],
                  eval_dataset=emotions_encoded["validation"],
                  tokenizer=tokenizer)
trainer.train()
```

Epoch	Training Loss	Validation Loss	Accuracy	F1
1	0.840900	0.327445	0.896500	0.892285
2	0.255000	0.220472	0.922500	0.922550

로그를 보면 검증 세트에서 모델의 F_1-점수가 약 92%입니다. 특성 기반 방식보다 매우 많이 향상됐습니다!

----

19 옮긴이_ 훈련이 끝난 후 최상의 모델을 자동으로 로드하려면 load_best_model_at_end 매개변수를 True로 설정하고 save_strategy 매개변수를 evaluation_strategy와 동일하게 맞춥니다. save_strategy의 기본값은 step입니다.

오차 행렬을 만들어 훈련 결과를 조금 더 상세히 살펴보겠습니다. 오차 행렬을 만들기 위해 먼저 검증 세트에 대한 예측을 만듭니다. Trainer 클래스의 predict() 메서드는 평가에 사용할 수 있는 몇 가지 유용한 객체를 반환합니다.

```
preds_output = trainer.predict(emotions_encoded["validation"])
```

predict() 메서드의 출력은 PredictionOutput 객체로 predictions, label_ids 배열과 함께 Trainer 클래스에 전달한 측정 지표의 값도 담고 있습니다. 예를 들어 검증 세트에 대한 지표는 다음과 같이 확인합니다.

```
preds_output.metrics
```

```
{'test_loss': 0.22047173976898193,
 'test_accuracy': 0.9225,
 'test_f1': 0.9225500751072866,
 'test_runtime': 1.6357,
 'test_samples_per_second': 1222.725,
 'test_steps_per_second': 19.564}
```

또 각 클래스에 대한 예측 데이터도 있습니다. np.argmax() 함수를 사용해 가장 큰 값이 나오도록 예측을 디코딩합니다. 그러면 예측 레이블이 반환되며, 반환된 레이블은 특성 기반 방식에서 사이킷런 모델이 반환한 레이블과 포맷이 같습니다.

```
y_preds = np.argmax(preds_output.predictions, axis=1)
```

이 예측을 사용해 오차 행렬을 만듭니다.

```
plot_confusion_matrix(y_preds, y_valid, labels)
```

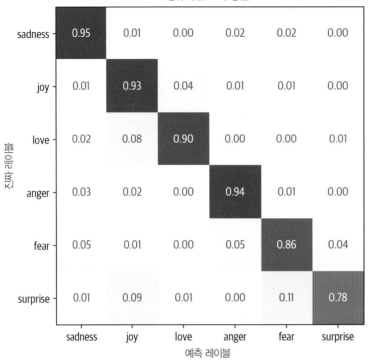

정규화된 오차 행렬

이 오차 행렬은 주대각선 원소 외에는 거의 0에 가까워 매우 이상적입니다. love는 여전히 joy 와 혼동되지만 자연스러운 현상입니다. surprise도 joy나 fear와 자주 혼동됩니다. 이 모델 의 성능은 전반적으로 상당히 우수해 보입니다. 하지만 여기서 마무리하기 전에 모델이 일으킬 가능성이 있는 오류 유형을 조금 더 자세히 분석하겠습니다.

케라스로 미세 튜닝하기

텐서플로를 사용한다면 케라스Keras API로 모델을 미세 튜닝할 수 있습니다. 파이토치 API와 크게 다른 점은 케라스에 Trainer 클래스가 없다는 것입니다. 케라스 모델에는 이미 fit() 메서 드가 있기 때문입니다. 어떻게 사용하는지 보기 위해 먼저 DistilBERT를 텐서플로 모델로 로드 하겠습니다.

```
from transformers import TFAutoModelForSequenceClassification

tf_model = (TFAutoModelForSequenceClassification
            .from_pretrained(model_ckpt, num_labels=num_labels))
```

이제 데이터셋을 **tf.data.Dataset** 포맷으로 변환합니다. 이미 토큰화된 입력에 패딩 처리를 했으므로 `emotions_encoded`의 분할에 `to_tf_dataset()` 메서드를 적용하면 쉽게 변환됩니다.

```
# 텐서플로 텐서로 변환할 열 이름
tokenizer_columns = tokenizer.model_input_names

tf_train_dataset = emotions_encoded["train"].to_tf_dataset(
    columns=tokenizer_columns, label_cols="label", shuffle=True,
    batch_size=batch_size)
tf_eval_dataset = emotions_encoded["validation"].to_tf_dataset(
    columns=tokenizer_columns, label_cols="label", shuffle=False,
    batch_size=batch_size)
```

여기서도 훈련 세트와 검증 세트를 섞고 배치 크기를 지정했습니다. 마지막으로 모델을 컴파일하고 훈련합니다.

```
import tensorflow as tf

tf_model.compile(
    optimizer=tf.keras.optimizers.Adam(learning_rate=5e-5),
    loss=tf.keras.losses.SparseCategoricalCrossentropy(from_logits=True),
    metrics=tf.metrics.SparseCategoricalAccuracy())

tf_model.fit(tf_train_dataset, validation_data=tf_eval_dataset, epochs=2)
```

오류 분석

계속 진행하기 전에 모델의 예측을 조금 더 자세히 조사하겠습니다. 간단하지만 강력한 조사 방법으로 모델의 손실 기준으로 검증 샘플을 정렬하는 방법이 있습니다. 정방향 패스의 결과와 레이블을 사용하면 손실은 자동으로 계산할 수 있습니다. 다음은 손실과 예측 레이블을 반환하는 함수입니다.

```
from torch.nn.functional import cross_entropy

def forward_pass_with_label(batch):
```

```
    # 모든 입력 텐서를 모델과 같은 장치로 이동시킵니다.
    inputs = {k:v.to(device) for k,v in batch.items()
              if k in tokenizer.model_input_names}

    with torch.no_grad():
        output = model(**inputs)
        pred_label = torch.argmax(output.logits, axis=-1)
        loss = cross_entropy(output.logits, batch["label"].to(device),
                             reduction="none")
    # 다른 데이터셋 열과 호환되도록 출력을 CPU로 옮깁니다.
    return {"loss": loss.cpu().numpy(),
            "predicted_label": pred_label.cpu().numpy()}
```

다시 한번 map() 메서드로 이 함수를 적용해 모든 샘플의 손실을 구합니다.

```
# 데이터셋을 다시 파이토치 텐서로 변환합니다.
emotions_encoded.set_format("torch",
                            columns=["input_ids", "attention_mask", "label"])
# 손실 값을 계산합니다.
emotions_encoded["validation"] = emotions_encoded["validation"].map(
    forward_pass_with_label, batched=True, batch_size=16)
```

마지막으로 텍스트, 손실, 예측 레이블과 진짜 레이블로 DataFrame을 만듭니다.

```
emotions_encoded.set_format("pandas")
cols = ["text", "label", "predicted_label", "loss"]
df_test = emotions_encoded["validation"][:][cols]
df_test["label"] = df_test["label"].apply(label_int2str)
df_test["predicted_label"] = (df_test["predicted_label"]
                              .apply(label_int2str))
```

이제 emotions_encoded를 손실 기준으로 오름차순이나 내림차순으로 정렬합니다. 이 작업은
다음과 같은 사항을 감지합니다.

잘못된 레이블

데이터에 레이블을 부여하는 프로세스는 모두 완벽하지 않습니다. 레이블을 부여하는 애너
테이터annotator가 실수를 하거나 의견이 일치하지 않기도 합니다. 또 다른 특성에서 추론된 레

이블이 틀리는 경우도 있습니다. 데이터에 자동으로 레이블을 부여하기가 쉽다면 예측 모델이 필요하지 않습니다. 따라서 잘못 레이블링된 샘플이 있는 것이 정상입니다. 앞에서와 같은 방식을 사용하면 이런 레이블을 빠르게 찾아 수정할 수 있습니다.

데이터셋의 특이사항

실세계의 데이터셋은 엉성하기 마련입니다. 텍스트 데이터에서는 입력에 포함된 특수 문자나 문자열이 모델 예측에 큰 영향을 미치기도 합니다. 모델의 가장 나쁜 예측을 들여다보면 이런 특성을 찾게 되고, 데이터를 정제하거나 비슷한 샘플을 추가하면 모델이 안정됩니다.

먼저 손실이 가장 높은 샘플을 확인해보죠.

```
df_test.sort_values("loss", ascending=False).head(10)
```

Text	label	predicted_label	loss
i feel that he was being overshadowed by the supporting characters	love	sadness	5.704531
i called myself pro life and voted for perry without knowing this information i would feel betrayed but moreover i would feel that i had betrayed god by supporting a man who mandated a barely year old vaccine for little girls putting them in danger to financially support people close to him	joy	sadness	5.484461
i guess i feel betrayed because i admired him so much and for someone to do this to his wife and kids just goes beyond the pale	joy	sadness	5.434768
i feel badly about reneging on my commitment to bring donuts to the faithful at holy family catholic church in columbus ohio	love	sadness	5.257482
i as representative of everything thats wrong with corporate america and feel that sending him to washington is a ludicrous idea	surprise	sadness	4.827708
i guess this is a memoir so it feels like that should be fine too except i dont know something about such a deep amount of self absorption made me feel uncomfortable	joy	fear	4.713047

text			
i am going to several holiday parties and i can t wait to feel super awkward i am going to several holiday parties and i can t wait to feel super awkward a href http badplaydate	joy	sadness	4.704955
i felt ashamed of these feelings and was scared because i knew that something wrong with me and thought i might be gay	fear	sadness	4.656096
i guess we would naturally feel a sense of loneliness even the people who said unkind things to you might be missed	anger	sadness	4.593202
im lazy my characters fall into categories of smug and or blas people and their foils people who feel inconvenienced by smug and or blas people	joy	fear	4.311287

모델이 일부 레이블을 잘못 예측했습니다. 반면 명확한 클래스를 부여하기 어려운 샘플도 꽤 있는 것 같습니다. 이런 샘플은 레이블이 잘못 부여되는 일이 있습니다. 아니면 새로운 클래스가 필요합니다. 특히 joy는 레이블링이 여러 번 잘못됐습니다. 이런 정보를 바탕으로 데이터셋을 정제하면, 데이터를 더 모으거나 더 큰 모델을 사용하는 것만큼 (혹은 그보다 더) 성능이 크게 향상됩니다!

가장 낮은 손실을 내는 예측도 살펴보죠. 손실이 가장 낮은 샘플을 보면 모델은 sadness 클래스를 예측할 때 확신이 가장 강한 것 같습니다. 딥러닝 모델은 예측을 얻기 위해 지름길을 찾고 활용하는 데 남다른 능력을 발휘합니다. 이런 이유로, 시간이 걸리더라도 모델이 가장 강하게 확신하는 샘플을 조사하는 게 중요합니다. 이런 조사로 모델이 텍스트의 특성을 부적절하게 활용하지 않는다는 확신을 갖게 됩니다.

```
df_test.sort_values("loss", ascending=True).head(10)
```

text	label	predicted_label	loss
i feel try to tell me im ungrateful tell me im basically the worst daughter sister in the world	sadness	sadness	0.017331
im kinda relieve but at the same time i feel disheartened	sadness	sadness	0.017392

i and feel quite ungrateful for it but i m looking forward to summer and warmth and light nights	sadness	sadness	0.017400
i remember feeling disheartened one day when we were studying a poem really dissecting it verse by verse stanza by stanza	sadness	sadness	0.017461
i feel like an ungrateful asshole	sadness	sadness	0.017485
i leave the meeting feeling more than a little disheartened	sadness	sadness	0.017670
i am feeling a little disheartened	sadness	sadness	0.017685
i feel like i deserve to be broke with how frivolous i am	sadness	sadness	0.017888
i started this blog with pure intentions i must confess to starting to feel a little disheartened lately by the knowledge that there doesnt seem to be anybody reading it	sadness	sadness	0.017899
i feel so ungrateful to be wishing this pregnancy over now	sadness	sadness	0.017913

이제 joy가 이따금 레이블링이 잘못되고 모델은 sadness 레이블을 예측하는 데 가장 강하게 확신한다는 사실을 알았습니다. 이 정보를 이용해 데이터셋을 개선하고 모델이 강하게 확신하는 클래스를 판별합니다.

훈련된 모델을 추론에 활용하기 전에 마지막 단계로 나중을 위해 모델을 저장합시다. 다음 절에서 보겠지만, 🤗 트랜스포머스에서는 이런 작업을 몇 단계에 걸쳐 수행합니다.

모델 저장 및 공유

NLP 커뮤니티는 사전 훈련되고 미세 튜닝된 모델을 공유해 큰 도움을 받습니다. 누구나 허깅 페이스 허브를 통해 다른 사람과 모델을 공유할 수 있습니다. DistilBERT 모델을 다운로드하듯이, 커뮤니티가 생성한 모델은 모두 허브에서 다운로드 가능합니다. Trainer API를 사용하면 모델의 저장과 공유가 간단해집니다.

```
trainer.push_to_hub(commit_message="Training completed!")
```

미세 튜닝된 모델을 사용해 새로운 트윗에 대해 예측할 수도 있습니다. 모델을 허브에 업로드했으니 1장에서처럼 pipeline() 함수를 사용하겠습니다. 먼저 파이프라인을 만듭니다.

```python
from transformers import pipeline

# `transformersbook`을 자신의 허브 사용자 이름으로 바꾸세요.
model_id = "transformersbook/distilbert-base-uncased-finetuned-emotion"
classifier = pipeline("text-classification", model=model_id)
```

샘플 트윗으로 이 파이프라인을 테스트해보죠.

```python
custom_tweet = "I saw a movie today and it was really good."
preds = classifier(custom_tweet, top_k=None)
```

마지막으로 각 클래스의 확률을 막대 그래프로 나타내겠습니다. 확실히 이 모델은 가장 가능성 있는 클래스를 joy로 추정합니다. 트윗 내용을 보면 합리적인 예측인 듯합니다.

```python
preds_sorted = sorted(preds, key=lambda d: d['label'])
preds_df = pd.DataFrame(preds_sorted)
plt.bar(labels, 100 * preds_df["score"], color='C0')
plt.title(f'"{custom_tweet}"')
plt.ylabel("Class probability (%)")
plt.show()
```

2.4 결론

축하합니다! 트윗의 감정을 분류하는 트랜스포머 모델의 훈련법을 배웠습니다. 특성과 미세 튜닝을 기반으로 하는 상호 보완적인 두 가지 방법을 살펴보며 각각의 장점과 단점을 알아보았습니다.

하지만 '트랜스포머 모델을 활용한 실전 애플리케이션 만들기' 여정에서 첫발을 뗀 것에 불과합니다. 앞으로 펼쳐질 내용이 많습니다. 여러분이 NLP 여정에서 겪을 만한 일을 정리해봤습니다.

상사가 모델을 제품 환경에 빨리 투입하라고 성화네요!

대부분의 애플리케이션은 모델을 만드는 데서 끝나지 않고 예측을 제공해야 합니다! 모델을 허브에 업로드하면 HTTP 요청을 받는 추론 엔드포인트endpoint가 자동으로 생성됩니다. 관련된 자세한 내용은 추론 API 문서(`https://oreil.ly/XACF5`)를 참고하세요.[20]

사용자들이 더 빠른 예측을 원해요!

이 문제를 해결할 방안으로 이미 DistilBERT의 사용법을 살펴봤습니다. (DistilBERT를 만드는 과정인) 지식 정제knowledge distillation와 트랜스포머 모델의 속도를 높이는 여러 가지 기법은 8장에서 자세히 다룹니다.

모델이 다른 일도 할 수 있나요?

이 장에서 언급했듯 트랜스포머는 다방면에 재주가 뛰어납니다. 앞으로 질문 답변, 개체명 인식 같은 다양한 작업을 살펴보겠습니다. 기본적으로 사용하는 아키텍처가 모두 동일합니다.

제가 사용할 텍스트 데이터는 영어가 아니에요!

트랜스포머는 다중 언어를 지원합니다. 4장에서 트랜스포머를 사용해 여러 언어를 동시에 다뤄보겠습니다.

---

20 옮긴이_ [그림 1-11]에 있는 것처럼 모델 카드의 추론 위젯에서도 테스트가 가능합니다.

레이블이 하나도 없어요!

레이블링된 데이터가 매우 적다면 미세 튜닝 방식을 사용하지 못합니다. 이런 상황의 처리법은 9장에서 알아보겠습니다.

지금까지 트랜스포머 모델을 훈련하고 공유해봤습니다. 다음 장에서는 밑바닥부터 자신만의 트랜스포머 모델을 구현하는 방법을 살펴보겠습니다.

## CHAPTER 3

트랜스포머 파헤치기

2장에서 트랜스포머의 미세 튜닝과 평가에 필요한 사항을 배웠으니, 이제 무대 뒤에서 트랜스포머가 어떻게 동작하는지 알아보죠. 이 장에서는 트랜스포머 모델의 주요 구성 요소와 이를 파이토치로 구현하는 방법을 알아보겠습니다. 또 텐서플로로 동일한 작업을 수행하는 방법도 안내하겠습니다. 먼저 어텐션 메커니즘을 만드는 데 초점을 맞춘 다음, 트랜스포머 인코더를 구현하기 위해 필요한 요소를 추가하겠습니다. 인코더와 디코더 모듈의 구조적인 차이점도 간략하게 둘러보겠습니다. 이 장의 끝에 다다르면, 여러분은 간단한 트랜스포머 모델을 직접 구현할 수 있을 것입니다!

당면한 문제를 해결하기 위해 🤗 트랜스포머스를 사용하고 모델을 미세 튜닝하는 데 트랜스포머 아키텍처의 기술적인 측면을 깊이 이해할 필요는 없습니다. 하지만 기술적인 측면을 알면 트랜스포머의 한계점을 파악하거나 새로운 도메인에 적용할 때 도움이 됩니다.

이 장은 최근 몇 년간 등장한 다양한 트랜스포머 모델을 이해하도록 트랜스포머 모델의 분류 체계 또한 소개합니다. 코드를 작성하기 전에 먼저 트랜스포머 혁명을 촉발한 원본 아키텍처를 알아보겠습니다.

3.1 트랜스포머 아키텍처

1장에서 보았듯이 원본 트랜스포머는 **인코더-디코더**encoder-decoder 구조를 기반으로 합니다. 인코더-디코더 구조는 단어의 시퀀스를 다른 언어로 번역하는 기계 번역 같은 작업에 널리 사용됩니다. 이 아키텍처는 두 개의 구성 요소로 이루어집니다.

인코더

입력 토큰의 시퀀스를 **은닉 상태**hidden state 또는 **문맥**context이라 부르는 임베딩 벡터의 시퀀스로 변환합니다.

디코더

인코더의 은닉 상태를 사용해 출력 토큰의 시퀀스를 한 번에 하나씩 반복적으로 생성합니다.

[그림 3-1]처럼 인코더와 디코더는 여러 개의 구성 요소로 이루어집니다.

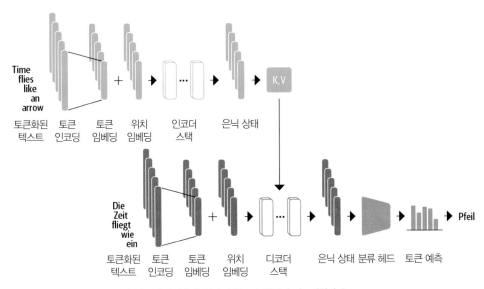

그림 3-1 트랜스포머의 인코더-디코더 아키텍처. 상단이 인코더, 하단이 디코더입니다.

잠시 후 구성 요소를 자세히 알아보겠지만, [그림 3-1]에 트랜스포머 아키텍처의 특징 몇 가지가 나타나 있습니다.

- 2장에서 다룬 기법을 사용해 입력 텍스트를 토큰화하고 **토큰 임베딩**token embedding으로 변환합니다. 어텐션 메커니즘은 토큰의 상대적인 위치를 알지 못합니다. 따라서 텍스트의 순서 특징을 모델링하기 위해 입력에 토큰 위치에 관한 정보를 주입할 방법이 필요합니다. 이를 위해 각 토큰의 위치 정보가 담긴 **위치 임베**

딩^{positional embedding}을 토큰 임베딩과 합칩니다.

- 인코더가 **인코더 층**^{encoder layer}의 스택 또는 '블록'으로 구성되는데, 이는 컴퓨터 비전에서 합성곱 층의 스택과 유사합니다. 디코더도 마찬가지로 **디코더 층**^{decoder layer}의 스택으로 구성됩니다.

- 디코더 층마다 인코더의 출력이 주입됩니다. 디코더는 시퀀스에서 가장 가능성 있는 다음 토큰을 예측합니다. 이 단계의 출력이 디코더로 다시 주입되어 다음 토큰을 생성합니다. 이런 과정이 특수한 EOS^{end-of-sequence} 토큰에 도달할 때까지 계속됩니다. [그림 3-1]의 예에서 디코더가 이미 'Die'와 'Zeit'를 예측했다고 가정해보죠. 디코더는 이제 두 토큰은 물론 인코더의 출력을 입력으로 사용해 다음 토큰 'fliegt'를 예측합니다. 다음 단계에서 디코더는 'fliegt'를 추가적인 입력으로 사용합니다. 디코더가 EOS 토큰을 예측하거나 최대 길이에 도달할 때까지 이 과정을 반복합니다.

트랜스포머 아키텍처는 원래 기계 번역 같은 시퀀스-투-시퀀스 작업을 위해 고안됐지만, 인코더와 디코더 블록은 곧 독립적인 모델이 됐습니다. 트랜스포머 모델이 수백 개나 되지만 대부분 세 유형으로 나뉩니다.

인코더 유형

이 모델은 텍스트 시퀀스 입력을 풍부한 수치 표현으로 변환합니다. 이 표현은 텍스트 분류나 개체명 인식 같은 작업에 잘 맞습니다. BERT를 비롯해 RoBERTa나 DistilBERT 같은 BERT 변종이 이 유형의 아키텍처에 속합니다. 이런 아키텍처에서 한 토큰에 대해 계산한 표현은 왼쪽(이전 토큰)과 오른쪽(이후 토큰) 문맥에 따라 달라집니다. 이를 종종 **양방향 어텐션**^{bidirectional attention}이라 합니다.

디코더 유형

이 모델은 'Thanks for lunch, I had a…' 같은 시작 텍스트가 주어지면 가장 가능성 있는 다음 단어를 반복해 예측하는 식으로 시퀀스를 자동 완성합니다. GPT 계열의 모델이 이 유형에 해당합니다. 이런 아키텍처에서 한 토큰에 대해 계산한 표현은 오직 왼쪽 문맥에 따라 달라집니다. 이를 종종 **코잘 어텐션**^{causal attention} 또는 **자기회귀 어텐션**^{autoregressive attention}이라 합니다.

인코더-디코더 유형

한 텍스트의 시퀀스를 다른 시퀀스로 매핑하는 복잡한 모델링에 사용합니다. 따라서 기계 번역과 요약 작업에 적합합니다. 인코더와 디코더를 연결한 트랜스포머 아키텍처 외에 BART와 T5 모델이 이 유형에 속합니다.

트랜스포머 아키텍처를 고수준에서 이해했으니 이제 인코더의 내부 동작을 자세히 알아보겠습니다.

3.2 인코더

앞서 보았듯 트랜스포머 인코더는 여러 개의 인코더 층이 서로 쌓여 구성됩니다. [그림 3-2]처럼 각 인코더 층은 임베딩 시퀀스를 받아 다음과 같은 층에 통과시킵니다.

- 멀티 헤드 셀프 어텐션 층multi-head self-attention layer
- 각각의 입력 임베딩에 적용되는 완전 연결 피드 포워드 층fully connected feed-forward layer

인코더 층의 출력 임베딩은 입력과 크기가 동일합니다. 곧 보겠지만, 인코더 스택의 주요 역할은 입력 임베딩을 업데이트해 시퀀스의 문맥 정보가 인코딩된 표현을 만드는 것입니다. 예를 들어, 'apple'이란 단어에 'keynote'나 'phone'이 가까이 있다면, 'apple'에 대한 표현을 회사와는 가깝고 과일과는 멀게 업데이트할 것입니다.

---

[1] Y. Liu and M. Lapata. "Text Summarization with Pretrained Encoder" (https://arxiv.org/abs/1908.08345), (2019).

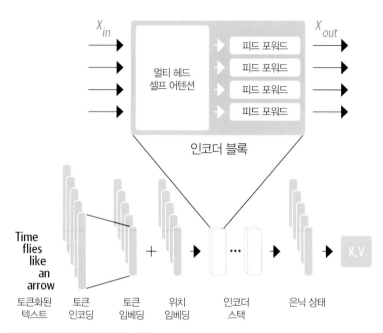

그림 3-2 인코더 층을 확대한 그림

멀티 헤드 어텐션 층과 피드 포워드 층은 심층 신경망을 효율적으로 훈련하기 위해 표준 기법인 스킵 연결skip connection과 층 정규화layer normalization도 사용합니다. 하지만 트랜스포머의 작동 원리를 잘 이해하려면 더 자세히 살펴볼 필요가 있습니다. 가장 중요한 구성 요소인 셀프 어텐션 층으로 시작하겠습니다.

3.2.1 셀프 어텐션

1장에서 언급했듯 어텐션 메커니즘을 사용하면 신경망이 시퀀스의 각 원소에 다른 양의 가중치 또는 '어텐션'을 할당합니다. 텍스트 시퀀스에서 원소는 2장에서 본 것과 같은 **토큰 임베딩**token embedding입니다. 각 토큰은 고정 차원의 벡터에 매핑됩니다. 예를 들어 BERT에서 각 토큰은 768차원 벡터로 표현됩니다. 셀프 어텐션의 '셀프'는 이 가중치가 동일 집합에 있는 모든 은닉 상태(가령 인코더의 모든 은닉 상태)에 대해 계산된다는 사실을 나타냅니다. 반면 순환 모델과 연관된 어텐션 메커니즘은 특정 디코딩 타임스텝에서 해당 디코더의 은닉 상태와 인코더의 각 은닉 상태가 가진 관련성을 계산합니다.

각 토큰에 대해 고정된 임베딩을 사용하는 대신 전체 시퀀스를 사용해 각 임베딩의 **가중 평균**weighted average을 계산하는 것이 셀프 어텐션의 기본 개념입니다. 이를 토큰 임베딩의 시퀀스 $x_1, ..., x_n$이 주어지면 셀프 어텐션은 새로운 임베딩 시퀀스 $x_1', ..., x_n'$를 생성한다는 공식으로 나타낼 수 있습니다. 여기서 x_i'는 x_j의 선형 결합linear combination입니다.

$$x_i' = \sum_{j=1}^{n} w_{ji} x_j$$

계수coefficient w_{ji}는 **어텐션 가중치**attention weight라 하며 $\sum_j w_{ji} = 1$이 되도록 정규화됩니다. 토큰 임베딩의 평균을 구하는 이유를 알아보겠습니다. 'flies'를 보면 무엇이 떠오르나요? 파리를 뜻하는 명사 'fly'가 떠오를 수 있습니다. 하지만 'time flies like an arrow(시간이 쏜살같이 흐른다)' 같은 문맥이 주어지면 날아간다는 뜻의 동사 'flies'를 떠올리게 됩니다. 이처럼 모든 토큰 임베딩을 비율을 달리해 통합하면 문맥을 내포하는 'flies' 표현이 만들어집니다. 이때는 아마도 'time'과 'arrow' 토큰 임베딩에 더 큰 가중치 w_{ji}를 할당할 것입니다. 이런 식으로 생성된 임베딩을 **문맥 고려 임베딩**contextualized embedding이라 합니다. 문맥 고려 임베딩은 트랜스포머가 개발되기 전에 ELMo[2] 같은 언어 모델에서 시작됐습니다. 앞에서 설명한 과정을 [그림 3-3]에 요약했습니다. 문맥에 따라 셀프 어텐션을 통해 'flies'의 다른 표현 두 개가 생성됩니다.

그림 3-3 셀프 어텐션이 원시 토큰 임베딩(위)을 문맥 고려 임베딩(아래)으로 업데이트해서 전체 시퀀스 정보를 통합하는 표현을 만드는 방법

---

2   M.E. Peters et al., "Deep Contextualized Word Representations" (https://arxiv.org/abs/1802.05365), (2017).

이제 어텐션 가중치를 계산하는 방법을 알아보겠습니다.

스케일드 점곱 어텐션

셀프 어텐션 층을 구현하는 여러 방법 중 트랜스포머 아키텍처를 소개한 논문[3]에서 다룬 **스케일드 점곱 어텐션**scaled dot-product attention이 가장 일반적입니다. 이 메커니즘은 네 단계로 구현됩니다.

- 각 토큰 임베딩을 **쿼리**(query), **키**(key), **값**(value) 세 개의 벡터로 투영합니다.
- 어텐션 점수를 계산합니다. **유사도 함수**similarity function를 사용해 쿼리 벡터와 키 벡터가 서로 얼마나 관련되는지 계산합니다. 이름 그대로 스케일드 점곱 어텐션의 유사도 함수는 점곱dot product이며 임베딩의 행렬 곱셈을 사용해 효율적으로 계산합니다. 쿼리와 키가 비슷하면 점곱 결과가 크고, 쿼리와 키에 공통 부분이 많지 않으면 겹치는 부분이 적거나 거의 없으므로 점곱 결과가 작습니다. 이 단계의 출력을 **어텐션 점수**attention score라 하며, n개의 입력 토큰이 있는 시퀀스의 경우 크기가 n×n인 어텐션 점수 행렬이 만들어집니다.
- 어텐션 가중치를 계산합니다. 일반적으로 점곱은 임의의 큰 수를 만들기 때문에 훈련 과정이 불안정해집니다. 이를 처리하기 위해 먼저 어텐션 점수에 스케일링 인자scaling factor를 곱해 분산을 정규화하고 소프트맥스 함수를 적용해 모든 열의 합이 1이 되게 합니다. 이를 통해 만들어진 n×n 행렬에는 어텐션 가중치 w_{ji}가 담깁니다.
- 토큰 임베딩을 업데이트합니다. 어텐션 가중치가 계산되면 이를 값 벡터 v_1, ..., v_n와 곱해서 임베딩을 위해 업데이트된 표현 $x_i' = \sum_j w_{ji} v_j$을 얻습니다.

멋진 라이브러리인 BertViz for Jupyter(https://oreil.ly/eQK3I)로 어텐션 가중치가 계산되는 과정을 시각화해보죠. 이 라이브러리는 트랜스포머 모델에서 어텐션의 다양한 측면을 시각화하는 함수를 여러 개 제공합니다. 어텐션 가중치를 시각화하기 위해 neuron_view 모듈을 사용하겠습니다. 이 모듈은 쿼리와 키 벡터가 어떻게 결합되어 최종 가중치를 생산하는지를 가중치 계산 과정을 추적해 알려줍니다. BertViz가 모델의 어텐션 층을 활용하므로 BERT 체크포인트로 BertViz의 모델 클래스 객체를 초기화하겠습니다. 그다음 show() 함수를 사용해 특정 인코더 층과 어텐션 헤드에 대한 인터랙티브한 시각화를 생성합니다. 어텐션 시각화를 시작하려면 왼쪽의 + 기호를 클릭합니다.

```
from transformers import AutoTokenizer
from bertviz.transformers_neuron_view import BertModel
from bertviz.neuron_view import show
```

---

3 A. Vaswani et al., "Attention Is All You Need" (https://arxiv.org/abs/1706.03762), (2017).

```
model_ckpt = "bert-base-uncased"
tokenizer = AutoTokenizer.from_pretrained(model_ckpt)
model = BertModel.from_pretrained(model_ckpt)
text = "time flies like an arrow"
show(model, "bert", tokenizer, text, display_mode="light", layer=0, head=8)
```

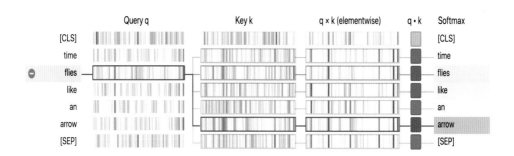

그림에서 수직 밴드는 쿼리와 키 벡터의 값을, 밴드의 색 농도는 값의 크기를 나타냅니다. 연결선은 토큰의 어텐션에 따라 가중됩니다. 'flies'에 대한 쿼리 벡터가 'arrow' 키 벡터와 가장 많이 중첩됐습니다.

쿼리, 키, 값 이해하기

쿼리, 키, 값 벡터의 개념은 처음에는 조금 미스터리해 보입니다. 이 이름은 정보 검색information retrieval 시스템에서 유래했습니다. 간단한 비유로 설명하겠습니다. 저녁 식사에 필요한 재료를 사러 마트에 갔다고 상상해보죠. 필요한 식재료를 각각 쿼리로 생각하겠습니다. 마트 진열대에 붙은 이름표(키)를 훑으면서 필요한 재료와 일치(유사도 함수)하는지 확인합니다. 이름표가 일치하면 진열대에서 상품(값)을 꺼냅니다.

이 비유에서는 이름표가 재료와 일치하는 식료품 중 하나만 선택합니다. 셀프 어텐션은 이 비유와 비슷하지만 더 추상적이고 유연합니다. 키와 쿼리의 일치 정도에 따라 마트의 모든 이름표가 재료에 일치합니다. 따라서 달걀 12개를 사려고 했지만, 달걀 10개와 오믈렛 1개, 치킨 윙 1개가 선택될 때도 있습니다.

[그림 3-4]처럼 스케일드 점곱 어텐션을 계산하는 연산을 다이어그램으로 그려 이 과정을 자세히 살펴보죠.

그림 3-4 스케일드 점곱 어텐션의 연산

이 장에서는 파이토치를 사용해 트랜스포머 아키텍처를 구현하지만 텐서플로로 구현하는 과정
도 비슷합니다. [표 3-1]에 두 프레임워크에서 가장 중요한 함수를 비교했습니다.

표 3-1 이 장에서 사용하는 파이토치 및 텐서플로(케라스)의 클래스와 함수

파이토치	텐서플로 (케라스)	생성 / 구현
nn.Linear	keras.layers.Dense	밀집(dense) 층
nn.Module	keras.layers.Layer	모델 구성을 위한 기반 클래스
nn.Dropout	keras.layers.Dropout	드롭아웃 층
nn.LayerNorm	keras.layers.LayerNormalization	층 정규화
nn.Embedding	keras.layers.Embedding	임베딩 층
nn.GELU	keras.activations.gelu	GELU(Gaussian Error Linear Unit) 활성화 함수
nn.bmm	tf.matmul	배치 행렬 곱셈
model.forward	model.call	모델의 정방향 패스

맨 처음 필요한 것은 텍스트 토큰화입니다. 따라서 토크나이저를 사용해 `input_ids`를 추출해
보죠.

```
inputs = tokenizer(text, return_tensors="pt", add_special_tokens=False)
inputs.input_ids
```

```
tensor([[ 2051, 10029,  2066,  2019,  8612]])
```

2장에서 보았듯 시퀀스에 있는 각 토큰은 토크나이저 어휘사전에서 고유한 각 ID에 매핑됩니
다. 간단하게 하기 위해 `add_special_tokens=False`로 설정해 [CLS]와 [SEP] 토큰을 제외
하겠습니다. 그다음 밀집 임베딩을 만들겠습니다. 여기서 밀집^{dense}은 임베딩에 있는 모든 원소

의 값이 0이 아니라는 의미입니다. 이와 달리 2장에서 본 원-핫 인코딩은 희소sparse합니다. 한 원소를 제외한 모든 원소가 0이기 때문입니다. 이를 위해 각 입력 ID에 대한 룩업 테이블처럼 동작하는 파이토치의 `torch.nn.Embedding` 층을 사용하겠습니다.

```python
from torch import nn
from transformers import AutoConfig

config = AutoConfig.from_pretrained(model_ckpt)
token_emb = nn.Embedding(config.vocab_size, config.hidden_size)
token_emb
```

```
Embedding(30522, 768)
```

앞 코드에서 `AutoConfig` 클래스를 사용해 `bert-base-uncased` 체크포인트에 관련된 `config.json` 파일을 로드했습니다. 🤗 트랜스포머스에서 모든 체크포인트는 `vocab_size`와 `hidden_size` 같은 다양한 하이퍼파라미터가 지정된 설정 파일이 할당됩니다. 이 예제의 경우 입력 ID 가 `nn.Embedding`에 저장된 30,522개 임베딩 벡터 중 하나에 매핑되고, 각 벡터의 크기는 768 입니다. `AutoConfig` 클래스는 모델 예측 포맷을 지정하는 데 사용되는 추가적인 메타데이터metadata도 저장합니다.

이 시점에서 토큰 임베딩은 문맥과 독립적입니다. 즉 이전 예시의 'flies' 같은 동음이의어(철자 는 같지만 의미가 다른 단어)의 표현이 동일합니다. 이어지는 어텐션 층은 이런 토큰 임베딩을 혼합해 의미를 명확하게 하고 토큰 표현에 문맥 내용을 주입합니다.

이제 룩업 테이블이 준비됐으니 입력 ID를 전달해 임베딩을 만듭니다.

```python
inputs_embeds = token_emb(inputs.input_ids)
inputs_embeds.size()
```

```
torch.Size([1, 5, 768])
```

2장에서 본 것처럼, 이 층은 `[batch_size, seq_len, hidden_dim]` 크기의 텐서를 출력합니다. 위치 인코딩은 나중에 설명하겠습니다. 이제 다음 단계는 쿼리, 키, 값 벡터를 만들고 점곱을 유사도 함수로 사용해 어텐션 점수를 계산하는 것입니다.

```
import torch
from math import sqrt

query = key = value = inputs_embeds
dim_k = key.size(-1)
scores = torch.bmm(query, key.transpose(1,2)) / sqrt(dim_k)
scores.size()
```

```
torch.Size([1, 5, 5])
```

배치에 있는 샘플마다 5×5 크기의 어텐션 점수 행렬이 만들어집니다. 나중에 임베딩에 독립적인 가중치 행렬 $W_{Q,K,V}$을 각각 적용해 쿼리, 키, 값 벡터를 생성하겠습니다. 하지만 여기서는 간단하게 모두의 값을 같게 했습니다. 스케일드 점곱 어텐션에서 점곱은 임베딩 벡터의 크기로 스케일을 조정합니다.[4] 이 과정은 훈련 도중 큰 수의 빈번한 발생을 줄여 다음에 이어질 소프트맥스 함수의 포화를 방지합니다.

> NOTE_ torch.bmm() 함수는 배치 행렬–행렬 곱셈batch matrix-matrix product을 수행해서 크기가 [batch_size, seq_len, hidden_dim]인 쿼리와 키 벡터의 어텐션 점수 계산을 단순화합니다. 배치 차원을 무시하면 각 쿼리와 키 벡터의 점곱을 다음과 같이 계산할 수 있습니다. 키 텐서를 전치해 [hidden_dim, seq_len] 크기로 만들고 행렬 곱셈으로 벡터 점곱의 결과를 모아 [seq_len, seq_len] 크기 행렬을 만드는 것입니다. 배치에 있는 모든 시퀀스에서 독립적으로 수행하기 위해 torch.bmm() 함수를 사용합니다. 이 함수는 두 개의 배치 행렬을 받아 첫 번째 배치와 두 번째 배치에 있는 행렬을 순서대로 곱합니다.

이제 소프트맥스 함수를 적용해보죠.

```
import torch.nn.functional as F

weights = F.softmax(scores, dim=-1)
weights.sum(dim=-1)
```

---

4   옮긴이_ 쿼리와 키가 표준 정규분포를 따라 랜덤하게 초기화됐다고 가정하면 쿼리와 키 점곱의 분산은 벡터의 차원이 됩니다. 따라서 표준편차 1로 정규화하기 위해 차원의 제곱근으로 나눕니다.

```
tensor([[1., 1., 1., 1., 1.]], grad_fn=<SumBackward1>)
```

마지막으로 값에 어텐션 가중치를 곱합니다.

```
attn_outputs = torch.bmm(weights, value)
attn_outputs.shape
```

```
torch.Size([1, 5, 768])
```

이것으로 끝입니다. 간단한 셀프 어텐션을 만드는 단계를 모두 수행했습니다! 전 과정이 두 개의 행렬 곱셈과 소프트맥스 함수이니 셀프 어텐션을 일종의 멋진 평균 계산으로 생각해도 좋습니다.

나중에 사용하기 위해 이런 단계를 하나의 함수로 만들겠습니다.

```
def scaled_dot_product_attention(query, key, value):
    dim_k = query.size(-1)
    scores = torch.bmm(query, key.transpose(1, 2)) / sqrt(dim_k)
    weights = F.softmax(scores, dim=-1)
    return torch.bmm(weights, value)
```

동일한 쿼리와 키 벡터를 사용하는 어텐션 메커니즘은 문맥에서 동일한 단어, 특히 현재 읽어들인 단어에 매우 큰 점수를 할당합니다. 하지만 실전에서 단어의 의미를 파악하는 데 도움되는 것은 동일한 단어보다 문맥을 보완하는 단어입니다. 예를 들어 'flies'의 의미는 중복 언급된 'flies'보다 'time'과 'arrow' 정보를 통합할 때 더 잘 정의됩니다. 이런 동작을 어떻게 만들까요?

세 개의 선형 투영을 사용해 초기 토큰 벡터를 세 개의 공간에 투영하는 식으로, 토큰의 쿼리, 키, 값 벡터를 다르게 만들어보겠습니다.

멀티 헤드 어텐션

이전의 간단한 예에서 임베딩을 있는 그대로 사용해 어텐션 점수와 가중치를 계산했지만, 실제와는 큰 차이가 납니다. 실제로 셀프 어텐션 층은 각 임베딩에 독립적인 선형 변환 세 개를 적용해 쿼리, 키, 값 벡터를 생성합니다. 이런 변환은 임베딩을 투영하며 각 투영은 학습 가능한 파라미터를 갖습니다. 따라서 셀프 어텐션 층은 시퀀스의 다양한 의미에 초점을 맞춥니다.

또 여러 벌의 선형 투영이 도움이 된다고 알려졌는데, 각 투영 집합을 **어텐션 헤드**attention head라 합니다. [그림 3-5]에 이렇게 만들어진 **멀티 헤드 어텐션 층**multi-head attention layer을 나타냈습니다. 왜 어텐션 헤드가 하나 이상 필요할까요? 한 헤드의 소프트맥스가 유사도의 한 측면에만 초점을 맞추는 경향이 있기 때문입니다. 여러 개 헤드가 있으면 모델은 동시에 여러 측면에 초점을 맞춥니다. 예를 들어 한 헤드는 주어—동사 상호작용에 초점을 맞추고, 다른 헤드는 인접한 형용사를 찾는 식입니다. 이런 관계는 모델에 수동으로 입력되지 않고 모델이 직접 데이터에서 학습합니다. 컴퓨터 비전 모델에 익숙하다면 합성곱 신경망의 필터와 유사함을 눈치챘을 겁니다. 이미지에서 한 필터는 얼굴을 감지하고, 다른 필터는 자동차 바퀴를 찾는 경우를 생각하면 됩니다.

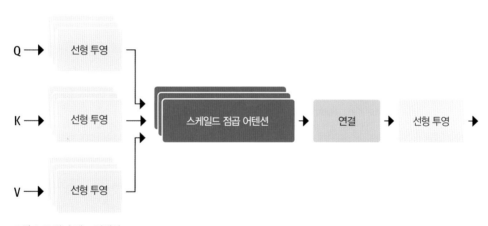

그림 3-5 멀티 헤드 어텐션

이런 층을 만들기 위해 먼저 어텐션 헤드 하나를 위한 코드를 작성해보겠습니다.

```
class AttentionHead(nn.Module):
    def __init__(self, embed_dim, head_dim):
        super().__init__()
        self.q = nn.Linear(embed_dim, head_dim)
        self.k = nn.Linear(embed_dim, head_dim)
        self.v = nn.Linear(embed_dim, head_dim)
```

```
def forward(self, hidden_state):
    attn_outputs = scaled_dot_product_attention(
        self.q(hidden_state), self.k(hidden_state), self.v(hidden_state))
    return attn_outputs
```

세 개의 독립된 선형 층을 만들었습니다. 이 층은 임베딩 벡터에 행렬 곱셈을 적용해 [batch_size, seq_len, head_dim] 크기의 텐서를 만듭니다. head_dim은 투영하려는 차원의 크기입니다. head_dim이 토큰의 임베딩 차원(embed_dim)보다 더 작을 필요는 없지만, 실전에서는 헤드마다 계산이 일정하도록 embed_dim과 배수가 되게 선택합니다. 예를 들어 BERT에는 어텐션 헤드가 12개 있으므로 각 헤드의 차원은 $768/12 = 64$가 됩니다.

어텐션 헤드가 준비됐으니 각 헤드의 출력을 연결해서 완전한 멀티 헤드 어텐션 층을 만듭니다.

```
class MultiHeadAttention(nn.Module):
    def __init__(self, config):
        super().__init__()
        embed_dim = config.hidden_size
        num_heads = config.num_attention_heads
        head_dim = embed_dim // num_heads
        self.heads = nn.ModuleList(
            [AttentionHead(embed_dim, head_dim) for _ in range(num_heads)]
        )
        self.output_linear = nn.Linear(embed_dim, embed_dim)

    def forward(self, hidden_state):
        x = torch.cat([h(hidden_state) for h in self.heads], dim=-1)
        x = self.output_linear(x)
        return x
```

어텐션 헤드의 출력을 연결한 다음 최종 선형 층으로 주입해서 [batch_size, seq_len, hidden_dim] 크기의 출력 텐서를 만듭니다. 이 형태는 뒤따르는 피드 포워드 신경망에 사용하기 적절합니다. 멀티 헤드 어텐션 층이 기대하는 입력 크기를 만드는지 확인해보죠. MultiHeadAttention 모듈을 초기화할 때 앞서 사전 훈련된 BERT 모델에서 로드한 설정을 전달합니다. 그러면 BERT와 동일한 설정을 사용합니다.

```
multihead_attn = MultiHeadAttention(config)
attn_output = multihead_attn(inputs_embeds)
attn_output.size()
```

```
torch.Size([1, 5, 768])
```

성공입니다! 어텐션에 대한 절을 마무리하면서, BertViz를 다시 사용해 다른 용도로 사용된 'flies' 단어의 어텐션을 시각화하겠습니다. BertViz의 **head_view()** 함수를 사용하기 위해 사전 훈련된 체크포인트의 어텐션을 계산하고 문장 경계 위치를 지정합니다.[5]

```
from bertviz import head_view
from transformers import AutoModel

model = AutoModel.from_pretrained(model_ckpt, output_attentions=True)

sentence_a = "time flies like an arrow"
sentence_b = "fruit flies like a banana"

viz_inputs = tokenizer(sentence_a, sentence_b, return_tensors='pt')
attention = model(**viz_inputs).attentions
sentence_b_start = (viz_inputs.token_type_ids == 0).sum(dim=1)
tokens = tokenizer.convert_ids_to_tokens(viz_inputs.input_ids[0])

head_view(attention, tokens, sentence_b_start, heads=[8])
```

----

5 옮긴이_ BERT 같은 모델은 두 개의 문장을 입력으로 받는 경우가 있습니다. 이때 두 문장을 구분하기 위해 token_type_ids를 부여합니다. 첫 번째 문장에 있는 토큰의 token_type_ids가 모두 0이고 두 번째 문장의 토큰이 모두 1이 되는 식입니다. token_type_ids가 0인 토큰의 개수를 세면 두 번째 문장의 인덱스를 얻게 됩니다.

Layer: 0 ▾ Attention: All ▾   Layer: 0 ▾ Attention: All ▾   Layer: 0 ▾ Attention: All ▾

[CLS]	[CLS]	[CLS]	[CLS]	[CLS]	[CLS]
time	time	time	time	time	time
flies	flies	flies	flies	flies	flies
like	like	like	like	like	like
an	an	an	an	an	an
arrow	arrow	arrow	arrow	arrow	arrow
[SEP]	[SEP]	[SEP]	[SEP]	[SEP]	[SEP]
fruit	fruit	fruit	fruit	fruit	fruit
flies	flies	flies	flies	flies	flies
like	like	like	like	like	like
a	a	a	a	a	a
banana	banana	banana	banana	banana	banana
[SEP]	[SEP]	[SEP]	[SEP]	[SEP]	[SEP]

이 시각화에서 어텐션 가중치는 임베딩이 업데이트된 토큰(왼쪽)과 주의를 기울인 모든 단어(오른쪽)를 연결한 직선으로 표시합니다. 직선의 농도는 어텐션 가중치의 강도를 나타내고, 짙은 색은 1에 가까운 값, 흐린 색은 0에 가까운 값을 나타냅니다.

이 예에서는 두 개의 문장이 입력되며 [CLS]와 [SEP]은 2장에서 본 BERT 토크나이저의 특수 토큰입니다. 시각화 결과에서 어텐션 가중치는 동일한 문장에 속한 단어 간에 가장 강하게 나타납니다. 즉 BERT가 동일한 문장에 있는 단어에 주의를 기울여야 한다고 알려줍니다. 단어 'flies'의 경우 BERT는 첫 번째 문장에서 가장 중요한 단어로 'arrow'를 꼽았고, 두 번째 문장에서 'fruit'와 'banana'를 선택했습니다. 이런 어텐션 가중치를 사용하면 모델은 문맥에 따라 'flies'가 동사인지 명사인지 구별해냅니다!

어텐션을 다루었으니 인코더 층에서 아직 다루지 않은 위치별 피드 포워드 신경망position-wise feed-forward network을 구현하겠습니다.

3.2.2 피드 포워드 층

인코더와 디코더에 있는 피드 포워드 층은 간단한 두 개 층으로 구성된 완전 연결 신경망입니다. 하지만 전체 임베딩 시퀀스를 하나의 벡터로 처리하지 않고 각 임베딩을 독립적으로 처리합니다. 이런 이유로 이 층을 종종 **위치별 피드 포워드 층**position-wise feed-forward layer이라 합니다. 컴퓨터 비전 분야의 사람들은 커널 크기가 1인 1차원 합성곱이라고도 부릅니다(가령 OpenAI GPT 코드는 이 명명법을 따릅니다). 논문에서는 일반적으로 첫 번째 층의 크기를 임베딩의 네 배로 하고[6], GELU 활성화 함수를 가장 널리 사용합니다. 이 층은 대부분의 용량과 기억이 일어나는 곳으로 간주되며, 모델을 확장할 때 가장 많이 늘리는 부분입니다. nn.Module로 다음과 같이 간단하게 구현합니다.

```python
class FeedForward(nn.Module):
    def __init__(self, config):
        super().__init__()
        self.linear_1 = nn.Linear(config.hidden_size, config.intermediate_size)
        self.linear_2 = nn.Linear(config.intermediate_size, config.hidden_size)
        self.gelu = nn.GELU()
        self.dropout = nn.Dropout(config.hidden_dropout_prob)

    def forward(self, x):
        x = self.linear_1(x)
        x = self.gelu(x)
        x = self.linear_2(x)
        x = self.dropout(x)
        return x
```

nn.Linear 같은 피드 포워드 층은 일반적으로 (batch_size, input_dim) 크기의 텐서에 적용되며 배치 차원의 각 원소에 독립적으로 동작합니다. 실제로 마지막 차원을 제외한 모든 차원에 독립적으로 적용됩니다. 따라서 (batch_size, seq_len, hidden_dim) 크기의 텐서를 전달하면 배치와 시퀀스의 모든 토큰 임베딩에 이 피드 포워드 층이 독립적으로 적용됩니다. 어텐션 출력을 전달해 테스트해보죠.

```python
feed_forward = FeedForward(config)
ff_outputs = feed_forward(attn_outputs)
ff_outputs.size()
```

```
torch.Size([1, 5, 768])
```

완전한 트랜스포머 인코더 층에 필요한 요소를 모두 갖췄습니다! 이제 남은 일은 스킵 연결과 층 정규화를 배치할 위치를 정하는 것뿐입니다. 이 위치가 모델 구조에 어떤 영향을 미치는지 알아보죠.

----

6 옮긴이_ config.intermediate_size의 값이 config.hidden_size의 네 배인 3,072입니다.

3.2.3 층 정규화 추가하기

앞서 언급한 대로 트랜스포머 아키텍처는 **층 정규화**layer normalization와 **스킵 연결**skip connection을 사용합니다. 전자는 배치에 있는 각 입력을 평균이 0이고 단위 분산(분산이 1)을 가지도록 정규화합니다. 스킵 연결은 처리하지 않은 텐서를 모델의 다음 층으로 전달한 후 처리된 텐서와 더합니다. 트랜스포머의 인코더 또는 디코더 층에 층 정규화를 배치할 때 논문에서 채택한 방법은 두 가지입니다.

사후 층 정규화

트랜스포머 논문에서 사용한 방법입니다. 스킵 연결 사이에 층 정규화를 놓습니다. 이 방식은 그레이디언트가 발산하는 경우가 생겨 처음부터 훈련하기가 까다롭습니다. 이런 이유로 훈련하는 동안 학습률을 작은 값에서 최댓값까지 점진적으로 증가시키는 **학습률 웜업**learning rate warm-up이란 개념을 종종 사용합니다.

사전 층 정규화

다른 논문에서 많이 사용하는 방법입니다. 스킵 연결 안에 층 정규화를 놓습니다. 훨씬 안정적으로 훈련되는 경향이 있으며 보통 학습률 웜업이 필요하지 않습니다.

두 방식의 차이를 [그림 3-6]에 나타냈습니다.

사후 층 정규화

사전 층 정규화

그림 3-6 트랜스포머 인코더 층의 층 정규화 배치 방법

여기서는 두 번째 방식을 사용하겠습니다. 다음처럼 앞서 만든 구성 요소를 간단히 연결합니다.

```python
class TransformerEncoderLayer(nn.Module):
    def __init__(self, config):
        super().__init__()
        self.layer_norm_1 = nn.LayerNorm(config.hidden_size)
        self.layer_norm_2 = nn.LayerNorm(config.hidden_size)
        self.attention = MultiHeadAttention(config)
        self.feed_forward = FeedForward(config)

    def forward(self, x):
        # 층 정규화를 적용하고 입력을 쿼리, 키, 값으로 복사합니다.
        hidden_state = self.layer_norm_1(x)
        # 어텐션에 스킵 연결을 적용합니다.
        x = x + self.attention(hidden_state)
        # 스킵 연결과 피드 포워드 층을 적용합니다.
        x = x + self.feed_forward(self.layer_norm_2(x))
        return x
```

입력 임베딩으로 테스트하겠습니다.

```python
encoder_layer = TransformerEncoderLayer(config)
inputs_embeds.shape, encoder_layer(inputs_embeds).size()
```

```
(torch.Size([1, 5, 768]), torch.Size([1, 5, 768]))
```

트랜스포머 인코더 층을 처음부터 구현해냈습니다! 하지만 인코더 층을 설정할 때 주의할 점이 있습니다. 이 층은 토큰의 위치와 전혀 상관없습니다. 멀티 헤드 어텐션 층은 사실 따지고 보면 가중 합$^{weighted\ sum}$이기 때문에 토큰 위치에 대한 정보가 사라집니다.[7]

다행히 위치 임베딩을 사용해 위치 정보를 통합하는 간단한 방법이 있습니다. 이에 대해 알아보겠습니다.

---

[7] 전문 용어로는 셀프 어텐션과 피드 포워드 층이 '순열 등변(permutation equivariant)'하다고 합니다. 즉 입력 순서가 바뀌면 층의 해당 출력도 정확히 같은 식으로 바뀝니다.

3.2.4 위치 임베딩

위치 임베딩은 간단하지만 매우 효과적인 개념에 기초합니다. 벡터에 나열된 값의 위치 패턴으로 토큰 임베딩을 보강하는 것입니다. 이 패턴에 위치의 특징이 담겼다면, 각 스택에 있는 어텐션 헤드와 피드 포워드 층은 위치 정보와 변환을 통합하는 방법을 배웁니다.

위치 임베딩을 하는 여러 방법 중 인기 있는 것은 학습 가능한 패턴을 사용하는 방법입니다. 이 방법은 특히 사전 훈련 데이터셋이 충분히 큰 경우 좋습니다. 토큰 임베딩과 정확히 같은 식으로 동작하지만, 입력으로 토큰 ID가 아닌 위치 인덱스를 사용합니다. 이를 통해 훈련하는 동안 토큰 위치를 인코딩하는 효과적인 방법을 학습합니다.

사용자 정의 Embeddings 모듈을 만들겠습니다. 이 클래스는 input_ids를 밀집 은닉 상태에 투영하는 토큰 임베딩 층과 position_ids에 동일한 작업을 수행하는 위치 임베딩을 통합합니다. 단순히 두 임베딩을 더해 최종 임베딩을 만듭니다.

```python
class Embeddings(nn.Module):
    def __init__(self, config):
        super().__init__()
        self.token_embeddings = nn.Embedding(config.vocab_size,
                                             config.hidden_size)
        self.position_embeddings = nn.Embedding(config.max_position_embeddings,
                                                config.hidden_size)
        self.layer_norm = nn.LayerNorm(config.hidden_size, eps=1e-12)
        self.dropout = nn.Dropout()

    def forward(self, input_ids):
        # 입력 시퀀스에 대해 위치 ID를 만듭니다.
        seq_length = input_ids.size(1)
        position_ids = torch.arange(seq_length, dtype=torch.long).unsqueeze(0)
        # 토큰 임베딩과 위치 임베딩을 만듭니다.
        token_embeddings = self.token_embeddings(input_ids)
        position_embeddings = self.position_embeddings(position_ids)
        # 토큰 임베딩과 위치 임베딩을 합칩니다.
        embeddings = token_embeddings + position_embeddings
        embeddings = self.layer_norm(embeddings)
        embeddings = self.dropout(embeddings)
        return embeddings

embedding_layer = Embeddings(config)
embedding_layer(inputs.input_ids).size()
```

```
torch.Size([1, 5, 768])
```

이제 이 임베딩 층은 토큰마다 하나의 밀집 임베딩을 만듭니다.

학습 가능한 위치 임베딩이 구현하기 쉽고 널리 사용되지만, 다른 방식도 있습니다.

절대 위치 표현

이 경우 트랜스포머 모델은 변조된 사인 및 코사인 신호로 구성된 정적 패턴을 사용해 토큰 위치를 인코딩합니다. 이 방식은 가용한 데이터가 많지 않을 때 특히 잘 동작합니다.

상대 위치 표현

절대적인 위치가 중요하지만 임베딩을 계산할 때는 주위 토큰을 더 중요하게 여길 수도 있습니다. 상대 위치 표현은 이런 직관을 따라 토큰의 상태 위치를 인코딩합니다. 상대적 임베딩은 주의를 기울이는 시퀀스의 위치에 따라 토큰에 대한 상대적 임베딩이 바뀌기 때문에, 처음부터 상대적 임베딩 층을 새로 추가하는 식으로 해결하지 못합니다. 대신 어텐션 메커니즘 자체에 토큰의 상대 위치를 고려하는 항을 추가합니다. DeBERTa 같은 모델이 이런 표현을 사용합니다.[8]

이제 임베딩과 인코더 층을 연결해 완전한 트랜스포머 인코더를 만들겠습니다.

```python
class TransformerEncoder(nn.Module):
    def __init__(self, config):
        super().__init__()
        self.embeddings = Embeddings(config)
        self.layers = nn.ModuleList([TransformerEncoderLayer(config)
                                     for _ in range(config.num_hidden_layers)])

    def forward(self, x):
        x = self.embeddings(x)
        for layer in self.layers:
            x = layer(x)
        return x
```

8　절대 위치 표현과 상대 위치 표현의 개념을 합친 순환 위치 임베딩(rotary position embedding)이 많은 작업에서 훌륭한 결과를 달성합니다. GPT-Neo가 순환 위치 임베딩을 사용하는 모델의 예입니다.

인코더의 출력 크기를 확인합니다.

```python
encoder = TransformerEncoder(config)
encoder(inputs.input_ids).size()
```

```
torch.Size([1, 5, 768])
```

배치에 있는 각 토큰에 대한 은닉 상태를 얻었습니다. 이런 출력 포맷은 아키텍처를 매우 유연하게 만들며, 마스크드 언어 모델링^{masked language modeling}에서 누락된 토큰을 예측하는 애플리케이션이나 질문 답변에서 답변의 시작과 끝 위치를 예측하는 애플리케이션 등 다양한 경우에 쉽게 적용됩니다. 2장에서 사용한 것과 같은 분류 모델을 만드는 방법을 다음 절에서 알아보겠습니다.

3.2.5 분류 헤드 추가하기

트랜스포머 모델은 일반적으로 작업에 독립적인 바디와 작업에 특화된 헤드로 나뉩니다. 4장에서 🤗 트랜스포머스 디자인 패턴을 알아보면서 이런 패턴을 다시 보게 됩니다. 지금까지 만든 것은 바디입니다. 따라서 텍스트 분류 모델을 만들고 싶다면 바디에 연결할 분류 헤드가 필요합니다. 각 토큰에 대한 은닉 상태가 있어 토큰마다 예측을 만들 수도 있지만 필요한 예측은 단 하나입니다. 여러 가지 방법이 있는데 일반적으로 이런 모델의 첫 번째 토큰을 예측에 사용하고 드롭아웃 층과 선형 층을 추가해 분류 예측을 만듭니다. 다음은 시퀀스 분류를 위해 기존 인코더를 확장한 클래스입니다.

```python
class TransformerForSequenceClassification(nn.Module):
    def __init__(self, config):
        super().__init__()
        self.encoder = TransformerEncoder(config)
        self.dropout = nn.Dropout(config.hidden_dropout_prob)
        self.classifier = nn.Linear(config.hidden_size, config.num_labels)

    def forward(self, x):
        x = self.encoder(x)[:, 0, :] # [CLS] 토큰의 은닉 상태를 선택합니다.
        x = self.dropout(x)
```

```
        x = self.classifier(x)
        return x
```

모델을 초기화하기 전에 예측하려는 클래스 개수를 정의합니다.

```
config.num_labels = 3
encoder_classifier = TransformerForSequenceClassification(config)
encoder_classifier(inputs.input_ids).size()
```

```
torch.Size([1, 3])
```

정확히 원하는 출력이 나왔습니다. 배치에 있는 각 샘플에 대해 출력 클래스마다 정규화되지
않은 로짓^{logit}이 반환됩니다. 2장에서 트윗의 감정을 감지하기 위해 사용한 BERT 모델과 같습
니다.

이것으로 인코더에 대한 분석과 작업에 특화된 헤드를 인코더에 연결하는 방법을 마칩니다. 이
제 디코더로 시선을 돌릴 차례입니다.

3.3 디코더

[그림 3-7]에 나왔듯 인코더와 디코더의 주요 차이점은 디코더에는 두 개의 어텐션 층이 있다
는 것입니다.

마스크드 멀티 헤드 셀프 어텐션 층

타임스텝마다 지난 출력과 예측한 현재 토큰만 사용하여 토큰을 생성합니다. 이렇게 하지 않
으면 디코더는 훈련하는 동안 단순히 타깃 번역을 복사하는 방식의 부정행위가 가능합니다.
이런 식으로 입력을 마스킹하면 작업이 어려워집니다.

인코더-디코더 어텐션 층

디코더의 중간 표현을 쿼리처럼 사용해서 인코더 스택의 출력 키와 값 벡터에 멀티 헤드 어

텐션을 수행합니다.[9] 이를 통해 인코더–디코더 어텐션 층은 두 개의 다른 시퀀스(예를 들면 두 개의 다른 언어)에 있는 토큰을 연관짓는 방법을 학습합니다. 디코더는 각 블록에서 인코더의 키와 값을 참조합니다.

셀프 어텐션 층에 마스킹을 포함시키기 위해 필요한 수정 내용을 살펴보죠. 인코더–디코더 어텐션 층은 숙제로 남겨 놓겠습니다. 마스크드 셀프 어텐션은 대각선 아래는 1이고 대각선 위는 0인 **마스크 행렬**mask matrix을 도입해 구현합니다.

```
seq_len = inputs.input_ids.size(-1)
mask = torch.tril(torch.ones(seq_len, seq_len)).unsqueeze(0)
mask[0]
```

```
tensor([[1., 0., 0., 0., 0.],
        [1., 1., 0., 0., 0.],
        [1., 1., 1., 0., 0.],
        [1., 1., 1., 1., 0.],
        [1., 1., 1., 1., 1.]])
```

파이토치 **tril()** 함수를 사용해 하삼각행렬lower triangular matrix을 만들었습니다. 마스크 행렬이 준비된 후 Tensor.masked_fill()을 사용해 0을 음의 무한대로 바꾸면, 어텐션 헤드가 미래 토큰을 엿보지 못합니다.

```
scores.masked_fill(mask == 0, -float("inf"))
```

```
tensor([[[26.8082,    -inf,    -inf,    -inf,    -inf],
         [-0.6981, 26.9043,    -inf,    -inf,    -inf],
         [-2.3190,  1.2928, 27.8710,    -inf,    -inf],
         [-0.5897,  0.3497, -0.3807, 27.5488,    -inf],
         [ 0.5275,  2.0493, -0.4869,  1.6100, 29.0893]]],
       grad_fn=<MaskedFillBackward0>)
```

9　셀프 어텐션 층과 달리, 인코더–디코더 어텐션의 키와 쿼리 벡터는 길이가 다른 경우가 있습니다. 인코더와 디코더 입력이 일반적으로 길이가 다른 시퀀스를 다루기 때문입니다. 결과적으로 이 층의 어텐션 점수 행렬은 정사각행렬이 아니라 직사각행렬입니다.

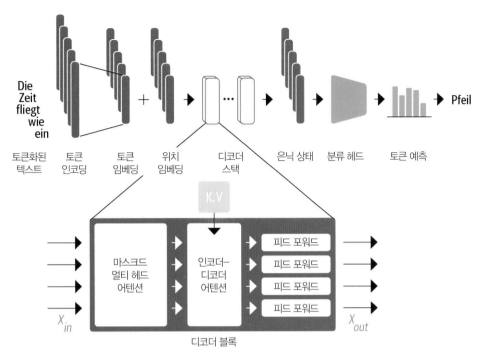

그림 3-7 트랜스포머 디코더 층을 확대한 그림

대각선 위의 값을 음의 무한대로 설정하면, 소프트맥스 함수를 적용할 때 $e^{-\infty} = 0$이므로 어텐션 가중치가 모두 0이 됩니다(소프트맥스 함수는 정규화된 지수 값을 계산한다는 것을 기억하세요). 이 장의 초반에 구현한 스케일드 점곱 어텐션 함수를 조금 수정해 마스킹 동작을 추가해보죠.

```python
def scaled_dot_product_attention(query, key, value, mask=None):
    dim_k = query.size(-1)
    scores = torch.bmm(query, key.transpose(1, 2)) / sqrt(dim_k)
    if mask is not None:
        scores = scores.masked_fill(mask == 0, float("-inf"))
    weights = F.softmax(scores, dim=-1)
    return weights.bmm(value)
```

여기부터 디코더 층을 만드는 작업은 간단합니다. 자세한 내용은 안드레이 카패시[Andrej Karpathy]가 멋지게 구현한 minGPT(https://oreil.ly/kwsOP)를 참고하세요.

지금까지 기술적인 정보를 많이 제공했으니 이제 트랜스포머 아키텍처의 구성 요소가 동작하는 방식을 모두 잘 이해했을 것입니다. 텍스트 분류보다 더 수준 높은 작업을 위한 모델을 만들기 전에 조금 뒤로 물러서서 다양한 트랜스포머 모델을 살펴보고 이들이 서로 어떻게 연관되는지 알아보면서 이 장을 마무리하겠습니다.

인코더-디코더 어텐션 이해하기

미스터리한 인코더-디코더 어텐션을 비유를 통해 이해해보겠습니다. 여러분(디코더)이 수업 중에 시험을 본다고 하죠. 이전 단어(디코더 입력)를 기반으로 다음 단어를 예측하는 시험입니다. 간단해 보이지만 정말 어려운 시험입니다(이 책에서 문장 하나를 보고 다음 단어를 직접 예측해보세요). 다행히 짝꿍(인코더)이 전체 텍스트를 갖고 있습니다. 그런데 안타깝게도 외국 교환 학생이라 텍스트가 짝꿍의 모국어로 돼 있습니다. 잔꾀 많은 여러분은 한 가지 묘수를 찾아냅니다. 텍스트를 간단한 그림(쿼리)으로 그려서 짝꿍에게 줍니다. 짝꿍은 설명에 매칭된 구절(키)을 찾아내고 이 구절의 다음 단어를 설명하는 그림(값)을 그려서 여러분에게 다시 보냅니다. 이런 시스템이 있다면 시험을 잘 볼 수 있을 것입니다.

3.4 트랜스포머 유니버스

이 장에서 보았듯, 트랜스포머 모델의 주요 유형은 인코더, 디코더, 인코더-디코더 세 가지입니다. 초기 트랜스포머 모델의 성공은 모델 개발의 캄브리아기 폭발Cambrian explosion로 이어졌습니다. 연구자들이 사전 훈련용으로 다양한 크기와 특성의 데이터셋에서 모델을 개발하고 아키텍처를 수정해 성능을 높였습니다. 모델의 종류가 빠르게 늘고 있지만 여전히 이 세 유형으로 나뉩니다.

이 절에서는 각 유형에서 가장 중요한 트랜스포머 모델을 간략히 훑어봅니다. 먼저 트랜스포머 가계도를 살펴보죠.

3.4.1 트랜스포머 가계도

세 개의 주요 아키텍처는 시간이 지나면서 자생적으로 진화했습니다. [그림 3-8]에 가장 유망한 모델과 그 후손을 나타냈습니다.

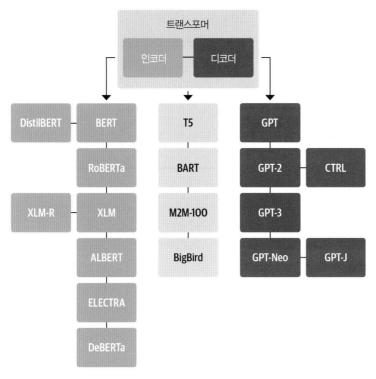

그림 3-8 가장 대표적인 트랜스포머 아키텍처

🤗 트랜스포머스에 있는 아키텍처는 50개가 넘는데 그중 중요한 몇 개만 그림에 표시했습니다. 이 장에서 원본 트랜스포머 아키텍처를 자세히 다뤘으니, 인코더 유형부터 중요한 후손을 자세히 살펴보겠습니다.

3.4.2 인코더 유형

트랜스포머 아키텍처를 기반으로 한 첫 번째 인코더 유형의 모델은 BERT입니다. 이 모델이 공개될 당시에는 유명한 GLUE 벤치마크[10]에서 최상의 모델을 모두 능가했습니다. 이 벤치마

---

10 A. Wang et al., "GLUE: A Multi-Task Benchmark and Analysis Platform for Natural Language Understanding" (https://arxiv.org/abs/1804.07461), (2018).

크는 난이도가 다양한 작업으로 자연어 이해natural language understanding(NLU)를 측정합니다. 그 후 성능을 더 향상시키기 위해 BERT의 사전 훈련 목표와 구조가 조정됐습니다. 인코더 유형의 모델은 여전히 연구와 산업 분야 NLU 작업에서 지배적이며, 텍스트 분류, 개체명 인식, 질문 답변 등이 이에 속합니다. BERT와 BERT의 변종 모델을 간략히 살펴보겠습니다.

BERT

BERT의 사전 훈련 목표 두 가지는 텍스트에서 마스킹된 토큰을 예측하는 것과 한 텍스트 구절이 다른 텍스트 구절 뒤에 나올 확률을 판단하는 것입니다.[11] 전자의 작업을 **마스크드 언어 모델링**masked language modeling(MLM)이라 하고 후자를 **다음 문장 예측**next sentence prediction(NSP) 이라 합니다.

DistilBERT

BERT가 훌륭한 결과를 제공하지만, 모델 크기 때문에 지연시간이 짧아야 하는 환경에는 배포하기 어렵습니다. DistilBERT는 사전 훈련 과정에서 지식 정제knowledge distillation라는 기술을 사용해서 BERT보다 40% 더 적은 메모리를 사용하고 60% 더 빠르면서 BERT 성능의 97%를 달성합니다.[12] 지식 정제의 자세한 내용은 8장에서 설명합니다.

RoBERTa

BERT가 공개된 후 이어진 연구에서 사전 훈련 방법을 수정하면 성능이 더 향상된다는 사실이 밝혀졌습니다. RoBERTa는 더 많은 훈련 데이터로 더 큰 배치에서 더 오래 훈련하며 NSP 작업을 포함하지 않습니다.[13] 이런 변경을 통해 원래 BERT 모델에 비해 성능이 크게 향상됐습니다.

XLM

GPT 유사 모델의 자기회귀 언어 모델링과 BERT의 MLM을 포함해 XLMcross-lingual language

11 J. Devlin et al., "BERT: Pre-Training of Deep Bidirectional Transformers for Language Understanding" (https://arxiv.org/abs/1810.04805), (2018).
12 V. Sanh et al., "DistilBERT, a Distilled Version of BERT: Smaller, Faster, Cheaper and Lighter" (https://arxiv.org/abs/1910.01108), (2019).
13 Y. Liu et al., "RoBERTa: A Robustly Optimized BERT Pretraining Approach" (https://arxiv.org/abs/1907.11692), (2019).

model[14]에서 다중 언어 모델을 만들기 위한 사전 훈련 방법이 연구됐습니다. 또 XLM 사전 훈련 논문 저자들은 MLM을 다중 언어 입력으로 확장한 TLM^translation language modeling을 소개했습니다. 이런 사전 훈련 작업을 실험한 저자들은 번역 작업을 포함해 여러 가지 다중 언어 NLU 벤치마크에서 최상의 결과를 이룩했습니다.

XLM-RoBERTa

XLM와 RoBERTa의 뒤를 이어 XLM-RoBERTa나 XLM-R 모델이 훈련 데이터를 대규모로 확장해 다중 언어 사전 훈련을 한 단계 더 발전시켰습니다.[15] 커먼 크롤^Common Crawl (`https://commoncrawl.org/`) 말뭉치를 사용해 2.5테라바이트^terabyte의 텍스트 데이터를 만들었습니다. 그다음 이 데이터셋에서 MLM으로 인코더를 훈련했습니다. 이 데이터셋은 상대 텍스트(즉, 번역)가 없는 데이터만 포함하기 때문에 XLM의 TLM 목표가 제외됐습니다. 이 모델은 특히 데이터가 부족한 언어에서 XLM과 다중 언어 BERT 변종을 큰 차이로 앞질렀습니다.

ALBERT

이 모델은 인코더 구조를 더 효율적으로 만들기 위해 세 가지를 바꿨습니다.[16] 첫째, 은닉 차원에서 토큰 임베딩 차원을 분리해 임베딩 차원을 줄입니다. 이로 인해 어휘사전이 큰 경우 파라미터가 절약됩니다. 둘째, 모든 층이 동일한 파라미터를 공유함으로써 실제 파라미터 개수를 크게 줄입니다. 셋째, NSP 목표를 문장 순서 예측으로 바꿉니다. 즉 모델은 두 문장이 함께 속해 있는지가 아니라 연속된 두 문장의 순서가 바뀌었는지를 예측합니다. 이런 변경을 통해 더 적은 파라미터로 더 큰 모델을 훈련하고 NLU 작업에서 뛰어난 성능을 달성합니다.

ELECTRA

표준적인 MLM 사전 훈련 목표는 각 훈련 스텝에서 마스킹된 토큰 표현만 업데이트되고 그 외 입력 토큰은 업데이트되지 않는다는 제약이 있습니다. 이 문제를 해결하기 위해

---

14 G. Lample, and A. Conneau, "Cross-Lingual Language Model Pretraining" (`https://arxiv.org/abs/1901.07291`), (2019).

15 A. Conneau et al., "Unsupervised Cross-Lingual Representation Learning at Scale" (`https://arxiv.org/abs/1911.02116`), (2019).

16 Z. Lan et al., "ALBERT: A Lite BERT for Self-Supervised Learning of Language Representations" (`https://arxiv.org/abs/1909.11942`), (2019).

ELECTRA는 두 개의 모델을 사용합니다.[17] (대개 작은 규모의) 첫 번째 모델은 표준적인 마스크드 언어 모델처럼 동작해 마스킹된 토큰을 예측합니다. 판별자^{discriminator}란 이름의 두 번째 모델은 첫 번째 모델의 출력에 있는 토큰 중 어떤 것이 원래 마스킹된 것인지 예측하는 작업을 수행합니다. 따라서 판별자는 모든 토큰에 이진 분류를 수행하는데, 이를 통해 훈련 효율을 30배 높입니다. 판별자는 후속 작업을 위해 표준 BERT 모델처럼 미세 튜닝됩니다.

DeBERTa

이 모델은 두 가지 구조 변경이 있습니다.[18] 첫째, 각 토큰이 두 개의 벡터로 표현됩니다. 하나는 콘텐츠용이고 하나는 상대 위치를 위한 것입니다. 토큰 콘텐츠와 상대 위치를 분리하면 셀프 어텐션 층이 인접한 토큰 쌍의 의존성을 더 잘 모델링합니다. 한편 단어의 절대 위치는 특히 디코딩에 중요합니다. 이런 이유로 토큰 디코딩 헤드의 소프트맥스 층 직전에 절대 위치 임베딩을 추가합니다. DeBERTa는 (앙상블로) SuperGLUE 벤치마크[19]에서 사람의 성능을 추월한 최초의 모델입니다. 이 벤치마크는 NLU 성능을 측정하는 여러 하위 작업으로 구성되며 더 어려운 버전의 GLUE입니다.

주요 인코더 유형의 아키텍처를 살펴봤으니 이제 디코더 유형의 모델을 보겠습니다.

3.4.3 디코더 유형

OpenAI는 트랜스포머 디코더 모델의 발전을 주도했습니다. 이런 모델은 특히 문장에서 다음 단어를 예측하는 데 뛰어나므로 대부분 텍스트 생성 작업(5장에서 자세히 알아봅니다)에 사용됩니다. 더 큰 데이터셋을 사용하고 언어 모델을 더 크게 만드는 식으로 발전이 가속됐습니다. 이 흥미로운 생성 모델의 진화를 살펴보겠습니다.

---

17 K. Clark et al., "ELECTRA: Pre-Training Text Encoders as Discriminators Rather Than Generators" (https://arxiv.org/abs/2003.10555), (2020).

18 P. He et al., "DeBERTa: Decoding-Enhanced BERT with Disentangled Attention" (https://arxiv.org/abs/2006.03654), (2020).

19 A. Wang et al., "SuperGLUE: A Stickier Benchmark for General-Purpose Language Understanding Systems" (https://arxiv.org/abs/1905.00537), (2019).

GPT

GPT는 NLP에서 두 가지 핵심 개념, 즉 새롭고 효율적인 트랜스포머 디코더 아키텍처와 전이 학습을 결합했습니다.[20] 이런 설정에서 모델은 이전 단어를 기반으로 다음 단어를 예측하도록 훈련됩니다. 이 모델은 BookCorpus에서 훈련되고 분류와 같은 후속 작업에서 뛰어난 결과를 달성했습니다.

GPT-2

간단하고 확장이 용이한 사전 훈련 방식의 성공에 힘입어, 원본 모델과 훈련 세트를 확장해 만든 모델입니다.[21] GPT-2 모델은 일관성 있는 긴 텍스트 시퀀스를 만듭니다. 남용 가능성이 우려되어 모델을 단계적으로 릴리스했습니다. 먼저 작은 모델로 시작해서 나중에 전체 모델을 공개했습니다.

CTRL

GPT-2 같은 모델은 입력 시퀀스(**프롬프트**prompt라고 부르기도 합니다)의 뒤를 잇습니다. 하지만 생성된 시퀀스의 스타일은 거의 제어하지 못합니다. CTRL^{Conditional Transformer Language} 모델은 시퀀스 시작 부분에 '제어 토큰'을 추가해 이 문제를 해결합니다.[22] 이를 통해 생성 문장의 스타일을 제어해 다양한 문장을 생성합니다.

GPT-3

GPT를 GPT-2로 확장해 성공한 뒤, 다양한 규모에서 언어 모델의 동작을 자세히 분석해 계산량, 데이터셋 크기, 모델 크기, 언어 모델 성능의 관계를 관장하는 간단한 거듭제곱 규칙을 발견했습니다.[23] 이런 통찰에서 착안해, GPT-2를 100배 늘려 파라미터가 1,750억 개인 GPT-3[24]를 만들었습니다. 이 모델은 매우 사실적인 텍스트 구절을 생성할 뿐 아니라 퓨샷 학습few-shot learning 능력도 갖췄습니다. 텍스트를 코드로 변환하는 것 같이 모델이 새로운 작업

20 A. Radford et al., "Improving Language Understanding by Generative Pre-Training" (`https://openai.com/blog/language-unsupervised`), OpenAI (2018).

21 A. Radford et al., "Language Models Are Unsupervised Multitask Learners" (`https://openai.com/blog/better-language-models`), OpenAI (2019).

22 N.S. Keskar et al., "CTRL: A Conditional Transformer Language Model for Controllable Generation" (`https://arxiv.org/abs/1909.05858`), (2019).

23 J. Kaplan et al., "Scaling Laws for Neural Language Models" (`https://arxiv.org/abs/2001.08361`), (2020).

24 T. Brown et al., "Language Models Are Few-Shot Learners" (`https://arxiv.org/abs/2005.14165`), (2020).

에서 샘플 몇 개를 학습해 새로운 샘플을 처리할 수 있습니다. OpenAI는 이 모델을 오픈소스로 공개하지 않았지만 OpenAI API(`https://oreil.ly/SEGRW`)를 통해 인터페이스를 제공합니다.

GPT-Neo/GPT-J-6B

이 두 모델은 GPT-3 규모의 모델을 만들고 릴리스하기 위한 연구자들의 모임인 EleutherAI (`https://eleuther.ai`)에서 훈련한 GPT 유사 모델입니다.[25] 현재 모델은 1,750억 개 파라미터가 있는 모델보다 더 작은 버전으로 13억 개, 27억 개, 60억 개 파라미터가 있습니다. OpenAI가 제공하는 작은 GPT-3에 견줄 만한 모델입니다.

이제 트랜스포머 가계도의 마지막 유형인 인코더-디코더 모델을 알아보겠습니다.

3.4.4 인코더-디코더 유형

하나의 인코더나 디코더 스택을 사용해 모델을 만드는 것이 일반적이지만, 트랜스포머 아키텍처에는 인코더-디코더 변종이 여럿 있으며 NLU와 NLG 분야에서 새로운 애플리케이션을 만듭니다.

T5

T5 모델은 모든 NLU와 NLG 작업을 텍스트-투-텍스트 작업으로 변환해 통합합니다.[26] 모든 작업이 시퀀스-투-시퀀스 문제로 구성되므로 인코더-디코더 구조를 선택하는 것이 자연스럽습니다. 예를 들어 텍스트 분류 문제의 경우 텍스트가 인코더 입력으로 사용되고 디코더는 클래스 대신 일반 텍스트로 레이블을 생성합니다. 이 내용은 6장에서 자세히 알아보겠습니다. T5 아키텍처는 원본 트랜스포머 아키텍처를 사용합니다. 이 모델은 대규모로 크롤링된 C4 데이터셋을 사용하며 텍스트-투-텍스트 작업으로 변환된 SuperGLUE 작업과 마스크드 언어 모델링으로 사전 훈련됩니다. 파라미터가 110억 개인 가장 큰 모델은 여러 벤

25 S. Black et al., "GPT-Neo: Large Scale Autoregressive Language Modeling with Mesh-TensorFlow" (`https://doi.org/10.5281/zenodo.5297715`), (2021); B. Wang and A. Komatsuzaki, "GPT-J-6B: A 6 Billion Parameter Autoregressive Language Model" (`https://github.com/kingoflolz/mesh-transformer-jax`), (2021).

26 C. Raffel et al., "Exploring the Limits of Transfer Learning with a Unified Text-to-Text Transformer" (`https://arxiv.org/abs/1910.10683`), (2019).

치마크에서 최상의 결과를 냈습니다.

BART

BART는 인코더–디코더 아키텍처 안에 BERT와 GPT의 사전 훈련 과정을 결합합니다.[27] 입력 시퀀스는 간단한 마스킹에서 문장 섞기, 토큰 삭제, 문서 순환 document rotation에 이르기까지 가능한 여러 가지 변환 중 하나를 거칩니다. 변경된 입력이 인코더를 통과하면 디코더는 원본 텍스트를 재구성합니다. 이는 모델을 더 유연하게 만들어 NLU와 NLG 작업에 모두 사용할 수 있고, 양쪽에서 최상의 성능을 달성합니다.

M2M-100

번역 모델은 대개 하나의 언어 쌍과 번역 방향에 맞춰 구축되므로 자연히 많은 언어로 확장되지 못합니다. 언어 쌍 사이에 공유되는 지식이 있다면 데이터가 부족한 언어의 번역에 활용할 수 있습니다. M2M-100은 100개 언어를 번역하는 최초의 번역 모델입니다.[28] 희귀하거나 잘 알려지지 않은 언어에서 고품질의 번역을 수행합니다. 이 모델은 ([CLS] 특수 토큰과 비슷한) 접두어 토큰을 사용해 소스 언어와 타깃 언어를 나타냅니다.

BigBird

트랜스포머 모델은 최대 문맥 크기라는 제약점이 있습니다. 어텐션 메커니즘에 필요한 메모리가 시퀀스 길이의 제곱에 비례하기 때문입니다. BigBird는 선형적인 크기가 늘어나는 희소 어텐션을 사용해 이 문제를 해결합니다.[29] 그래서 문맥 크기가 대부분의 BERT 모델에서 사용하는 512토큰에서 4,096으로 크게 늘어납니다. 특히 텍스트 요약과 같이 긴 의존성을 보존해야 할 때 유용합니다.

이 절에서 다룬 모든 모델의 사전 훈련된 체크포인트를 허깅페이스 허브(https://oreil.ly/EIOrN)에서 제공합니다. 이전 장에서 설명한 🤗 트랜스포머스를 사용해 자신의 문제에 맞게 미세 튜닝할 수 있습니다.

---

27 M. Lewis et al., "BART: Denoising Sequence-to-Sequence Pre-Training for Natural Language Generation, Translation, and Comprehension"(https://arxiv.org/abs/1910.13461), (2019).

28 A. Fan et al., "Beyond English-Centric Multilingual Machine Translation"(https://arxiv.org/abs/2010.11125), (2020).

29 M. Zaheer et al., "Big Bird: Transformers for Longer Sequences"(https://arxiv.org/abs/2007.14062), (2020).

3.5 결론

트랜스포머 아키텍처의 핵심인 셀프 어텐션을 자세히 살펴보는 것으로 시작해서 트랜스포머 인코더 모델을 만드는 데 필요한 구성 요소를 빠짐없이 다뤘습니다. 토큰과 위치 정보를 위한 임베딩 층을 추가하고, 어텐션 헤드를 보완하기 위해 피드 포워드 층을 만들고, 마지막으로 예측을 만들기 위해 모델 바디에 분류 헤드를 추가했습니다. 또 트랜스포머 아키텍처의 디코더를 둘러보고 가장 중요한 모델 아키텍처를 소개하는 것으로 이 장을 마무리했습니다.

기본 원리를 잘 이해했으니, 이제 단순한 분류 문제를 넘어 다중 언어 개체명 인식 모델을 만들겠습니다.

## CHAPTER 4

다중 언어 개체명 인식

지금까지는 NLP 작업을 하기 위해 트랜스포머를 영어 말뭉치에 적용했습니다. 하지만 문서가 그리스어, 스와힐리어[Swahili], 클링온어[Klingon][1]로 작성됐다면 어떻게 할까요? 허깅페이스 허브에서 적절한 사전 훈련된 언어 모델을 찾아 작업에 맞게 미세 튜닝하는 것도 한 방법입니다. 하지만 사전 훈련된 모델은 독일어, 러시아어, 중국어와 같이 사전 훈련에 사용할 웹 텍스트가 많은 언어에만 있습니다. 또 말뭉치가 다국어로 된 경우도 문제입니다. 제품 시스템에서 단일 언어로 된 모델을 여러 개 관리하기란 여러분이나 엔지니어링 팀 모두에게 즐거운 일이 아닙니다.

다행히 다중 언어 트랜스포머 모델이 도움을 줍니다. BERT처럼 이런 모델은 사전 훈련 목표로 마스크드 언어 모델링을 사용하지만 100개 이상의 언어로 된 텍스트에서 동시에 훈련합니다. 다중 언어 트랜스포머는 많은 언어로 된 대규모 말뭉치에서 사전 훈련해서 **제로샷 교차 언어 전이**[zero-shot cross-lingual transfer]가 가능합니다. 한 언어에서 미세 튜닝된 모델이 추가 훈련 없이 다른 언어에 적용된다는 의미입니다! 또 이런 모델은 한 대화에서 둘 이상의 언어나 사투리를 바꾸는 '코드 스위칭[code switching]'에 적합합니다.

이 장에서는 (3장에서 소개한) XLM-RoBERTa[2] 트랜스포머 모델을 개체명 인식(NER)을 수행하도록 여러 언어에서 미세 튜닝하는 방법을 알아보겠습니다. 1장에서 보았듯이 NER은 텍스트에서 사람, 조직, 위치 같은 개체명을 식별하는 일반적인 NLP 작업으로, 다양한 애플리

---

1 옮긴이_ 클링온어는 미국 드라마 〈스타 트렉〉에서 클링온족이 쓰는 언어입니다.

2 A. Conneau et al., "Unsupervised Cross-Lingual Representation Learning at Scale" (https://arxiv.org/abs/1911.02116), (2019).

케이션에 사용합니다. 가령 회사 문서에서 중요한 정보를 추출하거나, 검색 엔진의 품질을 높이거나, 말뭉치에서 구조적인 데이터베이스를 만듭니다.

이 장에서는 네 개의 공용어(영어가 언어를 이어주는 다리 역할을 하는 경우가 많습니다)를 사용하며, 스위스에서 주로 활동하는 고객을 위해 NER을 수행한다고 가정하겠습니다. 먼저 적절한 다국어 말뭉치를 준비합니다.

> **NOTE_ 제로샷 전이**zero-shot transfer **또는 제로샷 학습**zero-shot learning은 일반적으로 한 레이블 집합에서 모델을 훈련한 다음 다른 레이블 집합에서 평가하는 작업을 의미합니다. 트랜스포머에서 제로샷 학습은 GPT-3 같은 언어 모델을 후속 작업에서 미세 튜닝하지 않고 평가하는 상황을 의미하기도 합니다.

4.1 데이터셋

이 장에서 WikiANN 또는 PAN-X라 불리는 교차 언어 전이 평가Cross-lingual TRansfer Evaluation of Multilingual Encoders(XTREME)[3] 벤치마크의 데이터를 사용하겠습니다. 이 데이터는 여러 언어의 위키피디아 문서로 구성되고 스위스에서 사용되는 독일어(62.9%), 프랑스어(22.9%), 이탈리아어(8.4%), 영어(5.9%) 네 개 언어로 작성됐습니다. 각 문서는 IOB2 포맷(https://oreil.ly/yXMUn)으로 LOC(위치), PER(사람), ORG(조직) 태그가 표시되어있습니다. 이 포맷에서 B- 접두사는 개체명의 시작을 나타내고 동일한 개체명에 속해 연속되는 토큰에는 I- 접두사가 붙습니다. O 태그는 토큰이 어떤 개체명에도 속하지 않음을 나타냅니다. 예를 들어 다음 문장을 IOB2 포맷으로 나타내면 [표 4-1]과 같습니다.

Jeff Dean is a computer scientist at Google in California

---

3 J. Hu et al., "XTREME: A Massively Multilingual Multi-Task Benchmark for Evaluating Cross-Lingual Generalization" (https://arxiv.org/abs/2003.11080), (2020); X. Pan et al., "Cross-Lingual Name Tagging and Linking for 282 Languages," Proceedings of the 55th Annual Meeting of the Association for Computational Linguistics 1 (July 2017): 1946-1958, http://dx.doi.org/10.18653/v1/P17-1178.

표 4-1 IOB2 포맷으로 나타낸 시퀀스의 예

Tokens	Jeff	Dean	is	a	computer	scientist	at	Google	in	California
Tags	B-PER	I-PER	O	O	O	O	O	B-ORG	O	B-LOC

XTREME에서 PAN-X 서브셋(subset) 중 하나를 로드하려면 load_dataset() 함수에 전달할 데이터셋 이름이 필요합니다. 여러 서브셋이 포함된 데이터셋을 다룰 때 어떤 서브셋이 제공되는지 확인하려면 get_dataset_config_names() 함수를 호출합니다.

```
from datasets import get_dataset_config_names

xtreme_subsets = get_dataset_config_names("xtreme")
print(f"XTREME 서브셋 개수: {len(xtreme_subsets)}")
```

```
XTREME 서브셋 개수: 183
```

서브셋이 많군요! 검색 범위를 좁혀 'PAN'으로 시작하는 서브셋을 찾아보죠.

```
panx_subsets = [s for s in xtreme_subsets if s.startswith("PAN")]
panx_subsets[:3]
```

```
['PAN-X.af', 'PAN-X.ar', 'PAN-X.bg']
```

좋습니다. PAN-X 서브셋의 이름을 확인한 것 같습니다. ISO 639-1 언어 코드(https://oreil.ly/R8XNu)로 보이는 두 문자로 된 접미사가 있습니다. 독일어 말뭉치를 로드하려면 다음처럼 load_dataset() 함수의 name 매개변수에 독일어(de)에 해당하는 코드를 전달합니다.

```
from datasets import load_dataset

load_dataset("xtreme", name="PAN-X.de")
```

사실적인 스위스 말뭉치를 만들기 위해 스위스에서 사용되는 언어 비율로 PAN-X에서 독일어

(de), 프랑스어(fr), 이탈리아어(it), 영어(en) 말뭉치를 샘플링하겠습니다. 그러면 언어가 불균형한 데이터셋이 만들어지는데, 실제 데이터셋에서는 흔히 벌어지는 일입니다. 소수 언어에서 레이블링된 샘플을 구하려면 비용이 많이 들기도 합니다. 소수 언어에 유창한 도메인 전문가가 드물기 때문입니다. 불균형한 이 데이터셋을 사용해 다중 언어 애플리케이션을 다룰 때 발생하는 일반적인 상황을 시뮬레이션하고, 모든 언어에서 작동하는 모델을 만드는 방법을 알아보겠습니다.

각 언어를 추적하기 위해 파이썬 **defaultdict** 객체를 만듭니다. 다음으로, 언어 코드를 키로 하고 **DatasetDict** 타입의 PAN-X 말뭉치를 값으로 저장하겠습니다.

```python
from collections import defaultdict
from datasets import DatasetDict

langs = ["de", "fr", "it", "en"]
fracs = [0.629, 0.229, 0.084, 0.059]
# 키가 없는 경우 DatasetDict를 반환합니다.
panx_ch = defaultdict(DatasetDict)

for lang, frac in zip(langs, fracs):
    # 다국어 말뭉치를 로드합니다.
    ds = load_dataset("xtreme", name=f"PAN-X.{lang}")
    # 각 분할을 언어 비율에 따라 다운샘플링하고 섞습니다.
    for split in ds:
        panx_ch[lang][split] = (
            ds[split]
            .shuffle(seed=0)
            .select(range(int(frac * ds[split].num_rows))))
```

데이터셋에 의도하지 않은 편향이 들어가지 않도록 **shuffle()** 메서드를 사용했습니다. **select()** 메서드는 **fracs** 값을 따라 각 말뭉치를 다운샘플링합니다. **Dataset.num_rows** 속성으로 훈련 세트에 언어마다 얼마나 많은 샘플이 들어있는지 확인해보죠.

```python
import pandas as pd

pd.DataFrame({lang: [panx_ch[lang]["train"].num_rows] for lang in langs},
             index=["Number of training examples"])
```

	de	fr	it	en
Number of training examples	12580	4580	1680	1180

의도한 대로 독일어 샘플은 그 외 언어를 모두 합친 것보다 더 많습니다. 이 데이터셋을 사용해 제로샷 교차 언어 전이를 프랑스어, 이탈리아어, 영어에 수행하겠습니다. 독일어 말뭉치에 있는 샘플 하나를 확인해보죠.

```
element = panx_ch["de"]["train"][0]
for key, value in element.items():
    print(f"{key}: {value}")
```

```
langs: ['de', 'de', 'de', 'de', 'de', 'de', 'de', 'de', 'de', 'de', 'de', 'de']
ner_tags: [0, 0, 0, 0, 5, 6, 0, 0, 5, 5, 6, 0]
tokens: ['2.000', 'Einwohnern', 'an', 'der', 'Danziger', 'Bucht', 'in', 'der',
'polnischen', 'Woiwodschaft', 'Pommern', '.']
```

앞서 본 Dataset 객체와 마찬가지로, 이 샘플의 키는 애로우^Arrow 테이블의 열 이름에 해당하고 값은 각 열에 있는 항목입니다. 특히 ner_tags 열은 각 개체명이 매핑된 클래스 ID에 해당합니다. 숫자만 보면 암호 같으니 이해하기 쉽게 LOC, PER, ORG 태그로 새로운 열을 만들어보죠. Dataset 객체는 각 열의 데이터 타입을 담은 features 속성을 가집니다.

```
for key, value in panx_ch["de"]["train"].features.items():
    print(f"{key}: {value}")
```

```
tokens: Sequence(feature=Value(dtype='string', id=None), length=-1, id=None)
ner_tags: Sequence(feature=ClassLabel(num_classes=7, names=['O', 'B-PER',
'I-PER', 'B-ORG', 'I-ORG', 'B-LOC', 'I-LOC'], names_file=None, id=None),
length=-1, id=None)
langs: Sequence(feature=Value(dtype='string', id=None), length=-1, id=None)
```

Sequence 클래스는 이 필드가 특성 리스트를 담고 있음을 나타냅니다. ner_tags의 경우 ClassLabel의 리스트입니다. 다음처럼 훈련 세트에서 이 특성을 확인해보죠.

```
tags = panx_ch["de"]["train"].features["ner_tags"].feature
print(tags)
```

```
ClassLabel(num_classes=7, names=['O', 'B-PER', 'I-PER', 'B-ORG', 'I-ORG',
 'B-LOC', 'I-LOC'], names_file=None, id=None)
```

2장에서 본 ClassLabel.int2str() 메서드를 사용해 각 태그의 클래스 이름을 담은 새로운
열(ner_tags_str)을 훈련 세트에 추가하겠습니다. map() 메서드에 하나의 dict를 반환하는
함수를 적용합니다. 이 딕셔너리의 키는 새로운 열 이름이고 값은 태그 클래스 이름의 list입
니다.

```
def create_tag_names(batch):
    return {"ner_tags_str": [tags.int2str(idx) for idx in batch["ner_tags"]]}

panx_de = panx_ch["de"].map(create_tag_names)
```

이제 태그를 읽기 좋게 변환했습니다. 훈련 세트에 있는 첫 번째 샘플의 토큰과 태그 이름을 나
란히 출력하겠습니다.

```
de_example = panx_de["train"][0]
pd.DataFrame([de_example["tokens"], de_example["ner_tags_str"]],
['Tokens', 'Tags'])
```

	0	1	2	3	4	5	6	7	8	9	10	11
Tokens	2,000	Einwohnern	an	der	Danziger	Bucht	in	der	polnischen	Woiwodschaft	Pommern	.
Tags	O	O	O	O	B-LOC	I-LOC	O	O	B-LOC	B-LOC	I-LOC	O

'2,000 Einwohnern an der Danziger Bucht in der polnischen Woiwodschaft
Pommern'는 영어로 '2,000 inhabitants at the Gdansk Bay in the Polish voivodeship
of Pomerania'입니다. 그단스크만(Gdansk Bay)은 발트해(Baltic Sea)에 있는 만이고
voivodeship은 폴란드의 행정구역을 의미하기 때문에 LOC 태그가 붙은 것이 이해됩니다.

태그가 불균형하게 부여되지 않았나 확인하기 위해 각 분할에서 개체명의 빈도를 계산하겠습
니다.

```
from collections import Counter

split2freqs = defaultdict(Counter)
for split, dataset in panx_de.items():
    for row in dataset["ner_tags_str"]:
        for tag in row:
            if tag.startswith("B"):
                tag_type = tag.split("-")[1]
                split2freqs[split][tag_type] += 1
pd.DataFrame.from_dict(split2freqs, orient="index")
```

	ORG	LOC	PER
validation	2683	3172	2893
test	2573	3180	3071
train	5366	6186	5810

결과를 보니 균형 있게 부여된 것 같군요. **PER, LOC, ORG** 빈도 분포가 대체로 각 분할에서 동일합니다. 따라서 이 검증 세트와 테스트 세트는 NER 태그의 일반화 능력을 평가하는 데 적절한 것 같습니다. 다음으로 인기 있는 다중 언어 트랜스포머를 몇 가지 살펴보고 NER 작업에 어떻게 적용하는지 알아보겠습니다.

4.2 다중 언어 트랜스포머

다중 언어 트랜스포머의 훈련 과정과 아키텍처는 단일 언어 트랜스포머와 비슷합니다. 다만 사전 훈련에 사용하는 말뭉치가 여러 언어의 문서로 구성될 뿐입니다. 언어의 차이에 대한 정보가 명시적으로 제공되지 않아도, 이렇게 구축한 언어 표현이 여러 언어의 다양한 후속 작업에 쉽게 일반화된다는 점이 놀라운 특징입니다. 교차 언어 전이를 수행하는 이런 능력이 경우에 따라 단일 언어 모델과 비슷한 결과를 내므로 언어마다 별도의 모델을 훈련할 필요가 없습니다!

NER에 대한 교차 언어 전이의 과정을 측정하기 위해 CoNLL-2002(`https://oreil.ly/nYd0o`)와 CoNLL-2003(`https://oreil.ly/sVESv`) 데이터셋이 영어, 네덜란드어, 스페인

어, 독일어를 위한 벤치마크로 많이 사용됩니다. 이 벤치마크는 PAN-X와 동일하게 개체명이 LOC, PER, ORG 태그로 분류된 뉴스 기사로 구성됩니다. 하지만 세 카테고리에 속하지 않는 개체명을 위해 MISC 레이블이 추가됩니다. 다중 언어 트랜스포머 모델은 일반적으로 세 가지 방식으로 평가합니다.

en

영어 훈련 데이터에서 미세 튜닝한 다음에 각 언어의 테스트 세트에서 평가합니다.

each

언어별 성능을 측정하기 위해 단일 언어의 테스트 세트에서 미세 튜닝하고 평가합니다.

all

모든 훈련 데이터에서 미세 튜닝해 각 언어의 테스트 세트에서 평가합니다.

NER 작업에 비슷한 평가 전략을 적용하겠습니다. 먼저 평가할 모델부터 선택합니다. 초기의 다중 언어 트랜스포머 중 하나는 mBERT입니다. 사전 훈련 목표가 BERT의 아키텍처와 동일하지만 사전 훈련 말뭉치에 다양한 언어의 위키피디아 문서가 추가됐고, 이후 XLM-RoBERTa(약칭 XLM-R)로 대체됐습니다.

3장에서 보았듯이 XLM-R은 사전 훈련 목표로 100개 언어에 대한 MLM만 사용합니다. 하지만 이전 모델에 비해 사전 훈련 말뭉치가 매우 큽니다. 각 언어의 위키피디아 덤프와 2.5테라바이트의 커먼 크롤Common Crawl 웹 데이터를 사용합니다. 이 말뭉치는 초기 모델에서 사용한 데이터보다 몇 배가 더 크며 위키피디아 문서가 적은 버마어Burmese나 스와힐리어 같은 희소 언어에 대한 성능을 크게 높입니다.

모델명에 RoBERTa가 붙은 이유는 사전 훈련 방식이 단일 언어 모델 RoBERTa와 같기 때문입니다. RoBERTa의 개발자는 BERT를 여러 측면에서 향상시켰습니다.[4] 특히 다음 문장 예측 작업을 제거하며 BERT의 성능을 크게 높였습니다. XLM-R은 XLM에서 사용하는 언어 임베딩도 제거하고 SentencePiece를 사용해 원시 텍스트를 직접 토큰화합니다.[5] XLM-R이

---

[4] Y. Liu et al., "RoBERTa: A Robustly Optimized BERT Pretraining Approach" (https://arxiv.org/abs/1907.11692), (2019).

[5] T. Kudo and J. Richardson, "SentencePiece: A Simple and Language Independent Subword Tokenizer and Detokenizer for Neural Text Processing" (https://arxiv.org/abs/1808.06226), (2018).

다중 언어라는 특징 외에 두 모델의 큰 차이점은 어휘사전의 크기입니다. 사용하는 토큰 개수
가 RoBERTa는 55,000개지만 XLM-R은 250,000개입니다!

XLM-R은 다국어 NLU 작업에 잘 맞는 모델입니다. 다음 절에서 이 모델이 여러 언어를 어떻
게 효율적으로 토큰화하는지 알아보겠습니다.

4.3 XLM-R 토큰화

XLM-R은 WordPiece 토크나이저 대신 100개 언어의 텍스트에서 훈련된 SentencePiece
라는 토크나이저를 사용합니다. SentencePiece를 WordPiece와 비교하기 위해 🤗 트랜스
포머스로 BERT와 XLM-R의 토크나이저를 로드하겠습니다.

```python
from transformers import AutoTokenizer

bert_model_name = "bert-base-cased"
xlmr_model_name = "xlm-roberta-base"
bert_tokenizer = AutoTokenizer.from_pretrained(bert_model_name)
xlmr_tokenizer = AutoTokenizer.from_pretrained(xlmr_model_name)
```

짧은 텍스트 시퀀스를 인코딩해서 각 모델이 사전 훈련 동안에 사용하는 특수 토큰을 확인합
니다.

```python
text = "Jack Sparrow loves New York!"
bert_tokens = bert_tokenizer(text).tokens()
xlmr_tokens = xlmr_tokenizer(text).tokens()
```

BERT	[CLS]	Jack	Spa	##rrow	loves	New	York	!	[SEP]	None
XLM-R	<s>	_Jack	_Spar	row	_love	s	_New	_York	!	</s>

BERT가 문장 분류 작업에 사용하는 [CLS]와 [SEP] 토큰 대신에, XLM-R은 <s>와 </s>를
사용해 시퀀스의 처음과 끝을 표시합니다. 잠시 후에 보겠지만 이런 토큰은 토큰화 마지막 단
계에 추가됩니다.

4.3.1 토큰화 파이프라인

지금까지 토큰화를 다룰 때 문자열을 모델에 주입할 정수로 변환하는 연산으로만 여겼는데, 전적으로 옳은 것은 아닙니다. 자세히 들여다보면, 실제 전체 처리 파이프라인은 [그림 4-1]처럼 네 개의 단계로 구성됩니다.

그림 4-1 토큰화 파이프라인의 네 단계

'Jack Sparrow loves New York!'이란 예시 문장으로 각 처리 단계를 자세히 알아보고 그 효과를 설명하겠습니다.

정규화

이 단계는 원시 문자열을 더 '깨끗하게' 만들기 위해 적용하는 일련의 연산에 해당합니다. 대개 이런 연산에는 공백과 악센트가 붙은 문자를 제거하는 작업 등이 포함됩니다. 유니코드 정규화(https://oreil.ly/2cp3w)는 많은 토크나이저에서 적용하는 또 다른 일반적인 정규화 연산이며, 같은 문자를 쓰는 여러 가지 방식을 처리합니다. 같은 문자열(즉, 같은 추상 문자의 시퀀스)의 두 버전이 다르게 표시될 수 있습니다. NFC, NFD, NFKC, NFKD 같은 유니코드 정규화 방식은 같은 문자를 쓰는 여러 방식을 표준 형식으로 대체합니다. 정규화의 또 다른 방식은 소문자로 바꾸는 것입니다. 모델이 소문자만 받을 것으로 기대한다면 이 기법을 사용해 어휘사전의 크기를 줄일 수 있습니다. 예시 문장을 정규화하면 'jack sparrow loves new york!' 형태가 됩니다.

사전 토큰화pretokenization

이 단계는 텍스트를 더 작은 객체로 분할하며 훈련 마지막에 생성되는 토큰의 상한선을 제공합니다. 사전 토큰화가 텍스트를 단어로 분할하고 최종 토큰은 이 단어의 일부가 된다고 생각하면 좋습니다. 영어, 독일어, 많은 인도-유럽어족의 언어에서 문자열이 일반적으로 공백과 구두점을 기준 삼아 단어로 분할됩니다. 예시 문장은 이 단계에서 ["jack", "sparrow", "loves", "new", "york", "!"]로 변환됩니다. 이런 단어는 파이프라인의 다음 단계에서 BPE^{Byte-Pair Encoding}나 유니그램^{unigram} 알고리즘을 사용해 부분단어^{subword}로 분할하기 더 쉽습니다. 하지만 단어로 분할하는 것이 항상 간단하고 확실한 연산인 것은 아닙니다. 게다가 타당성 있는 연산도 아닙니다. 예를 들어 중국어, 일본어, 한국어 같은 언어에서 인도-유럽어족 단어와 같은 의미 단위로 기호를 모으면 똑같이 유효한 여러 그룹이 만들어지는 비결정적 연산이 됩니다. 이 경우 텍스트를 사전 토큰화하는 대신 언어별 사전 토큰화 라이브러리를 사용하는 것이 좋습니다.

토크나이저 모델

입력 텍스트 정규화와 사전 토큰화를 수행하고 난 후 토크나이저를 사용해 부분단어 분할 모델을 단어에 적용합니다. 토크나이저는 파이프라인에서 말뭉치로 훈련이 필요한 부분입니다 (그렇지 않고 사전 훈련된 토크나이저를 사용한다면 이미 훈련된 상태로 볼 수 있습니다). 이 모델은 단어를 부분단어로 나눠 어휘사전의 크기와 OOV 토큰의 개수를 줄이는 역할을 합니다. 부분단어 토큰화 알고리즘에는 BPE, 유니그램, WordPiece 등이 있습니다. 예시 문장에 토크나이저 모델을 적용하면 [jack, spa, rrow, loves, new, york, !] 같이 됩니다. 이 시점부터 더 이상 문자열 리스트가 아니라 정수(입력 ID) 리스트를 가지게 됩니다. 책에서는 이해하기 쉽게 단어는 그대로 두고 따옴표를 삭제해 이런 정수 변환을 나타내겠습니다.

사후 처리

토큰화 파이프라인의 마지막 단계로, 토큰 리스트에 부가적인 변환을 적용할 때도 있습니다. 가령 입력 토큰 인덱스의 시퀀스 처음과 끝에 특수 토큰을 추가하는 경우입니다. BERT 스타일의 토크나이저는 분류 토큰(CLS)과 분할 토큰(SEP)을 추가해 토큰 리스트는 [CLS, jack, spa, rrow, loves, new, york, !, SEP] 형태가 됩니다. 그다음 모델에 이 시퀀스(책에 쓰인 토큰이 아니라 정수의 시퀀스입니다)를 주입합니다.

XLM-R과 BERT 비교로 돌아가면, SentencePiece는 사후 처리 단계에서 [CLS]와 [SEP] 대신 <s>와 </s>를 추가합니다(편의상 그림 설명에는 계속 [CLS]와 [SEP]를 사용하겠습니다). 그럼 SentencePiece 토크나이저가 특별한 이유를 알아보겠습니다.

4.3.2 SentencePiece 토크나이저

SentencePiece 토크나이저는 유니그램이라는 부분단어 분할 방식을 기반으로 각 입력 텍스트를 유니코드 문자 시퀀스로 인코딩합니다. SentencePiece가 악센트, 구두점에 대해 몰라도 되므로 이 특징은 다국어 말뭉치에 특히 유용합니다. 일본어 등의 많은 언어에 공백 문자가 있지 않다는 사실도 몰라도 됩니다. SentencePiece의 또 다른 고유한 특징은 공백 문자가 유니코드 기호 U+2581 또는 아래 1/4 블록 문자lower one quarter block character라고도 하는 _ 문자에 할당된다는 것입니다. 따라서 SentencePiece는 언어별 사전 토크나이저에 의존하지 않고 정확하게 시퀀스를 복원합니다. 이전 절의 예시 문장을 다시 보면 WordPiece는 'York'와 '!' 사이에 공백이 없다는 정보를 잃어버립니다. 이와 달리 SentencePiece는 토큰화된 텍스트에 공백을 보존하기 때문에 정확하게 원시 텍스트로 다시 변환합니다.

```
"".join(xlmr_tokens).replace(u"\u2581", " ")
```

```
'<s> Jack Sparrow loves New York!</s>'
```

이제 SentencePiece의 작동 원리를 이해했으니 간단한 샘플을 NER에 적합한 형태로 인코딩하는 방법을 알아보겠습니다. 먼저, 토큰 분류 헤드와 함께 사전 훈련된 모델을 로드합니다. 하지만 이 헤드를 🤗 트랜스포머스에서 로드하지 않고 직접 만들겠습니다! 🤗 트랜스포머스 API를 자세히 살펴보면 모든 작업을 단 몇 단계로 처리할 수 있습니다.

4.4 개체명 인식을 위한 트랜스포머

2장에서 보았듯이, 텍스트 분류를 위해 BERT는 특수 토큰 [CLS]로 전체 텍스트 시퀀스를 표현합니다. [그림 4-2]처럼 이 표현을 완전 연결 또는 밀집 층에 통과시켜 이산적인 레이블 값을 출력합니다.

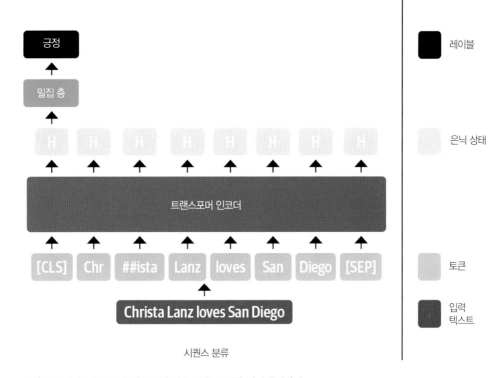

긍정

밀집 층

트랜스포머 인코더

[CLS] Chr ##ista Lanz loves San Diego [SEP]

Christa Lanz loves San Diego

시퀀스 분류

레이블

은닉 상태

토큰

입력 텍스트

그림 4-2 시퀀스 분류를 위해 인코더 기반 트랜스포머를 미세 튜닝하기

BERT와 그 외 인코더 기반 트랜스포머는 NER 작업에 비슷한 방식을 사용합니다. 다만 모든 입력 토큰의 표현이 완전 연결 층에 주입되어 해당 토큰의 개체명을 인식합니다. 이런 이유로 NER을 종종 토큰 분류 작업으로 생각하기도 합니다. 전체 과정은 [그림 4-3]과 같습니다.

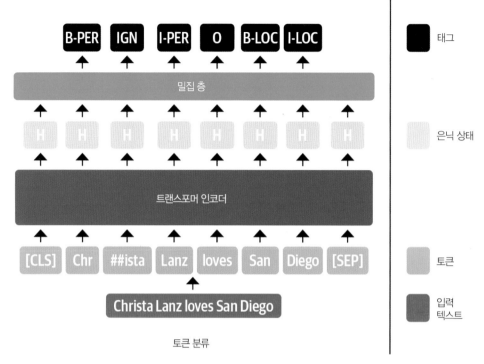

그림 4-3 개체명 인식을 위해 인코더 기반 트랜스포머를 미세 튜닝하기

지금까지는 좋습니다. 하지만 토큰 분류 작업에서 부분단어를 어떻게 처리해야 할까요? 예를 들어 [그림 4-3]에서 이름 'Christa'는 부분단어 'Chr'와 '##ista'로 토큰화됐습니다. 이중 어느 단어에 (아니면 두 단어 모두에) B-PER 레이블을 할당해야 하나요?

BERT 논문[6]에서 저자들은 이 레이블을 첫 번째 부분단어(이 예에서 'Chr')에 할당하고 이어 지는 부분단어(이 예에서 '##ista')는 무시했습니다. 여기에서 이런 방식을 사용하고 무시한 부분단어를 IGN으로 표시하겠습니다. 나중에 후처리 단계에서 첫 번째 부분단어의 예측 레이블을 후속 부분단어로 쉽게 전파할 수 있습니다. '##ista' 부분단어의 표현에 B-PER 레이블을 할당할 경우 IOB2 포맷을 위반하게 됩니다.

다행히 XLM-R 아키텍처는 BERT와 동일한 RoBERTa를 기반으로 하므로 BERT에서 본 모

---

6   J. Devlin et al., "BERT: Pre-Training of Deep Bidirectional Transformers for Language Understanding" (https://arxiv.org/abs/1810.04805), (2018).

든 아키텍처 특징이 XLM-R에도 있습니다! 이제 🤗 트랜스포머스가 어떻게 다양한 작업을 지원하는지 알아보겠습니다.

4.5 트랜스포머 모델 클래스

🤗 트랜스포머스는 아키텍처와 작업마다 전용 클래스를 제공합니다. 작업에 연관된 모델 클래스 이름은 `<ModelName>For<Task>` 형식을 따릅니다. `AutoModel` 클래스를 사용하는 경우 `AutoModelFor<Task>`와 같습니다.

하지만 이 방식은 한계가 있습니다. 🤗 트랜스포머스 API를 자세히 파악하기 위해 다음 시나리오를 생각해보겠습니다. 트랜스포머 모델로 오랫동안 생각해온 NLP 문제를 해결할 좋은 아이디어가 떠올랐다고 해보죠. 상사와 회의를 잡고 멋지게 만든 파워포인트 프레젠테이션으로 문제를 해결할 경우 부서의 수익이 증가할 것이라고 발표합니다. 화려한 프레젠테이션과 수익 이야기에 끌린 상사는 개념 증명proof-of-concept에 일주일의 시간을 줍니다. 여러분은 이에 만족하며 바로 일에 착수합니다. GPU를 준비하고 노트북을 엽니다. `from transformers import BertForTaskXY`를 입력하고 실행합니다(TaskXY가 해결하려는 가상의 작업입니다). 하지만 화면을 채우기 시작한 붉은 글씨에 여러분의 얼굴은 하얗게 질립니다. `ImportError: cannot import name BertForTaskXY` 오, 이럴 수가! 이 작업에 맞는 BERT 모델이 없군요! 전체 모델을 직접 구현해야 한다면 어떻게 일주일 안에 이 프로젝트를 마치겠어요?! 어디서부터 시작해야 할까요?

걱정하지 마세요! 🤗 트랜스포머스는 기존 모델을 특정 작업에 맞춰 쉽게 확장 가능하도록 설계됐습니다. 사전 훈련된 모델에서 가중치를 로드하고 작업에 특화된 헬퍼 함수를 사용합니다. 아주 조금만 수고하면 특정 용도의 사용자 정의 모델을 만들 수 있습니다. 이 절에서 그 방법을 알아보죠.

4.5.1 바디와 헤드

🤗 트랜스포머스의 다재다능한 능력은 (1장에서 보았듯) **바디**body와 **헤드**head로 나뉜 모델 구조에서 나옵니다. 이 구조는 사전 훈련된 모델을 후속 작업에 맞게 바꿀 때 이미 보았습니다.

모델의 마지막 층이 후속 작업에 맞는 층으로 바뀌는데, 이 마지막 층이 모델의 헤드이며 작업에 특화됩니다. 모델의 나머지 부분을 바디라 합니다. 여기에는 작업에 특화되지 않은 토큰 임베딩과 트랜스포머 층이 포함됩니다. 이 구조는 🤗 트랜스포머스 코드에도 반영됩니다. 모델의 바디는 BertModel 또는 GPT2Model 같은 클래스로 구현되며 (바디에 있는) 마지막 층의 은닉 상태를 반환합니다. BertForMaskedLM 또는 BertForSequenceClassification 같이 작업에 특화된 모델은 [그림 4-4]처럼 베이스 모델을 사용하고 마지막 은닉 상태 위에 필요한 헤드를 추가한 것입니다.

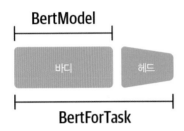

그림 4-4 BertModel 클래스는 모델의 바디만 포함하고, BertFor<Task> 클래스는 바디와 작업 전용 헤드를 연결한 것입니다.

다음에 보겠지만, 바디와 헤드가 분리된 구조 덕분에 특정 작업을 위해 만든 사용자 정의 헤드를 사전 훈련된 모델에 장착할 수 있습니다.

4.5.2 토큰 분류를 위한 사용자 정의 모델 만들기

XLM-R에 대한 사용자 정의 토큰 분류 헤드를 만드는 예제를 다뤄보죠. XLM-R은 RoBERTa와 모델 구조가 동일하니 RoBERTa를 베이스 모델로 사용하되 특화된 설정을 추가하겠습니다. 이 예제는 자신의 작업에 맞는 모델을 만드는 방법을 배우기 위한 것입니다. 토큰 분류의 경우 🤗 트랜스포머스에서 임포트하는 **XLMRobertaForTokenClassification** 클래스가 이미 있습니다.[7] 원한다면 다음 절로 건너뛰고 그냥 이 클래스를 사용해도 좋습니다.

먼저 XLM-R NER 태그를 표현할 데이터 구조가 필요합니다. 추측건대 모델을 초기화할 설정

---

7 옮긴이_ XLMRobertaForTokenClassification 클래스는 사실 XLMRobertaConfig를 사용하는 RobertaForTokenClassification 입니다.

객체와 출력을 생성할 forward() 함수가 필요할 것입니다. 그럼 토큰 분류를 위한 XLM-R 클래스를 만들어보죠.

```python
import torch.nn as nn
from transformers import XLMRobertaConfig
from transformers.modeling_outputs import TokenClassifierOutput
from transformers.models.roberta.modeling_roberta import RobertaModel
from transformers.models.roberta.modeling_roberta import RobertaPreTrainedModel

class XLMRobertaForTokenClassification(RobertaPreTrainedModel):
    config_class = XLMRobertaConfig

    def __init__(self, config):
        super().__init__(config)
        self.num_labels = config.num_labels
        # 모델 바디를 로드합니다.
        self.roberta = RobertaModel(config, add_pooling_layer=False)
        # 토큰 분류 헤드를 준비합니다.
        self.dropout = nn.Dropout(config.hidden_dropout_prob)
        self.classifier = nn.Linear(config.hidden_size, config.num_labels)
        # 가중치를 로드하고 초기화합니다.
        self.init_weights()

    def forward(self, input_ids=None, attention_mask=None, token_type_ids=None,
                labels=None, **kwargs):
        # 모델 바디를 사용해 인코더 표현을 얻습니다.
        outputs = self.roberta(input_ids, attention_mask=attention_mask,
                               token_type_ids=token_type_ids, **kwargs)
        # 인코더 표현을 헤드에 통과시킵니다.
        sequence_output = self.dropout(outputs[0])
        logits = self.classifier(sequence_output)
        # 손실을 계산합니다.
        loss = None
        if labels is not None:
            loss_fct = nn.CrossEntropyLoss()
            loss = loss_fct(logits.view(-1, self.num_labels), labels.view(-1))
        # 모델 출력 객체를 반환합니다.
        return TokenClassifierOutput(loss=loss, logits=logits,
                                     hidden_states=outputs.hidden_states,
                                     attentions=outputs.attentions)
```

config_class는 새로운 모델을 초기화할 때 표준 XLM-R 설정을 사용하도록 도와줍니다.[8] 기본값을 바꾸고 싶다면 기본 설정을 덮어쓰면 됩니다. super() 메서드로 RobertaPreTrainedModel 클래스의 초기화 함수를 호출합니다. 이 추상 클래스는 사전 훈련된 가중치의 초기화나 로딩을 처리합니다. 그다음 모델 바디 RobertaModel을 로드하고 드롭아웃 층과 피드 포워드 층으로 구성된 분류 헤드를 추가합니다. add_pooling_layer=False로 지정해서 [CLS] 토큰에 해당하는 은닉 상태 외에 모든 은닉 상태가 반환되도록 합니다.[9] 마지막으로, RobertaPreTrainedModel 클래스에서 상속된 init_weights() 메서드를 호출해 가중치를 초기화합니다.[10] 모델 바디에 사전 훈련된 가중치가 로드되고 토큰 분류 헤드의 가중치가 랜덤하게 초기화될 것입니다.

이제 남은 작업은 정방향 패스에서 forward() 메서드로 모델이 할 일을 정의하는 것입니다. 정방향 패스 과정에서 데이터는 먼저 모델의 바디에 주입됩니다. 여러 개의 입력 변수가 있지만 지금 필요한 것은 input_ids와 attention_mask뿐입니다. 그다음 모델 바디가 출력한 은닉 상태를 드롭아웃 층과 분류 층에 통과시킵니다. 정방향 패스에서 레이블을 전달했다면 바로 손실이 계산됩니다. 어텐션 마스크가 있다면, 마스킹되지 않은 토큰의 손실만 계산하기 위해 해야 할 일이 조금 더 많습니다. 마지막으로, 2장에서 소개한 네임드 튜플로 원소를 참조할 수 있도록 출력을 TokenClassifierOutput 객체로 감쌉니다.

간단한 클래스에 두 개의 함수를 구현하면 사용자 정의 트랜스포머 모델이 만들어집니다. PreTrainedModel 클래스를 상속했으므로 from_pretrained() 같은 유용한 🤗 트랜스포머스 유틸리티가 모두 사용 가능합니다! 이제 사전 훈련된 가중치를 사용자 정의 모델에 로드하는 방법을 알아보겠습니다.

4.5.3 사용자 정의 모델 로드하기

토큰 분류 모델을 로드할 준비를 마쳤습니다. 모델 이름 외에 몇 가지 정보를 추가해야 합니다.

---

8 옮긴이_ config_class는 RobertaPreTrainedModel의 부모 클래스 PreTrainedModel의 클래스 변수입니다. 이 변수에 모델 구조로 사용할 설정 클래스(PretrainedConfig의 서브 클래스)를 지정합니다.

9 옮긴이_ add_pooling_layer의 기본값은 True로 첫 번째 토큰의 은닉 상태만 밀집 층과 활성화 함수에 통과시켜 출력합니다.

10 옮긴이_ init_weights() 메서드는 PreTrainedModel 클래스에 정의되며 RobertaPreTrainedModel 클래스에 정의된 _init_weights() 메서드를 사용해 층의 가중치를 초기화합니다. init_weights()를 직접 호출하는 대신 이 메서드 호출을 담당하는 post_init() 메서드를 사용하는 것이 좋습니다.

각 개체명을 레이블링하는 데 사용할 태그, 각 태그를 ID로 매핑하는 딕셔너리와 그 반대로 매핑하는 딕셔너리입니다. 이런 정보는 모두 ClassLabel 객체인 tags 변수의 names 속성을 사용해 매핑됩니다.

```
index2tag = {idx: tag for idx, tag in enumerate(tags.names)}
tag2index = {tag: idx for idx, tag in enumerate(tags.names)}
```

3장에서 본 AutoConfig 객체에 이런 매핑과 tags.num_classes 속성을 저장하겠습니다. from_pretrained() 메서드의 키워드 매개변수로 전달해 기본값을 오버라이드합니다.

```
from transformers import AutoConfig

xlmr_config = AutoConfig.from_pretrained(xlmr_model_name,
                                         num_labels=tags.num_classes,
                                         id2label=index2tag, label2id=tag2index)
```

AutoConfig 클래스는 모델 구조의 청사진을 가집니다. AutoModel.from_pretrained (model_ckpt)로 모델을 로드할 때 모델에 연관된 설정 파일이 자동으로 다운로드됩니다.[11] 하지만 클래스 개수나 레이블 이름 등을 수정하고 싶다면 커스터마이징하려는 매개변수로 이 설정 파일을 먼저 로드합니다.

이제 config 매개변수를 추가한 다음, 이전처럼 from_pretrained() 함수를 사용해 모델 가중치를 로드합니다. 모델 클래스에 사전 훈련된 가중치를 로드하는 코드를 작성하지 않았지만, RobertaPreTrainedModel을 상속했으니 다음과 같이 로드할 수 있습니다.

```
import torch

device = torch.device("cuda" if torch.cuda.is_available() else "cpu")
xlmr_model = (XLMRobertaForTokenClassification
                .from_pretrained(xlmr_model_name, config=xlmr_config)
                .to(device))
```

---

11 옮긴이_ xlmr_config를 따로 전달하지 않으면, config_class 변수에 지정된 XLMRobertaConfig 클래스의 from_pretrained() 메서드를 호출해 (BERT 같은) 기본값이 지정된 설정 객체를 생성합니다.

토크나이저와 모델을 바르게 초기화했는지 빠르게 확인하기 위해 개체명을 알고 있는 작은 시퀀스의 예측 결과를 보겠습니다. 먼저 텍스트를 입력 ID로 변환합니다.[12]

```
input_ids = xlmr_tokenizer.encode(text, return_tensors="pt")
pd.DataFrame([xlmr_tokens, input_ids[0].numpy()], index=["Tokens", "Input IDs"])
```

	0	1	2	3	4	5	6	7	8	9
Tokens	<s>	_Jack	_Spar	row	_love	s	_New	_York	!	</s>
Input IDs	0	21763	37456	15555	5161	7	2356	5753	38	2

시작 <s>와 끝 </s> 토큰은 각각 ID 0과 2입니다.

마지막으로, 모델에 입력 ID를 전달하고 argmax 함수로 토큰마다 확률이 가장 높은 클래스를 선택해 예측을 만듭니다.

```
outputs = xlmr_model(input_ids.to(device)).logits
predictions = torch.argmax(outputs, dim=-1)
print(f"시퀀스에 있는 토큰 개수: {len(xlmr_tokens)}")
print(f"출력 크기: {outputs.shape}")
```

```
시퀀스에 있는 토큰 개수: 10
출력 크기: torch.Size([1, 10, 7])
```

로짓의 크기는 [batch_size, num_tokens, num_tags]입니다. 즉, 각 토큰에는 일곱 개의 NER 태그와 로짓이 주어집니다. 사전 훈련된 모델의 예측 결과를 태그 이름으로 바꿔 토큰과 함께 확인해보겠습니다.

```
preds = [tags.names[p] for p in predictions[0].cpu().numpy()]
pd.DataFrame([xlmr_tokens, preds], index=["Tokens", "Tags"])
```

---

12 옮긴이_ 토크나이저의 encode() 메서드는 토크나이저를 호출했을 때 반환되는 딕셔너리 중 input_ids 키에 해당하는 값만 반환하는 메서드입니다.

	0	1	2	3	4	5	6	7	8	9
Tokens	\<s\>	_Jack	_Spar	row	_love	s	_New	_York	!	\</s\>
Tags	O	I-LOC	B-LOC	B-LOC	O	I-LOC	O	O	I-LOC	B-LOC

예상대로 랜덤한 가중치를 가진 토큰 분류 층은 개선할 여지가 많습니다. 레이블링된 데이터로 미세 튜닝해서 결과를 더 좋게 만들어보죠! 훈련을 시작하기 전에, 나중을 위해 앞의 과정을 하나의 헬퍼 함수로 만들겠습니다.

```python
def tag_text(text, tags, model, tokenizer):
    # 토큰을 준비합니다.
    tokens = tokenizer(text).tokens()
    # 시퀀스를 입력 ID로 인코딩합니다.
    input_ids = xlmr_tokenizer(text, return_tensors="pt").input_ids.to(device)
    # 가능한 일곱 개의 클래스에 대한 로짓을 출력합니다.
    outputs = model(input_ids)[0]
    # argmax 함수로 토큰마다 가장 가능성이 높은 클래스를 선택합니다.
    predictions = torch.argmax(outputs, dim=2)
    # 데이터프레임으로 변환합니다.
    preds = [tags.names[p] for p in predictions[0].cpu().numpy()]
    return pd.DataFrame([tokens, preds], index=["Tokens", "Tags"])
```

모델을 훈련하기 전에, 다음 절에서 입력을 토큰화하고 레이블을 준비하겠습니다.

4.6 NER 작업을 위해 텍스트 토큰화하기

하나의 샘플을 인코딩하고 처리하는 토크나이저와 모델을 준비했으므로 다음 단계는 미세 튜닝을 위해 XLM-R 모델에 전달할 전체 데이터셋을 토큰화하는 것입니다. 2장에서 보았듯이 🤗 데이터셋은 map() 연산으로 Dataset 객체를 빠르게 토큰화합니다. 이를 위해 먼저 다음처럼 간단한 시그니처signature를 가진 함수를 정의하겠습니다.

```python
function(examples: Dict[str, List]) -> Dict[str, List]
```

여기서 examples는 Dataset의 슬라이스 하나에 해당합니다. 예를 들면 panx_de['train'][:10]입니다. XLM-R 토크나이저는 모델 입력을 위해 입력 ID를 반환합니다. 따라서 반환된 결과에 어텐션 마스크와 각 토큰에 어떤 NER 태그가 연관됐는지 인코딩하는 레이블 ID를 추가하겠습니다.

🤗 트랜스포머스 문서(https://bit.ly/3y6z3kc)에 언급된 방법을 따라 독일어 샘플 문장 하나를 사용해 어떻게 하는지 알아보겠습니다. 먼저 평범한 리스트로 단어와 태그를 준비합니다.

```
words, labels = de_example["tokens"], de_example["ner_tags"]
```

그다음 각 단어를 토큰화합니다. 토크나이저에 is_split_into_words 매개변수를 사용해 입력 문장이 이미 단어로 나눠졌다는 사실을 전달합니다.

```
tokenized_input = xlmr_tokenizer(de_example["tokens"], is_split_into_words=True)
tokens = xlmr_tokenizer.convert_ids_to_tokens(tokenized_input["input_ids"])
pd.DataFrame([tokens], index=["Tokens"])
```

	0	1	2	3	4	5	6	...	18	19	20	21	22	23	24
Tokens	\<s\>	_2.000	_Einwohner	n	_an	_der	_Dan	...	schaft	_Po	mmer	n	_	.	\</s\>

이 예에서 토크나이저는 'Einwohnern'을 두 개의 부분단어 '_Einwohner'와 'n'으로 나눴습니다. '_Einwohner'만 B-LOC 레이블에 연결한다는 규칙을 따라야 하므로 첫 번째 부분단어 이후의 부분단어는 마스킹합니다. 다행히 tokenized_input 객체에는 이 작업에 도움되는 word_ids() 메서드가 있습니다.

```
word_ids = tokenized_input.word_ids()
pd.DataFrame([tokens, word_ids], index=["Tokens", "Word IDs"])
```

	0	1	2	3	4	5	6	...	18	19	20	21	22	23	24
Tokens	\<s\>	_2.000	_Einwohner	n	_an	_der	_Dan	...	schaft	_Po	mmer	n	_	.	\</s\>
Word IDs	None	0	1	1	2	3	4	...	9	10	10	10	11	11	None

word_ids는 각 부분단어를 words 리스트에 있는 해당 단어의 인덱스에 매핑한 것입니다. 따라서 첫 번째 부분단어 '_2,000'는 인덱스 0이고, ('Einwohnern'은 words에 있는 두 번째 단어이므로) '_Einwohner'와 'n'은 인덱스 1에 할당됩니다. <s>와 </s> 같은 특수 토큰은 None에 매핑됐습니다. 이런 특수 토큰과 부분단어의 레이블을 −100으로 설정해 훈련하는 동안 마스킹처리하겠습니다.

```python
previous_word_idx = None
label_ids = []

for word_idx in word_ids:
    if word_idx is None or word_idx == previous_word_idx:
        label_ids.append(-100)
    elif word_idx != previous_word_idx:
        label_ids.append(labels[word_idx])
    previous_word_idx = word_idx

labels = [index2tag[l] if l != -100 else "IGN" for l in label_ids]
index = ["Tokens", "Word IDs", "Label IDs", "Labels"]

pd.DataFrame([tokens, word_ids, label_ids, labels], index=index)
```

	0	1	2	3	4	5	...	19	20	21	22	23	24
Tokens	<s>	_2,000	_Einwohner	n	_an	_der	...	_Po	mmer	n	_	.	</s>
Word IDs	None	0	1	1	2	3	...	10	10	10	11	11	None
Label IDs	-100	0	0	-100	0	0	...	6	-100	-100	0	-100	-100
Labels	IGN	O	O	IGN	O	O	...	I-LOC	IGN	IGN	O	IGN	IGN

> **NOTE_** 부분단어 표현을 마스킹하기 위해 ID로 −100을 선택한 이유가 무엇일까요? 파이토치에 있는 크로스 엔트로피 손실 클래스 torch.nn.CrossEntropyLoss의 ignore_index 속성 값이 −100이기 때문입니다. 훈련하는 동안 이 인덱스는 무시됩니다. 따라서 연속된 부분단어에 해당하는 토큰을 무시하기 위해 이 인덱스를 사용합니다.

네, 이것으로 끝입니다! 레이블 ID와 토큰을 어떻게 정렬하는지 봤습니다. 이제 이 로직을 감싼 함수를 하나 정의해서 전체 데이터셋에 적용하겠습니다.

```
def tokenize_and_align_labels(examples):
    tokenized_inputs = xlmr_tokenizer(examples["tokens"], truncation=True,
                                      is_split_into_words=True)
    labels = []
    for idx, label in enumerate(examples["ner_tags"]):
        word_ids = tokenized_inputs.word_ids(batch_index=idx)
        previous_word_idx = None
        label_ids = []
        for word_idx in word_ids:
            if word_idx is None or word_idx == previous_word_idx:
                label_ids.append(-100)
            else:
                label_ids.append(label[word_idx])
            previous_word_idx = word_idx
        labels.append(label_ids)
    tokenized_inputs["labels"] = labels
    return tokenized_inputs
```

각 분할을 인코딩하는 데 필요한 모든 요소를 준비했으니 분할에 대해 반복 수행할 함수를 만들어보죠.

```
def encode_panx_dataset(corpus):
    return corpus.map(tokenize_and_align_labels, batched=True,
                      remove_columns=['langs', 'ner_tags', 'tokens'])
```

이 함수를 DatasetDict 객체에 적용하면 분할마다 인코딩된 Dataset 객체를 얻습니다. 이 함수를 사용해 독일어 말뭉치를 인코딩해보죠.

```
panx_de_encoded = encode_panx_dataset(panx_ch["de"])
```

모델과 데이터셋을 준비했으니 이제 성능 지표를 정의합니다.

4.7 성능 측정

NER 모델 평가는 텍스트 분류 모델 평가와 비슷합니다. 일반적으로 정밀도[precision], 재현율[recall],

F_1-점수의 결과를 보고합니다. 유일한 차이는 예측 하나를 정확하다고 판단하기 위해 한 개체 명에 있는 모든 단어가 올바르게 예측되어야 한다는 점입니다. 다행히 이런 종류의 문제를 위해 라이브러리 seqeval(https://oreil.ly/xbKOp)이 고안됐습니다. 가령 다음과 같은 NER 태그와 모델 예측 결과를 전달하면 seqeval의 `classification_report()` 함수를 통해 이런 지표를 계산합니다.

```
from              import classification_report

y_true = [["O", "O", "O", "B-MISC", "I-MISC", "I-MISC", "O"],
          ["B-PER", "I-PER", "O"]]
y_pred = [["O", "O", "B-MISC", "I-MISC", "I-MISC", "I-MISC", "O"],
          ["B-PER", "I-PER", "O"]]
print(classification_report(y_true, y_pred))
```

```
              precision    recall  f1-score   support

        MISC       0.00      0.00      0.00         1
         PER       1.00      1.00      1.00         1

   micro avg       0.50      0.50      0.50         2
   macro avg       0.50      0.50      0.50         2
weighted avg       0.50      0.50      0.50         2
```

이렇게 seqeval은 리스트의 리스트로 구성된 예측과 레이블을 입력받습니다. 각 리스트는 검증 세트나 테스트 세트의 한 샘플에 해당합니다. 이런 지표를 훈련 과정에 통합하려면 모델 출력을 seqeval이 기대하는 리스트로 변환하는 함수가 필요합니다. 이를 위해 다음처럼 연속된 부분단어의 레이블 ID를 무시하는 함수를 만듭니다.

```
import        as

def align_predictions(predictions, label_ids):
    preds = np.argmax(predictions, axis=2)
    batch_size, seq_len = preds.shape
    labels_list, preds_list = [], []

    for batch_idx in range(batch_size):
        example_labels, example_preds = [], []
```

```
        for seq_idx in range(seq_len):
            # 레이블 IDs = -100 무시
            if label_ids[batch_idx, seq_idx] != -100:
                example_labels.append(index2tag[label_ids[batch_idx][seq_idx]])
                example_preds.append(index2tag[preds[batch_idx][seq_idx]])

        labels_list.append(example_labels)
        preds_list.append(example_preds)

    return preds_list, labels_list
```

성능을 측정할 준비가 됐으니 실제 모델 훈련으로 넘어가겠습니다.

4.8 XLM-RoBERTa 미세 튜닝하기

이제 모델을 미세 튜닝할 모든 요소를 갖췄습니다! 첫 번째 전략은 PAN-X의 독일어 서브셋에 베이스 모델을 미세 튜닝하고 프랑스어, 이탈리아어, 영어에서 제로샷 교차 언어 성능을 평가하는 것입니다. 🤗 트랜스포머스 **Trainer**를 사용해 훈련 루프를 처리하겠습니다. 따라서 먼저 **TrainingArguments** 클래스를 사용해 훈련 속성을 정의합니다.[13]

```
from transformers import TrainingArguments

num_epochs = 3
batch_size = 24
logging_steps = len(panx_de_encoded["train"]) // batch_size
model_name = f"{xlmr_model_name}-finetuned-panx-de"
training_args = TrainingArguments(
    output_dir=model_name, log_level="error", num_train_epochs=num_epochs,
    per_device_train_batch_size=batch_size,
    per_device_eval_batch_size=batch_size, evaluation_strategy="epoch",
    save_steps=1e6, weight_decay=0.01, disable_tqdm=False,
    logging_steps=logging_steps, push_to_hub=True)
```

여기서는 에포크가 끝날 때마다 검증 세트에 대한 모델의 예측을 평가합니다. 가중치 감쇠weight

----

13 옮긴이_ 코랩에서 GPU 메모리 부족 에러가 나는 경우, batch_size를 16으로 줄여주세요.

^{decay} 값을 조정하고 체크포인트를 저장하지 않도록 **save_steps**를 큰 수로 설정해 훈련 속도를 높입니다.[14]

이제 허깅페이스 허브에 로그인합니다(터미널을 사용한다면 **huggingface-cli login** 명령을 사용합니다).

```
from huggingface_hub import notebook_login

notebook_login()
```

검증 세트에서 평가 지표를 어떻게 계산해야 하는지 **Trainer**로 전달해야 합니다. 따라서 앞서 정의한 **align_predictions()** 함수를 사용해 seqeval이 기대하는 형식에 맞춰 예측과 레이블을 추출해 F_1-점수를 계산합니다.

```
from seqeval.metrics import f1_score

def compute_metrics(eval_pred):
    y_pred, y_true = align_predictions(eval_pred.predictions,
                                       eval_pred.label_ids)
    return {"f1": f1_score(y_true, y_pred)}
```

마지막으로 배치에서 가장 큰 시퀀스 길이로 입력 시퀀스를 패딩하도록 데이터 콜레이터^{data col-lator}를 정의합니다. 🤗 트랜스포머스는 토큰 분류를 위해 입력과 레이블을 패딩하는 전용 데이터 콜레이터를 제공합니다.

```
from transformers import DataCollatorForTokenClassification

data_collator = DataCollatorForTokenClassification(xlmr_tokenizer)
```

텍스트 분류 작업과 달리, 레이블도 시퀀스이기 때문에 레이블 패딩이 필수입니다. 앞에서 보았듯, 레이블 시퀀스를 −100으로 패딩해 파이토치 손실 함수가 무시하도록 만듭니다.[15]

---

14 옮긴이_ weight_decay의 기본값은 0으로 가중치 감쇠를 적용하지 않으며, save_steps의 기본값은 500입니다.

15 옮긴이_ DataCollatorForTokenClassification 클래스는 label_pad_token_id 매개변수에서 레이블을 패딩할 때 사용할 ID를 지정합니다. 이 매개변수의 기본값은 −100입니다.

이 장에서 몇 개의 모델을 훈련하므로 Trainer를 위해 매번 새로운 모델을 만들지 않도록 model_init() 함수를 만들겠습니다. train() 메서드를 호출할 때 이 함수가 호출되어 훈련되지 않은 모델을 로드합니다.

```
def model_init():
    return (XLMRobertaForTokenClassification
            .from_pretrained(xlmr_model_name, config=xlmr_config)
            .to(device))
```

이제 인코딩된 데이터셋과 함께 모든 정보를 Trainer에 전달합니다.

```
from transformers import Trainer

trainer = Trainer(model_init=model_init, args=training_args,
                  data_collator=data_collator, compute_metrics=compute_metrics,
                  train_dataset=panx_de_encoded["train"],
                  eval_dataset=panx_de_encoded["validation"],
                  tokenizer=xlmr_tokenizer)
```

그다음 다음처럼 훈련 루프를 실행하고 허브에 최종 모델을 업로드합니다.

```
trainer.train()
trainer.push_to_hub(commit_message="Training completed!")
```

Epoch	Training Loss	Validation Loss	F_1
1	0.2652	0.160244	0.822974
2	0.1314	0.137195	0.852747
3	0.0806	0.138774	0.864591

NER 모델에서 이 정도의 F_1-점수는 매우 좋은 편입니다. 기대한 대로 모델이 작동하는지 확인하기 위해 예시 문장의 독일어 번역을 테스트해보죠.

```
text_de = "Jeff Dean ist ein Informatiker bei Google in Kalifornien"
tag_text(text_de, tags, trainer.model, xlmr_tokenizer)
```

	0	1	2	3	4	5	...	8	9	10	11	12	13
Tokens	\<s>	_Jeff	_De	an	_ist	_ein	...	_bei	_Google	_in	_Kaliforni	en	\</s>
Tags	O	B-PER	I-PER	I-PER	O	O	...	O	B-ORG	O	B-LOC	I-LOC	O

성공입니다! 하지만 단일 샘플로 수행한 성능 결과를 지나치게 확신해서는 안 됩니다. 모델의 오류를 적절하고 자세하게 조사해야 합니다. 이 작업을 NER에서 어떻게 수행하는지는 다음 절에서 알아보겠습니다.

4.9 오류 분석

XLM-R의 다중 언어 특징을 자세히 알아보기 전에 잠시 모델의 오류를 조사하겠습니다. 2장에서 보았듯이 모델 오류의 철저한 분석은 트랜스포머를 (그리고 일반적인 머신러닝 모델을) 훈련하고 디버깅할 때 중요합니다. 모델이 잘 작동하는 것처럼 보이지만, 심각한 결함이 있는 몇 가지 실패 유형이 있습니다. 다음의 경우 훈련이 실패합니다.

- 우연히 너무 많은 토큰을 마스킹하고 일부 레이블도 마스킹하여 제대로 훈련되는 것처럼 손실이 감소합니다.
- compute_metrics() 함수에 실제 성능을 과대평가하는 버그가 있습니다.
- NER에 O 클래스 또는 O 개체명이 일반 클래스처럼 포함될 때가 있습니다. 압도적인 다수 클래스이므로 정확도와 F_1-점수가 크게 왜곡될 것입니다.

모델의 성능이 기대에 못 미칠 때 오류를 살펴보면, 유용한 통찰을 얻고 코드만 봐서는 찾기 힘든 버그를 발견할 수 있습니다. 모델이 잘 작동하고 코드에 버그가 없더라도, 오류 분석은 모델의 강점과 약점을 파악하는 유용한 도구입니다. 모델을 제품 환경에 배포할 때 이를 항상 유념하세요.

이 분석을 위해 앞서 소개한 강력한 방법 하나를 다시 사용하겠습니다. 손실이 가장 큰 검증 샘플을 살펴보는 것입니다. 2장에서 시퀀스 분류 모델을 분석할 때 만든 함수를 많이 재사용할 수 있습니다. 하지만 이번에는 샘플 시퀀스의 토큰마다 손실을 계산하겠습니다.

검증 세트에 적용할 함수를 정의해보죠.

```
from torch.nn.functional import cross_entropy

def forward_pass_with_label(batch):
    # 리스트의 딕셔너리를 데이터 콜레이터에 적합한 딕셔너리의 리스트로 변환합니다.
    features = [dict(zip(batch, t)) for t in zip(*batch.values())]
    # 입력과 레이블을 패딩하고 모든 텐서를 장치에 배치합니다.
    batch = data_collator(features)
    input_ids = batch["input_ids"].to(device)
    attention_mask = batch["attention_mask"].to(device)
    labels = batch["labels"].to(device)
    with torch.no_grad():
        # 데이터를 모델에 전달합니다.
        output = trainer.model(input_ids, attention_mask)
        # logit.size: [batch_size, sequence_length, classes]
        # 마지막 축을 따라 가장 큰 로짓 값을 가진 클래스를 선택합니다.
        predicted_label = torch.argmax(output.logits, axis=-1).cpu().numpy()
    # 배치 차원을 펼친 다음 토큰마다 손실을 계산합니다.
    loss = cross_entropy(output.logits.view(-1, 7),
                         labels.view(-1), reduction="none")
    # 배치 차원을 다시 만들고 넘파이 배열로 변환합니다.
    loss = loss.view(len(input_ids), -1).cpu().numpy()

    return {"loss":loss, "predicted_label": predicted_label}
```

이 함수를 map() 메서드를 사용해 전체 검증 세트에 적용하고 추가 분석을 위해 전체 데이터를 판다스 DataFrame으로 로드합니다.

```
valid_set = panx_de_encoded["validation"]
valid_set = valid_set.map(forward_pass_with_label, batched=True, batch_size=32)
df = valid_set.to_pandas()
```

토큰과 레이블이 여전히 ID로 인코딩됐으니 결과를 알아보기 쉽게 토큰과 레이블을 다시 문자열로 변환하겠습니다. 나중에 필터링에 사용하기 위해 −100인 패딩 토큰은 특별한 레이블인 IGN으로 할당하겠습니다. loss와 predicted_label을 입력과 같은 길이로 잘라서 패딩을 모두 제거합니다.

```
index2tag[-100] = "IGN"
df["input_tokens"] = df["input_ids"].apply(
    lambda x: xlmr_tokenizer.convert_ids_to_tokens(x))
```

```
df["predicted_label"] = df["predicted_label"].apply(
    lambda x: [index2tag[i] for i in x])
df["labels"] = df["labels"].apply(
    lambda x: [index2tag[i] for i in x])
df['loss'] = df.apply(
    lambda x: x['loss'][:len(x['input_ids'])], axis=1)
df['predicted_label'] = df.apply(
    lambda x: x['predicted_label'][:len(x['input_ids'])], axis=1)
df.head(1)
```

	attention_mask	input_ids	labels	loss	predicted_label	input_tokens
0	[1, 1, 1, 1, 1, 1, 1]	[0, 10699, 11, 15, 16104, 1388, 2]	[IGN, B-ORG, IGN, I-ORG, I-ORG, I-ORG, IGN]	[0.0, 0.014679872, 0.0, 0.009469474, 0.010393422, 0.01293836, 0.0]	[I-ORG, B-ORG, I-ORG, I-ORG, I-ORG, I-ORG, I-ORG]	[<s>, ▁Ham, a, ▁(, ▁Unternehmen, ▁), </s>]

열마다 각 샘플의 토큰, 레이블, 예측 레이블 등의 리스트가 담겼습니다. 이 리스트를 펼쳐서 개별적으로 토큰을 살펴보겠습니다. pandas.Series.explode() 함수를 사용하면 한 줄 코드로 리스트에 있는 각 원소를 하나의 행으로 만들 수 있습니다. 한 행에 있는 리스트 길이가 모두 같으므로 모든 열에 동시에 적용합니다. 또 IGN으로 표시된 패딩 토큰의 손실이 0이므로 이를 제외합니다. 마지막으로 numpy.Array 객체인 손실을 표준 실수형으로 바꿉니다.

```
df_tokens = df.apply(pd.Series.explode)
df_tokens = df_tokens.query("labels != 'IGN'")
df_tokens["loss"] = df_tokens["loss"].astype(float).round(2)
df_tokens.head(7)
```

attention_mask	input_ids	labels	loss	predicted_label	input_tokens
1	10699	B–ORG	0.01	B–ORG	▁Ham
1	15	I–ORG	0.01	I–ORG	▁(
1	16104	I–ORG	0.01	I–ORG	▁Unternehmen
1	1388	I–ORG	0.01	I–ORG	▁)
1	56530	O	0.00	O	▁WE
1	83982	B–ORG	0.34	B–ORG	▁Luz
1	10	I–ORG	0.45	I–ORG	▁a

데이터를 이런 형태로 만들면 입력 토큰을 기준으로 토큰 개수, 토큰 손실의 평균과 합을 계산하기 좋습니다. 마지막으로 손실의 총합을 기준으로 정렬해 검증 세트에서 누적 손실이 가장 큰 토큰을 찾겠습니다.

```
(
    df_tokens.groupby("input_tokens")[["loss"]]
    .agg(["count", "mean", "sum"])
    .droplevel(level=0, axis=1)  # 멀티 컬럼을 삭제합니다.
    .sort_values(by="sum", ascending=False)
    .reset_index()
    .round(2)
    .head(10)
    .T
)
```

	0	1	2	3	4	5	6	7	8	9
input_tokens	_	_der	_in	_von	_/	_und	_(	_)	_"	_A
count	6066	1388	989	808	163	1171	246	246	2898	125
mean	0.03	0.1	0.14	0.14	0.64	0.08	0.3	0.29	0.02	0.44
sum	200.71	138.05	137.33	114.92	104.28	99.15	74.49	72.35	59.31	54.48

이 리스트에는 몇 가지 패턴이 있습니다.

- 공백 토큰의 손실 총합이 가장 큽니다. 리스트에서 가장 많이 등장하는 토큰이므로 놀라운 일이 아닙니다. 하지만 평균 손실은 다른 토큰에 비해 훨씬 낮습니다. 모델이 이 토큰을 구분하는 데 큰 힘을 들이지 않는다는 의미입니다.
- 'in', 'von', 'der', 'und' 같은 단어가 비교적 자주 등장합니다. 개체명과 함께 등장하거나 개체명의 일부인 경우가 많아 모델이 혼동하기 쉽습니다.
- 단어 시작 부분의 괄호, 슬래시, 대문자는 드물지만 평균 손실이 비교적 높습니다. 이를 더 자세히 조사하겠습니다.

레이블 ID로 그룹핑해 각 클래스에 대한 손실을 볼 수도 있습니다.

```
(
    df_tokens.groupby("labels")[["loss"]]
    .agg(["count", "mean", "sum"])
    .droplevel(level=0, axis=1)
    .sort_values(by="mean", ascending=False)
```

```
    .reset_index()
    .round(2)
    .T
)
```

	0	1	2	3	4	5	6
labels	B-ORG	I-LOC	I-ORG	B-LOC	B-PER	I-PER	O
count	2683	1462	3820	3172	2893	4139	43648
mean	0.66	0.64	0.48	0.35	0.26	0.18	0.03
sum	1769.47	930.94	1850.39	1111.03	760.56	750.91	1354.46

B-ORG의 평균 손실이 가장 높습니다. 모델이 조직 이름의 시작 부분을 결정하기가 어렵다는 의미입니다.

이를 더 세분화하기 위해 토큰 분류의 오차 행렬을 그려보죠. 조직의 시작 토큰이 그다음에 나타난 I-ORG 토큰과 혼동되는 경우가 많아 보입니다.

```
from sklearn.metrics import ConfusionMatrixDisplay, confusion_matrix

def plot_confusion_matrix(y_preds, y_true, labels):
    cm = confusion_matrix(y_true, y_preds, normalize="true")
    fig, ax = plt.subplots(figsize=(6, 6))
    disp = ConfusionMatrixDisplay(confusion_matrix=cm, display_labels=labels)
    disp.plot(cmap="Blues", values_format=".2f", ax=ax, colorbar=False)
    plt.title("Normalized confusion matrix")
    plt.show()
plot_confusion_matrix(df_tokens["labels"], df_tokens["predicted_label"],
                      tags.names)
```

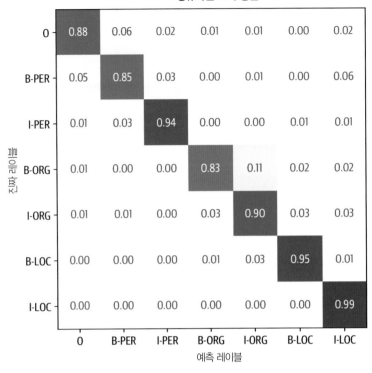

정규화된 오차 행렬

그래프를 보면, 모델은 B-ORG와 I-ORG를 가장 많이 혼동하는 경향을 보입니다. 그 외 개체명은 잘 분류한다는 것이 오차 행렬의 주대각선에 잘 나타납니다.

토큰 수준에서 오류를 조사했으니 높은 손실을 내는 시퀀스를 알아보겠습니다. 이 계산에서는 explode() 함수를 적용하기 전의 원래 DataFrame을 사용해서 토큰당 손실을 합산해 총 손실을 계산하겠습니다. 이를 위해 먼저 토큰 시퀀스, 레이블, 손실을 출력하는 함수를 작성합니다.

```
def get_samples(df):
    for _, row in df.iterrows():
        labels, preds, tokens, losses = [], [], [], []
        for i, mask in enumerate(row["attention_mask"]):
            if i not in {0, len(row["attention_mask"])}:
                labels.append(row["labels"][i])
                preds.append(row["predicted_label"][i])
                tokens.append(row["input_tokens"][i])
                losses.append(f"{row['loss'][i]:.2f}")
        df_tmp = pd.DataFrame({"tokens": tokens, "labels": labels,
```

```python
                                "preds": preds, "losses": losses}).T
        yield df_tmp

df["total_loss"] = df["loss"].apply(sum)
df_tmp = df.sort_values(by="total_loss", ascending=False).head(3)

for sample in get_samples(df_tmp):
    display(sample)
```

	0	1	2	3	4	...	13	14	15	16	17
tokens	_"	8	.	_Juli	_"	...	n	ischen	_Gar	de	⟨/s⟩
labels	B-ORG	IGN	IGN	I-ORG	I-ORG	...	IGN	IGN	I-ORG	IGN	IGN
preds	O	O	O	O	O	...	I-ORG	I-ORG	I-ORG	I-ORG	O
losses	7.89	0.00	0.00	6.88	8.05	...	0.00	0.00	0.01	0.00	0.00

	0	1	2	3	4	...	14	15	16	17	18
tokens	_'	_"	_t	k	_"	...	k	_"	_'	ala	⟨/s⟩
labels	O	O	O	IGN	O	...	IGN	I-LOC	I-LOC	IGN	IGN
preds	O	O	B-ORG	O	O	...	O	O	O	O	O
losses	0.00	0.00	3.59	0.00	0.00	...	0.00	7.66	7.78	0.00	0.00

	0	1	2	3	4	...	11	12	13	14
tokens	_United	_Nations	_Multi	dimensional	_Integra	...	_Central	_African	_Republic	⟨/s⟩
labels	B-PER	I-PER	I-PER	IGN	I-PER	...	I-PER	I-PER	I-PER	IGN
preds	B-ORG	I-ORG	I-ORG	I-ORG	I-ORG	...	I-ORG	I-ORG	I-ORG	I-ORG
losses	6.46	5.59	5.51	0.00	5.11	...	5.32	5.10	4.87	0.00

이 샘플의 레이블에 뭔가 문제가 있는 것 같습니다. 가령 'United Nations'와 'Central African Republic'이 모두 사람(**PER**)으로 레이블링됐습니다! 또 첫 번째 샘플의 '8. Juli'는 조직으로 레이블링됐습니다. 이는 PAN-X 데이터셋의 레이블이 자동으로 생성됐다는 뜻입니다. 이런 레이블을 종종 '실버 스탠다드silver standard'라 합니다(이와 대조적으로 사람이 생성한 레이블은 '골드 스탠다드gold standard'라 합니다). 자동 방식이 합당한 레이블을 만들지 못하는 것은 당연합니다. 사실 이런 실패 사례는 자동 방식에만 국한되지 않습니다. 사람이 주의 깊게 데이터에 레이블을 부여할 때도 집중이 흐트러지거나 단순히 문장을 잘못 이해해서 실수가 생기기도 합니다.

또 괄호와 슬래시의 손실이 비교적 높다는 점도 눈에 띕니다. 시작 괄호가 있는 문장 샘플을 조금 더 살펴보겠습니다.

```
df_tmp = df.loc[df["input_tokens"].apply(lambda x: u"\u2581(" in x)].head(2)
for sample in get_samples(df_tmp):
    display(sample)
```

	0	1	2	3	4	5
tokens	_Ham	a	_(	_Unternehmen	_)	⟨/s⟩
labels	B–ORG	IGN	I–ORG	I–ORG	I–ORG	IGN
preds	B–ORG	I–ORG	I–ORG	I–ORG	I–ORG	I–ORG
losses	0.01	0.00	0.01	0.01	0.01	0.00

	0	1	2	3	4	5	6	7
tokens	_Kesk	kül	a	_(	_Mart	na	_)	⟨/s⟩
labels	B–LOC	IGN	IGN	I–LOC	I–LOC	IGN	I–LOC	IGN
preds	B–LOC	I–LOC	I–LOC	I–LOC	I–LOC	I–LOC	I–LOC	I–LOC
losses	0.02	0.00	0.00	0.01	0.01	0.00	0.01	0.00

일반적으로 괄호와 그 안의 내용을 개체명의 일부로 포함시키지 않지만 자동으로 레이블을 부여하는 시스템 때문에 발생한 문제인 것 같습니다. 두 번째 샘플에서 괄호는 지리적 위치를 감싸고 있습니다. 이는 실제 위치이지만, 원래 위치와 레이블을 분리하고 싶을 때도 있습니다.[16] 이 데이터셋은 여러 언어의 위키피디아 문서로 구성되고 문서 제목에 있는 괄호에는 종종 어떤 설명이 담깁니다. 예를 들어 첫 번째 샘플에서 괄호 안의 텍스트는 Hama가 'Unternehmen', 즉 회사인 것을 나타냅니다. 이 점은 모델이 속한 전체 파이프라인의 성능에 영향을 미치기도 하므로 모델을 배포할 때 꼭 알아야 할 중요한 사항입니다.

비교적 간단한 분석으로 모델과 데이터셋의 일부 약점을 찾아냈습니다. 실전에서는 이런 과정을 반복해 목표한 성능에 도달할 때까지 데이터셋을 정제하고, 모델을 다시 훈련하고, 새로운

---

16 옮긴이_ 에스토니아에 있는 마을 Keskküla는 2017년 전까지 Martna 교구에 속했습니다. 현재는 Lääne–Nigula 교구에 속하므로 Keskküla와 Martna가 독립적인 위치로 레이블링돼야 적절하다는 뜻입니다.

오류를 분석합니다.

한 언어에 대한 오류를 분석했지만 언어 간 성능에도 관심이 있습니다. XLM-R에서 교차 언어 전이가 얼마나 잘 수행되는지를 다음 절에서 몇 가지 실험으로 알아보겠습니다.

4.10 교차 언어 전이

독일어에서 XLM-R을 미세 튜닝했으므로 Trainer 클래스의 predict() 메서드를 사용해 다른 언어로 전이되는 능력을 평가해보겠습니다. 여러 언어를 평가할 계획이니 이를 위해 간단한 함수를 만들겠습니다.

```python
def get_f1_score(trainer, dataset):
    return trainer.predict(dataset).metrics["test_f1"]
```

이 함수를 사용해 테스트 세트의 성능을 평가하고 이 점수를 딕셔너리에 기록합니다.

```python
f1_scores = defaultdict(dict)
f1_scores["de"]["de"] = get_f1_score(trainer, panx_de_encoded["test"])
print(f"[de] 데이터셋에서 [de] 모델의 F₁-점수: {f1_scores['de']['de']:.3f}")
```

[de] 데이터셋에서 [de] 모델의 F_1-점수: 0.868

NER 작업에서 꽤 좋은 결과입니다. 평가 점수가 약 85% 수준입니다. ORG 개체명이 훈련 데이터에서 가장 적고 많은 조직명이 XLM-R 어휘사전에 드물기 때문에 모델이 ORG 개체명에서 가장 큰 어려움을 겪는 것 같습니다. 다른 언어에서는 어떨까요? 먼저 독일어에서 미세 튜닝한 모델을 프랑스어에서 확인해보죠.

```python
text_fr = "Jeff Dean est informaticien chez Google en Californie"
tag_text(text_fr, tags, trainer.model, xlmr_tokenizer)
```

	0	1	2	3	4	5	6	7	8	9	10	11	12	13
Tokens	⟨s⟩	_Jeff	_De	an	_est	_informatic	ien	_chez	_Google	_en	_Cali	for	nie	⟨/s⟩
Tags	O	B-PER	I-PER	I-PER	O	O		O	O	B-ORG	O	B-LOC	I-LOC	I-LOC	O

나쁘지 않군요! 이름과 회사가 두 언어에서 같지만 모델은 'Kalifornien'의 프랑스어 번역 레이블을 정확하게 예측했습니다. 다음으로 전체 프랑스어 테스트 세트에서 독일어 모델의 성능을 계산하겠습니다. 이를 위해 데이터셋을 인코딩하고 분류 리포트를 생성하는 간단한 함수를 작성합니다.

```
def evaluate_lang_performance(lang, trainer):
    panx_ds = encode_panx_dataset(panx_ch[lang])
    return get_f1_score(trainer, panx_ds["test"])
f1_scores["de"]["fr"] = evaluate_lang_performance("fr", trainer)
print(f"[fr] 데이터셋에서 [de] 모델의 F₁-점수: {f1_scores['de']['fr']:.3f}")
```

[fr] 데이터셋에서 [de] 모델의 F_1-점수: 0.714

마이크로 평균 점수[17]로 15퍼센트 포인트가 감소했지만, 이 모델은 레이블링된 프랑스어 샘플을 하나도 본 적이 없다는 것을 기억하세요! 일반적으로 성능 감소의 폭은 언어 간 차이가 얼마나 큰지에 좌우됩니다. 독일어와 프랑스어는 인도−유럽어족 언어로 묶이지만, 기술적으로 보면 서로 다른 언어파인 게르만어파와 로망스어군에 각각 속합니다.

다음으로 이탈리아어에서 성능을 평가해보죠. 이탈리아어도 로망스어군이니 프랑스어와 결과가 비슷하길 기대하겠습니다.

```
f1_scores["de"]["it"] = evaluate_lang_performance("it", trainer)
print(f"[it] 데이터셋에서 [de] 모델의 F₁-점수: {f1_scores['de']['it']:.3f}")
```

[it] 데이터셋에서 [de] 모델의 F_1-점수: 0.692

----

17 옮긴이_ seqeval의 f1_score() 함수는 클래스별 점수의 평균 방법을 지정하는 average 매개변수를 제공합니다. 마이크로(micro) 평균은 클래스 레이블에 상관없이 전체 예측 결과를 사용해 점수를 계산하고, 매크로(macro) 평균은 각 클래스 레이블마다 계산한 점수를 평균합니다. 마지막으로 가중치(weighted) 평균은 클래스 레이블마다 계산한 점수를 클래스별 샘플 수로 가중 평균합니다. average 매개변수의 기본값은 'micro'입니다.

실제로 F_1-점수가 이런 기대를 뒷받침합니다. 마지막으로 게르만어파에 속하는 영어에서 성능을 평가하겠습니다.

```
f1_scores["de"]["en"] = evaluate_lang_performance("en", trainer)
print(f"[en] 데이터셋에서 [de] 모델의 F₁-점수: {f1_scores['de']['en']:.3f}")
```

[en] 데이터셋에서 [de] 모델의 F₁-점수: 0.589

놀랍게도, 독일어가 프랑스어보다 영어와 더 가까우리라 예상하지만 오히려 모델 성능은 영어에서 가장 나쁩니다. 여기서는 독일어에서 미세 튜닝하고 프랑스어와 영어에서 제로샷 전이 학습을 수행했습니다. 다음으로 언제 타깃 언어에서 직접 미세 튜닝을 해야 합리적인지 살펴보겠습니다.

4.10.1 제로샷 전이가 유용할 때

지금까지 독일어 말뭉치에서 미세 튜닝한 XLM-R이 약 85%의 F_1-점수를 얻고, 추가 훈련 없이 다른 언어 말뭉치에서 제법 좋은 성능을 달성했습니다. 이 결과가 얼마나 좋은 것일까요? 이 결과를 단일 언어에서 미세 튜닝한 XLM-R 모델과 어떻게 비교할까요?

이 절에서는 프랑스어 말뭉치로 훈련 세트의 크기를 증가시키면서 XLM-R을 미세 튜닝해 독일어 XLM-R로 교차 언어 전이한 것보다 나은 결과를 내는 훈련 세트 크기를 구하겠습니다. 이는 실제로 레이블링된 데이터를 더 많이 수집해야 하는지 판단하는 데 유용합니다.

간단하게 구성하기 위해 독일어 말뭉치에서 미세 튜닝할 때 사용한 하이퍼파라미터를 사용합니다. 다만 TrainingArguments의 logging_steps 매개변수는 훈련 세트 크기에 맞춰 조정하겠습니다. 단일 언어 말뭉치에 해당하는 DatasetDict 객체를 받고 num_samples만큼 샘플링해서 XLM-R 모델을 미세 튜닝한 다음, 최상의 에포크에서 얻은 점수를 반환하는 간단한 함수를 만듭니다.

```
def train_on_subset(dataset, num_samples):
    train_ds = dataset["train"].shuffle(seed=42).select(range(num_samples))
    valid_ds = dataset["validation"]
```

```
test_ds = dataset["test"]
training_args.logging_steps = len(train_ds) // batch_size

trainer = Trainer(model_init=model_init, args=training_args,
    data_collator=data_collator, compute_metrics=compute_metrics,
    train_dataset=train_ds, eval_dataset=valid_ds, tokenizer=xlmr_tokenizer)
trainer.train()
if training_args.push_to_hub:
    trainer.push_to_hub(commit_message="Training completed!")

f1_score = get_f1_score(trainer, test_ds)
return pd.DataFrame.from_dict(
    {"num_samples": [len(train_ds)], "f1_score": [f1_score]})
```

독일어 말뭉치 미세 튜닝에서 한 것처럼, 프랑스어 말뭉치를 입력 ID, 어텐션 마스크, 레이블 ID로 인코딩합니다.

```
panx_fr_encoded = encode_panx_dataset(panx_ch["fr"])
```

그다음 250개 샘플로 구성된 작은 훈련 세트에서 이 함수를 실행합니다.

```
training_args.push_to_hub = False
metrics_df = train_on_subset(panx_fr_encoded, 250)
metrics_df
```

	num_samples	f1_score
0	250	0.137329

샘플을 250개 사용할 때는 프랑스어에서 미세 튜닝한 성능이 독일어에서 제로샷 전이로 얻은 결과보다 크게 떨어집니다. 훈련 세트 크기를 500, 1,000, 2,000, 4,000개로 늘려서 성능이 얼마나 좋아지는지 보겠습니다.

```
for num_samples in [500, 1000, 2000, 4000]:
    metrics_df = pd.concat([
        metrics_df,
        train_on_subset(panx_fr_encoded, num_samples)])
```

훈련 세트 크기의 함수로 테스트 세트의 F_1-점수를 그래프로 그려서 프랑스어의 미세 튜닝과 독일어의 제로샷 교차 언어 전이를 비교해보죠.

```python
fig, ax = plt.subplots()
ax.axhline(f1_scores["de"]["fr"], ls="--", color="r")
metrics_df.set_index("num_samples").plot(ax=ax)
plt.legend(["Zero-shot from de", "Fine-tuned on fr"], loc="lower right")
plt.ylim((0, 1))
plt.xlabel("Number of Training Samples")
plt.ylabel("F1 Score")
plt.show()
```

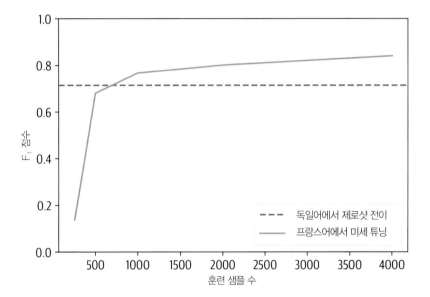

그래프를 보면, 훈련 샘플이 약 750개일 때까지 제로샷 전이가 앞섭니다. 그 후에는 프랑스어 미세 튜닝이 독일어에서 미세 튜닝한 때와 비슷한 수준으로 성능이 향상됩니다. 하지만 제로샷 전이를 무시해서는 안 됩니다! 필자들의 경험에 비추어보면 도메인 전문가를 고용해 수백 개의 문서를 레이블링하는 비용이 만만치 않습니다. 특히 NER에서 레이블링 과정은 복잡하고 시간이 많이 걸립니다.

다중 언어 학습을 평가하는 마지막 방법은 다국어에서 동시에 미세 튜닝하는 것입니다! 이에 대해 알아보겠습니다.

4.10.2 다국어에서 동시에 미세 튜닝하기

독일어에서 프랑스어나 이탈리아어로 수행된 제로샷 교차 언어 전이에서 성능이 약 15퍼센트 포인트 떨어졌습니다. 성능 감소의 폭을 줄이는 방법 하나는 다국어에서 동시에 미세 튜닝하는 것입니다. 어떤 이득이 있는지 보기 위해 🤗 데이터셋의 concatenate_datasets() 함수를 사용해 먼저 독일어와 프랑스어 말뭉치를 합치겠습니다.

```python
from datasets import concatenate_datasets

def concatenate_splits(corpora):
    multi_corpus = DatasetDict()
    for split in corpora[0].keys():
        multi_corpus[split] = concatenate_datasets(
            [corpus[split] for corpus in corpora]).shuffle(seed=42)
    return multi_corpus
panx_de_fr_encoded = concatenate_splits([panx_de_encoded, panx_fr_encoded])
```

이전 절과 같은 하이퍼파라미터를 사용해 훈련하므로 Trainer에 있는 logging_steps, 모델, 데이터셋을 간단히 바꾸겠습니다.

```python
training_args.logging_steps = len(panx_de_fr_encoded["train"]) // batch_size
training_args.push_to_hub = True
training_args.output_dir = "xlm-roberta-base-finetuned-panx-de-fr"

trainer = Trainer(model_init=model_init, args=training_args,
    data_collator=data_collator, compute_metrics=compute_metrics,
    tokenizer=xlmr_tokenizer, train_dataset=panx_de_fr_encoded["train"],
    eval_dataset=panx_de_fr_encoded["validation"])

trainer.train()
trainer.push_to_hub(commit_message="Training completed!")
```

각 언어의 테스트 세트에서 모델의 성능을 확인하겠습니다.

```python
for lang in langs:
    f1 = evaluate_lang_performance(lang, trainer)
    print(f"[{lang}] 데이터셋에서 [de-fr] 모델의 F₁-점수: {f1:.3f}")
```

```
[de] 데이터셋에서 [de-fr] 모델의 F₁-점수: 0.866
[fr] 데이터셋에서 [de-fr] 모델의 F₁-점수: 0.868
[it] 데이터셋에서 [de-fr] 모델의 F₁-점수: 0.815
[en] 데이터셋에서 [de-fr] 모델의 F₁-점수: 0.677
```

프랑스어 테스트 세트 성능이 이전보다 훨씬 더 좋아져 독일어 테스트 세트 성능과 비슷합니다. 흥미롭게도 이탈리아어와 영어 성능도 약 10퍼센트 포인트 향상됐습니다! 따라서 다른 언어의 훈련 데이터를 추가해도, 본 적 없는 언어에서 모델의 성능이 향상됩니다.

각 언어에서 미세 튜닝한 성능과 전체 말뭉치에서 수행한 다중 언어 학습을 비교하면서 분석을 마무리하겠습니다. 이미 독일어 말뭉치에서 미세 튜닝했으니 나머지 언어를 train_on_subset() 함수로 미세 튜닝하겠습니다. num_samples 매개변수는 훈련 세트에 있는 샘플 개수로 지정합니다.

```
corpora = [panx_de_encoded]

# 반복에서 독일어는 제외합니다.
for lang in langs[1:]:
    training_args.output_dir = f"xlm-roberta-base-finetuned-panx-{lang}"
    # 단일 언어 말뭉치에서 미세 튜닝합니다.
    ds_encoded = encode_panx_dataset(panx_ch[lang])
    metrics = train_on_subset(ds_encoded, ds_encoded["train"].num_rows)
    # 딕셔너리에 F₁-점수를 모읍니다.
    f1_scores[lang][lang] = metrics["f1_score"][0]
    # 단일 언어 말뭉치를 corpora 리스트에 추가합니다.
    corpora.append(ds_encoded)
```

각 언어 말뭉치에서 미세 튜닝했으니, 다음으로 모든 언어의 분할을 합쳐서 네 언어로 구성된 다국어 말뭉치를 만듭니다. 이를 위해 앞의 독일어와 프랑스어를 합칠 때처럼, concatenate_splits() 함수에 위에서 생성한 말뭉치 리스트를 적용하겠습니다.

```
corpora_encoded = concatenate_splits(corpora)
```

다국어 말뭉치가 준비됐으니 이제 익숙한 Trainer를 실행할 단계입니다.

```
training_args.logging_steps = len(corpora_encoded["train"]) // batch_size
```

```
training_args.output_dir = "xlm-roberta-base-finetuned-panx-all"

trainer = Trainer(model_init=model_init, args=training_args,
    data_collator=data_collator, compute_metrics=compute_metrics,
    tokenizer=xlmr_tokenizer, train_dataset=corpora_encoded["train"],
    eval_dataset=corpora_encoded["validation"])

trainer.train()
trainer.push_to_hub(commit_message="Training completed!")
```

마지막 단계로 **trainer**를 사용해 각 언어의 테스트 세트에 대한 예측을 생성하겠습니다. 이 과정에서 다중 언어 학습이 실제로 얼마나 잘 작동하는지 통찰을 얻게 됩니다. **f1_scores** 딕셔너리에 F_1-점수를 저장하고 다중 언어 실험의 주요 결과를 요약한 **DataFrame**을 만듭니다.

```
for idx, lang in enumerate(langs):
    f1_scores["all"][lang] = get_f1_score(trainer, corpora[idx]["test"])
scores_data = {"de": f1_scores["de"],
               "each": {lang: f1_scores[lang][lang] for lang in langs},
               "all": f1_scores["all"]}
f1_scores_df = pd.DataFrame(scores_data).T.round(4)
f1_scores_df.rename_axis(index="Fine-tune on", columns="Evaluated on",
                         inplace=True)

f1_scores_df
```

Evaluated on Fine-tune on	de	fr	it	en
de	0.8677	0.7141	0.6923	0.5890
each	0.8677	0.8505	0.8192	0.7068
all	0.8682	0.8647	0.8575	0.7870

이 출력 결과는 다음과 같은 결과를 알려줍니다.

- 다중 언어 학습은 성능상 큰 이득을 제공합니다. 특히 유사한 언어군에서 데이터가 부족한 언어로 교차 언어 전이를 수행할 때 큰 이득을 얻게 됩니다. 실험 결과에서 all 열은 독일어, 프랑스어, 이탈리아어 성능이 비슷합니다. 이는 이 언어들이 영어보다 서로 간에 더 비슷함을 나타냅니다.

- 일반적인 전략으로, 특히 일본어처럼 다른 종류의 텍스트를 다룰 때는 한 어족(language family) 내에서 교차 언어 전이에 초점을 맞추는 것이 좋습니다.

4.11 모델 위젯 사용하기

이 장에서 미세 튜닝한 몇 개의 모델을 허브에 올렸습니다. 로컬에 있는 모델로 `pipeline()` 함수를 사용할 수 있지만 허브가 제공하는 위젯으로도 같은 작업이 가능합니다. [그림 4-5]와 같이 `xlm-roberta-base-finetuned-panx-all` 체크포인트를 사용하여 독일어 텍스트의 개체명을 식별할 수 있습니다.

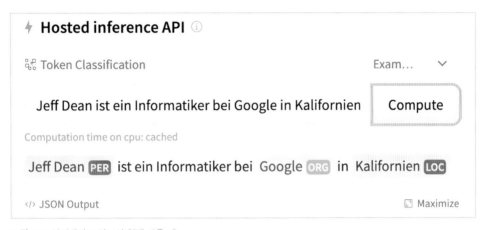

그림 4-5 허깅페이스 허브의 위젯 사용 예

4.12 결론

이 장에서 100개 언어에서 사전 훈련된 트랜스포머 모델 XLM-R로 다국어 말뭉치가 있는 NLP 작업을 처리했습니다. 독일어에서 프랑스어로 교차 언어 전이는 미세 튜닝에 사용할 레이블링된 샘플이 적을 때만 경쟁력 있는 방법이라는 사실을 확인했습니다. 교차 언어 전이는 일반적으로 타깃 언어가 베이스 모델의 미세 튜닝에 사용한 언어와 크게 다르거나 사전 훈련에 사용된 100개 언어 중 하나가 아니라면 좋은 성능을 내지 못합니다. MAD-X 같은 최근 연구는 이렇게 데이터가 부족한 상황을 위해 설계됐습니다. MAD-X는 🤗 트랜스포머스 위에 구축됐으므로, 이용하고 싶다면 이 장의 코드를 조금만 바꾸면 됩니다![18]

---

18 J. Pfeiffer et al., "MAD-X: An Adapter-Based Framework for Multi-Task Cross-Lingual Transfer" (https://arxiv.

지금까지 시퀀스 분류와 토큰 분류 작업을 살펴봤습니다. 두 작업은 모두 텍스트를 사용해 예측을 만드는 자연어 이해 분야에 속합니다. 다음 장에서는 처음으로 텍스트 생성에 대해 알아보겠습니다. 여기서는 모델의 입력은 물론 출력도 텍스트입니다.

org/abs/2005.00052), (2020).

## CHAPTER 5

텍스트 생성

트랜스포머 기반 언어 모델은 사람이 작성한 텍스트와 거의 구분되지 않는 텍스트를 생성하는 매우 신기한 능력을 발휘합니다. 유명한 예로, OpenAI GPT-2가 다음과 같은 프롬프트를 입력받았을 때 생성한 텍스트가 있습니다.[1]

> In a shocking finding, scientist discovered a herd of unicorns living in a remote, previously unexplored valley, in the Andes Mountains. Even more surprising to the researchers was the fact that the unicorns spoke perfect English.

입력을 받은 모델은 유니콘에 대한 매력적인 뉴스 기사를 생성했습니다.

> The scientist named the population, after their distinctive horn, Ovid's Unicorn. These four-horned, silver-white unicorns were previously unknown to science. Now, after almost two centuries, the mystery of what sparked this odd phenomenon is finally solved. Dr. Jorge Pérez, an evolutionary biologist from the University of La Paz, and several companions, were exploring the Andes Mountains when they found a small valley, with no other animals or humans. Pérez noticed that the valley had what appeared to be a natural fountain, surrounded by two peaks of rock and silver snow. Pérez and the others then ventured further into the valley. "By the time we reached the

---

[1] 이 예는 GPT-2에 대한 OpenAI 블로그 포스트(https://openai.com/blog/better-language-models)에서 발췌했습니다.

top of one peak, the water looked blue, with some crystals on top," said Pérez. Pérez and his friends were astonished to see the unicorn herd. These creatures could be seen from the air without having to move too much to see them—they were so close they could touch their horns. While examining these bizarre creatures the scientists discovered that the creatures also spoke some fairly regular English …

어떤 명시적인 감독supervision도 없이 텍스트를 생성했다는 점에서 매우 놀랍습니다! GPT-2와 더 강력한 후속 모델인 GPT-3는 수백만 개의 웹 페이지에서 단순히 다음 단어를 예측하는 방법을 학습해서, 다양한 종류의 입력 프롬프트를 바탕으로 글을 생성할 수 있는 광범위한 기술과 패턴 인식을 습득합니다. [그림 5-1]은 언어 모델이 사전 훈련하는 동안 덧셈, 단어 철자 배열, 번역 같은 문맥 기반으로 다음 토큰을 예측하는 작업 시퀀스에 어떻게 노출되는지 보여줍니다. 이를 통해 얻은 지식은 미세 튜닝이나 (모델이 충분히 크다면) 추론 과정에서 효율적으로 전이transfer됩니다. 이런 작업은 사전에 선택된 것이 아니며 파라미터가 수십억 개인 언어 모델을 훈련하는 대규모 말뭉치에 자연스럽게 등장합니다.

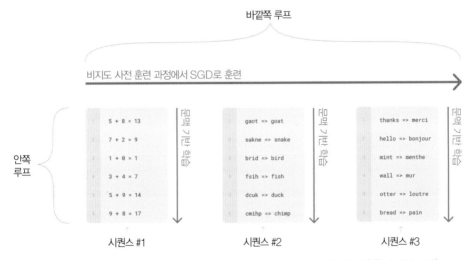

그림 5-1 사전 훈련 동안 언어 모델은 작업 시퀀스에 노출되고 이를 바탕으로 추론에 적용할 수 있습니다(Tom B. Brown 제공).

실제와 같은 텍스트를 생성하는 트랜스포머의 능력은 다양한 애플리케이션을 탄생시켰습니다. InferKit(`https://oreil.ly/I4adh`)과 Write With Transformer(`https://oreil.ly/`

ipkap), AI Dungeon(`https://oreil.ly/8ubC1`), [그림 5-2]처럼 철 지난 농담을 던지는 구글의 Meena(`https://oreil.ly/gMegC`) 같은 대화형 에이전트가 트랜스포머로 만들어졌습니다![2]

그림 5-2 사람(오른쪽)에게 진부한 농담을 던지는 Meena(왼쪽)(Daniel Adiwardana와 Thang Luong 제공)

이 장에서 GPT-2를 사용해 언어 모델의 텍스트 생성 원리를 설명하고, 다양한 디코딩 전략이 생성된 텍스트에 미치는 영향을 살펴보겠습니다.

5.1 일관성 있는 텍스트 생성의 어려움

지금까지 사전 훈련과 지도 학습 기반의 미세 튜닝을 조합해 NLP 문제를 다루는 데 초점을 뒀습니다. 시퀀스나 토큰 분류 같이 작업에 특화된 헤드에서 예측 생성은 매우 간단합니다. 모델

---

2 하지만 Delip Rao가 지적했듯(`https://oreil.ly/mOM3V`), Meena가 의도적으로 진부한 농담을 하는 것인지는 난해한 문제입니다.

이 일련의 로짓을 출력하고 최댓값을 선택해 예측 클래스를 얻습니다. 또는 소프트맥스 함수를 적용해 클래스별 예측 확률을 얻습니다. 이와 달리 모델의 확률 출력을 텍스트로 변환하려면 **디코딩 방법**^{decoding method}이 필요합니다. 여기에는 텍스트 생성에만 따르는 특수한 어려움이 있습니다.

- 디코딩은 반복적으로 수행되므로 입력이 모델의 정방향 패스를 한 번 통과할 때보다 많은 계산이 필요합니다.
- 생성된 텍스트의 품질과 다양성은 디코딩 방법과 이에 관련된 하이퍼파라미터에 따라 달라집니다.

디코딩이 어떻게 수행되는지 이해하기 위해 먼저 GPT-2의 사전 훈련 방법과 텍스트 생성에 적용하는 과정을 알아보죠.

다른 **자기회귀 모델**^{autoregressive model} 또는 **코잘 언어 모델**^{causal language model}과 마찬가지로, GPT-2는 시작 프롬프트 또는 문맥 시퀀스 $x=x_1, x_2, ...x_k$가 주어질 때 텍스트에 등장하는 토큰 시퀀스 $y=y_1, y_2, ...y_t$의 확률 $P(y|x)$를 추정하도록 사전 훈련됩니다. 직접 $P(y|x)$를 추정하기 위해 충분한 훈련 데이터를 획득하기란 불가능하므로, 일반적으로 확률의 연쇄 법칙^{chain rule}을 사용해 **조건부 확률**^{conditional probability}의 곱으로 나타냅니다.

$$P(y_1, ..., y_t \mid x) = \prod_{t=1}^{N} P(y_t \mid y_{<t}, x)$$

여기서 $y_{<t}$는 시퀀스 $y_1, ..., y_{t-1}$을 간략화한 식입니다. 이 조건부 확률로 자기회귀 언어 모델링은 문장의 이전 단어가 주어지면 다음 단어를 예측한다는 직관을 얻을 수 있습니다. 앞선 식의 오른쪽 항에 위치한 확률이 이를 설명합니다. 이런 사전 훈련 목표는 과거와 미래의 문맥을 모두 사용해 마스킹된 토큰을 예측하는 BERT와 매우 다릅니다.

이제 다음 토큰 예측 작업이 임의의 길이를 가진 텍스트 시퀀스를 생성할 때 어떻게 적용할지 예상됩니다. [그림 5-3]처럼 'Transformers are the' 같은 프롬프트로 시작하면 모델은 다음 토큰을 예측합니다. 다음 토큰이 결정되면 이를 프롬프트에 추가해 새로운 입력 시퀀스를 만들고 또 다른 토큰을 생성합니다. 이 과정을 특수한 시퀀스 종료 토큰이나 사전에 정의한 최대 길이에 도달할 때까지 반복합니다.

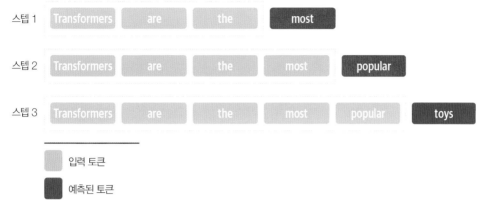

스텝 1   Transformers   are   the   **most**

스텝 2   Transformers   are   the   most   **popular**

스텝 3   Transformers   are   the   most   popular   **toys**

입력 토큰

예측된 토큰

그림 5-3 스텝마다 새로운 단어를 입력 시퀀스에 추가해 텍스트 생성하기

> NOTE_ 출력 시퀀스가 입력 프롬프트에 따라 결정되므로 이런 종류의 텍스트 생성을 종종 **조건부 텍스트 생성**conditional text generation이라 합니다.

이 과정의 핵심은 각 타임스텝에서 어떤 토큰을 선택할지 결정하는 디코딩 방법에 있습니다. 언어 모델의 헤드는 각 스텝에서 어휘사전에 있는 토큰마다 로짓 $z_{t,i}$을 생성하므로 소프트맥스를 적용하면 가능한 다음 토큰 w_i에 대한 확률 분포를 얻습니다.

$$P(y_t = w_i \mid y_{<t}, \ x) = \text{softmax}(z_{t,i})$$

대부분의 디코딩 방법은 다음과 같은 $\hat{y}$를 선택해 전체적으로 확률이 가장 높은 시퀀스를 찾습니다.

$$\hat{y} = \underset{y}{\text{argmax}} \ P(y \mid x)$$

직접 $\hat{y}$를 찾으려면 언어 모델로 가능한 모든 시퀀스를 평가해야 합니다. 이런 작업을 합리적인 시간 안에 할 수 있는 알고리즘이 없으므로 근사적인 방법을 사용합니다. 이 장에서 이런 근사적인 방법 몇 가지를 알아보고 고품질 텍스트를 생성하는 더 똑똑하고 복잡한 알고리즘을 점진적으로 구축하겠습니다.

5.2 그리디 서치 디코딩

연속적인 모델 출력에서 이산적인 토큰을 얻는 가장 간단한 디코딩 방법은 각 타임스텝에서 확률이 가장 높은 토큰을 탐욕적^{greedily}으로 선택하는 것입니다.[3]

$$\widehat{y_t} = \underset{y_t}{\operatorname{argmax}} \ P(y_t \mid y_{<t}, x)$$

그리디 서치 방법을 알아보기 위해 언어 모델링 헤더를 가진 15억 개 파라미터의 GPT-2 버전을 로드하겠습니다.[4]

```
import torch
from transformers import AutoTokenizer, AutoModelForCausalLM

device = "cuda" if torch.cuda.is_available() else "cpu"
model_name = "gpt2-xl"
tokenizer = AutoTokenizer.from_pretrained(model_name)
model = AutoModelForCausalLM.from_pretrained(model_name).to(device)
```

그럼 텍스트를 생성해보죠. 🤗 트랜스포머스는 GPT-2 같은 자기회귀 모델을 위해 **generate()** 함수를 제공하지만, 작동 방식을 이해하기 위해 직접 이 디코딩 메서드를 구현하겠습니다. 연습 삼아 [그림 5-3]에 있는 반복적인 과정을 그대로 따르겠습니다. 'Transformers are the'를 입력 프롬프트로 사용하고 여덟 번의 타임스텝 동안 디코딩을 수행합니다. 각 타임스텝에서 프롬프트의 마지막 토큰에 대한 로짓을 선택하고 소프트맥스를 적용해 확률 분포를 얻습니다. 그다음 확률이 가장 높은 토큰을 다음 토큰으로 선택하고 입력 시퀀스에 추가한 후에 이 과정을 다시 반복합니다. 또 대안을 시각적으로 보여주기 위해 타임스텝마다 확률이 가장 높은 토큰을 다섯 개 저장합니다.

```
import pandas as pd

input_txt = "Transformers are the"
input_ids = tokenizer(input_txt, return_tensors="pt")["input_ids"].to(device)
iterations = []
```

---

3 옮긴이_ 그리디 서치(greedy search)를 탐욕적 탐색 알고리즘이라고도 합니다. 여기서는 greedy를 문맥에 따라 달리 번역했습니다.

4 시스템 메모리가 부족하다면, model_name = "gpt2-xl"을 model_name = "gpt2"로 바꿔 작은 버전의 GPT-2를 로드하세요. 옮긴이_ 코랩의 경우 "gpt2" 또는 "gpt2-large"를 사용하세요.

```
n_steps = 8
choices_per_step = 5

with torch.no_grad():
    for _ in range(n_steps):
        iteration = dict()
        iteration["Input"] = tokenizer.decode(input_ids[0])
        output = model(input_ids=input_ids)
        # 첫 번째 배치의 마지막 토큰의 로짓을 선택해 소프트맥스를 적용합니다.
        next_token_logits = output.logits[0, -1, :]
        next_token_probs = torch.softmax(next_token_logits, dim=-1)
        sorted_ids = torch.argsort(next_token_probs, dim=-1, descending=True)
        # 가장 높은 확률의 토큰을 저장합니다.
        for choice_idx in range(choices_per_step):
            token_id = sorted_ids[choice_idx]
            token_prob = next_token_probs[token_id].cpu().numpy()
            token_choice = (
                f"{tokenizer.decode(token_id)} ({100 * token_prob:.2f}%)"
            )
            iteration[f"Choice {choice_idx+1}"] = token_choice
        # 예측한 다음 토큰을 입력에 추가합니다.
        input_ids = torch.cat([input_ids, sorted_ids[None, 0, None]], dim=-1)
        iterations.append(iteration)
pd.DataFrame(iterations)
```

	Input	Choice 1	Choice 2	Choice 3	Choice 4	Choice 5
0	Transformers are the	most (8.53%)	only (4.96%)	best (4.65%)	Transformers (4.37%)	ultimate (2.16%)
1	Transformers are the most	popular (16.78%)	powerful (5.37%)	common (4.96%)	famous (3.72%)	successful (3.20%)
2	Transformers are the most popular	toy (10.63%)	toys (7.23%)	Transformers (6.60%)	of (5.46%)	and (3.76%)
3	Transformers are the most popular toy	line (34.38%)	in (18.20%)	of (11.71%)	brand (6.10%)	line (2.69%)
4	Transformers are the most popular toy line	in (46.28%)	of (15.09%)	, (4.94%)	on (4.40%)	ever (2.72%)
5	Transformers are the most popular toy line in	the (65.99%)	history (12.42%)	America (6.91%)	Japan (2.44%)	North (1.40%)
6	Transformers are the most popular toy line in the	world (69.26%)	United (4.55%)	history (4.29%)	US (4.23%)	U (2.30%)
7	Transformers are the most popular toy line in the world	, (39.73%)	. (30.64%)	and (9.87%)	with (2.32%)	today (1.74%)

간단한 방법을 사용해 'Transformers are the most popular toy line in the world(트랜 스포머는 세상에서 가장 유명한 장난감 시리즈다)'란 문장을 생성했습니다. 흥미롭게도 여기서 GPT는 두 장난감 회사(해즈브로[Hasbro]와 타카라토미[Takara Tomy])가 만든 트랜스포머 프랜차이즈 를 알고 있습니다. 각 스텝에서 가능한 다른 문장도 볼 수 있는데, 이는 텍스트 생성의 반복적 인 특성을 보여줍니다. 예측하는 데 한 번의 정방향 패스로 충분한 시퀀스 분류 등의 작업과 달 리, 텍스트 생성은 한 번에 하나의 출력 토큰을 디코딩합니다.

그리디 서치 구현은 어렵지 않지만, 더 복잡한 디코딩 방법을 알아보기 위해 🤗 트랜스포머스 에 내장된 generate() 함수를 사용하겠습니다. 앞선 결과를 재현하기 위해 샘플링을 끄고(체 크포인트에서 로딩한 모델 설정에 따로 지정되지 않았다면 이 옵션은 기본적으로 False입니 다) 생성 토큰의 개수를 max_new_tokens 매개변수로 지정합니다.

```
input_ids = tokenizer(input_txt, return_tensors="pt")["input_ids"].to(device)
output = model.generate(input_ids, max_new_tokens=n_steps, do_sample=False)
print(tokenizer.decode(output[0]))
```

```
Transformers are the most popular toy line in the world,
```

이제 조금 더 재미있는 시도를 해보죠. OpenAI의 유니콘 기사를 재현할 수 있을까요? 앞에서 처럼 토크나이저로 프롬프트를 인코딩하고 긴 텍스트 시퀀스를 생성하기 위해 max_length에 큰 값을 지정하겠습니다.

```
max_length = 128
input_txt = """In a shocking finding, scientist discovered \
a herd of unicorns living in a remote, previously unexplored \
valley, in the Andes Mountains. Even more surprising to the \
researchers was the fact that the unicorns spoke perfect English.\n\n
"""
input_ids = tokenizer(input_txt, return_tensors="pt")["input_ids"].to(device)
output_greedy = model.generate(input_ids, max_length=max_length,
                               do_sample=False)
print(tokenizer.decode(output_greedy[0]))
```

```
In a shocking finding, scientist discovered a herd of unicorns living in a
remote, previously unexplored valley, in the Andes Mountains. Even more
surprising to the researchers was the fact that the unicorns spoke perfect
English.

The researchers, from the University of California, Davis, and the University of
Colorado, Boulder, were conducting a study on the Andean cloud forest, which is
home to the rare species of cloud forest trees.

The researchers were surprised to find that the unicorns were able to
communicate with each other, and even with humans.

The researchers were surprised to find that the unicorns were able
```

이 기사의 앞머리에 있는 몇 문장은 OpenAI가 작성한 기사와 매우 다를 뿐만 아니라 재미있게도 발견에 기여한 대학이 여러 곳입니다! 여기서 그리디 서치 디코딩의 주요 단점 하나가 드러납니다. 그리디 서치 알고리즘은 반복적인 출력 시퀀스를 생성하는 경향이 있어서 뉴스 기사로는 확실히 적절하지 않습니다. 이는 그리디 서치 알고리즘의 보편적인 문제이며, 이로 인해 최적의 솔루션을 만들어내기 어렵습니다. 디코딩 측면에서 보면, 확률이 높은 단어가 확률이 낮은 단어보다 먼저 등장하기 때문에 전체적으로 확률이 높은 단어 시퀀스를 생성하지 못하기도 합니다.

다행히 더 나은 방법이 있습니다. **빔 서치 디코딩**beam search decoding이라는 인기 있는 방법을 알아보죠.

> NOTE_ 그리디 서치 디코딩은 다양성이 필요한 텍스트 생성 작업에는 거의 사용되지 않지만, 결정적이고 사실적으로 정확한 출력이 필요한 수식 등의 짧은 문장 생성에는 유용합니다.[5] 이런 작업을 위해 줄바꿈이 있는 "5 + 8 => 13 \n 7 + 2 => 9 \n 1 + 0 =>" 같은 형식의 입력 프롬프트를 제공해 GPT-2의 조건부 생성을 제어할 수 있습니다.

---

5   N.S. Keskar et al., "CTRL: A Conditional Transformer Language Model for Controllable Generation" (https://arxiv.org/abs/1909.05858), (2019).

5.3 빔 서치 디코딩

빔 서치는 각 스텝에서 확률이 가장 높은 토큰을 디코딩하는 대신, 확률이 가장 높은 상위 b개의 다음 토큰을 추적합니다. 여기서 b는 **빔**beam 또는 **불완전 가설**partial hypothesis의 개수입니다. 다음 빔 세트는 기존 세트에서 가능한 모든 다음 토큰을 확장하고 확률이 가장 높은 b개의 확장을 선택해 구성합니다. 이 과정은 최대 길이나 EOS 토큰에 도달할 때까지 반복됩니다. 확률이 가장 높은 시퀀스는 로그 확률에 따라 b개 빔의 순위를 매겨 선택됩니다. 빔 서치의 예를 [그림 5-4]에 나타냈습니다.

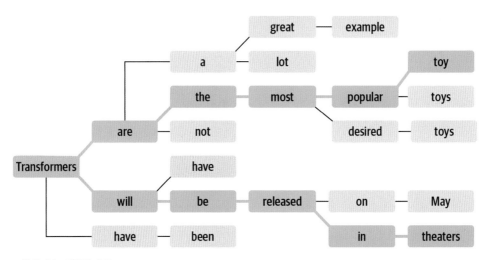

그림 5-4 b=2인 빔 서치

왜 확률이 아니라 로그 확률을 사용해 시퀀스 점수를 매길까요? 시퀀스의 전체 확률 $P(y_1, y_2, ..., y_t | x)$을 계산하려면 조건부 확률 $P(y_t | y_{<t}, x)$의 곱을 계산해야 하기 때문입니다. 각 조건부 확률이 일반적으로 [0, 1] 범위 안에 속한 작은 값이므로 이를 곱해 얻은 전체 확률은 언더플로underflow가 쉽게 발생합니다. 컴퓨터가 이 계산의 결과를 더 이상 정확하게 표현할 수 없다는 의미입니다. 예를 들어 $t=1024$개의 토큰으로 이루어진 시퀀스에서 각 토큰의 확률이 0.5라고 해보죠. 이 시퀀스의 전체 확률은 매우 작은 수가 됩니다.

```
0.5 ** 1024
```

```
5.562684646268003e-309
```

이런 값은 수치적으로 불안정해 언더플로가 발생하지만, 로그 확률을 계산하면 이를 피할 수 있습니다. 결합 확률joint probability과 조건부 확률conditional probability에 로그를 적용하면 로그의 곱셈 규칙에 따라 다음과 같은 식이 나옵니다.

$$\log P(y_1, \ldots y_t \mid x) = \sum_{t=1}^{N} \log P(y_t \mid y_{<t}, x)$$

다른 말로 하면, 앞서 본 확률의 곱셈이 로그 확률의 덧셈으로 바뀝니다. 이 방식이 수치적 불안정을 일으킬 확률이 훨씬 적습니다. 예를 들어 이전 예에 대한 로그 확률은 다음과 같이 계산합니다.

```
import numpy as np

sum([np.log(0.5)] * 1024)
```

```
-709.7827128933695
```

이런 값이 더 다루기 쉬울 뿐 아니라 이 방식은 더 작은 수에도 적용됩니다. 상대적 확률만 비교하면 되므로 로그 확률을 사용해서도 비교가 가능합니다.

그리디 서치와 빔 서치로 생성한 텍스트의 로그 확률을 계산해 빔 서치가 전체 확률을 향상하는지 확인하겠습니다. 🤗 트랜스포머스 모델은 입력 토큰이 주어지면 다음 토큰에 대한 정규화되지 않은 로짓을 반환합니다. 따라서 먼저 로짓을 정규화해서 시퀀스의 각 토큰을 위해 전체 어휘사전에 대한 확률 분포를 만듭니다. 그다음 시퀀스에 있는 토큰 확률만 선택합니다. 이 단계를 구현한 함수는 다음과 같습니다.

```
import torch.nn.functional as F

def log_probs_from_logits(logits, labels):
    logp = F.log_softmax(logits, dim=-1)
    logp_label = torch.gather(logp, 2, labels.unsqueeze(2)).squeeze(-1)
    return logp_label
```

이 함수는 하나의 토큰에 대한 로그 확률을 제공하므로, 시퀀스의 전체 로그 확률을 얻으려면 각 토큰의 로그 확률을 더합니다.

```python
def sequence_logprob(model, labels, input_len=0):
    with torch.no_grad():
        output = model(labels)
        log_probs = log_probs_from_logits(
            output.logits[:, :-1, :], labels[:, 1:])
        seq_log_prob = torch.sum(log_probs[:, input_len:])
    return seq_log_prob.cpu().numpy()
```

모델이 입력 시퀀스를 생성하지 않았으므로 입력 시퀀스의 로그 확률은 무시합니다. 또 로짓과 레이블의 정렬이 중요합니다. 모델은 다음 토큰을 예측하기 때문에 첫 번째 레이블에 대한 로짓을 얻지 못합니다. 또 마지막 로짓에 대한 정답이 없기 때문에 마지막 로짓은 필요하지 않습니다.

이 함수를 사용해 OpenAI 프롬프트에서 그리디 서치로 만든 시퀀스의 로그 확률을 계산하겠습니다.

```python
logp = sequence_logprob(model, output_greedy, input_len=len(input_ids[0]))
print(tokenizer.decode(output_greedy[0]))
print(f"\n로그 확률: {logp:.2f}")
```

```
In a shocking finding, scientist discovered a herd of unicorns living in a
remote, previously unexplored valley, in the Andes Mountains. Even more
surprising to the researchers was the fact that the unicorns spoke perfect
English.

The researchers, from the University of California, Davis, and the University of
Colorado, Boulder, were conducting a study on the Andean cloud forest, which is
home to the rare species of cloud forest trees.

The researchers were surprised to find that the unicorns were able to
communicate with each other, and even with humans.

The researchers were surprised to find that the unicorns were able

로그 확률: -87.43
```

이를 빔 서치로 생성한 시퀀스와 비교해보죠. generate() 함수에서 빔 서치를 활성화하려면 num_beams 매개변수에 빔 개수를 지정합니다. 빔 크기가 클수록 결과가 더 좋을 가능성이 높습니다. 하지만 각 빔에 대해 병렬적으로 시퀀스를 생성하므로 생성 과정이 훨씬 느려집니다.

```
output_beam = model.generate(input_ids, max_length=max_length, num_beams=5,
                             do_sample=False)
logp = sequence_logprob(model, output_beam, input_len=len(input_ids[0]))
print(tokenizer.decode(output_beam[0]))
print(f"\n로그 확률: {logp:.2f}")
```

In a shocking finding, scientist discovered a herd of unicorns living in a remote, previously unexplored valley, in the Andes Mountains. Even more surprising to the researchers was the fact that the unicorns spoke perfect English.

The discovery of the unicorns was made by a team of scientists from the University of California, Santa Cruz, and the National Geographic Society.

The scientists were conducting a study of the Andes Mountains when they discovered a herd of unicorns living in a remote, previously unexplored valley, in the Andes Mountains. Even more surprising to the researchers was the fact that the unicorns spoke perfect English

로그 확률: -55.23

단순한 그리디 서치보다 빔 서치에서 더 높은 로그 확률을 얻었습니다(높을수록 좋습니다). 하지만 빔 서치도 텍스트가 반복되는 문제가 있습니다. 이 문제를 해결하기 위해 no_repeat_ngram_size 매개변수로 n-그램 페널티penalty를 부과하는 방법이 있습니다. 그러면 지금까지 n-그램을 추적해 이전에 보았던 n-그램을 생성하는 경우 다음 토큰 확률이 0이 됩니다.

```
output_beam = model.generate(input_ids, max_length=max_length, num_beams=5,
                             do_sample=False, no_repeat_ngram_size=2)
logp = sequence_logprob(model, output_beam, input_len=len(input_ids[0]))
print(tokenizer.decode(output_beam[0]))
print(f"\n로그 확률: {logp:.2f}")
```

> In a shocking finding, scientist discovered a herd of unicorns living in a
> remote, previously unexplored valley, in the Andes Mountains. Even more
> surprising to the researchers was the fact that the unicorns spoke perfect
> English.
>
> The discovery was made by a team of scientists from the University of
> California, Santa Cruz, and the National Geographic Society.
>
> According to a press release, the scientists were conducting a survey of the
> area when they came across the herd. They were surprised to find that they were
> able to converse with the animals in English, even though they had never seen a
> unicorn in person before. The researchers were
>
> 로그 확률: -93.12

결과가 그리 나쁘지 않군요! 반복적인 텍스트 생성을 막고 점수는 더 낮아졌지만 텍스트가 일관성을 유지합니다. n-그램 페널티를 사용한 빔 서치는 확률이 높은 토큰에 초점을 맞추는 빔 서치와 반복을 줄이는 n-그램 페널티의 균형을 잡는 좋은 방법입니다. 사실적인 정확성을 요히는 요약, 기계 번역 같은 애플리케이션에 널리 사용됩니다. 또 분야에 국한되지 않는 잡담이나 기사처럼 사실적인 정확성이 다양성보다 덜 중요할 때, 샘플링을 사용해 다양성을 늘리면서 반복을 줄이는 방법도 있습니다. 많이 사용하는 샘플링 방법 몇 가지를 조사하면서 텍스트 생성에 대한 탐구를 마무리하겠습니다.

5.4 샘플링 방법

가장 간단한 샘플링 방법은 각 타임스텝 내에 모델이 출력한 전체 어휘사전의 확률 분포에서 랜덤하게 샘플링하는 것입니다.

$$P(y_t = w_i \mid y_{<t},\ x) = \mathrm{softmax}(z_{t,i}) = \frac{\exp(z_{t,i})}{\sum_{j=1}^{|V|} \exp(z_{t,j})}$$

여기서 $|V|$는 어휘사전의 크기 cardinality를 나타냅니다. 소프트맥스 함수를 적용하기 전에 로짓의 스케일을 조정하는 온도 파라미터 T를 추가하면 출력의 다양성이 쉽게 제어됩니다.

$$P(y_t = w_i \mid y_{<t},\ x) = \frac{\exp(z_{t,i}/T)}{\sum_{j=1}^{|V|} \exp(z_{t,j}/T)}$$

T 값을 바꾸면 확률 분포의 형태가 제어됩니다.[6] T≪1일 때 이 분포는 원점 근처에서 정점에 도달하고 드문 토큰을 억제합니다. 반면 T≫1일 때 분포가 평평해지고 각 토큰의 확률이 동일 해집니다. 토큰 확률에 미치는 온도의 영향을 [그림 5-5]에 나타냈습니다.

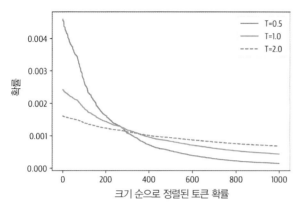

그림 5-5 세 가지 온도에서 랜덤하게 생성한 토큰 확률 분포

온도가 생성되는 텍스트에 어떤 영향을 미치는지 알아보기 위해 generate() 함수의 temperature 매개변수를 T=2로 지정해 샘플링을 해보죠(top_k 매개변수의 의미는 다음 절 에서 설명하겠습니다).

```
output_temp = model.generate(input_ids, max_length=max_length, do_sample=True,
                              temperature=2.0, top_k=0)
print(tokenizer.decode(output_temp[0]))
```

In a shocking finding, scientist discovered a herd of unicorns living in a
remote, previously unexplored valley, in the Andes Mountains. Even more
surprising to the researchers was the fact that the unicorns spoke perfect
English.

While the station aren protagonist receive Pengala nostalgiates tidbitRegarding
Jenny loclonju AgreementCON irrational rite Continent seaf A jer Turner
Dorbecue WILL Pumpkin mere Thatvernuildagain YoAniamond disse *
Runewitingkusstemprop});b zo coachinginventorymodules deflation press

---

6   물리학을 조금 안다면 눈치 챘겠지만, 볼츠만 분포(Boltzmann distribution)(https://oreil.ly/ZsMmx)와 매우 비슷합니다.

```
Vaticanpres Wrestling chargesThingsctureddong Ty physician PET KimBi66 graz Oz
at aff da temporou MD6 radi iter
```

확실히 온도가 높으면 횡설수설에 가까운 텍스트가 생성됩니다. 드문 토큰이 강조되어 모델이
이상한 문법을 만들고 다양한 가짜 단어를 만들어냈습니다! 온도를 낮추면 어떤 일이 일어나는
지 알아보겠습니다.

```
output_temp = model.generate(input_ids, max_length=max_length, do_sample=True,
                             temperature=0.5, top_k=0)
print(tokenizer.decode(output_temp[0]))
```

```
In a shocking finding, scientist discovered a herd of unicorns living in a
remote, previously unexplored valley, in the Andes Mountains. Even more
surprising to the researchers was the fact that the unicorns spoke perfect
English.

The scientists were searching for the source of the mysterious sound, which was
making the animals laugh and cry.

The unicorns were living in a remote valley in the Andes mountains

'When we first heard the noise of the animals, we thought it was a lion or a
tiger,' said Luis Guzman, a researcher from the University of Buenos Aires,
Argentina.

'But when
```

이 텍스트가 훨씬 일관성이 있군요. 거기다, 발견에 기여한 또 다른 대학도 언급됐습니다! 온도
는 샘플의 품질을 제어하지만, 항상 일관성(낮은 온도)과 다양성(높은 온도)의 균형점이 있기
때문에 당면한 문제에 따라 조정해야 합니다.

일관성과 다양성의 균형을 조정하는 또 다른 방법으로 어휘사전의 분포를 잘라내는 방법이 있
습니다. 이 방법은 온도와 함께 다양성을 자유롭게 조정하지만, 더 제한된 범위에서 문맥상 매
우 이상한 단어(즉, 확률이 낮은 단어)를 제외합니다. 대표적인 방법은 탑-k 샘플링top-k sam-
pling과 뉴클리어스 샘플링nucleus sampling(또는 탑-p 샘플링)입니다. 이에 대해 알아보겠습니다.

5.5 탑-k 및 뉴클리어스 샘플링

탑-k와 뉴클리어스(탑-p) 샘플링은 온도를 사용하는 방법에 대한 잘 알려진 두 가지 대안 또는 확장입니다. 두 샘플링은 모두 각 타임스텝에서 샘플링에 사용할 토큰의 개수를 줄인다는 개념에 기초합니다. 작동 방식을 이해하기 위해 [그림 5-6]처럼 T=1에서 모델이 출력한 누적 확률 분포를 시각화해보죠.

그래프에 많은 정보가 있으니 나눠 살펴보겠습니다. [그림 5-6]의 위쪽 그래프는 토큰 확률의 히스토그램입니다. 10^{-8} 근처가 최고 정점이고 10^{-4} 근처에 조금 더 작은 제2의 정점이 있습니다. 그다음 확률이 10^{-2}와 10^{-1} 사이의 확률을 가진 토큰에서 급격히 줄어듭니다. 그래프를 보면 확률이 가장 높은 토큰(10^{-1}에서 독립적으로 동떨어져 있는 막대)을 선택할 확률은 10분의 1입니다.

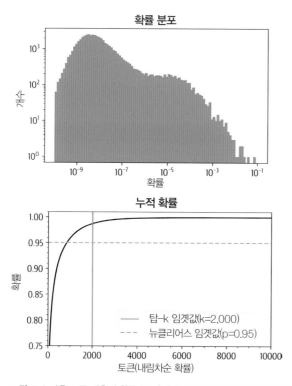

그림 5-6 다음 토큰 예측의 확률 분포(위)와 내림차순으로 정렬된 토큰 확률의 누적 분포(아래)

아래쪽 그래프에서 내림차순 확률로 토큰을 정렬한 다음, 처음 10,000개 토큰의 누적 합을 계산했습니다(GPT-2의 어휘사전에는 총 50,257개 토큰이 있습니다). 이 곡선은 확률이 높은 토큰 중 하나를 선택할 확률을 나타냅니다. 예를 들어 확률이 가장 높은 1,000개 토큰 중 하나를 선택할 확률은 약 96%입니다. 확률이 빠르게 90%를 상회하지만 수천 개의 토큰이 지나야 100%에 가깝게 수렴합니다. 그래프를 보면 하위 8,000개 토큰 중 하나를 선택할 확률은 약 100분의 1입니다.

이 수치는 처음에는 작아 보이지만 텍스트를 생성할 때 토큰마다 한 번씩 샘플링하기 때문에 중요합니다. 겨우 100분의 1 또는 1,000분의 1이더라도, 수백 번 샘플링하게 되면 언젠가 희귀한 토큰을 선택할 가능성이 있습니다. 샘플링에서 이런 토큰을 선택하면 생성된 텍스트의 품질이 떨어지기도 합니다. 이런 이유로 확률이 매우 낮은 토큰은 피합니다. 이런 배경에서 탑-k와 탑-p 샘플링이 등장했습니다.

탑-k 샘플링은 확률이 가장 높은 k개 토큰에서만 샘플링해서 확률이 낮은 토큰을 피합니다. 이렇게 하면 확률 분포의 롱테일long tail을 잘라내고 확률이 가장 높은 토큰에서만 샘플링하는 것이 가능해집니다. [그림 5-6]으로 돌아가서 탑-k 샘플링은 수직선을 정의하고 왼쪽에 있는 토큰에서만 샘플링합니다. generate() 함수는 이 작업을 쉽게 수행하는 매개변수 top_k를 제공합니다.

```
output_topk = model.generate(input_ids, max_length=max_length, do_sample=True,
                             top_k=50)
print(tokenizer.decode(output_topk[0]))
```

In a shocking finding, scientist discovered a herd of unicorns living in a remote, previously unexplored valley, in the Andes Mountains. Even more surprising to the researchers was the fact that the unicorns spoke perfect English.

The wild unicorns roam the Andes Mountains in the region of Cajamarca, on the border with Argentina (Picture: Alamy/Ecole Nationale Supérieure d'Histoire Naturelle)

The researchers came across about 50 of the animals in the valley. They had lived in such a remote and isolated area at that location for nearly a thousand years that

이 텍스트가 지금까지 생성한 결과 중에서 가장 사람이 쓴 글 같습니다. 하지만 k 값을 어떻게 정해야 할까요? k 값은 수동으로 선택해야 하고 실제 출력 분포에 상관없이 시퀀스의 각 선택에 동일하게 적용됩니다. 다음 장에서 살펴볼 몇 가지 텍스트 품질 지표를 사용해 적당한 k 값을 찾겠습니다. 하지만 고정된 컷오프^{cutoff}는 만족스럽지 않은 경우도 있습니다.

이에 대한 대안으로 동적인 컷오프를 적용하는 방법이 있습니다. 뉴클리어스 샘플링 또는 탑-p 샘플링에서는 고정된 컷오프 값을 선택하지 않고 어디서 컷오프를 할지 조건을 지정합니다. 이 조건은 선택한 특정 확률 질량^{probability mass}에 도달할 때입니다. 이 값을 95%로 지정했다고 해보죠. 그다음 확률에 따라 내림차순으로 모든 토큰을 정렬하고 선택한 토큰의 확률 값이 95%에 도달할 때까지 이 리스트의 맨 위부터 토큰을 하나씩 추가합니다. [그림 5-6]을 다시 보면 p 값은 누적 확률 그래프의 수평선에 해당합니다. 이 수평선의 아래에 있는 토큰에서만 샘플링을 하게 됩니다. 출력 분포에 따라 (확률이 매우 높은) 하나의 토큰이 될 수도 있고 (확률이 비슷한) 백 개의 토큰이 될 수도 있습니다. 아마 이제는 generate() 함수가 탑-p 샘플링을 위한 매개변수도 제공한다는 사실이 놀랍지 않을 겁니다. 한번 적용해보겠습니다.

```
output_topp = model.generate(input_ids, max_length=max_length, do_sample=True,
                             top_p=0.90)
print(tokenizer.decode(output_topp[0]))
```

```
In a shocking finding, scientist discovered a herd of unicorns living in a
remote, previously unexplored valley, in the Andes Mountains. Even more
surprising to the researchers was the fact that the unicorns spoke perfect
English.

The scientists studied the DNA of the animals and came to the conclusion that
the herd are descendants of a prehistoric herd that lived in Argentina about
50,000 years ago.

According to the scientific analysis, the first humans who migrated to South
America migrated into the Andes Mountains from South Africa and Australia, after
the last ice age had ended.

Since their migration, the animals have been adapting to
```

탑-p 샘플링도 일관성 있는 텍스트를 생성합니다. 이번에는 호주에서 남미로 이주하는 내용에 새로운 변화가 생겼습니다. 두 샘플링 방법을 연결하면 양쪽의 장점을 모두 취할 수 있습니다.

`top_k=50`와 `top_p=0.9`로 지정하면 확률이 가장 높은 50개 토큰에서 확률 질량이 90%인 토큰을 선택하게 됩니다.

> NOTE_ 샘플링할 때 빔 서치를 적용하는 방법도 있습니다. 다음 후보 토큰의 배치를 탐욕적으로 선택하지 않고 샘플링을 통해 같은 식으로 빔 세트를 구성하는 방법입니다.

5.6 어떤 디코딩 방법이 최선일까요?

안타깝지만 언제나 통하는 최선의 디코딩 방법은 없습니다. 최선의 방법은 주어진 텍스트 생성 작업의 특성에 따라 다릅니다. 수식이나 특정 질문에 답을 내듯 정밀한 작업을 수행하는 모델이라면 온도를 낮추거나 확률이 가장 높은 답을 보장하기 위해 빔 서치와 함께 그리디 서치 같은 결정적인 방법을 사용합니다. 모델이 더 길고 창의적인 텍스트를 생성하려면 샘플링 방법으로 바꾸고 온도를 올리거나 탑-k와 뉴클리어스 샘플링을 혼합해 사용하는 편이 좋습니다.

5.7 결론

이 장에서 이전에 본 NLU 작업과 매우 다른 작업인 텍스트 생성을 살펴보았습니다. 텍스트를 생성하려면 생성된 토큰마다 적어도 한 번의 정방향 패스가 필요합니다. 빔 서치를 사용한다면 더 많이 필요합니다. 따라서 텍스트 생성 시 계산량에 대한 요구가 많고 대규모로 텍스트 생성 모델을 실행하려면 적절한 인프라가 필요합니다. 또 모델의 출력 확률을 이산적인 토큰으로 변환하는 좋은 디코딩 전략이 텍스트 품질을 향상시키기도 합니다. 최선의 디코딩 전략을 찾으려면 약간의 실험과 생성된 텍스트에 대한 주관적인 평가가 필요합니다.

하지만 실전에서는 직감만으로 이런 결정을 내리지 않습니다! 다른 NLP 작업과 마찬가지로, 해결하려는 문제를 반영한 모델 성능 지표를 선택합니다. 당연히 다양한 선택지가 있으며, 다음 장에서 텍스트 요약 모델을 훈련하고 평가하는 방법을 살펴보면서 가장 널리 사용되는 지표도 알아보겠습니다. GPT 유형의 모델을 밑바닥부터 훈련하는 방법이 궁금하다면 곧장 10장으로 넘어가도 좋습니다. 10장에서는 대규모 코드 데이터셋을 수집해 자기회귀 언어 모델 autoregressive language model을 훈련합니다.

## CHAPTER 6

요약

언젠가 한 번쯤 문서를 요약해야 할 때가 있습니다. 요약할 문서는 연구 논문이나 재무 실적 보고서 아니면 이메일 스레드일지도 모릅니다. 생각해보면 이런 작업에는 긴 단락을 이해하고, 관련 내용을 추론하고, 원래 문서의 주제를 통합해 유창한 텍스트를 생성하는 등 다양한 능력이 필요합니다. 또 기사를 정확하게 요약하는 방법과 법률 계약서를 요약하는 방법은 매우 다르기 때문에 정교한 수준의 도메인 일반화가 필요합니다. 이런 이유로 트랜스포머를 포함한 자연어 모델에게 텍스트 요약은 어려운 작업입니다. 이런 어려움에도 불구하고 텍스트 요약은 도메인 전문가의 작업 속도를 크게 높이고 기업에서 내부 지식을 집약하고, 계약을 요약하고 소셜 미디어를 위한 자동 콘텐츠를 생성하는 등의 작업에 사용됩니다.

이와 관련된 도전 과제를 이해하기 위해 이 장은 사전 훈련된 트랜스포머를 사용해 문서를 요약하는 방법을 알아보겠습니다. 요약은 입력과 출력이 텍스트인 고전적인 시퀀스-투-시퀀스 (seq2seq) 작업입니다. 1장에서 보았듯이 요약에는 인코더-디코더 트랜스포머가 잘 맞습니다.

이 장에서는 인코더-디코더 모델을 만들어 여러 사람이 주고받은 대화를 간결하게 요약하겠습니다. 하지만 그 전에 요약에 사용하는 대표적인 데이터셋인 CNN/DailyMail 말뭉치를 살펴보겠습니다.

6.1 CNN/DailyMail 데이터셋

CNN/DailyMail 데이터셋은 300,000개 뉴스 기사와 요약의 쌍으로 구성됐습니다. 요약은 CNN과 DailyMail이 기사에 첨부한 글머리 목록의 내용인데, 요약이 본문에서 추출되지 않고 추상적이라는 중요한 특징이 있습니다. 즉, 단순한 발췌가 아니라 새로운 문장으로 구성됐다는 말입니다. 이 데이터셋은 허브(https://oreil.ly/jcRmb)에서 제공합니다. 여기서는 요약을 위해 익명화 처리를 하지 않은 3.0.0 버전을 사용하겠습니다. 4장에서 서브셋을 선택한 때와 비슷한 방식으로 version 매개변수를 사용해 버전을 선택합니다.

```
from datasets import load_dataset

dataset = load_dataset("cnn_dailymail", version="3.0.0")
print(f"특성: {dataset['train'].column_names}")
```

```
특성: ['article', 'highlights', 'id']
```

이 데이터셋은 세 가지 특성이 있습니다. 뉴스 기사를 담은 **article**, 요약에 해당하는 **highlights**, 기사의 고유 아이디 **id**입니다. 기사 하나의 내용을 일부 발췌해서 보죠.

```
sample = dataset["train"][1]
print(f"""기사 (500개 문자 발췌, 총 길이: {len(sample["article"])}):""")
print(sample["article"][:500])
print(f'\n요약 (길이: {len(sample["highlights"])}):')
print(sample["highlights"])
```

```
기사 (500개 문자 발췌, 총 길이: 3192):
(CNN) -- Usain Bolt rounded off the world championships Sunday by claiming his
third gold in Moscow as he anchored Jamaica to victory in the men's 4x100m
relay. The fastest man in the world charged clear of United States rival Justin
Gatlin as the Jamaican quartet of Nesta Carter, Kemar Bailey-Cole, Nickel
Ashmeade and Bolt won in 37.36 seconds. The U.S finished second in 37.56 seconds
with Canada taking the bronze after Britain were disqualified for a faulty
handover. The 26-year-old Bolt has n

요약 (길이: 180):
Usain Bolt wins third gold of world championship .
```

```
Anchors Jamaica to 4x100m relay victory .
Eighth gold at the championships for Bolt .
Jamaica double up in women's 4x100m relay .
```

기사가 요약에 비해 매우 긴 경우도 있습니다. 이 경우 17배나 차이가 납니다. 대부분 트랜스포머 모델의 문맥 크기가 몇 단락에 해당하는 분량인 1,000개 토큰 정도로 제한되므로, 긴 기사는 트랜스포머 모델에 문제를 일으킵니다. 이를 처리하는 표준적이면서 가장 단순한 방법은 모델의 문맥 크기에 맞춰 텍스트를 자르는 것입니다. 텍스트 끝부분에 중요한 정보가 있다면 사라지겠지만, 이는 모델 구조의 제약으로 생기는 불가피한 선택입니다.

6.2 텍스트 요약 파이프라인

앞의 예제 기사에 대한 출력을 정성적으로 살펴보면서 요약 작업에 많이 사용되는 트랜스포머 모델 몇 가지를 알아보겠습니다. 살펴볼 모델 구조는 최대 입력 크기가 각각 다르지만 동일한 입력을 사용하고 출력을 비교하기 위해 입력 텍스트를 2,000자로 제한하겠습니다.

```
sample_text = dataset["train"][1]["article"][:2000]
# 딕셔너리에 각 모델이 생성한 요약을 저장합니다.
summaries = {}
```

요약에서는 관례적으로 요약 문장을 줄바꿈으로 나눕니다. 마침표마다 그 뒤에 줄바꿈 토큰을 추가해도 되지만 그러면 'U.S.'나 'U.N.' 같은 문자열을 처리하지 못합니다. NLTK^{Natural Language Toolkit} 패키지에는 문장의 종결과 약어에 등장하는 구두점을 구별하는 더 정교한 알고리즘이 있습니다.

```
import nltk
from nltk.tokenize import sent_tokenize

nltk.download("punkt")

string = "The U.S. are a country. The U.N. is an organization."
sent_tokenize(string)
```

```
['The U.S. are a country.', 'The U.N. is an organization.']
```

> **WARNING_** 다음 절에서는 여러 개의 대규모 모델을 로드합니다. 메모리가 부족하다면 큰 모델을 작은 모델(가령 "gpt", "t5-small")로 바꾸거나 이 절을 건너뛰고 6.5절 'CNN/DailyMail 데이터셋에서 PEGASUS 평가하기'로 이동하세요.

6.2.1 요약 기준 모델

기사를 요약하는 일반적인 기준 모델^{baseline}은 단순히 기사에서 맨 처음 문장 세 개를 선택하는 것입니다. 이런 기준 모델은 NLTK 문장 토크나이저로 쉽게 구현할 수 있습니다.

```
def three_sentence_summary(text):
    return "\n".join(sent_tokenize(text)[:3])

summaries["baseline"] = three_sentence_summary(sample_text)
```

6.2.2 GPT-2

5장에서 GPT-2가 주어진 프롬프트로 텍스트를 생성하는 방법을 보았습니다. 이 모델은 입력 텍스트 뒤에 'TL;DR'을 추가해 요약을 생성하는 놀라운 기능을 발휘합니다. 너무 길어 읽지 않았다^{too long; didn't read}는 문구의 약어 'TL;DR'은 레딧^{Reddit} 같은 사이트에서 긴 포스트를 짧게 요약할 때 종종 사용됩니다. 🤗 트랜스포머스의 **pipeline()** 함수로 원본 논문[1]의 방식을 재현하며 요약 작업을 실험해보겠습니다. 텍스트 생성 파이프라인을 만들고 대용량 GPT-2 모델을 로드합니다.

```
from transformers import pipeline, set_seed

set_seed(42)
```

---

1   A. Radford et al., "Language Models Are Unsupervised Multitask Learners" (`https://openai.com/blog/better-language-models`), OpenAI (2019).

```
pipe = pipeline("text-generation", model="gpt2-xl")
gpt2_query = sample_text + "\nTL;DR:\n"
pipe_out = pipe(gpt2_query, max_length=512, clean_up_tokenization_spaces=True)
summaries["gpt2"] = "\n".join(
    sent_tokenize(pipe_out[0]["generated_text"][len(gpt2_query) :]))
```

나중의 비교를 위해 출력에서 입력 텍스트의 다음 부분을 요약으로 추출해 파이썬 딕셔너리에 저장합니다.

6.2.3 T5

다음에 시도할 모델은 T5 트랜스포머입니다. 3장에서 보았듯이, 이 모델의 개발자들은 NLP 에서 포괄적인 전이 학습 연구를 수행해 모든 작업을 텍스트-투-텍스트 작업으로 구성하는 범용의 트랜스포머 아키텍처를 만들었습니다. T5 체크포인트는 요약을 포함해 여러 작업에서 (마스킹된 단어를 재구성하기 위한) 비지도 학습 데이터와 지도 학습 데이터를 섞은 데이터로 훈련됐습니다. 따라서 미세 튜닝 없이 이 체크포인트를 사전 훈련에 썼던 것과 동일한 프롬프트를 사용해 바로 요약에 사용할 수 있습니다. 문서 요약에 사용할 모델의 입력 포맷은 "summarize: <ARTICLE>"이고, 번역에 사용할 입력 포맷은 "translate English to German: <TEXT>"입니다. [그림 6-1]에서 보듯 이런 입력 포맷으로 T5는 많은 작업을 해결하는 매우 다재다능한 모델입니다.

요약을 위해 pipeline() 함수로 T5를 바로 로드하겠습니다. 이 함수는 입력을 텍스트-투-텍스트 포맷으로 처리하므로 앞에 "summarize"를 붙일 필요가 없습니다.

```
pipe = pipeline("summarization", model="t5-large")
pipe_out = pipe(sample_text)
summaries["t5"] = "\n".join(sent_tokenize(pipe_out[0]["summary_text"]))
```

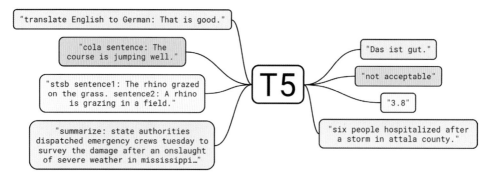

그림 6-1 T5의 텍스트-투-텍스트 프레임워크(Colin Raffel 제공). 번역과 요약 외에 CoLA^{linguistic acceptability}와 STSB^{semantic similarity} 작업이 있습니다.

6.2.4 BART

BART도 인코더-디코더 구조를 사용하는 모델로, 손상된 입력을 재구성하도록 훈련됐습니다. 이를 위해 BERT와 GPT-2의 사전 훈련 방식을 결합합니다.[2] 여기서는 특별히 CNN/DailyMail 데이터셋에 미세 튜닝된 **facebook/bart-large-ccn** 체크포인트를 사용하겠습니다.

```
pipe = pipeline("summarization", model="facebook/bart-large-cnn")
pipe_out = pipe(sample_text)
summaries["bart"] = "\n".join(sent_tokenize(pipe_out[0]["summary_text"]))
```

6.2.5 PEGASUS

PEGASUS는 BART와 마찬가지로 인코더-디코더 트랜스포머입니다.[3] [그림 6-2]대로 이 모델은 여러 문장으로 구성된 텍스트에서 마스킹된 문장을 예측하는 사전 훈련 목표로 훈련됐습니다. 논문의 저자들은 사전 훈련 목표가 후속 작업에 가까울수록 더 효과적이라고 주장합니

---

2   M. Lewis et al., "BART: Denoising Sequence-to-Sequence Pre-Training for Natural Language Generation, Translation, and Comprehension" (https://arxiv.org/abs/1910.13461), (2019).

3   J. Zhang et al., "PEGASUS: Pre-Training with Extracted Gap-Sentences for Abstractive Summarization" (https://arxiv.org/abs/1912.08777), (2019).

다. 일반적인 언어 모델링보다 요약에 특화된 사전 훈련 목표를 찾기 위해 대규모 말뭉치에서 (내용 중복을 측정하는 요약 평가 지표를 사용해) 주변 문단의 내용을 대부분 담은 문장을 자동으로 식별했습니다. 이런 문장을 재구성하도록 PEGASUS 모델을 사전 훈련해 최고 수준의 텍스트 요약 모델을 얻었습니다.

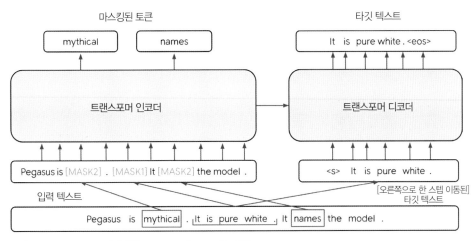

그림 6-2 PEGASUS 아키텍처(Jingqing Zhang 등 제공)

이 모델은 줄바꿈하는 특수 토큰이 있으므로 sent_tokenize() 함수를 사용할 필요가 없습니다.

```
pipe = pipeline("summarization", model="google/pegasus-cnn_dailymail")
pipe_out = pipe(sample_text)
summaries["pegasus"] = pipe_out[0]["summary_text"].replace(" .<n>", ".\n")
```

6.3 요약 결과 비교하기

각기 다른 네 가지 모델로 요약을 생성했습니다. 결과를 비교해보죠. 한 모델(GPT-2)은 데이터셋에서 전혀 훈련되지 않았다는 점을 기억해두세요. 한 모델(T5)은 여러 작업 중의 하나로 이 작업을 위해 미세 튜닝됐습니다. 두 모델(BART와 PEGASUS)은 이 작업만을 위해 미세 튜닝됐습니다. 네 모델이 생성한 요약 결과를 확인해보죠.

```python
print("GROUND TRUTH")
print(dataset["train"][1]["highlights"])
print("")

for model_name in summaries:
    print(model_name.upper())
    print(summaries[model_name])
    print("")
```

GROUND TRUTH
Usain Bolt wins third gold of world championship .
Anchors Jamaica to 4x100m relay victory .
Eighth gold at the championships for Bolt .
Jamaica double up in women's 4x100m relay .

BASELINE
(CNN) -- Usain Bolt rounded off the world championships Sunday by claiming his
third gold in Moscow as he anchored Jamaica to victory in the men's 4x100m
relay.
The fastest man in the world charged clear of United States rival Justin Gatlin
as the Jamaican quartet of Nesta Carter, Kemar Bailey-Cole, Nickel Ashmeade and
Bolt won in 37.36 seconds.
The U.S finished second in 37.56 seconds with Canada taking the bronze after
Britain were disqualified for a faulty handover.

GPT2
Nesta, the fastest man in the world.
Gatlin, the most successful Olympian ever.
Kemar, a Jamaican legend.
Shelly-Ann, the fastest woman ever.
Bolt, the world's greatest athlete.
The team sport of pole vaulting

T5
usain bolt wins his third gold medal of the world championships in the men's
4x100m relay .
the 26-year-old anchored Jamaica to victory in the event in the Russian capital
.
he has now collected eight gold medals at the championships, equaling the record
.

```
BART
Usain Bolt wins his third gold of the world championships in Moscow.
Bolt anchors Jamaica to victory in the men's 4x100m relay.
The 26-year-old has now won eight gold medals at world championships.
Jamaica's women also win gold in the relay, beating France in the process.

PEGASUS
Usain Bolt wins third gold of world championships.
Anchors Jamaica to victory in men's 4x100m relay.
Eighth gold at the championships for Bolt.
Jamaica also win women's 4x100m relay .
```

모델 출력에서 가장 먼저 눈에 띄는 것은 GPT-2가 생성한 요약이 다른 결과와 크게 다른 것입니다. 텍스트를 요약하는 대신 등장인물을 요약했습니다. GPT-2 모델은 진짜 요약을 생성하도록 명시적으로 훈련되지 않았기 때문에 종종 사실을 지어내거나 환상을 만들어냅니다. 예를 들어 이 글을 쓰는 시점에 Nesta의 순위는 1위가 아니라 9위입니다. 정답 요약과 다른 세 모델의 요약을 비교하면 놀랄 정도로 많이 중복되며 그중 PEGASUS 출력과 가장 비슷합니다.

몇 개의 모델을 조사했으니, 제품 환경에 어떤 모델을 사용할지 결정합시다. 네 가지 모델 모두 정성적으로 합리적인 결과를 냈습니다. 몇 개의 샘플을 더 생성해봐도 되지만, 이는 최선의 모델을 결정하는 체계적인 방법이 아닙니다! 지표를 하나 정의하고 특정 벤치마크 데이터셋에서 모든 모델을 평가해서 성능이 최고인 모델을 선택하는 것이 이상적인 방법입니다. 하지만 어떻게 지표를 정의해야 텍스트 생성에 좋은 모델을 판별해낼까요? 지금까지 본 정확도, 재현율, 정밀도 같은 표준 지표는 이 작업에 적용하기가 쉽지 않습니다. 사람이 쓴 '정답' 요약마다 동의어를 쓰거나 다른 말로 바꿔 쓰거나 사실을 조금 다르게 작성하는 식으로, 수십 개의 요약이 가능하기 때문입니다.

다음 절에서 생성된 텍스트의 품질을 측정하기 위해 개발된 일반적인 지표를 알아보겠습니다.

6.4 생성된 텍스트 품질 평가하기

평가 지표는 모델을 훈련할 때만이 아니라 나중에 제품 환경에서도 모델 성능을 평가하기 때문에 중요합니다. 평가 지표가 나쁘면 모델의 성능 저하를 눈치 채지 못하고, 평가 지표가 비즈니스 목표에 맞지 않으면 어떤 가치도 창출하지 못합니다.

텍스트 생성 작업의 성능 측정은 감성 분석이나 개체명 인식 같은 표준적인 분류 작업만큼 쉽지 않습니다. 번역을 예로 들어보죠. '나는 개를 좋아한다!'는 뜻의 'I love dogs!' 영어 문장은 스페인어로 '¡Me encantan los perros!' 또는 '¡Me gustan los perros!'처럼 여러 번역이 가능합니다. 단순히 참조 번역과 정확히 일치하는지 확인하는 것이 최선의 선택은 아닙니다. 우리는 조금씩 다르게 글을 쓰기 때문에 (심지어 한 사람이 쓴 글도 날마다 때마다 달라집니다!) 사람도 이런 지표로는 낮은 점수를 받습니다. 다행히 다른 방법이 있습니다.

생성된 텍스트를 평가하는 데 가장 널리 사용되는 두 지표는 BLEU와 ROUGE입니다. 어떻게 정의됐는지 알아보죠.

6.4.1 BLEU

BLEU의 개념은 단순합니다.[4] 생성된 텍스트에서 얼마나 많은 토큰이 참조 텍스트 토큰과 완벽하게 똑같이 정렬됐는지 확인하는 대신, 단어 또는 n-그램을 체크합니다. BLEU는 정밀도를 근간으로 하는 지표입니다. 두 텍스트를 비교할 때 참조 텍스트에 있는 단어가 생성된 텍스트에 얼마나 자주 등장하는지 카운트합니다. 그 후에 생성된 텍스트 길이로 나눕니다.

하지만 이런 단순한 정밀도에는 문제가 있습니다. 생성된 텍스트에 동일 단어가 반복되고 이 단어가 참조 텍스트에 등장한다고 해보죠. 참조 텍스트 길이만큼 반복된다면 정밀도는 완벽합니다! 이런 이유로 BLEU 논문 저자들은 약간의 변화를 주었습니다. 단어를 참조 텍스트에 등장한 횟수만큼만 카운트합니다. 이를 설명하기 위해 참조 텍스트가 'the cat is on the mat'이고 생성된 텍스트가 'the the the the the the'라고 가정해보죠.

이 예시에서 정밀도는 이렇게 계산됩니다.

$$p_{vanilla} = \frac{6}{6}$$

$$p_{mod} = \frac{2}{6}$$

---

4 K. Papineni et al., "BLEU: A Method for Automatic Evaluation of Machine Translation." Proceedings of the 40th Annual Meeting of the Association for Computational Linguistics (July 2002): 311–318, http://dx.doi.org/10.3115/1073083.1073135.

간단한 수정으로 훨씬 합리적인 값을 얻었습니다. 이제 이를 확장해 단어 하나만이 아니라 n-그램도 확인할 수 있습니다. 생성된 텍스트가 snt와 참조 문장 snt'를 비교한다고 해보죠. 특정 n에 대해 가능한 모든 n-그램을 추출해 정밀도를 계산합니다.

$$p_n = \frac{\sum_{n\text{-}gram \in snt} Count_{clip}(n\text{-}gram)}{\sum_{n\text{-}gram \in snt} Count(n\text{-}gram)}$$

반복적인 생성에 보상을 주지 않도록 분자의 카운트는 클리핑합니다. 생성된 문장에서 n-그램의 등장 횟수를 카운트하는 것이 참조 문장에 나타난 횟수로 제한된다는 의미입니다. 이 식에서 문장의 정의는 그다지 엄격하지 않습니다. 여러 문장에 걸쳐 생성된 텍스트가 있다면 이를 하나의 문장으로 다룹니다.

일반적으로 테스트 세트는 평가할 샘플이 하나 이상 있으니 말뭉치 C에 있는 모든 샘플을 더하도록 이 식을 조금 확장할 필요가 있습니다.

$$p_n = \frac{\sum_{snt' \in C} \sum_{n\text{-}gram \in snt'} Count_{clip}(n\text{-}gram)}{\sum_{snt \in C} \sum_{n\text{-}gram \in snt} Count(n\text{-}gram)}$$

거의 다 왔습니다. 재현율을 고려하지 않기 때문에 짧지만 정밀하게 생성된 시퀀스가 긴 문장보다 유리합니다. 따라서 짧게 생성된 텍스트의 정밀도 점수가 더 좋습니다. 이를 보상하기 위해 BLEU 논문의 저자들은 **브레비티 페널티**brevity penalty라는 추가 항을 도입했습니다.

$$BR = min(1,\ e^{1 - \ell_{ref}/\ell_{gen}})$$

최솟값을 선택하므로 이 페널티는 절대 1을 넘지 않고, 생성된 텍스트의 길이 ℓ_{gen}가 참조 텍스트 ℓ_{ref}보다 더 작을 때 지수 항이 기하급수적으로 작아집니다. 이 시점에서 왜 재현율도 고려하는 F_1-점수 같은 기준을 사용하지 않는지 궁금할 겁니다. 그 이유는 번역 데이터셋에는 하나가 아니라 여러 개의 참조 문장이 있는 경우가 있기 때문입니다. 재현율을 측정하면 전체 참조 문장에 있는 단어를 모두 사용하는 번역에 인센티브가 주어집니다. 따라서 번역의 정밀도가 높고 번역과 참조 문장의 길이가 비슷한지 확인하는 것이 좋습니다.

마지막으로 모든 것을 합쳐서 BLEU 점수를 계산하는 공식을 만들겠습니다.

$$BLEU\text{-}N = BR \times \left(\prod_{n=1}^{N} p_n \right)^{1/N}$$

마지막 항은 1에서 N까지 n-그램에서 수정 정밀도의 기하 평균입니다. BLEU-4 점수가 실제로 많이 사용됩니다. 하지만 이 지표에는 많은 제약이 있습니다. 한 예로, 동의어를 고려하지 않습니다. 유도된 식의 많은 단계가 임시방편이고 깨지기 쉽습니다. BLEU의 단점을 잘 설명한 레이첼 타트만Rachael Tatman의 블로그 포스트 'Evaluating Text Output in NLP: BLEU at Your Own Risk'(https://oreil.ly/nMXRh)를 참고하세요.

텍스트 생성 분야에서는 계속해서 더 좋은 평가 지표를 찾고 있습니다. BLEU 같은 지표의 단점을 극복하는 방법을 찾는 연구가 활발히 진행 중입니다. BLEU 지표의 또 다른 약점은 토큰화된 텍스트를 기대한다는 점입니다. 만약 텍스트 토큰화를 정확히 같은 방법으로 하지 않으면 결과가 달라집니다. SacreBLEU는 토큰화 단계를 내재화해 이 문제를 해결합니다. 이 때문에 벤치마킹에서는 이 지표를 선호합니다.

지금까지 이론적인 면을 살펴봤지만, 우리는 생성된 텍스트에 대해서 실제 점수를 계산해야 합니다. 이 로직을 모두 파이썬으로 구현해야 할까요? 걱정하지 마세요. 🤗 이밸류에이트에서 측정 지표를 제공합니다! 지표를 로딩하는 방법은 데이터셋을 로딩하는 방법과 비슷합니다.

```
import evaluate

bleu_metric = evaluate.load("sacrebleu")
```

bleu_metric 객체는 Metric 클래스의 인스턴스로 하나의 수집기aggregator처럼 작동합니다. add() 메서드에 샘플 하나를 추가하거나 add_batch() 메서드로 배치 전체를 추가합니다. 평가하려는 샘플을 모두 추가한 다음 compute() 메서드를 호출하면 지표가 계산됩니다. 이 메서드는 몇 개의 값으로 구성된 딕셔너리를 반환합니다. 각 n-그램에 대한 정밀도, 길이 페널티, 최종 BLEU 점수 등입니다. 앞에서 예로 든 문장을 사용해보죠.

```
import pandas as pd
import numpy as np

bleu_metric.add(
    prediction="the the the the the the", reference=["the cat is on the mat"])
results = bleu_metric.compute(smooth_method="floor", smooth_value=0)
results["precisions"] = [np.round(p, 2) for p in results["precisions"]]
pd.DataFrame.from_dict(results, orient="index", columns=["Value"])
```

	Value
score	0.0
counts	[2, 0, 0, 0]
totals	[6, 5, 4, 3]
precisions	[33.33, 0.0, 0.0, 0.0]
bp	1.0
sys_len	6
ref_len	6

> **NOTE_** BLEU 점수는 여러 참조 번역이 있는 경우에도 계산됩니다. 이 때문에 **reference** 매개변수에 리스트를 전달합니다. BLEU는 정밀도 계산을 조금 바꿔 n-그램이 하나도 없을 때 최종 점수가 0이 되는 경우를 방지합니다. 이를 위한 방법으로 분자에 상수 값을 추가합니다. 이렇게 하면 n-그램이 없어도 점수가 0이 되지 않습니다. 이 값을 설명하기 위해 **smooth_value=0**로 지정해 해당 기능을 껐습니다.[5]

1-그램의 정밀도는 실제로 2/6입니다. 반면 2/3/4-그램의 정밀도는 모두 0입니다. counts 와 bp 같은 개별 지표의 자세한 내용은 SacreBLEU 저장소(**https://oreil.ly/kiZPl**)를 참고하세요. 그러면 기하 평균이 0이 되므로 BLEU 점수도 0이 됩니다. 정밀도가 매우 높은 또 다른 예시를 확인해보죠.

```
bleu_metric.add(
    prediction="the cat is on mat", reference=["the cat is on the mat"])
results = bleu_metric.compute(smooth_method="floor", smooth_value=0)
results["precisions"] = [np.round(p, 2) for p in results["precisions"]]
pd.DataFrame.from_dict(results, orient="index", columns=["Value"])
```

---

5 옮긴이_ smooth_method가 'floor'이면 smooth_value의 기본값이 0.1이고, n-그램이 없을 경우 분자로 0.1을 사용합니다. smooth_method가 'add-k'이면 smooth_value의 기본값이 1이고, n-그램이 없을 경우 분모와 분자에 1이 더해집니다. smooth_method의 기본값은 'exp'이며 smooth_value를 사용하지 않고, n-그램이 없을 때마다 2의 거듭제곱을 누적해 분모에 곱한 역수를 계산합니다.

	Value
score	57.893007
counts	[5, 3, 2, 1]
totals	[5, 4, 3, 2]
precisions	[100.0, 75.0, 66.67, 50.0]
bp	0.818731
sys_len	5
ref_len	6

정밀도 점수가 훨씬 좋아졌습니다. 예측에 있는 1-그램은 모두 맞지만 다른 정밀도 점수를 보면 틀린 예측도 있음을 알게 됩니다. 4-그램은 ["the", "cat", "is", "on"]과 ["cat", "is", "on", "mat"] 두 개입니다. 두 번째를 맞추지 못했으므로 4-그램 정밀도는 0.5가 됩니다.

BLEU 점수는 텍스트 평가에 널리 사용됩니다. 가능하고 적합한 단어를 모두 포함하는 번역보다 정확한 번역이 선호되기 때문에 특히 기계 번역에 많이 쓰입니다.

이와 상황이 다른 요약 같은 애플리케이션이 있습니다. 이때는 중요한 정보가 생성된 텍스트에 모두 포함돼야 하므로 높은 재현율이 선호됩니다. 이런 작업에는 주로 ROUGE가 사용됩니다.

6.4.2 ROUGE

ROUGE 점수는 높은 재현율이 정밀도보다 훨씬 더 중요한 요약 같은 애플리케이션을 위해 특별히 개발됐습니다.[6] 이 점수는 생성된 텍스트와 참조 텍스트에서 여러 가지 n-그램이 얼마나 자주 등장하는지 비교한다는 점에서 BLEU와 매우 비슷합니다. 하지만 ROUGE는 참조 텍스트에 있는 n-그램이 생성된 텍스트에 얼마나 많이 등장하는지도 확인한다는 점이 다릅니다. BLEU는 생성된 텍스트에 있는 n-그램이 참조 텍스트에 얼마나 많이 등장하는지 봅니다. 따라서 ROUGE는 분모에서 참조 텍스트의 n-그램이 생성된 텍스트에 얼마나 많이 등장하는지 (클리핑하지 않고) 카운트하도록 정밀도 공식을 조금 수정해 사용합니다.

---

6   C-Y. Lin, "ROUGE: A Package for Automatic Evaluation of Summaries." Text Summarization Branches Out (July 2004), https://aclanthology.org/W04-1013.pdf.

$$\text{ROUGE-}N = \frac{\sum_{snt' \in c} \sum_{n\text{-}gram \in snt'} Count_{match}(n\text{-}gram)}{\sum_{snt' \in c} \sum_{n\text{-}gram \in snt'} Count(n\text{-}gram)}$$

이것이 ROUGE의 원래 공식입니다. 나중에 연구자들은 정밀도를 완전히 제거하면 부정적인 영향이 커짐을 알았습니다. 클리핑 카운트를 하지 않는 BLEU 공식으로 돌아가 정밀도를 측정한 다음 정밀도와 재현율 ROUGE 점수를 조화 평균하면 F_1-점수가 나옵니다. 이 점수가 오늘날 일반적으로 사용되는 ROUGE 점수입니다.

ROUGE에는 가장 긴 공통 부분 시퀀스longest common subsequence(LCS)를 측정하는 별도의 점수 ROUGE-L이 있습니다. LCS는 어떤 문자열 쌍에도 계산이 가능합니다. 예를 들어 'abab'와 'abc'의 LCS는 'ab'이고 길이는 2입니다. 두 샘플 사이에서 이 값을 비교하려면 긴 텍스트가 유리하므로 어떤 식으로든 정규화가 필요합니다. 이를 위해 ROUGE 개발자는 F-점수와 같은 방식을 고안했습니다. 이 방식에서는 참조 텍스트와 생성 텍스트의 길이로 LCS를 정규화한 다음 정규화된 두 점수를 혼합합니다.[7]

$$R_{LCS} = \frac{LCS(X,\ Y)}{m}$$

$$P_{LCS} = \frac{LCS(X,\ Y)}{n}$$

$$F_{LCS} = \frac{(1+\beta^2) R_{LCS} P_{LCS}}{R_{LCS} + \beta^2 P_{LCS}} \qquad (\text{이 때},\ \beta = P_{LCS}/R_{LCS})$$

LCS 점수는 이런 식으로 적절히 정규화되어 샘플끼리 비교가 가능해집니다. 🤗 데이터셋 구현은 두 종류의 ROUGE 점수를 계산합니다. 하나는 문장마다 점수를 계산해서 요약에 대해 평균한 점수(ROUGE-L)이고, 다른 하나는 전체 요약에 대해 계산한 점수(ROUGE-Lsum)입니다.

이 측정 지표는 다음과 같이 로드합니다.

```
rouge_metric = evaluate.load("rouge")
```

---

7   옮긴이_ 🤗 트랜스포머스는 β를 1로 설정해 F_1-점수를 계산합니다. m은 참조 텍스트의 길이이고, n은 생성 텍스트의 길이입니다.

GPT-2와 그 외 모델의 요약을 이미 생성했으니 이 지표로 요약을 비교하겠습니다. 모델이 생성한 모든 요약에 ROUGE 점수를 적용합니다.

```python
reference = dataset["train"][1]["highlights"]
records = []
rouge_names = ["rouge1", "rouge2", "rougeL", "rougeLsum"]

for model_name in summaries:
    rouge_metric.add(prediction=summaries[model_name], reference=reference)
    score = rouge_metric.compute()
    rouge_dict = dict((rn, score[rn]) for rn in rouge_names)
    records.append(rouge_dict)
pd.DataFrame.from_records(records, index=summaries.keys())
```

	rouge1	rouge2	rougeL	rougeLsum
baseline	0.303571	0.090909	0.214286	0.232143
gpt2	0.187500	0.000000	0.125000	0.187500
t5	0.486486	0.222222	0.378378	0.486486
bart	0.582278	0.207792	0.455696	0.506329
pegasus	0.866667	0.655172	0.800000	0.833333

> NOTE_ 😎 데이터셋에 있는 ROUGE 지표는 신뢰 구간confidence interval(기본적으로 백분위수 5와 95 사이)도 계산합니다. mid 속성에 중앙값이 저장되고 low와 high 속성으로 구간의 양 끝 값을 추출합니다.

단일 샘플만 보았으므로 이 결과를 크게 신뢰하기는 어렵지만, 한 샘플에 대한 요약 품질을 비교할 수 있습니다. 이 표에서 GPT-2의 성능이 가장 낮습니다. 이 모델만 요약을 위해 명시적으로 훈련되지 않았으니 그럴 만합니다. 하지만 놀랍게도 처음 세 문장을 요약으로 사용한 간단한 기준 모델이 파라미터가 약 10억 개인 트랜스포머 모델에 비해 그다지 뒤떨어지지 않습니다! PEGASUS가 전반적으로 가장 좋습니다(ROUGE 점수가 높을수록 좋습니다). 하지만 단일 샘플로 모델을 평가했으므로, 주의해서 결과를 다뤄야 합니다. PEGASUS 논문의 결과를 보면 CNN/DailyMail 데이터셋에서 T5 모델보다 뛰어나며 적어도 BART에 견줄 만하다고 기대할 수 있습니다.

PEGASUS 논문의 결과가 재현되는지 알아보죠.

6.5 CNN/DailyMail 데이터셋에서 PEGASUS 평가하기

이제 모델을 적절히 평가할 요소를 모두 갖췄습니다. CNN/DailyMail의 테스트 세트, ROUGE 지표, 요약 모델이 준비됐으니, 서로 연결만 하면 됩니다. 처음 세 문장을 사용하는 기준 모델의 성능부터 평가해보죠.

```python
def evaluate_summaries_baseline(dataset, metric,
                                column_text="article",
                                column_summary="highlights"):
    summaries = [three_sentence_summary(text) for text in dataset[column_text]]
    metric.add_batch(predictions=summaries,
                     references=dataset[column_summary])
    score = metric.compute()
    return score
```

이제 데이터 일부에 이 함수를 적용하겠습니다. CNN/DailyMail 데이터셋의 테스트 세트는 대략 10,000개의 샘플로 구성됐습니다. 이 기사 전체에서 요약을 생성하려면 많은 시간이 걸립니다. 생성되는 모든 토큰이 모델의 정방향 패스를 거쳐야 한다는 사실은 5장에서 보았습니다. 따라서 샘플마다 100개 토큰을 생성하기 위해 필요한 정방향 패스의 횟수는 백만 번입니다. 빔 서치를 사용할 경우 이 수치에 빔 크기를 곱해야 합니다. 계산을 비교적 빠르게 마치기 위해 테스트 세트에서 1,000개를 샘플링해 평가하겠습니다. 이렇게 하면 PEGASUS 모델로 단일 GPU에서 한 시간 이내에 계산하면서 점수를 훨씬 더 안정적으로 추정할 수 있습니다. 먼저 기준 모델을 평가합니다.

```python
test_sampled = dataset["test"].shuffle(seed=42).select(range(1000))

score = evaluate_summaries_baseline(test_sampled, rouge_metric)
rouge_dict = dict((rn, score[rn]) for rn in rouge_names)
pd.DataFrame.from_dict(rouge_dict, orient="index", columns=["baseline"]).T
```

	rouge1	rouge2	rougeL	rougeLsum
baseline	0.396061	0.173995	0.245815	0.361158

이 점수는 이전 결과에 못 미치지만 여전히 GPT-2보다는 더 좋습니다! 이제 PEGASUS 모델을 평가할 함수를 구현해보죠.

```
from tqdm import tqdm
import torch

device = "cuda" if torch.cuda.is_available() else "cpu"

def chunks(list_of_elements, batch_size):
    """list_of_elements로부터 batch_size 크기의 청크를 연속적으로 생성합니다"""
    for i in range(0, len(list_of_elements), batch_size):
        yield list_of_elements[i : i + batch_size]

def evaluate_summaries_pegasus(dataset, metric, model, tokenizer,
                               batch_size=16, device=device,
                               column_text="article",
                               column_summary="highlights"):
    article_batches = list(chunks(dataset[column_text], batch_size))
    target_batches = list(chunks(dataset[column_summary], batch_size))

    for article_batch, target_batch in tqdm(
        zip(article_batches, target_batches), total=len(article_batches)):

        inputs = tokenizer(article_batch, max_length=1024, truncation=True,
                        padding="max_length", return_tensors="pt")

        summaries = model.generate(input_ids=inputs["input_ids"].to(device),
                        attention_mask=inputs["attention_mask"].to(device),
                        length_penalty=0.8, num_beams=8, max_length=128)

        decoded_summaries = [tokenizer.decode(s, skip_special_tokens=True,
                                clean_up_tokenization_spaces=True)
                    for s in summaries]
        decoded_summaries = [d.replace("<n>", " ") for d in decoded_summaries]
        metric.add_batch(predictions=decoded_summaries, references=target_batch)

    score = metric.compute()
    return score
```

이 평가 코드를 조금 자세히 알아보겠습니다. 먼저 데이터셋을 동시에 처리하기 위해 작은 배치로 나눕니다. 그다음 각 배치의 입력 샘플을 토큰화하고 generate() 함수에 전달해 빔 서치로 요약을 생성합니다. 여기서는 논문에 언급된 것과 동일한 생성 매개변수를 사용합니다. 길이 페널티 매개변수는 모델이 매우 긴 시퀀스를 생성하지 않도록 합니다. 마지막으로 생성된 텍스트를 디코딩하고, <n> 토큰을 공백으로 바꾸고, 디코딩된 토큰과 참조 텍스트를 지표에 추가합니다. 마침내 ROUGE 점수를 계산하고 반환합니다. seq2seq 생성 작업에 사용하는 AutoModelForSeq2SeqLM 클래스로 이 모델을 다시 로드해 평가해보죠.

```python
from transformers import AutoModelForSeq2SeqLM, AutoTokenizer

model_ckpt = "google/pegasus-cnn_dailymail"
tokenizer = AutoTokenizer.from_pretrained(model_ckpt)
model = AutoModelForSeq2SeqLM.from_pretrained(model_ckpt).to(device)
score = evaluate_summaries_pegasus(test_sampled, rouge_metric,
                                   model, tokenizer, batch_size=8)
rouge_dict = dict((rn, score[rn]) for rn in rouge_names)
pd.DataFrame(rouge_dict, index=["pegasus"])
```

	rouge1	rouge2	rougeL	rougeLsum
pegasus	0.434381	0.210883	0.307195	0.373231

이 수치는 논문 결과에 매우 근접합니다. 여기서 짚고 넘어갈 사항은 손실과 각 토큰의 정확도가 ROUGE 점수와 일정 수준 관련성이 없다는 것입니다. 손실은 디코딩 전략과 관련이 없지만, ROUGE 점수는 디코딩 전략과 밀접하게 관련됩니다.

ROUGE와 BLEU가 손실이나 정확도보다 사람의 판단과 더 밀접하므로 여기에 초점을 맞추고 텍스트 생성 모델을 만들 때 디코딩 전략을 주의 깊게 탐색하고 선택해야 합니다. 하지만 이런 지표가 완벽하지 않으므로 항상 사람의 판단도 고려할 필요가 있습니다.

평가 함수를 마련했으니, 이제 요약을 위한 모델을 직접 훈련할 차례입니다.

6.6 요약 모델 훈련하기

텍스트 요약과 평가에 대해 많은 내용을 살펴봤습니다. 이를 활용해 텍스트 요약 모델을 직접 훈련해보죠! 이 작업을 위해 삼성Samsung이 만든 SAMSum 데이터셋(https://oreil.ly/n1ggq)을 사용하겠습니다. 이 데이터셋은 대화와 이에 대한 짧은 요약으로 구성됩니다. 기업에서 이런 대화는 고객과 지원 센터의 상호작용을 나타냅니다. 따라서 정확한 요약을 생성하면 고객 서비스를 개선하고 고객 요청에 나타난 보편적인 패턴을 감지할 수 있습니다. 데이터에 있는 샘플을 살펴보죠.

```
dataset_samsum = load_dataset("samsum")
split_lengths = [len(dataset_samsum[split])for split in dataset_samsum]

print(f"분할 크기: {split_lengths}")
print(f"특성: {dataset_samsum['train'].column_names}")
print("\n대화:")
print(dataset_samsum["test"][0]["dialogue"])
print("\n요약:")
print(dataset_samsum["test"][0]["summary"])
```

```
분할 크기: [14732, 819, 818]
특성: ['id', 'dialogue', 'summary']

대화:
Hannah: Hey, do you have Betty's number?
Amanda: Lemme check
Hannah: <file_gif>
Amanda: Sorry, can't find it.
Amanda: Ask Larry
Amanda: He called her last time we were at the park together
Hannah: I don't know him well
Hannah: <file_gif>
Amanda: Don't be shy, he's very nice
Hannah: If you say so..
Hannah: I'd rather you texted him
Amanda: Just text him ☺
Hannah: Urgh.. Alright
Hannah: Bye
Amanda: Bye bye

요약:
Hannah needs Betty's number but Amanda doesn't have it. She needs to contact
Larry.
```

이 대화는 SMS나 왓츠앱WhatsApp에서 주고받은 내용 같습니다. 이모지와 GIF를 위한 플레이스홀더placeholder가 포함됐습니다. dialogue 필드는 전체 텍스트를 담고 있고 summary는 대화의 요약입니다. CNN/DailyMail 데이터셋에서 미세 튜닝한 모델이 같은 작업을 수행할 수 있을까요? 한번 알아보죠!

6.6.1 SAMSum에서 PEGASUS 평가하기

먼저 PEGASUS로 요약 파이프라인을 실행해 어떻게 출력되는지 보겠습니다. CNN/Daily-Mail 요약 생성 시 사용한 코드를 재사용합니다.

```
pipe_out = pipe(dataset_samsum["test"][0]["dialogue"])
print("요약:")
print(pipe_out[0]["summary_text"].replace(" .<n>", ".\n"))
```

```
요약:
Amanda: Ask Larry Amanda: He called her last time we were at the park together.
Hannah: I'd rather you texted him.
Amanda: Just text him .
```

모델이 대화에서 핵심 문장을 추출해 요약하려는 것 같습니다. CNN/DailyMail 데이터셋에는 비교적 잘 맞았겠지만 SAMSum의 요약은 더 추상적입니다. 테스트 세트에서 ROUGE 평가를 수행해 이를 확인해보죠.

```
score = evaluate_summaries_pegasus(dataset_samsum["test"], rouge_metric, model,
                                   tokenizer, column_text="dialogue",
                                   column_summary="summary", batch_size=8)

rouge_dict = dict((rn, score[rn]) for rn in rouge_names)
pd.DataFrame(rouge_dict, index=["pegasus"])
```

	rouge1	rouge2	rougeL	rougeLsum
pegasus	0.296168	0.087803	0.229604	0.229514

결과가 훌륭하지는 않지만, CNN/DailyMail 데이터셋이 SAMSum과 크게 다르기 때문에 어느 정도 예상은 했습니다. 훈련 전에 평가 파이프라인을 준비하면 두 가지 이점이 있습니다. 훈련이 성공적인지 바로 평가가 가능해졌고 기준점이 세워진 것입니다. 이 데이터셋에서 모델을 미세 튜닝하면 ROUGE 점수가 바로 향상되어야 합니다. 그렇지 않으면 훈련 과정에 문제가 있는 것입니다.

6.6.2 PEGASUS 미세 튜닝하기

훈련을 위해 데이터를 처리하기 전에 입력과 출력 길이의 분포를 간단히 살펴보겠습니다.

```python
d_len = [len(tokenizer.encode(s)) for s in dataset_samsum["train"]["dialogue"]]
s_len = [len(tokenizer.encode(s)) for s in dataset_samsum["train"]["summary"]]

fig, axes = plt.subplots(1, 2, figsize=(10, 3.5), sharey=True)
axes[0].hist(d_len, bins=20, color="C0", edgecolor="C0")
axes[0].set_title("Dialogue Token Length")
axes[0].set_xlabel("Length")
axes[0].set_ylabel("Count")
axes[1].hist(s_len, bins=20, color="C0", edgecolor="C0")
axes[1].set_title("Summary Token Length")
axes[1].set_xlabel("Length")
plt.tight_layout()
plt.show()
```

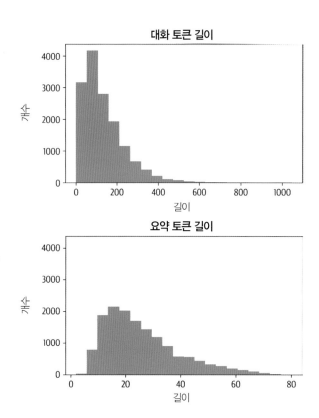

대부분 대화는 100~200개 토큰으로 구성되며 CNN/DailyMail 기사보다 훨씬 더 짧습니다. 마찬가지로 요약도 20~40개 토큰(평균 트윗 길이)으로 구성되며 훨씬 더 짧습니다.

이런 점을 유념하면서 **Trainer**를 위한 데이터 콜레이터를 만들겠습니다. 먼저 데이터셋을 토큰화합니다. 여기서는 대화와 요약의 최대 길이를 각각 1024와 128로 설정하겠습니다.

```
def convert_examples_to_features(example_batch):
    input_encodings = tokenizer(example_batch["dialogue"], max_length=1024,
                                truncation=True)

    target_encodings = tokenizer(text_target=example_batch["summary"],
                                 max_length=128, truncation=True)

    return {"input_ids": input_encodings["input_ids"],
            "attention_mask": input_encodings["attention_mask"],
            "labels": target_encodings["input_ids"]}

dataset_samsum_pt = dataset_samsum.map(convert_examples_to_features,
                                       batched=True)
columns = ["input_ids", "labels", "attention_mask"]
dataset_samsum_pt.set_format(type="torch", columns=columns)
```

토큰화 단계에 새롭게 적용한 것은 `text_target` 매개변수입니다. 일부 모델은 디코더 입력에 특수 토큰이 필요합니다. 따라서 인코더와 디코더 입력의 토큰화를 구별하는 것이 중요합니다. `text_target` 매개변수를 사용하면 토크나이저가 디코더를 위한 토큰화임을 인지하고 그에 따라 시퀀스를 처리할 수 있습니다.

이제 데이터 콜레이터를 만듭니다. 이 함수는 배치를 모델에 주입하기 전에 **Trainer**에 의해 호출됩니다. 대부분의 경우 단순히 배치에 있는 모든 텐서를 가져와 쌓는 기본 콜레이터를 사용합니다. 요약 작업에서는 입력을 쌓을 뿐만 아니라 디코더 쪽의 타깃도 준비합니다. PEGASUS는 인코더-디코더 트랜스포머이고, 따라서 고전적인 seq2seq 구조를 취합니다. seq2seq 구조에서는 디코더에 '티처 포싱teacher forcing'을 적용하는 것이 일반적입니다. 이 전략에서는 (GPT-2 등의 디코더 전용 모델처럼) 디코더가 인코더 출력 외에 한 토큰이 이동된 레이블로 구성된 입력 토큰을 받습니다. 따라서 아래 표처럼 다음 토큰을 위한 예측을 만들 때 디코더는 한 토큰이 이동된 정답을 입력으로 받습니다.

스텝	디코더 입력	레이블
1	[PAD]	Transformers
2	[PAD, Transformers]	are
3	[PAD, Transformers, are]	awesome
4	[PAD, Transformers, are, awesome]	for
5	[PAD, Transformers, are, awesome, for]	text
6	[PAD, Transformers, are, awesome, for, text]	summarization

한 스텝 이동했으므로 디코더는 이전 스텝의 정답 레이블만 보며 현재와 미래의 레이블을 보지 못합니다. 디코더는 현재와 미래의 모든 입력을 마스킹하는 마스크드 셀프 어텐션을 갖기 때문에 이동시키는 것으로 충분합니다.

따라서 배치를 준비할 때 레이블을 한 스텝 오른쪽으로 이동시켜 디코더 입력을 만듭니다. 그런 다음 레이블에 있는 패딩 토큰을 −100으로 설정해 손실 함수가 무시하도록 만듭니다. 그러나 DataCollatorForSeq2Seq에서 이런 작업을 모두 처리하므로 실제로 이를 수동으로 할 필요가 없습니다.

```
from transformers import DataCollatorForSeq2Seq

seq2seq_data_collator = DataCollatorForSeq2Seq(tokenizer, model=model)
```

이제 이전처럼 훈련을 위해 TrainingArguments를 설정합니다.

```
from transformers import TrainingArguments, Trainer

training_args = TrainingArguments(
    output_dir='pegasus-samsum', num_train_epochs=1, warmup_steps=500,
    per_device_train_batch_size=1, per_device_eval_batch_size=1,
    weight_decay=0.01, logging_steps=10, push_to_hub=True,
    evaluation_strategy='steps', eval_steps=500, save_steps=1e6,
    gradient_accumulation_steps=16)
```

이전과 달리 새 매개변수 gradient_accumulation_steps가 추가됐습니다. 모델이 매우 크니 배치 크기를 1로 지정하는데, 배치 크기가 너무 작으면 수렴하지 않습니다. 이 문제를 해결하기 위해 그레이디언트 누적gradient accumulation이라는 멋진 기술을 사용합니다. 이름 그대로 큰 배치의 그레이디언트를 한 번에 계산하는 대신 작은 배치를 만들고 그레이디언트를 누적하는 방식입니다. 그레이디언트가 충분히 누적되면 최적화 단계가 수행됩니다. 당연히 이는 한 번에 실행하는 것보다 조금 더 느립니다. 하지만 GPU 메모리가 많이 절약됩니다.

훈련이 끝난 후 모델을 허브에 저장하기 위해 허깅페이스에 로그인합니다.

```
from huggingface_hub import notebook_login

notebook_login()
```

이제 **Trainer**를 초기화하기 위해 필요한 모델, 토크나이저, 훈련 매개변수, 데이터 콜레이터, 훈련 세트, 평가 세트가 모두 준비됐습니다.

```
trainer = Trainer(model=model, args=training_args,
                  tokenizer=tokenizer, data_collator=seq2seq_data_collator,
                  train_dataset=dataset_samsum_pt["train"],
                  eval_dataset=dataset_samsum_pt["validation"])
```

훈련할 준비가 끝났습니다. 훈련을 마친 후 테스트 세트로 평가 함수를 실행해 모델의 성능을 확인합니다.

```
trainer.train()
score = evaluate_summaries_pegasus(
    dataset_samsum["test"], rouge_metric, trainer.model, tokenizer,
    batch_size=2, column_text="dialogue", column_summary="summary")

rouge_dict = dict((rn, score[rn]) for rn in rouge_names)
pd.DataFrame(rouge_dict, index=[f"pegasus"])
```

	rouge1	rouge2	rougeL	rougeLsum
pegasus	0.427614	0.200571	0.340648	0.340738

미세 튜닝하지 않은 모델에 비해 ROUGE 점수가 상당히 향상됐습니다. 이전 모델도 요약에 대해 훈련됐지만 새로운 데이터셋에 잘 적응하지 못했습니다. 이 모델을 허브에 저장해보죠.

```
trainer.push_to_hub("Training complete!")
```

다음 절에서 이 모델을 사용해 요약을 몇 개 생성하겠습니다.

TIP 훈련 루프의 일부로 생성된 텍스트를 평가할 수도 있습니다. Seq2SeqTrainingArguments란 이름의 TrainingArguments의 확장을 사용하고 predict_with_generate=True를 지정합니다. 이를 Seq2SeqTrainer 란 이름의 전용 Trainer에 전달합니다. 그러면 평가를 위해 모델의 정방향 패스가 아니라 generate() 함수를 사용해 예측을 만듭니다. 한번 실험해보세요!

6.6.3 대화 요약 생성하기

손실과 ROUGE 점수를 보면 CNN/DailyMail에서만 훈련한 원래 모델보다 크게 향상된 것 같습니다. 테스트 세트에 있는 샘플로 어떤 요약이 만들어지는지 확인해보죠.

```
gen_kwargs = {"length_penalty": 0.8, "num_beams":8, "max_length": 128}
sample_text = dataset_samsum["test"][0]["dialogue"]
reference = dataset_samsum["test"][0]["summary"]
# `transformersbook`을 자신의 허브 사용자 이름으로 바꾸세요.
pipe = pipeline("summarization", model="transformersbook/pegasus-samsum")

print("대화:")
print(sample_text)
print("\n참조 요약:")
print(reference)
print("\n모델 요약:")
print(pipe(sample_text, **gen_kwargs)[0]["summary_text"])
```

```
대화:
Hannah: Hey, do you have Betty's number?
Amanda: Lemme check
Hannah: <file_gif>
Amanda: Sorry, can't find it.
Amanda: Ask Larry
Amanda: He called her last time we were at the park together
```

```
Hannah: I don't know him well
Hannah: <file_gif>
Amanda: Don't be shy, he's very nice
Hannah: If you say so..
Hannah: I'd rather you texted him
Amanda: Just text him ☺
Hannah: Urgh.. Alright
Hannah: Bye
Amanda: Bye bye
```

참조 요약:
Hannah needs Betty's number but Amanda doesn't have it. She needs to contact Larry.

모델 요약:
Amanda can't find Betty's number. Larry called Betty last time they were at the park together. Hannah wants Amanda to text Larry instead of calling Betty.

참조 번역과 훨씬 더 비슷해졌습니다. 모델이 그냥 문장을 추출하지 않고 대화를 합성해서 요약을 만드는 법을 배운 것 같습니다. 이제 진짜 테스트를 해보죠. 실제 대화 입력에서 이 모델이 얼마나 잘 동작할까요?

```python
custom_dialogue = """\
Thom: Hi guys, have you heard of transformers?
Lewis: Yes, I used them recently!
Leandro: Indeed, there is a great library by Hugging Face.
Thom: I know, I helped build it ;)
Lewis: Cool, maybe we should write a book about it. What do you think?
Leandro: Great idea, how hard can it be?!
Thom: I am in!
Lewis: Awesome, let's do it together!
"""
print(pipe(custom_dialogue, **gen_kwargs)[0]["summary_text"])
```

```
Thom, Lewis and Leandro are going to write a book about transformers. Thom
helped build a library by Hugging Face. They are going to do it together.
```

임의로 작성한 대화에서 타당성 있는 요약을 생성했습니다. 대화에서 그냥 하나의 문장을 뽑아내지 않고 대화에 참여한 사람 모두가 책을 함께 쓰고 싶다는 내용을 잘 요약했습니다. 예를 들어 셋째 줄과 넷째 줄을 논리적으로 통합했습니다.

6.7 결론

텍스트 요약은 감성 분석, 개체명 인식, 질문 답변과 같이 분류 작업으로 구성되는 작업에 비해 특수한 어려움이 몇 가지 있습니다. 정확도 같은 전통적인 지표는 생성된 텍스트의 품질을 반영하지 못합니다. 이 장에서 보았듯이 BLEU와 ROUGE 지표가 생성된 텍스트를 더 잘 평가합니다. 하지만 여전히 사람의 판단이 가장 좋은 척도입니다.

요약 모델로 작업할 때는 주로 모델의 문맥 크기보다 긴 텍스트를 어떻게 요약할지에 의문이 생깁니다. 안타깝게도 이 문제를 해결할 수 있는 단일 전략은 없습니다. 아직까지도 활발하게 연구되고 있는 미결의 문제입니다. OpenAI의 최근 연구는 긴 문서에 반복적으로 모델을 적용하고 사람의 피드백을 반복 루프에 추가해 요약 작업의 스케일을 확장했습니다.[8]

다음 장에서 텍스트 기반의 질문에 답을 제공히는 질문 답변에 대해 알아보겠습니다. 요약과 달리, 이 작업에는 길이가 길거나 대량의 문서를 다룰 좋은 전략이 있습니다. 질문 답변 작업을 수천 개의 문서로 확장하는 방법을 알아보겠습니다.

---

8   J. Wu et al., "Recursively Summarizing Books with Human Feedback" (https://arxiv.org/abs/2109.10862), (2021).

## CHAPTER 7

질문 답변

연구자, 분석가, 데이터 과학자이든 상관없이 누구나 원하는 정보를 찾기 위해 수많은 문서더 미를 뒤져야 할 때가 있습니다. 설상가상으로 구글과 빙^{Bing}은 꾸준히 더 나은 검색 방법이 있다고 알려줍니다! 예를 들어 [그림 7-1]처럼 구글에서 'When did Marie Curie win her first Nobel Prize?(마리 퀴리는 언제 처음으로 노벨상을 수상했나요?)' 같은 검색을 하면 '1903' 이라는 정확한 답이 나옵니다.

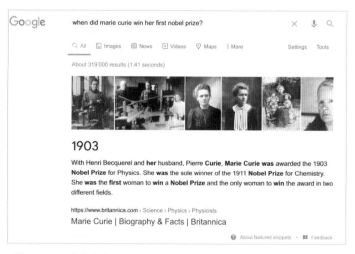

그림 7-1 구글 검색 쿼리^{query}와 해당 답변의 스크린샷

구글은 먼저 쿼리와 관련된 문서를 319,000개 추출했습니다. 그다음 추가적인 처리 단계를 수

행해 정답을 추출합니다. 이때 정답을 담은 구절passage과 웹 페이지를 함께 보여줍니다. 따라서 이 정답이 유효한지 확인하는 방법은 어렵지 않습니다. 예를 들어 'Which guitar tuning is the best?(가장 좋은 기타 튜닝법은 어떤 것인가요?)' 같은 까다로운 질문을 검색하면 구글은 답을 제공하는 대신 웹 페이지 여러 개를 반환해 이중 하나를 클릭해 직접 정보를 찾도록 합니다.[1]

이 기술의 이면에 있는 일반적인 접근법을 **질문 답변**question answering(QA)이라 합니다. 여러 종류의 QA가 있지만 가장 일반적인 방법은 문서에 있는 텍스트 일부를 질문의 답으로 추출하는 **추출적 QA**extractive QA입니다. 여기서 문서란 웹 페이지, 법률 계약서, 뉴스 기사 등 다양합니다. 관련된 문서를 추려내고 그 문서에서 원하는 답을 추출하는 두 단계 과정이 오늘날 QA 시스템의 기초가 됩니다. 이런 QA 시스템에는 의미 검색 엔진, 지능형 비서, 자동화된 정보 추출기 등이 있습니다. 이 장에서는 이 과정을 적용해 전자상거래 웹사이트에서 흔히 생기는 문제를 해결하겠습니다. 제품을 평가하기 위해 구체적인 질문을 하는 고객을 돕는 작업입니다. 고객 리뷰는 풍부하고 도전적인 QA의 정보 소스입니다. 이를 통해 어떻게 트랜스포머가 텍스트에서 의미를 추출하는 강력한 **독해**reading comprehension 모델로 동작하는지 알아보겠습니다. 우선 해결할 문제 상황을 구체화하겠습니다.

> NOTE_ 이 장은 추출적 QA에 초점을 맞추지만, 상황에 따라서는 다른 종류의 QA가 더 적합합니다. 예를 들어 커뮤니티 QAcommunity QA는 스택 오버플로Stack Overflow(https://stackoverflow.com) 같은 포럼의 사용자가 생성한 질문 답변 쌍을 수집합니다. 그다음 의미 유사도 검색을 사용해 새 질문에 가장 잘 맞는 답을 찾습니다. 'Why is the sky blue?(왜 하늘은 파란가요?)' 같은 개방형 질문에 한 문단 길이의 복잡한 답을 생성하도록 만들어진 롱-폼 QAlong-form QA도 있습니다. 놀랍게도 테이블table 데이터에도 QA를 수행할 수 있습니다. 심지어 TAPAS(https://oreil.ly/vVPWO)라는 트랜스포머 모델은 최종 답을 생성하기 위해 집계까지 합니다!

7.1 리뷰 기반 QA 시스템 구축하기

온라인에서 물건을 구매해봤다면 고객 리뷰를 믿고 결정을 내린 경험이 있을 겁니다. 이런 리뷰는 종종 'Does this guitar come with a strap?(이 기타를 주문하면 스트랩도 같이 오나

---

1 하지만 모든 사람이 드롭(Drop) C가 가장 좋은 기타 튜닝이라는 데 동의할 겁니다.

요?)' 또는 'Can I use this camera at night?(이 카메라를 밤에 쓸 수 있을까요?)' 같은 특정 질문의 답을 찾을 때 도움이 됩니다. 이런 질문의 답은 제품 설명에서 찾기가 어렵습니다. 게다가 인기 있는 제품이라면 리뷰가 수백에서 수천 개나 돼서 원하는 리뷰를 찾기도 어렵습니다. 대안으로 아마존^{Amazon} 같은 웹사이트에서 제공하는 커뮤니티 QA 플랫폼에 질문을 올리는 방법이 있습니다. 하지만 보통은 며칠을 기다려야 답변이 옵니다. [그림 7-1]의 구글 예시처럼 즉각 답변을 받으면 좋지 않을까요? 그래서 이 절에서는 트랜스포머를 사용해 QA 시스템을 만들겠습니다!

7.1.1 데이터셋

이 장에서 QA 시스템을 만들 때 사용할 데이터셋은 여섯 분야의 제품과 서비스에서 10,000여 개의 영어 고객 리뷰로 구성된 SubjQA[2]입니다. 데이터셋을 구성하는 여섯 분야는 트립어드바이저^{TripAdvisor}, 음식점, 영화, 책, 전자 제품, 식료품입니다. 각 리뷰에는 [그림 7-2]처럼 질문에 맞게 한 문장 이상을 사용해 답변할 정보가 들어있습니다.[3]

Product: Nokia Lumia 521 RM-917 8GB

Query: Why is the camera of poor quality?

Review: Item like the picture, fast deliver 3 days well packed, good quality for the price. The camera is decent (as phone cameras go), <u>There is no flash though</u> ...

그림 7-2 제품에 관한 질문과 해당 리뷰(밑줄 부분이 답입니다)

---

2 J. Bjerva et al., "SubjQA: A Dataset for Subjectivity and Review Comprehension" (https://arxiv.org/abs/2004.14283), (2020).

3 곧 보게 되겠지만, 더 강력한 모델을 만들기 위해 고안된 답변이 없는 질문도 있습니다.

이 데이터셋은 대부분의 질문과 답이 주관적이라는 점이 흥미롭습니다. 즉 모든 리뷰가 사용자의 개인 경험에 의존합니다. 이런 점에서, 이 작업은 'What is the currency of the United Kingdom?(영국에서 사용하는 통화는 무엇인가요?)' 같이 사실 여부가 명확한 질문의 답을 찾는 작업보다 더 어렵습니다. [그림 7-2]의 예시에서 그 이유를 살펴보죠. 첫째, '나쁜 품질(poor quality)'에 관한 쿼리를 입력했습니다. 나쁜 품질에 대한 기준은 주관적이며 품질이란 기준조차도 사람에 따라 정의가 다릅니다. 둘째, 쿼리의 중요 부분이 리뷰에 전혀 나타나지 않습니다. 이는 키워드 검색이나 입력 질문을 재구성하는 간단한 방식으로는 답을 찾지 못한다는 의미입니다. 이런 특징 덕분에 SubjQA 데이터셋은 리뷰 기반 QA 모델을 벤치마킹하기에 현실적입니다. [그림 7-2]와 같은 사용자 생성 콘텐츠가 실제로 보게 될 리뷰와 거의 비슷하기 때문입니다.

> **NOTE_** QA 시스템은 일반적으로 쿼리에 응답할 때 참조하는 데이터의 도메인으로 분류합니다. 클로즈드 도메인 QA closed-domain QA는 좁은 주제(가령, 단일 제품 카테고리)에 대한 질문을 다룹니다. 반면 오픈 도메인 QA open-domain QA는 거의 모든 주제(가령, 아마존의 전체 제품 카탈로그)에 대한 질문을 다룹니다. 대체로 클로즈드 도메인 QA가 오픈 도메인 QA보다 검색하는 문서의 개수가 적습니다.

허깅페이스 허브(https://oreil.ly/i00s5)에서 이 데이터셋을 다운로드하면서 시작해보죠. 4장과 마찬가지로 get_dataset_config_names() 함수를 사용하여 어떤 서브셋을 사용할 수 있는지 확인하겠습니다.

```
from datasets import get_dataset_config_names

domains = get_dataset_config_names("subjqa")
domains
```

```
['books', 'electronics', 'grocery', 'movies', 'restaurants', 'tripadvisor']
```

여기에는 전자 제품용 QA 시스템을 구축하는 데 초점을 맞추겠습니다. electronics 서브셋을 다운로드하려면 load_dataset() 함수의 name 매개변수에 이 값을 전달합니다.

```
from datasets import load_dataset

subjqa = load_dataset("subjqa", name="electronics")
```

허브에 있는 여느 질문 답변 데이터셋과 마찬가지로, SubjQA는 각 질문의 답을 중첩된 딕셔너리로 저장합니다. 예를 들어 answers 열에 있는 행 하나를 확인해보죠.

```
print(subjqa["train"]["answers"][1])
```

```
{'text': ['Bass is weak as expected', 'Bass is weak as expected, even with EQ
adjusted up'], 'answer_start': [1302, 1302], 'answer_subj_level': [1, 1],
 'ans_subj_score': [0.5083333253860474, 0.5083333253860474], 'is_ans_subjective':
[True, True]}
```

답은 text 필드에 저장됐습니다. answer_start에 시작 문자의 인덱스가 있습니다. 이 데이터셋을 손쉽게 탐색하기 위해 다음처럼 flatten() 메서드로 중첩된 열을 펼치고 각 분할을 판다스 DataFrame으로 변환하겠습니다.

```
import pandas as pd

dfs = {split: dset.to_pandas() for split, dset in subjqa.flatten().items()}

for split, df in dfs.items():
    print(f"{split}에 있는 질문 개수: {df['id'].nunique()}")
```

```
train에 있는 질문 개수: 1295
test에 있는 질문 개수: 358
validation에 있는 질문 개수: 255
```

샘플이 총 1,908개 있는 비교적 작은 데이터셋입니다. 추출적 QA 데이터셋을 레이블링하기 위해 도메인 전문가를 고용하는 것은 노동 집약적이고 비용도 큽니다. 따라서 이 데이터셋은 실전 시나리오에 가깝습니다. 예를 들어 추출적 QA를 위한 법률 문서 데이터셋 CUAD는 13,000개 샘플을 레이블링할 법률 전문가 고용 비용을 고려하면 2백만 달러의 가치가 있는 것으로 추정됩니다![4]

----

[4] D. Hendrycks et al., "CUAD: An Expert-Annotated NLP Dataset for Legal Contract Review" (https://arxiv.org/abs/2103.06268), (2021).

SubjQA 데이터셋에 있는 많은 열 중 이 장에서 QA 시스템을 구축할 때 흥미로운 열을 [표 7-1]에 추렸습니다.

표 7-1 SubjQA 데이터셋의 열 이름과 설명

열 이름	설명
title	각 제품에 연관된 ASIN^Amazon Standard Identification Number
question	질문
answers.text	사람이 레이블링한 리뷰 텍스트 일부
answers.answer_start	답이 시작하는 문자 인덱스
context	고객 리뷰

이 열에 초점을 맞춰 훈련 샘플을 몇 개 살펴보겠습니다. `sample()` 메서드를 사용해 랜덤하게 샘플을 선택합니다.

```
qa_cols = ["title", "question", "answers.text",
           "answers.answer_start", "context"]
sample_df = dfs["train"][qa_cols].sample(2, random_state=7)
sample_df
```

title	question	answers.text	answers.answer_start	context
B005DKZTMG	Does the keyboard lightweight?	[this keyboard is compact]	[215]	I really like this keyboard. I give it 4 stars because it doesn't have a CAPS LOCK key so I never know if my caps are on. But for the price, it really suffices as a wireless keyboard. I have very large hands and this keyboard is compact, but I have no complaints.

| B00AAIPT76 | How is the battery? | [] | [] | I bought this after the first spare gopro battery I bought wouldn't hold a charge. I have very realistic expectations of this sort of product. I am skeptical of amazing stories of charge time and battery life but I do expect the batteries to hold a charge for a couple of weeks at least and for the charger to work like a charger. In this I was not disappointed. I am a river rafter and found that the gopro burns through power in a hurry so this purchase solved that issue. the batteries held a charge, on shorter trips the extra two batteries were enough and on longer trips I could use my friends JOOS Orange to recharge them.I just bought a newtrent xtreme powerpak and expect to be able to charge these with that so I will not run out of power again. |

이 샘플에서 몇 가지 특징이 관찰됩니다. 첫째, 질문이 문법적으로 바르지 않습니다. 전자상거래 웹사이트의 FAQ 섹션에서 흔히 있는 일입니다. 둘째, 빈 answers.text 항목에는 리뷰에서 답을 찾지 못해 답변이 불가능한 질문이 담겼습니다. 마지막으로, 시작 인덱스와 답변 길이를 사용해 리뷰에서 답변에 해당하는 텍스트를 추출할 수 있습니다.

```
start_idx = sample_df["answers.answer_start"].iloc[0][0]
end_idx = start_idx + len(sample_df["answers.text"].iloc[0][0])
sample_df["context"].iloc[0][start_idx:end_idx]
```

```
'this keyboard is compact'
```

훈련 세트에 대략 어떤 종류의 질문이 있는지 알아보기 위해 몇 개의 흔한 단어로 시작하는 질문의 개수를 카운트해보겠습니다.

```
counts = {}
question_types = ["What", "How", "Is", "Does", "Do", "Was", "Where", "Why"]

for q in question_types:
    counts[q] = dfs["train"]["question"].str.startswith(q).value_counts()[True]

pd.Series(counts).sort_values().plot.barh()
plt.title("Frequency of Question Types")
plt.show()
```

종류별 질문 수

'How', 'What', 'Is'로 시작하는 질문이 가장 많습니다. 이 샘플들을 조금 더 확인해보죠.

```
for question_type in ["How", "What", "Is"]:
    for question in (
        dfs["train"][dfs["train"].question.str.startswith(question_type)]
        .sample(n=3, random_state=42)['question']):
        print(question)
```

```
How is the camera?
How do you like the control?
How fast is the charger?
What is direction?
What is the quality of the construction of the bag?
What is your impression of the product?
Is this how zoom works?
```

```
Is sound clear?
Is it a wireless keyboard?
```

스탠퍼드 질문 답변 데이터셋

SubjQA의 형식인 (질문, 리뷰, [답변])은 추출적 QA 데이터셋에서 널리 사용되는데, 스탠퍼드 질문 답변 데이터셋Stanford Question Answering Dataset(SQuAD)[5]에서 처음 사용된 방식입니다. 유명한 이 데이터셋은 컴퓨터가 텍스트 문단을 읽고 관련 질문에 답변이 가능한지 테스트할 때 많이 사용됩니다. 원래 이 데이터셋은 수백 개의 위키피디아 영어 문서에서 샘플링하고 크라우드소싱crowdsourcing을 통해 각 문단에서 일련의 질문과 답을 생성해 만들어졌습니다. SQuAD의 최초 버전은 각 질문의 답이 해당 구절 안에 반드시 존재했는데, 시퀀스 모델이 텍스트에서 정답을 추출하는 속도가 금세 사람을 앞지르기 시작했습니다. 작업의 난도를 높이기 위해 주어진 텍스트와 관련되지만 텍스트만으로는 답변할 수 없는 적대적인 질문adversarial question으로 SQuAD 1.1을 보강해 SQuAD 2.0을 만들었습니다.[6] [그림 7-3]에 이 책을 쓸 당시 최상이던 모델을 나타냈습니다. 2019년 이후에 나온 모델 대부분이 사람의 능력을 뛰어넘었습니다.

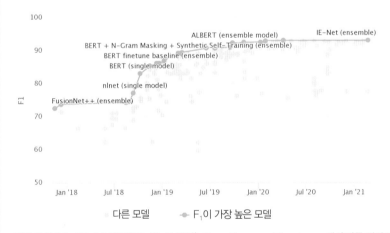

그림 7-3 SQuAD 2.0 벤치마크 성능의 발전(https://paperswithcode.com에서 만든 이미지)

5 P. Rajpurkar et al., "SQuAD: 100,000+ Questions for Machine Comprehension of Text"(https://arxiv.org/abs/1606.05250), (2016).

6 P. Rajpurkar, R. Jia, and P. Liang, "Know What You Don't Know: Unanswerable Questions for SQuAD"(https://arxiv.org/abs/1806.03822), (2018).

하지만 이런 초인적인 성능이 진정한 독해 능력을 나타내진 않습니다. 답변 불가한 질문의 답은 보통 반의어 같은 텍스트에 있는 패턴을 통해 식별해내기 때문입니다. 이 문제를 해결하기 위해 구글은 자연 질문^Natural Questions(NQ) 데이터셋을 릴리스했습니다.[7] NQ는 구글 검색 사용자에게서 수집한 사실 탐색^fact seeking 질문으로 구성되며, NQ에 있는 답변은 SQuAD에 있는 답변보다 훨씬 더 길며, 더 어려운 벤치마크를 만듭니다.

데이터셋을 살펴보았으니 어떻게 트랜스포머로 텍스트에서 답을 추출하는지 자세히 이해해보겠습니다.

7.1.2 텍스트에서 답 추출하기

QA 시스템에서는 가장 먼저 고객 리뷰에 있는 텍스트에서 답변에 사용할 만한 부분을 식별해낼 방법을 찾아야 합니다. 예를 들어 'Is it waterproof?(이거 방수되나요?)'라는 질문에 'This watch is waterproof at 30m depth(이 시계는 수심 30m까지 방수됩니다)'라는 리뷰가 있다면, 모델은 'waterproof at 30m(수심 30m까지 방수)'를 출력합니다. 이렇게 하려면 다음 방법을 이해해야 합니다.

- 지도 학습 문제로 구성하기
- QA 작업을 위해 텍스트를 토큰화하고 인코딩하기
- 모델의 최대 문맥 크기를 초과하는 긴 텍스트 다루기

문제를 구성하는 방법부터 알아보죠.

범위 분류

문제를 **범위 분류**^span classification 작업으로 구성하는 방법은 텍스트에서 답을 추출하는 가장 일반적인 방법입니다. 이 작업에서 모델이 예측해야 하는 레이블은 답변 범위에 해당하는 시작 토큰과 종료 토큰입니다. [그림 7-4]에서 이 과정을 살펴보겠습니다.

---

7   T. Kwiatkowski et al., "Natural Questions: A Benchmark for Question Answering Research," Transactions of the Association for Computational Linguistics 7 (March 2019): 452–466, http://dx.doi.org/10.1162/tacl_a_00276.

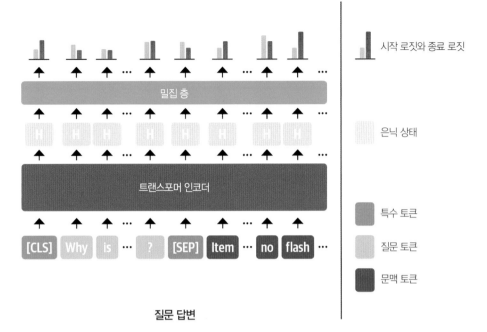

시작 로짓와 종료 로짓

은닉 상태

특수 토큰

질문 토큰

문맥 토큰

밀집 층

트랜스포머 인코더

[CLS] Why is … ? [SEP] Item no flash …

질문 답변

그림 7-4 QA 작업을 위한 범위 분류 헤드

훈련 세트에는 비교적 적은 1,295개 샘플만 있으므로 SQuAD 같은 대규모 QA 데이터셋에서 미세 튜닝한 언어 모델로 시작하는 편이 좋습니다. 이런 모델은 대체로 독해 능력이 우수하고, 더 정확한 시스템을 구축하기 위한 좋은 기준 모델로 사용됩니다. 이전 장처럼 사전 훈련된 모델을 사용해 작업에 특화된 헤드를 미세 튜닝하는 일반적인 방식과 조금 다릅니다. 예를 들어, 2장에서는 클래스 개수가 현재 데이터셋과 달라서 분류 헤드를 미세 튜닝해야 했습니다. 그러나 추출적 QA는 레이블 구조가 데이터셋에 따라 달라지지 않기 때문에 미세 튜닝한 모델로 시작해도 무방합니다.

허깅페이스 허브(https://oreil.ly/dzCsC)에서 모델 탭에 'squad'를 검색해 추출적 QA 모델 목록을 보겠습니다(그림 7-5).

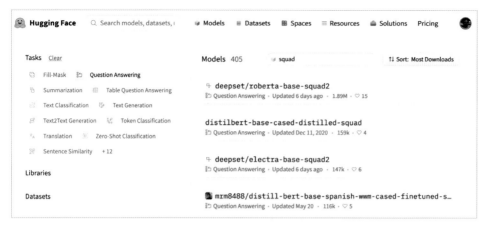

그림 7-5 허깅페이스 허브에서 추출적 QA 모델 고르기

그림에 나온 대로, 이 글을 쓸 때 QA 모델은 350개가 넘습니다. 이중 어떤 모델을 선택해야 할까요? 결정에는 여러 가지 요인이 작용합니다. 주어진 말뭉치가 단일 언어인지 다중 언어인지에 따라 다르고, 제품 환경에서 모델을 실행하는 제약 조건에 따라서도 달라집니다. [표 7-2]에 좋은 구축 기반이 되는 모델을 정리했습니다.

표 7-2 SQuAD 2.0에서 미세 튜닝된 트랜스포머 모델

트랜스포머	설명	파라미터 개수	SQuAD 2.0에서 F_1-점수
MiniLM	99% 성능을 유지하면서 두 배 빠른 BERT 기반의 압축 버전입니다.	66M	79.5
RoBERTa-base	RoBERTa 모델이 BERT보다 성능이 더 높고 단일 GPU를 사용해 대부분의 QA 데이터셋에서 미세 튜닝이 가능합니다.	125M	83.0
ALBERT-XXL	SQuAD 2.0에서 최고의 성능을 내지만 계산 집약적이고 배포가 어렵습니다.	235M	88.1
XLM-RoBERTa-large	강력한 제로샷zero-shot 성능을 내며 100개 언어를 위한 다중 언어 모델입니다.	570M	83.8

이 장의 목적상 미세 튜닝한 MiniLM 모델을 사용하겠습니다. 이 모델은 훈련 속도가 높아서 빠르게 반복하며 여러 기술을 살펴보기 좋습니다.[8] 늘 그렇듯이 텍스트를 인코딩할 토크나이저

---

8 W. Wang et al.. "MINILM: Deep Self-Attention Distillation for Task-Agnostic Compression of Pre-Trained Transformers" (https://arxiv.org/abs/2002.10957), (2020).

가 가장 먼저 필요합니다. 그럼 QA 작업에서 토큰화가 어떻게 이루어지는지 알아보죠.

QA를 위한 텍스트 토큰화

텍스트를 인코딩하기 위해 허깅페이스 허브(https://oreil.ly/df5Cu)에서 MiniLM 모델의 체크포인트를 로드하겠습니다.

```
from transformers import AutoTokenizer

model_ckpt = "deepset/minilm-uncased-squad2"
tokenizer = AutoTokenizer.from_pretrained(model_ckpt)
```

모델을 작동해보기 위해 짧은 텍스트에서 답을 추출하겠습니다. 추출적 QA 작업에서는 입력을 (질문, 문맥) 쌍 형태로 제공합니다. 따라서 다음과 같이 두 값을 모두 토크나이저에 전달합니다.

```
question = "How much music can this hold?"
context = """An MP3 is about 1 MB/minute, so about 6000 hours depending on \
file size."""
inputs = tokenizer(question, context, return_tensors="pt")
```

파이토치 Tensor 객체가 반환되므로 이를 사용해 모델의 정방향 패스를 실행해야 합니다. 토큰화된 입력을 표로 확인하면 다음과 같습니다.

input_ids	101	2129	2172	2189	2064	2023	...	5834	2006	5371	2946	1012	102
token_type_ids	0	0	0	0	0	0	...	1	1	1	1	1	1
attention_mask	1	1	1	1	1	1	...	1	1	1	1	1	1

input_ids와 attention_mask 텐서는 익숙합니다. token_type_ids 텐서는 입력에서 어떤 부분이 질문과 문맥에 해당하는지 나타냅니다(0은 질문 토큰, 1은 문맥 토큰을 나타냅니다).[9]

---

9 token_type_ids가 모든 트랜스포머 모델에 있는 것은 아닙니다. MiniLM 같은 BERT 유사 모델의 경우 사전 훈련하는 동안 다음 문장 예측 작업을 통합하기 위해 token_type_ids를 사용하기도 합니다.

토크나이저가 QA 작업에서 입력을 포맷팅하는 방법을 이해하기 위해 **input_ids** 텐서를 디코딩해보죠.

```
print(tokenizer.decode(inputs["input_ids"][0]))
```

```
[CLS] how much music can this hold? [SEP] an mp3 is about 1 mb / minute, so
about 6000 hours depending on file size. [SEP]
```

QA 샘플마다 다음 포맷으로 입력이 구성됩니다.

[CLS] 질문 토큰 [SEP] 문맥 토큰 [SEP]

첫 번째 [SEP] 토큰의 위치는 **token_type_ids**에 의해 결정됩니다. 텍스트를 토큰화했으니 QA 헤드와 함께 모델 객체를 초기화하고 입력을 정방향 패스에 통과시킵니다.

```
import torch
from transformers import AutoModelForQuestionAnswering

model = AutoModelForQuestionAnswering.from_pretrained(model_ckpt)

with torch.no_grad():
    outputs = model(**inputs)
print(outputs)
```

```
QuestionAnsweringModelOutput(loss=None, start_logits=tensor([[-0.9862, -4.7750,
        -5.4025, -5.2378, -5.2863, -5.5117, -4.9819, -6.1880,
        -0.9862,  0.2596, -0.2144, -1.7136,  3.7806,  4.8561, -1.0546, -3.9097,
        -1.7374, -4.5944, -1.4278,  3.9949,  5.0390, -0.2018, -3.0193, -4.8549,
        -2.3107, -3.5110, -3.5713, -0.9862]]), end_logits=tensor([[-0.9623,
        -5.4733, -5.0326, -5.1639, -5.4278, -5.5151, -5.1749, -4.6233,
        -0.9623, -3.7855, -0.8715, -3.7745, -3.0161, -1.1780,  0.1758, -2.7365,
         4.8934,  0.3046, -3.1761, -3.2762,  0.8937,  5.6606, -0.3623, -4.9554,
        -3.2531, -0.0914,  1.6211, -0.9623]]), hidden_states=None,
attentions=None)
```

QA 헤드는 **QuestionAnsweringModelOutput** 객체를 출력합니다. [그림 7–4]에서 보듯 QA

헤드는 인코더의 은닉 상태를 받아 시작과 종료 범위의 로짓을 계산하는 선형 층에 해당합니다.[10] 이는 QA 작업을 4장의 개체명 인식과 비슷하게 토큰 분류 형태로 다룬다는 의미입니다. 출력을 답의 범위로 변환하기 위해 먼저 시작과 종료 토큰의 로짓이 필요합니다.

```
start_logits = outputs.start_logits
end_logits = outputs.end_logits
```

이 로짓의 크기를 입력 ID와 비교해보죠.

```
print(f"입력 ID 크기: {inputs.input_ids.size()}")
print(f"시작 로짓 크기: {start_logits.size()}")
print(f"종료 로짓 크기: {end_logits.size()}")
```

```
입력 ID 크기: torch.Size([1, 28])
시작 로짓 크기: torch.Size([1, 28])
종료 로짓 크기: torch.Size([1, 28])
```

두 로짓(시작과 종료)은 각 입력 토큰에 연관됩니다. [그림 7-6]에 표현된 대로 큰 양수 로짓은 가능성이 높은 시작과 종료 토큰 후보에 해당합니다. 이 예시에서는 모델이 숫자 1과 6,000에 가장 높은 시작 토큰 로짓을 할당했습니다. 질문이 어떤 양에 관한 것이므로 이해됩니다. 마찬가지로 로짓이 가장 높은 종료 토큰은 'minute'과 'hours'입니다.

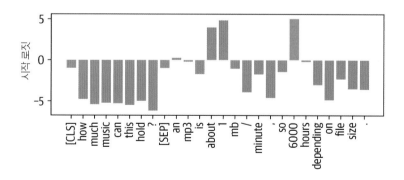

---

10 이런 은닉 상태를 추출하는 자세한 방법은 2장을 참고하세요.

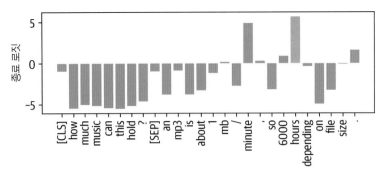

그림 7-6 시작 토큰과 종료 토큰에 대한 예측 로짓. 오렌지색 토큰이 점수가 가장 높은 토큰입니다.

최종 답을 얻기 위해 시작 토큰과 종료 토큰의 로짓에 `argmax` 함수를 적용하고 입력에서 이 범위를 슬라이싱합니다. 다음 코드는 이런 단계를 수행하고 결과를 디코딩해 텍스트로 출력합니다.

```python
import torch

start_idx = torch.argmax(start_logits)
end_idx = torch.argmax(end_logits) + 1
answer_span = inputs["input_ids"][0][start_idx:end_idx]
answer = tokenizer.decode(answer_span)
print(f"질문: {question}")
print(f"답변: {answer}")
```

```
질문: How much music can this hold?
답변: 6000 hours
```

성공입니다! 🤗 트랜스포머스는 편리하게도 이런 모든 전처리 단계와 후처리 단계가 전용 파이프라인 안에 있습니다. 다음처럼 토크나이저와 미세 튜닝된 모델을 전달해 파이프라인을 초기화합니다.

```python
from transformers import pipeline

pipe = pipeline("question-answering", model=model, tokenizer=tokenizer)
pipe(question=question, context=context, topk=3)
```

```
[{'score': 0.26516005396842957,
  'start': 38,
  'end': 48,
  'answer': '6000 hours'},
 {'score': 0.2208300083875656,
  'start': 16,
  'end': 48,
  'answer': '1 MB/minute, so about 6000 hours'},
 {'score': 0.10253632068634033,
  'start': 16,
  'end': 27,
  'answer': '1 MB/minute'}]
```

답변 외에도, 이 파이프라인은 (로짓에 소프트맥스 함수를 적용해) 모델이 추정한 확률을 score 필드로 제공합니다. 한 문맥에서 여러 답을 비교할 때 편리합니다. 또 topk 매개변수를 사용하면 모델이 여러 개의 답을 예측합니다. answers.answer_start가 비어있는 SubjQA 샘플처럼 이따금 답변이 불가한 질문도 있습니다. 모델은 이 경우 [CLS] 토큰에 높은 시작 점수와 종료 점수를 할당합니다. 파이프라인은 이 출력을 빈 문자열로 매핑합니다.

```
pipe(question="Why is there no data?", context=context,
     handle_impossible_answer=True)
```

```
{'score': 0.9068416357040405, 'start': 0, 'end': 0, 'answer': ''}
```

NOTE_ 간단한 이 예에서는 해당 로짓에 **argmax**를 적용해 시작과 종료 인덱스를 얻었습니다. 하지만 이 방법은 문맥 대신 질문에 속한 토큰을 선택해서 범위가 벗어난 답을 생성할 때도 있습니다. 실전에서는 범위 내에 있는지, 시작 인덱스가 종료 인덱스 앞에 있는지 등의 다양한 제약 조건을 따라 파이프라인이 최상의 시작 인덱스와 종료 인덱스의 조합을 계산합니다.

긴 텍스트 다루기

독해 모델의 결점 하나는 종종 문맥에 있는 토큰이 모델의 최대 시퀀스 길이(보통 최대 수백 개 토큰)를 초과한다는 것입니다. [그림 7-7]을 보면 SubjQA 훈련 세트의 상당 부분이 MiniLM의 문맥 크기인 512토큰에 맞지 않는 질문-문맥 쌍을 가집니다.

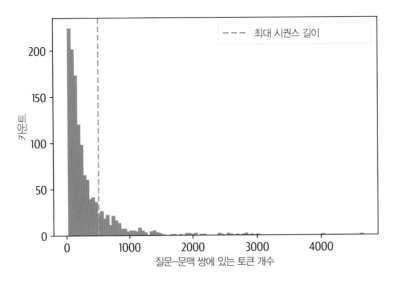

그림 7-7 SubjQA 훈련 세트에 있는 질문–문맥 쌍의 토큰 분포

텍스트 분류 같은 그 외 작업에서는 정확한 예측을 생성하기 위해 [CLS] 토큰 임베딩에 충분한 정보가 남았다고 가정하고 그냥 긴 텍스트를 잘랐습니다. 하지만 QA 작업에서는 이런 전략이 문제를 일으킵니다. 질문의 답이 문맥의 끝에 있으면 텍스트를 잘랐을 때 답이 삭제됩니다. 이 문제를 다루는 전형적인 방법은 [그림 7-8]처럼 입력에 **슬라이딩 윈도**sliding window를 적용하는 것입니다. 각 윈도는 모델의 문맥 크기에 맞는 토큰 리스트가 됩니다.

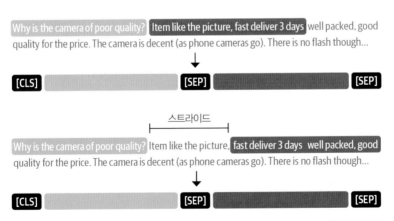

그림 7-8 긴 문서에서 슬라이딩 윈도가 여러 개의 질문–문맥 쌍을 만드는 방법. 첫 번째(파란색) 막대는 질문에 해당하고 두 번째(붉은색) 막대는 각 윈도에서 캡처한 문맥입니다.

트랜스포머스는 토크나이저에 return_overflowing_tokens=True를 설정해 슬라이딩 윈도를 만듭니다. 슬라이딩 윈도의 크기는 max_seq_length 매개변수로, 스트라이드stride의 크기는 doc_stride로 조절합니다. 훈련 세트에 첫 번째 샘플을 사용해 슬라이딩 윈도의 작동 방식을 확인하겠습니다.

```
example = dfs["train"].iloc[0][["question", "context"]]
tokenized_example = tokenizer(example["question"], example["context"],
                              return_overflowing_tokens=True, max_length=100,
                              stride=25)
```

이 경우 윈도마다 input_ids의 리스트를 하나씩 얻습니다. 각 윈도의 토큰 개수를 확인해 보죠.

```
for idx, window in enumerate(tokenized_example["input_ids"]):
    print(f"#{idx} 윈도에는 {len(window)}개의 토큰이 있습니다.")
```

```
#0 윈도에는 100개의 토큰이 있습니다.
#1 윈도에는 88개의 토큰이 있습니다.
```

마지막으로 input_ids를 디코딩해 두 윈도가 어디서 겹치는지 확인하겠습니다.

```
for window in tokenized_example["input_ids"]:
    print(f"{tokenizer.decode(window)} \n")
```

```
[CLS] how is the bass? [SEP] i have had koss headphones in the past, pro 4aa and
qz - 99. the koss portapro is portable and has great bass response. the work
great with my android phone and can be " rolled up " to be carried in my
motorcycle jacket or computer bag without getting crunched. they are very light
and don't feel heavy or bear down on your ears even after listening to music
with them on all day. the sound is [SEP]

[CLS] how is the bass? [SEP] and don't feel heavy or bear down on your ears even
after listening to music with them on all day. the sound is night and day better
than any ear - bud could be and are almost as good as the pro 4aa. they are "
open air " headphones so you cannot match the bass to the sealed types, but it
comes close. for $ 32, you cannot go wrong. [SEP]
```

이제 QA 모델이 텍스트에서 답을 추출하는 방법을 이해했으니, 엔드-투-엔드 QA 파이프라인을 만드는 데 필요한 다른 구성 요소를 알아보겠습니다.

7.1.3 헤이스택을 사용해 QA 파이프라인 구축하기

앞서 간단한 답변 추출 예제에서는 질문과 문맥을 모두 모델에 제공했습니다. 하지만 시스템의 실제 사용자는 제품에 대한 질문만 제공합니다. 따라서 말뭉치에 있는 전체 리뷰 중 관련된 텍스트를 선택할 방법이 필요합니다. 이를 수행하는 방법 하나는 해당 제품의 리뷰를 모두 연결해 하나의 긴 문맥으로 만들어 모델에 주입하는 것입니다. 이 방법은 간단하지만 문맥이 극도로 길어져 때로는 사용자 쿼리에 대한 레이턴시[latency]를 수용하지 못한다는 단점이 있습니다. 예를 들어 제품마다 평균적으로 30개 리뷰가 있고 각 리뷰를 처리하는 데 100밀리초가 걸린다고 해보죠. 답을 구하기 위해 모든 리뷰를 처리한다면 사용자 쿼리마다 평균 3초의 레이턴시가 발생합니다. 전자상거래 웹사이트에서는 너무 긴 시간입니다!

최신 QA 시스템은 두 가지 주요 구성 요소로 이루어진 **리트리버-리더**[retriever-reader] 구조를 기반으로 이 문제를 처리합니다.

리트리버

쿼리에서 관련된 문서를 추출합니다. 리트리버는 일반적으로 희소 아니면 밀집으로 구분합니다. 희소 리트리버[sparse retriever]는 단어 빈도를 사용해 각 문서와 쿼리를 희소 벡터로 표현합니다.[11] 이 벡터의 내적[inner product]을 계산해 쿼리와 문서의 관련성을 결정합니다. 반면 밀집 리트리버[dense retriever]는 트랜스포머 같은 인코더를 사용해 쿼리와 문서를 문맥화된 임베딩(밀집 벡터)으로 표현합니다. 이런 임베딩이 의미를 인코딩하므로 밀집 리트리버는 쿼리의 내용을 이해해 검색 정확도를 향상시킵니다.

리더

리트리버가 제공한 문서에서 답을 추출합니다. 리더는 대개 독해 모델이지만 이 장의 끝에서 자유 형식의 답변을 생성하는 모델을 살펴보겠습니다.

---

11 희소 벡터는 대부분의 원소가 0입니다.

[그림 7-9]를 보면 리트리버가 추출한 문서나 리더가 추출한 답에 후처리를 적용하는 구성 요소도 있습니다. 예를 들어 리더에 혼동을 일으키는 잡음이나 관련 없는 요소를 제외하기 위해 추출된 문서를 다시 랭킹하는 작업을 진행합니다. 마찬가지로 긴 문서에 있는 여러 구절에서 정답이 나오면 종종 리더의 답을 후처리할 필요가 있습니다.

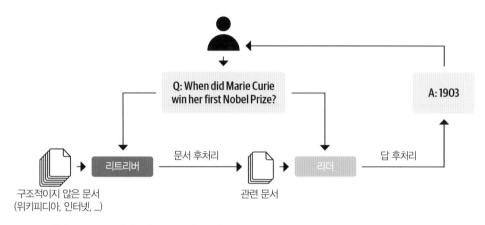

그림 7-9 최신 QA 시스템의 리트리버–리더 아키텍처

QA 시스템을 만들기 위해, NLP 전문 독일 기업 딥셋^{deepset}(`https://deepset.ai`)이 개발한 헤이스택^{Haystack}(`https://haystack.deepset.ai`) 라이브러리를 사용하겠습니다. 헤이스택은 리트리버–리더 아키텍처를 기반으로 하고, 이런 시스템 구축과 관련된 많은 복잡도를 추상화하며 🤗 트랜스포머스와 긴밀하게 통합됐습니다.

헤이스택으로 QA 파이프라인을 만들 때는 리트리버와 리더 외에 두 가지 구성 요소가 더 있습니다.

문서 저장소

쿼리 시점에 리트리버로 제공하는 문서와 메타데이터를 저장하는 문서 전용 데이터베이스입니다.

파이프라인

사용자 쿼리가 잘 흘러가도록 QA 시스템의 모든 구성 요소를 결합하고 여러 리트리버에서 추출한 문서를 합치는 등의 기능을 합니다.

이 절에서는 이런 구성 요소를 사용해 프로토타입^{prototype} QA 파이프라인을 빠르게 구축하는 방법을 알아보겠습니다. 그 뒤에는 성능을 높이는 방법도 살펴보겠습니다.

> **WARNING_** 이 장에서 사용하는 헤이스택 라이브러리 버전은 0.9.0입니다. 0.10.0 버전(**https://oreil.ly/qbqgv**)은 리트리버나 리더가 성능에 영향을 미치는지 더 쉽게 조사하기 위해 파이프라인과 평가 API가 재설계됐습니다. 새로운 API를 반영한 이 장의 코드를 참고하려면 깃허브 저장소(**https://github.com/rickiepark/nlp-with-transformers/blob/main/07_question-answering_v2.ipynb**)를 확인하세요.

문서 저장소 초기화하기

헤이스택에서 사용 가능한 문서 저장소는 다양하며, 저장소마다 조합할 수 있는 전용 리트리 버가 있습니다. [표 7-3]에 희소 리트리버(TF-IDF, BM25)와 밀집 리트리버(Embedding, DPR)에 각각 호환되는 문서 저장소를 정리했습니다. 약어의 의미는 나중에 설명하겠습니다.

표 7-3 헤이스택 리트리버와 문서 저장소의 호환성

	메모리	Elasticsearch	FAISS	Milvus
TF-IDF	Yes	Yes	No	No
BM25	No	Yes	No	No
Embedding	Yes	Yes	Yes	Yes
DPR	Yes	Yes	Yes	Yes

희소 리트리버와 밀집 리트리버를 이 장에서 모두 살펴보므로 양쪽 리트리버에 모두 호환되는 **ElasticsearchDocumentStore**를 사용하겠습니다. 일래스틱서치^{Elasticsearch}는 텍스트, 수치, 지리 데이터, 구조적 데이터, 비구조적 데이터를 포함해 다양한 데이터 타입을 처리하는 검색 엔진입니다. 대용량 데이터를 저장하고 전체 텍스트^{full text} 검색으로 빠르게 필터링하므로 특히 QA 시스템 개발에 잘 맞습니다. 인프라 분석을 위한 업계 표준이라는 이점도 있습니다. 따라서 회사에는 이미 일래스틱서치 클러스터가 있을 가능성이 높습니다.

문서 저장소를 초기화하려면 먼저 일래스틱서치를 다운로드하고 설치해야 합니다. 일래스틱서

치 가이드(https://oreil.ly/bgmKq)[12]를 따라 wget으로 최신 리눅스용 릴리스를 다운로드하고 tar 셸 명령으로 압축을 풉니다.

```
url = """https://artifacts.elastic.co/downloads/elasticsearch/\
elasticsearch-7.9.2-linux-x86_64.tar.gz"""
!wget -nc -q {url}
!tar -xzf elasticsearch-7.9.2-linux-x86_64.tar.gz
```

이제 일래스틱서치 서버를 시작합니다. 이 책의 모든 코드는 주피터 노트북에서 실행하기 때문에 파이썬의 Popen() 함수를 사용해 새로운 프로세스를 시작합니다. 이 서브프로세스를 백그라운드에서 실행하기 위해 chown 셸 명령을 사용하겠습니다.

```
import os
from subprocess import Popen, PIPE, STDOUT

# 백그라운드 프로세스로 일래스틱서치를 실행합니다
!chown -R daemon:daemon elasticsearch-7.9.2
es_server = Popen(args=['elasticsearch-7.9.2/bin/elasticsearch'],
                  stdout=PIPE, stderr=STDOUT, preexec_fn=lambda: os.setuid(1))
# 일래스틱서치가 시작할 때까지 기다립니다
!sleep 30
```

Popen() 함수에서 args로 실행할 프로그램을 지정합니다. stdout=PIPE는 표준 출력을 위해 새로운 파이프pipe를 만들고 stderr=STDOUT로 지정하면 동일한 파이프로 에러가 수집됩니다. preexec_fn 매개변수에 사용할 서브프로세스의 아이디를 지정합니다. 기본적으로 일래스틱서치는 포트 9200으로 로컬에서 실행됩니다. 따라서 localhost로 HTTP 요청을 보내서 연결을 테스트합니다.

```
!curl -X GET "localhost:9200/?pretty"
```

```
{
  "name" : "96938eee37cd",
  "cluster_name" : "docker-cluster",
```

---

12 이 가이드는 macOS와 윈도우에서 설치하는 방법도 제공합니다.

```
    "cluster_uuid" : "ABGDdvbbRWmMb9Umz79HbA",
    "version" : {
      "number" : "7.9.2",
      "build_flavor" : "default",
      "build_type" : "docker",
      "build_hash" : "d34da0ea4a966c4e49417f2da2f244e3e97b4e6e",
      "build_date" : "2020-09-23T00:45:33.626720Z",
      "build_snapshot" : false,
      "lucene_version" : "8.6.2",
      "minimum_wire_compatibility_version" : "6.8.0",
      "minimum_index_compatibility_version" : "6.0.0-beta1"
    },
    "tagline" : "You Know, for Search"
}
```

일래스틱서치 서버를 설치하고 실행했으므로, 문서 저장소 객체를 초기화하겠습니다.

```
from haystack.document_store.elasticsearch import ElasticsearchDocumentStore

# 밀집 리트리버에서 사용할 문서 임베딩을 반환합니다.
document_store = ElasticsearchDocumentStore(return_embedding=True)
```

기본적으로 ElasticsearchDocumentStore는 일래스틱서치에 두 개의 인덱스를 만듭니다. 문서를 저장하는 document와 답의 범위를 저장하는 label입니다. 여기서는 SubjQA 리뷰로 document 인덱스를 채우겠습니다. 헤이스택 문서 저장소는 다음처럼 text와 meta 키를 가진 딕셔너리의 리스트를 기대합니다.

```
{
    "text": "<the-context>",
    "meta": {
        "field_01": "<additional-metadata>",
        "field_02": "<additional-metadata>",
        ...
    }
}
```

meta에 있는 필드를 사용해 검색 과정에서 필터를 적용합니다. 제품과 질문 ID로 필터링할 수 있도록 SubjQA의 item_id와 id 열, 그리고 해당되는 분할 이름을 포함시키겠습니다. 다음처럼 각 DataFrame에 있는 샘플을 순회하면서 write_documents() 메서드로 인덱스에 추가합니다.

```
for split, df in dfs.items():
    # 중복 리뷰를 제외시킵니다
    docs = [{"text": row["context"],
            "meta":{"item_id": row["title"], "question_id": row["id"],
                    "split": split}}
        for _,row in df.drop_duplicates(subset="context").iterrows()]
    document_store.write_documents(docs, index="document")

print(f"{document_store.get_document_count()}개 문서가 저장됐습니다")
```

1615개 문서가 저장됐습니다

좋습니다. 모든 리뷰를 인덱스에 저장했습니다! 인덱스를 검색하려면 리트리버가 필요하니 일래스틱서치를 위한 리트리버를 어떻게 만드는지 알아보죠.

리트리버 초기화하기

일래스틱서치 문서 저장소는 모든 헤이스택 리트리버와 조합이 가능합니다. ('Best Match 25'의 약자인) BM25 기반의 희소 리트리버를 먼저 사용해보죠. BM25는 고전적인 TF-IDF 알고리즘을 개선한 버전으로 일래스틱서치에서 효율적으로 검색할 수 있는 희소 벡터로 질문과 문맥을 표현합니다. BM25 점수는 검색 쿼리에서 얼마나 많은 텍스트가 일치하는지 측정합니다. 그다음 TF 값을 빠르게 포화시키고 짧은 문서가 긴 문서보다 선호되도록 문서 길이로 정규화해 TF-IDF를 개선합니다.[13]

헤이스택에서 ElasticsearchRetriever의 기본 리트리버는 BM25입니다. 검색하려는 문서 저장소를 지정해 이 클래스의 객체를 만들어보죠.

```
from haystack.retriever.sparse import ElasticsearchRetriever

es_retriever = ElasticsearchRetriever(document_store=document_store)
```

---

13 TF-IDF와 BM25로 문서에 점수를 부여하는 자세한 내용은 D. Jurafsky와 J.H. Martin의 『Speech and Language Processing. 3rd edition』(Prentice Hall) 23장을 참고하세요.

훈련 세트에 있는 한 전자 제품에 대한 간단한 쿼리를 살펴보겠습니다. 리뷰 기반 QA 시스템에서는 단일 아이템으로 쿼리를 제한하는 것이 중요합니다. 그렇지 않으면 리트리버가 사용자 쿼리와 무관한 제품의 리뷰도 검색합니다. 예를 들어, 제품 필터링 없이 'Is the camera quality any good?(카메라 성능이 좋은가요?)' 같은 질문을 하면 휴대폰 리뷰가 반환되는 경우가 생깁니다. 사용자가 카메라 성능을 물어본 제품은 사실 랩톱 컴퓨터일지 모릅니다. 데이터셋에 있는 ASIN 값은 암호처럼 보이지만 아마존 ASIN(https://amazon-asin.com/) 같은 온라인 도구나 www.amazon.com/dp/ 주소 뒤에 `item_id` 값을 추가하면 해독됩니다. 다음 아이템 ID는 아마존의 파이어Fire 태블릿 ID입니다. 리트리버의 `retrieve()` 메서드를 사용해 이 제품이 독서에 유용한지 물어보죠.

```
item_id = "B0074BW614"
query = "Is it good for reading?"
retrieved_docs = es_retriever.retrieve(
    query=query, top_k=3, filters={"item_id":[item_id], "split":["train"]})
```

`top_k` 매개변수로 얼마나 많은 문서를 반환할지 지정하고 문서의 `meta` 필드에 포함시킨 `item_id`와 `split` 키에 모두 필터를 적용했습니다. `retrieved_docs`의 각 원소는 문서를 나타내는 데 사용하는 헤이스택의 `Document` 객체이고 리트리버의 쿼리 점수와 그 외 메타데이터를 포함합니다. 추출된 문서 하나를 살펴보죠.

```
print(retrieved_docs[0])
```

```
{'text': 'This is a gift to myself.  I have been a kindle user for 4 years and
this is my third one.  I never thought I would want a fire for I mainly use it
for book reading.  I decided to try the fire for when I travel I take my laptop,
my phone and my iPod classic.  I love my iPod but watching movies on the plane
with it can be challenging because it is so small. Laptops battery life is not
as good as the Kindle.  So the Fire combines for me what I needed all three to
do. So far so good.', 'score': 6.243799, 'probability': 0.6857824513476455,
'question': None, 'meta': {'item_id': 'B0074BW614', 'question_id':
'868e311275e26dbafe5af70774a300f3', 'split': 'train'}, 'embedding': None, 'id':
'252e83e25d52df7311d597dc89eef9f6'}
```

문서 텍스트 외에, 일래스틱서치가 쿼리와의 연관성을 계산한 `score` 필드가 출력됩니다(점수가 높을수록 매칭이 더 잘됐음을 의미합니다). 내부적으로 일래스틱서치는 인덱싱과 검색을 위해 루씬Lucene(https://lucene.apache.org)에 의존합니다. 따라서 기본적으로 루씬의 **실용적인 스코어링 함수**practical scoring function를 사용합니다. 스코어링 함수는 일래스틱서치 문서 (https://oreil.ly/b1Seu)에서 자세히 설명합니다. 간단히 요약하면 스코어링 함수는 불리언 텍스트Boolean text(이 문서가 쿼리에 매칭되는가?)를 사용해 후보 문서를 필터링한 다음 문서와 쿼리의 벡터 표현을 기반으로 유사도를 측정합니다.

이제 관련된 문서를 추출할 방법이 준비됐으니 이런 문서에서 답을 추출할 방법이 필요합니다. 여기에 리더가 사용되므로 헤이스택에 MiniLM 모델을 로드하는 방법을 알아보겠습니다.

리더 초기화하기

헤이스택에는 주어진 문맥에서 답을 추출하는 두 종류의 리더가 있습니다.

FARMReader

트랜스포머를 미세 튜닝하고 배포하는 딥셋의 FARM 프레임워크(https://farm.deepset.ai)를 기반으로 합니다. 🤗 트랜스포머스를 사용해 훈련된 모델과 호환되며 허깅페이스 허브에서 바로 모델을 로드할 수 있습니다.

TransformersReader

🤗 트랜스포머스의 QA 파이프라인을 기반으로 합니다. 추론만 실행하는 데 적합합니다.

두 리더가 모델의 가중치를 같은 방식으로 처리하지만 예측을 변환해 답을 만드는 방식은 조금 다릅니다.

- 🤗 트랜스포머스에서 QA 파이프라인은 각 구절의 시작 로짓과 종료 로짓을 소프트맥스로 정규화합니다. 따라서 확률의 합이 1이 되는 같은 구절에서 추출한 답의 점수를 비교할 때만 의미 있습니다. 예를 들어 한 구절에서 점수가 0.9인 답이 다른 구절에서 0.8을 얻은 답보다 반드시 더 좋지는 않습니다. FARM에서는 로짓을 정규화하지 않아 구절 간의 답변이 더 쉽게 비교됩니다.
- TransformersReader는 이따금 같은 답을 다른 점수로 두 번 예측합니다. 가령 문맥이 길고 답이 중첩된 윈도에 놓인 경우 그렇습니다. FARM에서는 이런 중복을 제거합니다.

이 장의 후반부에서 리더를 미세 튜닝하기 위해 FARMReader를 사용하겠습니다. 🤗 트랜스포머스와 마찬가지로 모델을 로드하려면 QA 특화된 매개변수와 함께 허깅페이스 허브에 있는

MiniLM 체크포인트를 지정하면 됩니다.

```python
from haystack.reader.farm import FARMReader

model_ckpt = "deepset/minilm-uncased-squad2"
max_seq_length, doc_stride = 384, 128
reader = FARMReader(model_name_or_path=model_ckpt, progress_bar=False,
                    max_seq_len=max_seq_length, doc_stride=doc_stride,
                    return_no_answer=True)
```

> **NOTE_** 🤗 트랜스포머스에서 독해 모델을 직접 미세 튜닝해 추론할 때는 **TransformersReader**에 로드하는 방법도 있습니다. 미세 튜닝 방법에 대한 자세한 내용은 허깅페이스 문서(**https://oreil.ly/VkhIQ**)의 질문 답변 튜토리얼을 참고하세요.

FARMReader에서 슬라이딩 윈도의 동작은 토크나이저에서 본 것과 같은 **max_seq_length**와 **doc_stride** 매개변수로 제어됩니다. 여기서는 MiniLM 논문에 있는 값을 사용했습니다. 동작을 확인하기 위해 앞의 간단한 예로 리더를 테스트해보죠.

```python
print(reader.predict_on_texts(question=question, texts=[context], top_k=1))
```

```
{'query': 'How much music can this hold?', 'no_ans_gap': 12.648084878921509,
'answers': [{'answer': '6000 hours', 'score': 10.69961929321289, 'probability':
0.3988136053085327, 'context': 'An MP3 is about 1 MB/minute, so about 6000 hours
depending on file size.', 'offset_start': 38, 'offset_end': 48,
'offset_start_in_doc': 38, 'offset_end_in_doc': 48, 'document_id':
'e344757014e804eff50faa3ecf1c9c75'}]}
```

좋습니다. 리더가 기대한 대로 동작하는 것 같습니다. 이제 다음으로 헤이스택 파이프라인 중하나를 사용해 이런 구성 요소를 모두 연결하겠습니다.

모두 합치기

헤이스택은 리트리버, 리더와 그 외 구성 요소를 연결해 사례에 따라 쉽게 커스터마이징 가능한 그래프로 구성하는 **Pipeline** 추상화를 제공합니다. 🤗 트랜스포머스에 있는 파이프라인과 비슷하지만 QA 시스템에 특화된 사전 정의된 파이프라인도 있습니다. 이 경우 답 추출에 관심이 있으므로 매개변수로 하나의 리트리버–리더 쌍을 받는 ExtractiveQAPipeline을 사용하겠습니다.

```
from                      import ExtractiveQAPipeline

pipe = ExtractiveQAPipeline(reader, es_retriever)
```

각 Pipeline은 쿼리가 어떻게 실행되어야 하는지 지정하는 run() 메서드가 있습니다. ExtractiveQAPipeline의 경우 query, top_k_retriever로 추출할 문서 개수, top_k_reader로 문서에서 추출할 답 개수를 전달합니다. 이 경우 아이템 ID에 대한 필터도 지정해야 합니다. 이는 앞서 리트리버에서 한 것처럼 filters 매개변수를 사용해 처리합니다. 아마존 파이어 태블릿에 대한 질문 예를 다시 실행해보죠. 하지만 이번에는 추출된 답을 반환합니다.

```
n_answers = 3
preds = pipe.run(query=query, top_k_retriever=3, top_k_reader=n_answers,
                 filters={"item_id": [item_id], "split":["train"]})

print(f"질문: {preds['query']} \n")
for idx in range(n_answers):
    print(f"답변 {idx+1}: {preds['answers'][idx]['answer']}")
    print(f"해당 리뷰 텍스트:...{preds['answers'][idx]['context']}...")
    print("\n\n")
```

```
질문: Is it good for reading?

답변 1: I mainly use it for book reading
해당 리뷰 텍스트: ... is my third one.  I never thought I would want a fire for I
mainly use it for book reading.  I decided to try the fire for when I travel I
take my la...

답변 2: the larger screen compared to the Kindle makes for easier reading
해당 리뷰 텍스트: ...ght enough that I can hold it to read, but the larger screen
compared to the Kindle makes for easier reading. I love the color, something I
never thou...

답변 3: it is great for reading books when no light is available
```

해당 리뷰 텍스트: ...ecoming addicted to hers! Our son LOVES it and it is great for reading books when no light is available. Amazing sound but I suggest good headphones t...

훌륭합니다. 아마존 제품 리뷰를 위한 엔드-투-엔드 QA 시스템을 만들었습니다! 시작점으로 괜찮지만 둘째와 셋째 답변이 실제 질문이 묻는 내용에 더 가깝습니다. 성능을 더 높이려면 리트리버와 리더의 성능을 정량화할 지표가 필요합니다. 다음 절에서 이에 대해 알아보겠습니다.

7.2 QA 파이프라인 개선하기

최근 많은 QA 연구는 독해 모델을 개선하는 데 집중하지만 사실 먼저 리트리버가 관련된 문서를 찾지 못한다면 리더의 성능이 얼마나 좋은지는 중요하지 않습니다! 특히 리트리버는 전체 QA 시스템 성능의 상한선을 설정하므로 리트리버의 성능을 높이는 것이 중요합니다. 이런 점을 유념하고 리트리버를 평가해 희소와 밀집 표현의 성능을 비교할 수 있는 일반적인 지표를 몇 가지 소개하겠습니다.

7.2.1 리트리버 평가하기

리트리버를 평가하는 일반적인 지표 하나는 추출된 관련 문서의 비율을 측정하는 **재현율**recall입니다. 여기서 '관련'이란 표현은 단순히 답이 텍스트 안에 있는지 없는지를 의미합니다. 따라서 일련의 질문이 주어지면 리트리버가 반환한 최상위 k개 문서에 답이 등장한 횟수를 카운트해 재현율을 계산합니다.

헤이스택에서 리트리버를 평가하는 방법은 두 가지입니다.

- 리트리버가 제공하는 eval() 메서드를 사용합니다. eval()은 오픈 도메인과 클로즈드 도메인 QA에 모두 사용할 수 있습니다. 하지만 각 문서가 하나의 제품과 쌍을 이루어 모든 쿼리에서 제품 ID를 필터링해야 하는 SubjQA 같은 데이터셋에서는 사용하지 못합니다.
- EvalDocuments 클래스와 리트리버를 결합하는 사용자 정의 Pipeline을 만듭니다. 이를 통해 사용자 정의 지표와 쿼리 흐름을 구현합니다.

제품마다 재현율을 평가하고 그 결과를 수집해야 하므로 두 번째 방법을 사용하겠습니다. Pipeline 그래프에 있는 각 노드는 어떤 입력을 받고 run() 메서드로 어떤 출력을 만드는 하나의 클래스를 나타냅니다.

```python
class PipelineNode:
    def __init__(self):
        self.outgoing_edges = 1

    def run(self, **kwargs):
        ...
        return (outputs, "outgoing_edge_name")
```

여기서 kwargs는 그래프에 있는 이전 노드의 출력에 해당합니다. 다음 노드를 위해 출력의 튜플과 노드에서 나가는 에지^{edge}의 이름을 반환하기 위해 run() 메서드 안에서 처리됩니다. 이외에 유일한 요구사항은 노드의 출력 개수를 나타내는 outgoing_edges 속성을 포함하는 것입니다(어떤 조건에 따라 입력을 라우팅^{routing}하는 브랜치^{branch}가 파이프라인에 없다면, 대부분 outgoing_edges=1입니다).

여기서는 리트리버를 평가할 노드가 필요합니다. 따라서 run() 메서드에서 정답이 있는 문서를 추적하는 EvalDocuments 클래스를 사용하겠습니다. 그다음 리트리버를 표현한 노드 뒤에 평가 노드를 추가해 Pipeline 그래프를 만듭니다.

```python
from haystack.pipeline import Pipeline
from haystack.eval import EvalDocuments

class EvalRetrieverPipeline:
    def __init__(self, retriever):
        self.retriever = retriever
        self.eval_retriever = EvalDocuments()
        pipe = Pipeline()
        pipe.add_node(component=self.retriever, name="ESRetriever",
                      inputs=["Query"])
        pipe.add_node(component=self.eval_retriever, name="EvalRetriever",
```

```
                    inputs=["ESRetriever"])
        self.pipeline = pipe

pipe = EvalRetrieverPipeline(es_retriever)
```

각 노드는 **name** 매개변수와 리스트로 **inputs** 매개변수를 지정합니다. 대개 노드는 출력 에지가 하나입니다. 따라서 그냥 **inputs**에 이전 노드의 이름을 포함시키면 됩니다.

평가 파이프라인을 만들었으니 쿼리와 이에 해당하는 답을 전달해야 합니다. 이를 위해 문서 저장소에 있는 전용 **label** 인덱스에 답을 추가하겠습니다. 헤이스택은 표준 방식으로 답 범위와 메타데이터를 나타내는 **Label** 객체를 제공합니다. **label** 인덱스를 채우기 위해 먼저 테스트 세트에 있는 질문을 순회하면서 답과 추가적인 메타데이터를 추출해 **Label** 객체의 리스트를 만들겠습니다.

```python
from haystack import Label

labels = []
for i, row in dfs["test"].iterrows():
    # 리트리버에서 필터링을 위해 사용하는 메타데이터
    meta = {"item_id": row["title"], "question_id": row["id"]}
    # 답이 있는 질문을 레이블에 추가합니다
    if len(row["answers.text"]):
        for answer in row["answers.text"]:
            label = Label(
                question=row["question"], answer=answer, id=i, origin=row["id"],
                meta=meta, is_correct_answer=True, is_correct_document=True,
                no_answer=False)
            labels.append(label)
    # 답이 없는 질문을 레이블에 추가합니다
    else:
        label = Label(
            question=row["question"], answer="", id=i, origin=row["id"],
            meta=meta, is_correct_answer=True, is_correct_document=True,
            no_answer=True)
        labels.append(label)
```

이 레이블 중 하나를 확인해보죠.

```python
print(labels[0])
```

```
{'id': 'e28f5e62-85e8-41b2-8a34-fbff63b7a466', 'created_at': None, 'updated_at':
None, 'question': 'What is the tonal balance of these headphones?', 'answer': 'I
have been a headphone fanatic for thirty years', 'is_correct_answer': True,
'is_correct_document': True, 'origin': 'd0781d13200014aa25860e44da9d5ea7',
'document_id': None, 'offset_start_in_doc': None, 'no_answer': False,
'model_id': None, 'meta': {'item_id': 'B00001WRSJ', 'question_id':
'd0781d13200014aa25860e44da9d5ea7'}}
```

질문 답변 쌍과 쿼리마다 문서 저장소를 필터링할 수 있는 고유한 질문 ID가 담긴 origin 필드가 있습니다. 또 제품으로 레이블을 필터링하기 위해 meta 필드에 제품 ID를 추가했습니다. 레이블이 준비됐으니 다음처럼 일래스틱서치의 label 인덱스에 저장합니다.

```
document_store.write_labels(labels, index="label")
print(f"""{document_store.get_label_count(index="label")}개의 \
질문 답변 쌍을 로드했습니다.""")
```

358개의 질문 답변 쌍을 로드했습니다.

다음으로 파이프라인에 전달하기 위해 질문 ID와 이에 상응하는 답변을 매핑합니다. 전체 레이블을 얻기 위해 문서 저장소의 get_all_labels_aggregated() 메서드를 사용해 고유 ID를 가진 모든 질문–답변 쌍을 가져오겠습니다. 이 메서드는 MultiLabel 객체의 리스트를 반환합니다. 하지만 이 예제에서는 질문 ID로 필터링하기 때문에 하나의 원소만 반환됩니다. 다음 코드를 실행하면 레이블의 리스트를 만듭니다.

```
labels_agg = document_store.get_all_labels_aggregated(
    index="label",
    open_domain=True,
    aggregate_by_meta=["item_id"]
)
print(len(labels_agg))
```

330

레이블 하나를 살펴보면 질문 하나에 연관된 모든 답이 multiple_answers 필드에 들어 있습니다.

```
print(labels_agg[109])
```

{'question': 'How does the fan work?', 'multiple_answers': ['the fan is really really good', "the fan itself isn't super loud. There is an adjustable dial to change fan speed"], 'is_correct_answer': True, 'is_correct_document': True, 'origin': '5a9b7616541f700f103d21f8ad41bc4b', 'multiple_document_ids': [None, None], 'multiple_offset_start_in_docs': [None, None], 'no_answer': False, 'model_id': None, 'meta': {'item_id': 'B002MU1ZRS'}}

리트리버를 평가할 요소를 모두 갖췄습니다. 이번에는 각 제품에 연관된 질문-답 쌍을 평가 파이프라인에 주입하고 pipe 객체에서 추출이 올바르게 되는지 추적하는 함수를 정의해보죠.

```
def run_pipeline(pipeline, top_k_retriever=10, top_k_reader=4):
    for l in labels_agg:
        _ = pipeline.pipeline.run(
            query=l.question,
            top_k_retriever=top_k_retriever,
            top_k_reader=top_k_reader,
            top_k_eval_documents=top_k_retriever,
            labels=l,
            filters={"item_id": [l.meta["item_id"]], "split": ["test"]})

run_pipeline(pipe, top_k_retriever=3)
print(f"재현율@3: {pipe.eval_retriever.recall:.2f}")
```

```
재현율@3: 0.95
```

성공입니다! 추출한 문서 개수를 위해 top_k_retriever에 특정 값을 지정했습니다. 일반적으로 이 매개변수를 증가시키면 재현율이 향상되지만 리더에 더 많은 문서를 제공하는 대가로 엔드-투-엔드 파이프라인이 느려집니다. 어떤 값을 선택할지 결정할 때 도움이 되도록 몇 개의 k 값을 반복하고 각 k에서 전체 테스트 세트의 재현율을 계산하는 함수를 만들겠습니다.

```
def evaluate_retriever(retriever, topk_values = [1,3,5,10,20]):
    topk_results = {}

    for topk in topk_values:
```

```
        # 파이프라인을 만듭니다
        p = EvalRetrieverPipeline(retriever)
        # 테스트 세트에 있는 질문-답변 쌍을 반복합니다
        run_pipeline(p, top_k_retriever=topk)
        # 재현율을 저장합니다
        topk_results[topk] = {"recall": p.eval_retriever.recall}

    return pd.DataFrame.from_dict(topk_results, orient="index")

es_topk_df = evaluate_retriever(es_retriever)
```

결과를 그래프로 그려 k가 증가함에 따라 재현율이 어떻게 향상되는지 확인하겠습니다.

```
def plot_retriever_eval(dfs, retriever_names):
    fig, ax = plt.subplots()
    for df, retriever_name in zip(dfs, retriever_names):
        df.plot(y="recall", ax=ax, label=retriever_name)
    plt.xticks(df.index)
    plt.ylabel("Top-k Recall")
    plt.xlabel("k")
    plt.show()

plot_retriever_eval([es_topk_df], ["BM25"])
```

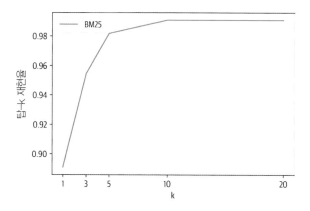

그래프를 보면 k=5에서 변곡점이 있고 k=10부터 거의 완벽한 재현율을 달성합니다. 그럼 이제 밀집 벡터 기법으로 추출한 문서를 확인해보죠.

DPR

희소 리트리버는 k=10개 문서를 반환할 때 거의 완벽한 재현율을 달성했습니다. 하지만 k 값이 그보다 작을 때 성능을 높일 방법이 있을까요? 이렇게 하면 더 적은 개수의 문서를 리더로 보내 QA 파이프라인의 전체적인 레이턴시를 줄인다는 이점이 생깁니다. BM25 같은 희소 리트리버의 주요 단점은 사용자 쿼리의 단어가 리뷰에 들어있지 않으면 연관된 문서를 검색하지 못할 수 있다는 것입니다. 한 가지 희망적인 대안은 밀집 임베딩을 사용해 질문과 문서를 표현하는 것입니다. DPR^Dense Passage Retrieval이라 불리는 구조가 현재 최고의 성능을 달성합니다.[14] DPR은 두 개의 BERT 모델을 사용해 질문과 구절을 인코딩한다는 개념에 기반합니다. [그림 7-10]처럼 이런 인코더는 입력 텍스트를 [CLS] 토큰의 d차원 벡터 표현으로 매핑합니다.

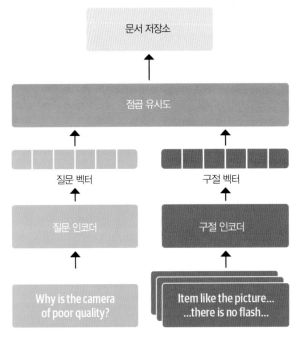

그림 7-10 문서와 쿼리의 관련성을 계산하기 위한 DPR의 이중 인코더 구조

헤이스택에서 DPR을 위한 리트리버를 만드는 방법은 BM25 방법과 비슷합니다. 문서 저장소를 지정하고, 질문과 구절을 위한 BERT 인코더를 선택합니다. 선택한 인코더에 관련된 구절

---

14 V. Karpukhin et al., "Dense Passage Retrieval for Open-Domain Question Answering" (https://arxiv.org/abs/2004.04906), (2020).

(양성)과 무관한 구절(음성)을 질문과 함께 주입해 훈련합니다. 연관된 질문-구절 쌍이 높은 유사도를 가지도록 학습하는 것이 목표입니다. 이 예제에서는 NQ 말뭉치에서 미세 튜닝한 인코더를 사용하겠습니다.

```python
from haystack.retriever.dense import DensePassageRetriever

dpr_retriever = DensePassageRetriever(document_store=document_store,
    query_embedding_model="facebook/dpr-question_encoder-single-nq-base",
    passage_embedding_model="facebook/dpr-ctx_encoder-single-nq-base",
    embed_title=False)
```

제품으로 필터링하므로 문서 제목(즉, `item_id`)을 연결해 추가 정보를 얻지 못하기 때문에 `embed_title=False`로 지정했습니다. 밀집 리트리버를 초기화한 후 다음 단계로 일래스틱서치에 인덱스된 문서를 모두 순회하면서 인코더를 적용해 임베딩 표현을 업데이트합니다.

```python
document_store.update_embeddings(retriever=dpr_retriever)
```

이제 모두 준비됐습니다! BM25와 같은 방식으로 밀집 리트리버를 평가하고 탑-k 재현율을 비교하겠습니다.

```python
dpr_topk_df = evaluate_retriever(dpr_retriever)
plot_retriever_eval([es_topk_df, dpr_topk_df], ["BM25", "DPR"])
```

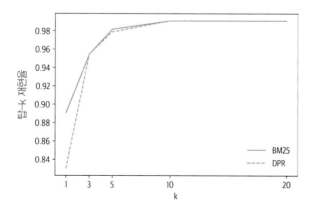

그래프를 보면 DPR은 재현율이 BM25보다 높지 않으며 k=3 근방에서 같아집니다.

TIP 페이스북의 FAISS 라이브러리(https://oreil.ly/1E8Z0)를 문서 저장소로 사용하면 임베딩의 유사도 검색 속도가 높아집니다. 비슷하게 대상 도메인에서 미세 튜닝을 해도 DPR 리트리버의 성능이 향상됩니다. DPR을 미세 튜닝하는 방법을 알고 싶다면 헤이스택 튜토리얼(https://oreil.ly/eXyro)을 참고하세요.

지금까지 리트리버 평가에 대해 알아보았으니 리더 평가로 넘어가겠습니다.

7.2.2 리더 평가하기

추출적 QA에서 리더를 평가하는 주요 지표는 두 가지입니다.

EM^{Exact Match}

예측과 정답에 있는 문자가 정확히 일치하면 EM = 1이고 그렇지 않으면 EM = 0인 이진 지표입니다. 답이 없다고 예상되면 텍스트를 전혀 예측하지 못하는 것처럼 모델은 EM = 0을 받습니다.

F_1-점수

정밀도와 재현율의 조화 평균을 측정합니다.

FARM에서 헬퍼 함수를 임포트하고 간단한 샘플에 적용해 이런 지표의 작동 방식을 알아보겠습니다.

```python
from farm.evaluation.squad_evaluation import compute_f1, compute_exact

pred = "about 6000 hours"
label = "6000 hours"
print(f"EM: {compute_exact(label, pred)}")
print(f"F1: {compute_f1(label, pred)}")
```

```
EM: 0
F1: 0.8
```

내부적으로 이 함수들은 구두점 삭제, 공백 수정, 소문자 변환을 적용해 먼저 예측과 레이블을 정규화합니다. 그다음 정규화된 문자열을 BoW로 토큰화합니다. 마지막으로 토큰 수준에서 측정 지표를 계산합니다. 앞의 간단한 샘플을 통해 EM이 F_1-점수보다 훨씬 더 엄격한 지표임을 확인했습니다. 예측에 토큰이 하나라도 더 추가되면 EM은 0이 됩니다. 반면 F_1-점수는 잘못된 답을 잡아내지 못하는 경우도 있습니다. 예를 들어 예측한 답이 'about 6000 dollars(6000달러 정도)'일 경우 다음과 같은 결과가 나옵니다.

```
pred = "about 6000 dollars"
print(f"EM: {compute_exact(label, pred)}")
print(f"F1: {compute_f1(label, pred)}")
```

```
EM: 0
F1: 0.4
```

F_1-점수에만 의존하면 결과가 왜곡될 가능성이 존재합니다. 따라서 두 지표를 모두 참고해 모델 성능의 과소평가(EM)와 과대평가(F_1-점수) 사이에서 균형을 잡는 게 좋은 전략입니다.

보통 질문에는 유효한 답이 여러 개 있습니다. 따라서 평가 세트에 있는 각각의 질문-답 쌍에 대해 이런 지표를 계산하고 가능한 답 중에서 가장 좋은 점수를 선택합니다. 그다음 각각의 질문-답 쌍의 개별 점수를 평균해 모델의 전체적인 EM과 F_1-점수를 구합니다.

리더를 평가하기 위해 노드가 두 개(리더 노드와 리더를 평가할 노드)인 새로운 파이프라인을 만들어야 합니다. 리더의 예측을 받아 EM과 F_1-점수를 계산하는 **EvalAnswers** 클래스를 사용하겠습니다. SQuAD 평가와 비교하기 위해 **EvalAnswers**에 저장된 **top_1_em**과 **top_1_f1** 점수로 쿼리마다 최상의 답을 선택하겠습니다.

```
from haystack.eval import EvalAnswers

def evaluate_reader(reader):
    score_keys = ['top_1_em', 'top_1_f1']
    eval_reader = EvalAnswers(skip_incorrect_retrieval=False)
    pipe = Pipeline()
    pipe.add_node(component=reader, name="QAReader", inputs=["Query"])
    pipe.add_node(component=eval_reader, name="EvalReader", inputs=["QAReader"])
```

```
for l in labels_agg:
    doc = document_store.query(l.question,
                                   filters={"question_id":[l.origin]})
    _ = pipe.run(query=l.question, documents=doc, labels=l)

return {k:v for k,v in eval_reader.__dict__.items() if k in score_keys}

reader_eval = {}
reader_eval["Fine-tune on SQuAD"] = evaluate_reader(reader)
```

skip_incorrect_retrieval=False로 지정한 것을 눈여겨보세요. (SQuAD 평가에서처럼) 리트리버가 항상 리더에 문맥을 전달하도록 만듭니다. 이제 모든 질문에서 리더를 실행했으니 점수를 출력해보죠.

```
def plot_reader_eval(reader_eval):
    fig, ax = plt.subplots()
    df = pd.DataFrame.from_dict(reader_eval)
    df.plot(kind="bar", ylabel="Score", rot=0, ax=ax)
    ax.set_xticklabels(["EM", "F1"])
    plt.legend(loc='upper left')
    plt.show()

plot_reader_eval(reader_eval)
```

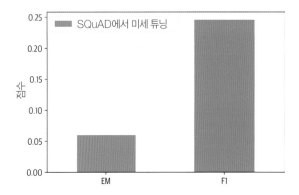

MiniLM이 EM 점수 76.1, F_1-점수 79.5인 SQuAD 2.0보다 SubjQA에서 모델의 성능이 크게 떨어지는 것 같습니다. 성능이 저하된 이유 하나는 고객 리뷰가 SQuAD 2.0 데이터셋을 만드는 데 사용한 위키피디아 항목 본문과 크게 다르고 리뷰가 자유로운 형식으로 쓰였기 때문입

니다. 또 다른 이유는 위키피디아에 있는 사실 정보와 달리, 데이터셋의 질문과 답에는 주관성이 내재됐기 때문입니다. 도메인 적응으로 모델을 SubjQA에서 미세 튜닝하면 더 나은 결과가 나오는지 알아보죠.

7.2.3 도메인 적응

SQuAD에서 미세 튜닝한 모델은 대개 다른 도메인에 잘 일반화되지만, SubjQA에서 모델의 EM과 F_1-점수는 SQuAD보다 훨씬 더 나쁩니다. 이런 일반화 실패는 다른 추출적 QA 데이터셋에서도 관찰했는데, 이는 트랜스포머 모델이 SQuAD 데이터셋에 과대적합된 증거로 생각됩니다.[15] 리더의 성능을 가장 쉽게 향상하는 방법은 MiniLM 모델을 SubjQA 훈련 세트에서 미세 튜닝하는 것입니다. 이를 위해 FARMReader는 train() 메서드를 제공합니다. 이 메서드는 SQuAD JSON 포맷으로 데이터를 입력받습니다. 이 포맷은 [그림 7-11]에서 보듯 아이템마다 질문-답 쌍을 모두 합친 것입니다.

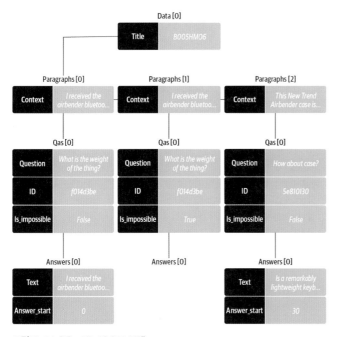

그림 7-11 SQuAD JSON 포맷

---

15 D. Yogatama et al., "Learning and Evaluating General Linguistic Intelligence" (https://arxiv.org/abs/1901.11373), (2019).

데이터 포맷이 매우 복잡하니 판다스를 사용해 변환하겠습니다. 먼저 각 제품 ID에 연관된 paragraphs 배열을 만드는 함수를 구현합니다. 이 배열의 원소는 하나의 문맥(즉, 리뷰)과 질문-답 쌍의 배열인 qas를 담고 있습니다. paragraphs 배열을 만드는 함수는 다음과 같습니다.

```python
def create_paragraphs(df):
    paragraphs = []
    id2context = dict(zip(df["review_id"], df["context"]))
    for review_id, review in id2context.items():
        qas = []
        # 특정 문맥으로 전체 질문-답 쌍을 필터링합니다.
        review_df = df.query(f"review_id == '{review_id}'")
        id2question = dict(zip(review_df["id"], review_df["question"]))
        # qas 배열을 만듭니다.
        for qid, question in id2question.items():
            # 하나의 질문 ID에 대해 필터링합니다.
            question_df = df.query(f"id == '{qid}'").to_dict(orient="list")
            ans_start_idxs = question_df["answers.answer_start"][0].tolist()
            ans_text = question_df["answers.text"][0].tolist()
            # 답변 가능한 질문을 추가합니다.
            if len(ans_start_idxs):
                answers = [
                    {"text": text, "answer_start": answer_start}
                    for text, answer_start in zip(ans_text, ans_start_idxs)]
                is_impossible = False
            else:
                answers = []
                is_impossible = True
            # 질문-답 쌍을 qas에 추가합니다.
            qas.append({"question": question, "id": qid,
                        "is_impossible": is_impossible, "answers": answers})
        # 문맥과 질문-답 쌍을 paragraphs에 추가합니다.
        paragraphs.append({"qas": qas, "context": review})
    return paragraphs
```

하나의 제품 ID에 연관된 **DataFrame**의 열을 전달해 SQuAD 포맷을 만듭니다.

```python
product = dfs["train"].query("title == 'B00001P4ZH'")
create_paragraphs(product)
```

```
[{'qas': [{'question': 'How is the bass?',
    'id': '2543d296da9766d8d17d040ecc781699',
    'is_impossible': True,
    'answers': []}],
  'context': 'I have had Koss headphones ...',
    'id': 'd476830bf9282e2b9033e2bb44bbb995',
    'is_impossible': False,
    'answers': [{'text': 'Bass is weak as expected', 'answer_start': 1302},
     {'text': 'Bass is weak as expected, even with EQ adjusted up',
       'answer_start': 1302}]}],
  'context': 'To anyone who hasn\'t tried all ...'},
 {'qas': [{'question': 'How is the bass?',
    'id': '455575557886d6dfeea5aa19577e5de4',
    'is_impossible': False,
    'answers': [{'text': 'The only fault in the sound is the bass',
       'answer_start': 650}]}],
  'context': "I have had many sub-$100 headphones ..."}]
```

마지막으로 이 함수를 각 분할의 DataFrame에 있는 모든 제품 ID에 적용합니다. 다음 convert_to_squad 함수는 이 과정을 수행하고 그 결과를 electronics-{split}.json 파일에 저장합니다.

```python
import json

def convert_to_squad(dfs):
    for split, df in dfs.items():
        subjqa_data = {}
        # 각 제품 ID에 대해 `paragraphs`를 만듭니다
        groups = (df.groupby("title").apply(create_paragraphs)
            .to_frame(name="paragraphs").reset_index())
        subjqa_data["data"] = groups.to_dict(orient="records")
        # 결과를 디스크에 저장합니다
        with open(f"electronics-{split}.json", "w+", encoding="utf-8") as f:
            json.dump(subjqa_data, f)

convert_to_squad(dfs)
```

이제 적절한 포맷으로 분할 세트를 준비했으니, 훈련과 개발 분할의 위치와 미세 튜닝한 모델을 저장할 위치를 지정해 리더를 미세 튜닝해보죠.

```
train_filename = "electronics-train.json"
dev_filename = "electronics-validation.json"

reader.train(data_dir=".", use_gpu=True, n_epochs=1, batch_size=16,
             train_filename=train_filename, dev_filename=dev_filename)
```

미세 튜닝된 리더의 테스트 세트 성능을 기준 모델과 비교해보겠습니다.

```
reader_eval["Fine-tune on SQuAD + SubjQA"] = evaluate_reader(reader)
plot_reader_eval(reader_eval)
```

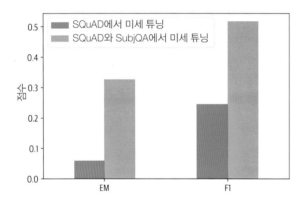

와우, 도메인 적응을 수행하니 EM 점수가 여섯 배 좋아졌고 F_1-점수는 두 배 향상됐습니다. 지금쯤 사전 훈련된 언어 모델을 바로 SubjQA 훈련 세트에 미세 튜닝하지 않는 이유가 궁금할지 모르겠습니다. 한 가지 이유는 SubjQA에는 훈련 샘플이 1,295개뿐이고 SQuAD에는 샘플이 100,000개 이상 있기 때문입니다. 따라서 과대적합이 발생할 위험이 있습니다. 그럼에도 순진하게 미세 튜닝한 결과를 알아보겠습니다. 공정한 비교를 위해 SQuAD에서 기준 모델을 미세 튜닝할 때 사용한 언어 모델을 그대로 사용합니다. 이전처럼 **FARMReader**로 모델을 로드합니다.

```
minilm_ckpt = "microsoft/MiniLM-L12-H384-uncased"
minilm_reader = FARMReader(model_name_or_path=minilm_ckpt, progress_bar=False,
                           max_seq_len=max_seq_length, doc_stride=doc_stride,
                           return_no_answer=True)
```

한 에포크 동안 미세 튜닝합니다.

```
minilm_reader.train(data_dir=".", use_gpu=True, n_epochs=1, batch_size=16,
        train_filename=train_filename, dev_filename=dev_filename)
```

테스트 세트에서 평가해 이전 결과와 비교해보죠.

```
reader_eval["Fine-tune on SubjQA"] = evaluate_reader(minilm_reader)
plot_reader_eval(reader_eval)
```

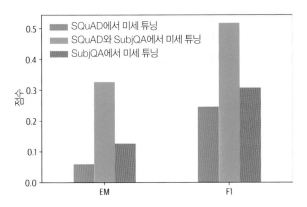

SubjQA에서 바로 미세 튜닝한 언어 모델은 SQuAD와 SubjQA에서 미세 튜닝한 모델보다 성능이 크게 떨어집니다.

> **WARNING_** 작은 데이터셋을 다룰 때 과대적합하기 쉬운 트랜스포머 모델을 평가하려면 교차 검증cross-validation을 사용하는 것이 좋습니다. SQuAD 포맷의 데이터셋으로 교차 검증을 수행하는 방법은 FARM 저장소에 있는 예제(https://oreil.ly/K3nK8)를 참고하세요.

7.2.4 전체 QA 파이프라인 평가하기

리더와 리트리버를 개별적으로 평가하는 방법을 알았으니 이를 연결해 파이프라인의 전체 성능을 평가하겠습니다. 이를 위해 리트리버 파이프라인에 리더와 리더의 평가 노드를 추가하겠습니다. k=10에서 거의 완벽한 재현율을 얻었습니다. 따라서 이 값을 수정해 (SQuAD 스타일의 평가와 달리 쿼리마다 여러 개의 문맥을 받기 때문에) 리더의 성능에 미치는 영향을 평가하겠습니다.

```
# 리트리버 파이프라인을 초기화합니다
pipe = EvalRetrieverPipeline(es_retriever)
# 리더 관련 노드를 추가합니다
eval_reader = EvalAnswers()
pipe.pipeline.add_node(component=reader, name="QAReader",
               inputs=["EvalRetriever"])
pipe.pipeline.add_node(component=eval_reader, name="EvalReader",
               inputs=["QAReader"])
# 평가합니다!
run_pipeline(pipe)
# 리더에서 결과를 추출합니다
reader_eval["QA Pipeline (top-1)"] = {
    k:v for k,v in eval_reader.__dict__.items()
    if k in ["top_1_em", "top_1_f1"]}
```

[그림 7-12]와 같이 리트리버가 반환한 문서에서 정답을 예측하는 모델의 탑-1 EM과 탑-1 F_1-점수를 비교하겠습니다.

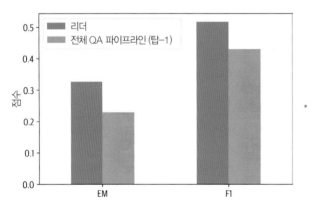

그림 7-12 리더와 전체 QA 파이프라인의 EM과 F_1-점수 비교

이 그래프에서 리트리버가 전체 성능에 미치는 영향을 볼 수 있습니다. SQuAD 스타일의 평가에서와 같이 질문-문맥 쌍을 매칭하는 것에 비해 전체적으로 감소됐습니다. 이 문제는 리더가 예측하는 답변의 개수를 증가시켜 피할 수 있습니다.

지금까지 문맥에서만 답 범위를 추출했습니다. 하지만 보통 답은 문서 전체에 흩어져 있습니다. 이런 때는 모델이 조각을 모아 일관된 하나의 답으로 합성해야 합니다. 이런 작업을 위해 생성적 QA$^{\text{generative QA}}$를 사용하는 방법을 알아보겠습니다.

7.3 추출적 QA를 넘어서

문서에서 텍스트 범위로 답을 추출하는 것의 흥미로운 대안은 사전 훈련된 언어 모델로 답을 생성하는 것입니다. 이런 방법을 종종 추상적 QA$^{\text{abstractive QA}}$ 또는 생성적 QA$^{\text{generative QA}}$라고 합니다. 여러 구절에 흩어진 증거를 합성해 더 나은 문장으로 답을 구성합니다. 추출적 QA보다 더 성숙하진 않지만 빠르게 성장하는 연구 분야이므로 여러분이 이 책을 읽을 즈음이면 업계에 널리 적용되어 있을 가능성이 높습니다!

이 절에서 현재 최고의 성능을 내는 RAG$^{\text{retrieval-augmented generation}}$에 대해 간단히 살펴보겠습니다.[16]

RAG는 이 장에서 살펴본 고전적인 리트리버-리더 구조를 확장합니다. 리더를 제너레이터^{generator}로 바꾸고 리트리버로 DPR을 사용합니다. 제너레이터는 T5나 BART 같은 사전 훈련된 시퀀스-투-시퀀스 트랜스포머입니다. DPR로부터 문서의 잠재 벡터를 받고 쿼리와 문서를 기반으로 답변을 반복적으로 생성합니다. DPR과 제너레이터가 미분 가능하기 때문에 [그림 7-13]과 같이 전체 과정을 엔드-투-엔드로 미세 튜닝할 수 있습니다.

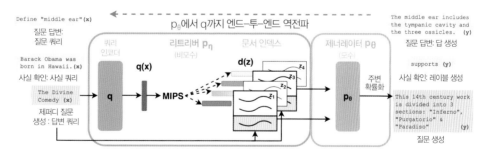

그림 7-13 리트리버와 제너레이터를 엔드-투-엔드로 미세 튜닝하기 위한 RAG 아키텍처(Ethan Perez 제공)

....

16 P. Lewis et al., "Retrieval-Augmented Generation for Knowledge-Intensive NLP Tasks" (https://arxiv.org/abs/2005.11401), (2020).

RAG를 구동하기 위해 앞에서 만든 dpr_retriever를 사용하겠습니다. 따라서 제너레이터만 만들면 됩니다. 이때 선택 가능한 RAG 모델은 두 종류입니다.

RAG-시퀀스

하나의 추출 문서를 사용해 완전한 답을 생성합니다. 특히 리트리버가 반환한 탑-k개 문서를 제너레이터에 주입해 각 문서에서 출력 시퀀스를 만들고 이 결과를 합쳐^{marginalize} 최선의 답을 얻습니다.

RAG-토큰

여러 문서를 사용해 답에 있는 각 토큰을 생성합니다. 제너레이터가 여러 문서에서 단서를 찾아 합성합니다.

RAG-토큰 모델이 RAG-시퀀스보다 성능이 더 좋으니 NQ에서 미세 튜닝한 토큰 모델을 제너레이터로 사용하겠습니다. 헤이스택에서 제너레이터를 초기화하는 것은 리더를 초기화하는 것과 비슷합니다. 하지만 문맥 위를 슬라이딩하는 윈도를 위해 max_seq_length와 doc_stride 매개변수를 지정하는 대신 텍스트 생성을 제어하는 하이퍼파라미터를 지정합니다.

```
from haystack.generator.transformers import RAGenerator

generator = RAGenerator(model_name_or_path="facebook/rag-token-nq",
                        embed_title=False, num_beams=5)
```

num_beams는 빔 서치에 사용할 빔 크기를 지정합니다(텍스트 생성은 5장에서 자세히 다뤘습니다). 말뭉치를 항상 제품 ID로 필터링하기 때문에 DPR 리트리버에서 했던 것처럼 문서 제목을 임베딩하지 않습니다.

다음 작업으로 헤이스택의 GenerativeQAPipeline을 사용해 리트리버와 제너레이터를 연결합니다.

```
from haystack.pipeline import GenerativeQAPipeline

pipe = GenerativeQAPipeline(generator=generator, retriever=dpr_retriever)
```

NOTE_ RAG에서 쿼리 인코더와 제너레이터는 모두 엔드-투-엔드로 훈련됩니다. 반면 문맥 인 코더는 동결합니다. 헤이스택에서 GenerativeQAPipeline은 RAGenerator의 쿼리 인코더와 DensePassageRetriever의 문맥 인코더를 사용합니다.

이전처럼 아마존 파이어 태블릿에 대한 쿼리를 주입해 RAG를 실행하겠습니다. 이를 위해 쿼 리를 받고 최상의 답을 출력하는 간단한 함수를 만들겠습니다.

```
def generate_answers(query, top_k_generator=3):
    preds = pipe.run(query=query, top_k_generator=top_k_generator,
                     top_k_retriever=5, filters={"item_id":["B0074BW614"]})
    print(f"질문: {preds['query']} \n")
    for idx in range(top_k_generator):
        print(f"답변 {idx+1}: {preds['answers'][idx]['answer']}")
```

좋습니다. 이제 테스트할 준비를 마쳤습니다.

```
generate_answers(query)
```

```
질문: Is it good for reading?

답변 1:  the screen is absolutely beautiful
답변 2:  the Screen is absolutely beautiful
답변 3:  Kindle fire
```

이 결과는 나쁜 답은 아니지만 질문의 주관적인 특징이 제너레이터를 혼동시킵니다. 조금 더 사실에 관한 질문을 던져보죠.

```
generate_answers("What is the main drawback?")
```

```
질문: What is the main drawback?

답변 1:  the price
답변 2:  no flash support
답변 3:  the cost
```

훨씬 좋습니다! SubjQA에서 엔드-투-엔드로 RAG를 미세 튜닝하면 더 좋은 결과를 얻습니다. 이는 숙제로 남겨놓겠습니다. 하지만 코드를 살펴보고 싶다면 👻 트랜스포머스 저장소 (https://oreil.ly/oZz4S)에 있는 스크립트를 시작점으로 참고하세요.

7.4 결론

QA를 빠르게 살펴봤습니다. 아마 궁금한 질문이 많을 것입니다. 이 장에서 QA의 두 가지 방법(추출적 QA와 생성적 QA)과 두 가지 검색 알고리즘(BM25와 DPR)을 알아보았습니다. 도메인 적응은 간단한 기법이지만 QA 시스템의 성능을 큰 폭으로 향상시킨다는 점을 확인했습니다. 또 이런 시스템을 평가하기 위해 사용하는 대표적인 지표를 몇 가지 살펴보았습니다. 여기서는 클로즈드 도메인 QA(즉, 전자 제품 도메인 하나)에 초점을 맞춰 살펴봤지만 이 기법은 오픈 도메인 QA로 쉽게 일반화됩니다. 관련 내용을 알고 싶다면 클라우데라 패스트 포워드^{Cloudera Fast Forward}의 훌륭한 QA 시리즈(https://oreil.ly/Fd6lc)를 추천합니다.

QA 시스템을 실전에 성공적으로 배포하기란 어렵습니다. 경험에 비추어보면 먼저 최종 사용자에게 유용한 검색 기능을 제공하고 나중에 추출 구성 요소를 제공하는 것이 많은 도움이 됩니다. 이런 측면에서 볼 때 리더는 온-디맨드^{on-demand} 사용자 쿼리에 답변을 제공하는 기능 외에 새로운 방식으로 사용할 수 있습니다. 예를 들면 그리드 다이나믹스^{Grid Dynamics} (https://oreil.ly/CGLh1)의 연구자들은 리더를 사용해 고객 카탈로그에 설명된 제품의 장단점을 자동으로 추출합니다. 또 'What kind of camera?(어떤 종류의 카메라인가요?)' 같은 쿼리를 생성하여 개체명을 제로샷^{zero-shot} 방식으로 추출하기 위해 리더를 사용했습니다. 아직 초창기인 점과 미묘한 실패 사례를 고려할 때 다른 두 가지 방식을 모두 적용해본 후에 생성적 QA를 살펴보길 권합니다. QA 문제를 해결하기 위한 '요구 계층'은 [그림 7-14]와 같습니다.

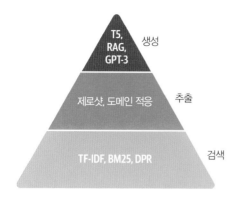

그림 7-14 QA 요구 계층

앞으로는 텍스트, 표, 이미지 같은 여러 형태를 아우르는 **멀티모달 QA**multimodal QA가 흥미로운 연구 분야로 자리잡을 것입니다. MultiModalQA 벤치마크[17]에서 설명했듯, 이 시스템은 'When was the famous painting with two touching fingers completed?(두 손가락이 맞닿는 명화는 언제 완성됐나요?)'와 같이 여러 종류의 정보를 통합하는 복잡한 질문에 답할 수 있습니다. 실용적인 비즈니스 애플리케이션이 가능한 또 다른 영역은 지식 그래프knowledge graph에 대한 QA입니다. 이 그래프의 노드는 실제 세상의 엔티티entitiy에 해당하며 이들의 관계는 에지edge로 정의됩니다. (주어, 술어, 목적어) 쌍으로 사실을 인코딩해 누락된 요소에 대한 질문에 답하기 위해 이 그래프를 사용합니다. 트랜스포머와 지식 그래프를 연결한 예는 헤이스택 튜토리얼(https://oreil.ly/n7lZb)을 참고하세요. 전도 유망한 또 다른 분야는 레이블링되지 않은 데이터나 데이터 증식data augmentation을 사용해 비지도 또는 약 지도 훈련weakly supervised training의 형태로 수행되는 **자동 질문 생성**automatic question generation입니다. PAQProbably Answered Questions 벤치마크와 교차 언어 설정을 위한 합성 데이터 증식에 관한 논문이 최근에 발표된 두 사례입니다.[18]

이 장에서 실전에서 QA 모델을 성공적으로 사용하기 위해 몇 가지 트릭을 적용했습니다. 예를 들면 거의 실시간으로 예측을 만들기 위해 빠른 추출 파이프라인을 구현했습니다. 사전에 선택된 약간의 문서에 QA 모델을 적용하는 것은 제품 환경의 하드웨어에서 여전히 몇 초의 시간이 걸립니다. 별것 아닌 것처럼 들리지만 구글 검색 결과를 몇 초 동안 기다린다면 사용자 경험이

---

17 A. Talmor et al., "MultiModalQA: Complex Question Answering over Text, Tables and Images" (https://arxiv.org/abs/2104.06039), (2021).

18 P. Lewis et al., "PAQ: 65 Million Probably-Asked Questions and What You Can Do with Them" (https://arxiv.org/abs/2102.07033), (2021); A. Riabi et al., "Synthetic Data Augmentation for Zero-Shot Cross-Lingual Question Answering" (https://arxiv.org/abs/2010.12643), (2020).

얼마나 달라질지 상상해보세요. 대기 시간 몇 초가 트랜스포머를 사용한 애플리케이션의 운명을 결정할 수 있습니다. 다음 장에서 모델 예측의 속도를 더 높이는 방법을 살펴보겠습니다.

## CHAPTER 8

효율적인 트랜스포머 구축

다양한 작업에서 트랜스포머를 미세 튜닝해 훌륭한 결과를 얻는 방법을 이전 장들에서 알아봤습니다. 하지만 정확도(또는 최적화하려는 지표)만으로는 충분하지 않을 때가 많습니다. 애플리케이션에 대한 비즈니스 요구사항을 만족시키기에 모델이 너무 느리거나 크다면, 최고 성능의 모델이라도 유용하지 않습니다. 당연히 그 대안은 빠르고 작은 모델을 훈련하는 것입니다. 하지만 모델 용량을 줄이면 종종 성능이 저하됩니다. 그럼 빠르고 작지만 정확도가 높은 모델이 필요할 땐 어떻게 할까요?

이 장에서 예측 속도를 높이고, 트랜스포머 모델의 메모리 사용량을 줄이는 기술 네 가지를 살펴보겠습니다. **지식 정제**knowledge distillation, **양자화**quantization, **가지치기**pruning, ONNX^{Open Neural} Network Exchange 포맷과 ONNX 런타임(ORT)을 사용한 **그래프 최적화**graph optimization입니다. 이런 기술을 연결해 성능을 크게 향상하는 방법도 알아보겠습니다. 로블록스Roblox 엔지니어링 팀은 블로그 포스트 'How We Scaled Bert to Serve 1+ Billion Daily Requests on CPUs' (https://oreil.ly/QdNIk)에서 이런 방법들을 소개했습니다. [그림 8-1]에서 보듯 이 팀은 지식 정제와 양자화를 연결해 레이턴시와 BERT 분류기의 처리 성능을 30배 이상 향상했습니다!

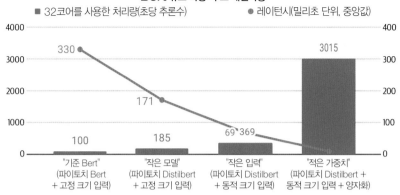

그림 8-1 로블록스가 지식 정제, 동적 패딩, 가중치 양자화를 사용해 BERT의 규모를 확장한 예(로블록스 직원인 Quoc N. Le와 Kip Kaehler 제공)

각 기술의 장점과 단점을 이해하기 위해 의도 탐지[intent detection] 예제를 들겠습니다. 의도 탐지는 텍스트 기반 어시스턴트[assistant] 시스템에서 중요한 구성 요소이며, 여기서 실시간 대화를 유지하려면 레이턴시가 낮아야 합니다. 이를 통해 사용자 정의 트레이너[trainer]를 만드는 방법, 효율적으로 하이퍼파라미터 검색을 수행하는 방법을 배우겠습니다. 또 🤗 트랜스포머스로 최신 연구를 구현하는 데 필요한 사항을 알아보겠습니다. 그럼 시작해보죠!

8.1 의도 탐지 예제

고객이 상담원과 대화할 필요 없이 계정 잔액을 확인하거나 예약을 하도록 회사의 콜 센터[call center] 전용 텍스트 기반 어시스턴트를 만든다고 상상해보죠. 어시스턴트는 고객의 목적을 이해하기 위해 다양한 자연어 텍스트를 사전에 정의된 일련의 행동이나 의도[intent]로 분류해야 합니다. 예를 들어 고객이 다가오는 여행에 관해 다음 메시지를 보냈다고 해봅시다.

Hey, I'd like to rent a vehicle from Nov 1st to Nov 15th in Paris and I need a 15 passenger van

의도 분류기는 이를 자동으로 Car Rental로 분류하고 행동을 선택해 응답합니다. 이 분류기가 제품 환경에서 안정적으로 수행하려면 예상 범위 밖의 쿼리도 처리해야 합니다. 즉, 고객이 사전에 정의된 의도에 속하지 않은 쿼리를 제공하면 시스템은 대체 응답을 출력해야 합니다. [그림 8-2]의 두 번째 예를 보면, 고객이 (범위 안에 없는) 스포츠에 관한 질문을 하자 텍스트 어시스턴트는 이를 범위 안에 있는 의도로 잘못 분류해 급여일을 알려줍니다. 세 번째 예에서 카테고리에 없는 (일반적으로 별도의 클래스로 레이블링된) 쿼리를 감지하는 훈련을 받은 텍스트 어시스턴트는 고객에게 응답이 가능한 주제를 알려줍니다.

그림 8-2 사람(오른쪽)과 텍스트 기반 어시스턴트(왼쪽)가 개인 금융 정보에 대해 나눈 대화(Stefan Larson 등이 제공)

CLINC150 데이터셋[1]에서 미세 튜닝해 약 94%의 정확도를 달성한 BERT 베이스base 모델을 기준 모델로 사용하겠습니다. 이 데이터셋에는 150개 의도와 은행, 여행 등 10개 분야로 분류된 22,500개 쿼리가 포함됐습니다. 또 범위를 벗어난 쿼리도 1,200개 있습니다. 이런 쿼리는 의도 클래스 oos에 속합니다. 실전에서는 회사 내부 데이터셋도 수집하겠지만, 공개 데이터를 사용하는 것이 빠르게 반복하고 초기 결과를 생성하기에 좋습니다.

1　S. Larson et al., "An Evaluation Dataset for Intent Classification and Out-of-Scope Prediction" (https://arxiv.org/abs/1909.02027), (2019).

허깅페이스 허브에서 미세 튜닝한 모델을 다운로드하고 텍스트 분류 파이프라인에 전달해 시작해보죠.

```
from transformers import pipeline

bert_ckpt = "transformersbook/bert-base-uncased-finetuned-clinc"
pipe = pipeline("text-classification", model=bert_ckpt)
```

파이프라인이 준비됐으니 쿼리를 전달해 모델로부터 예측한 의도와 신뢰도 점수를 얻습니다.

```
query = """Hey, I'd like to rent a vehicle from Nov 1st to Nov 15th in
Paris and I need a 15 passenger van"""
pipe(query)
```

```
[{'label': 'car_rental', 'score': 0.549003541469574}]
```

좋네요. 쿼리의 의도가 car_rental인 깃 같습니다. 이제 기준 모델의 싱능을 평가할 벤치마크 클래스를 만들어보죠.

8.2 벤치마크 클래스 만들기

여느 머신러닝 모델과 마찬가지로, 트랜스포머를 제품 환경에 배포하려면 여러 가지 제약 조건을 절충해야 합니다. 대표적인 조건은 다음과 같습니다.[2]

모델 성능

제품 환경의 데이터를 반영하는 잘 준비된 테스트 세트에서 모델은 얼마나 잘 작동할까요? 모델 성능은 특히 오류가 발생했을 때 손실 비용이 큰 상황(또는 오류 발생을 줄이기 위해 사람이 참여하는 것이 최선일 때)이나, 수백만 개의 샘플에서 추론을 실행해야 하므로 모델

---

2   에마뉘엘 아메쟁(Emmanuel Ameisen)이 쓴 『머신러닝 파워드 애플리케이션』(한빛미디어, 2021)에 설명됐듯, 비즈니스 또는 제품의 목표를 가장 중요하게 고려해야 합니다. 비즈니스 문제를 해결하지 못한다면, 모델이 얼마나 정확한지는 중요하지 않습니다. 애플리케이션의 중요한 지표가 이미 정의되었다고 가정하고 이 장에서는 모델 지표를 최적화하는 데 초점을 맞추겠습니다.

지표가 조금 향상되면 전체적으로 큰 이득을 얻을 수 있는 상황에서 중요합니다.

레이턴시

모델이 얼마나 빠르게 예측을 만드나요? 레이턴시는 보통 대량의 트래픽을 처리하는 실시간 환경에서 고려합니다. 예를 들면, 스택 오버플로는 웹사이트에서 부적절한 댓글을 빠르게 감지하는 분류기(`https://oreil.ly/cf7QX`)가 필요합니다.

메모리

GPT-2나 T5처럼 파라미터가 십억 개나 돼서 기가바이트 단위의 디스크와 램이 필요한 모델은 어떻게 배포할까요? 메모리는 모바일과 에지 장치에서 특별히 중요한 역할을 수행합니다. 이 환경에서는 모델이 강력한 클라우드 서버에 접속하지 않고 예측을 만들어야 합니다.

이런 제약 조건을 해결하지 못하면 애플리케이션의 사용자 경험에 부정적 영향을 미칩니다. 더 일반적으로는 단 몇 개의 요청을 처리하는 데 고가의 클라우드 서버를 실행해 비용이 증가하기도 합니다. 이런 제약을 다양한 압축 기법으로 최적화하는 방법을 알아보기 위해 먼저 파이프라인과 테스트 세트가 주어지면 성능을 측정하는 간단한 벤치마크 클래스를 만들겠습니다.

```python
class PerformanceBenchmark:
    def __init__(self, pipeline, dataset, optim_type="BERT baseline"):
        self.pipeline = pipeline
        self.dataset = dataset
        self.optim_type = optim_type

    def compute_accuracy(self):
        # 나중에 정의합니다
        pass

    def compute_size(self):
        # 나중에 정의합니다
        pass

    def time_pipeline(self):
        # 나중에 정의합니다
        pass

    def run_benchmark(self):
        metrics = {}
```

```
            metrics[self.optim_type] = self.compute_size()
            metrics[self.optim_type].update(self.time_pipeline())
            metrics[self.optim_type].update(self.compute_accuracy())
            return metrics
```

이 장에서 다룰 여러 가지 최적화 기법의 성능을 추적하기 위해 optim_type 매개변수를 정의했습니다. run_benchmark() 메서드를 사용해 딕셔너리에 optim_type을 키로 모든 지표를 저장합니다.

테스트 세트에서 모델 정확도를 계산하도록 이 클래스를 완성해보죠. 먼저 테스트할 데이터가 필요하므로 기준 모델을 미세 튜닝하는 데 사용한 CLINC150 데이터셋을 다운로드하겠습니다. 다음처럼 🤗 데이터셋으로 허브에서 이 데이터셋을 다운로드합니다.

```
from datasets import load_dataset

clinc = load_dataset("clinc_oos", "plus")
```

여기에서 plus 설정은 범위 밖의 훈련 샘플이 담긴 서브셋을 의미합니다. CLINC150의 각 샘플은 text 열에 있는 쿼리와 이에 상응하는 의도로 구성됐습니다. 테스트 세트를 사용해 모델을 비교할 것이니 테스트 세트의 샘플 하나를 살펴보죠.

```
sample = clinc["test"][42]
sample
```

```
{'intent': 133, 'text': 'transfer $100 from my checking to saving account'}
```

의도는 ID로 제공되지만 features 속성을 사용하면 문자열로 (그리고 반대로도) 쉽게 매핑됩니다.

```
intents = clinc["test"].features["intent"]
intents.int2str(sample["intent"])
```

```
'transfer'
```

CLINC150 데이터셋의 내용을 이해했으니 PerformanceBenchmark의 compute_accuracy()
메서드를 구현해보죠. 이 데이터셋은 의도 클래스 간에 균형이 잡혀 있으니 성능 지표로 정확
도를 사용하겠습니다. 다음처럼 🤗 이밸류에이트로 지표를 로드합니다.

```
import evaluate

accuracy_score = evaluate.load("accuracy")
```

정확도 지표는 정수로 표현된 예측과 참조(즉, 정답 레이블)를 기대합니다. 이를 위해 파이프
라인을 사용해 text 필드에서 예측을 추출하고, intents 객체의 str2int() 메서드를 사용해
각 예측을 해당 ID로 매핑합니다. 다음 코드는 데이터셋의 모든 예측과 레이블을 리스트로 취
합한 후 정확도를 계산해 반환합니다. 이 메서드를 PerformanceBenchmark 클래스에 추가하
겠습니다.

```
def compute_accuracy(self):
    """PerformanceBenchmark.compute_accuracy() 메서드를 오버라이드합니다"""
    preds, labels = [], []
    for example in self.dataset:
        pred = self.pipeline(example["text"])[0]["label"]
        label = example["intent"]
        preds.append(intents.str2int(pred))
        labels.append(label)
    accuracy = accuracy_score.compute(predictions=preds, references=labels)
    print(f"테스트 세트 정확도 - {accuracy['accuracy']:.3f}")
    return accuracy

PerformanceBenchmark.compute_accuracy = compute_accuracy
```

그다음 파이토치의 torch.save() 함수를 사용해 모델을 디스크에 직렬화^{serialization}하고 크기를
계산해보죠. 내부적으로 torch.save()는 파이썬의 pickle 모듈을 사용하며, 모델을 비롯해
텐서, 일반적인 파이썬 객체까지 그 어떤 것도 저장할 수 있습니다. 파이토치에서는 모델을 저
장할 때 state_dict() 메서드를 사용하길 추천합니다. 이 메서드는 모델의 층과 학습 가능한
파라미터(즉, 가중치와 편향)를 매핑하는 파이썬 딕셔너리를 반환합니다. 기준 모델의 state_
dict() 메서드가 반환한 내용을 확인해보죠.

```
list(pipe.model.state_dict().items())[42]
```

```
('bert.encoder.layer.2.attention.self.value.weight',
 tensor([[-1.0526e-02, -3.2215e-02,  2.2097e-02,  ..., -6.0953e-03,
           4.6521e-03,  2.9844e-02],
         [-1.4964e-02, -1.0915e-02,  5.2396e-04,  ...,  3.2047e-05,
          -2.6890e-02, -2.1943e-02],
         [-2.9640e-02, -3.7842e-03, -1.2582e-02,  ..., -1.0917e-02,
           3.1152e-02, -9.7786e-03],
         ...,
         [-1.5116e-02, -3.3226e-02,  4.2063e-02,  ..., -5.2652e-03,
           1.1093e-02,  2.9703e-03],
         [-3.6809e-02,  5.6848e-02, -2.6544e-02,  ..., -4.0114e-02,
           6.7487e-03,  1.0511e-03],
         [-2.4961e-02,  1.4747e-03, -5.4271e-02,  ...,  2.0004e-02,
           2.3981e-02, -4.2880e-02]]))
```

각각의 키/값 쌍이 BERT의 층과 텐서에 해당합니다. 따라서 모델은 다음과 같은 방식으로 저장합니다.

```
torch.save(pipe.model.state_dict(), "model.pt")
```

그다음 파이썬의 **pathlib** 모듈의 **Path.stat()** 함수를 사용해 저장된 파일의 정보를 얻습니다. 특히 **Path("model.pt").stat().st_size**에는 모델 크기가 바이트 단위로 저장됐습니다. 이런 정보를 모두 사용해 **compute_size()** 함수를 만들고 **PerformanceBenchmark** 클래스에 추가하겠습니다.

```
import torch
from pathlib import Path

def compute_size(self):
    """PerformanceBenchmark.compute_size() 메서드를 오버라이드합니다"""
    state_dict = self.pipeline.model.state_dict()
    tmp_path = Path("model.pt")
    torch.save(state_dict, tmp_path)
    # 메가바이트 단위로 크기를 계산합니다
    size_mb = Path(tmp_path).stat().st_size / (1024 * 1024)
```

```
    # 임시 파일을 삭제합니다
    tmp_path.unlink()
    print(f"모델 크기 (MB) - {size_mb:.2f}")
    return {"size_mb": size_mb}

PerformanceBenchmark.compute_size = compute_size
```

마지막으로 쿼리마다 평균적인 레이턴시를 재기 위해 `time_pipeline()` 함수를 구현하겠습니다. 이 애플리케이션에서 레이턴시는 파이프라인에 텍스트 쿼리를 주입하고 모델로부터 예측된 의도가 반환되기까지 걸린 시간을 의미합니다. 파이프라인은 내부적으로 텍스트를 토큰화하지만 이 작업은 예측을 생성하는 것보다 천 배 가량 더 빠릅니다. 따라서 전체적인 레이턴시에 미치는 영향을 무시해도 무방합니다. 코드 실행 시간을 측정하는 간단한 방법은 파이썬의 `time` 모델이 제공하는 `perf_counter()` 함수를 사용하는 것입니다. 이 함수는 `time.time()` 함수보다 더 미세한 수준으로 시간을 측정해 정밀한 결과를 요하는 곳에 적합합니다.

파이프라인에 테스트 쿼리를 전달하고 `perf_counter()`를 사용해 코드 실행의 시작과 끝 시간 차이를 밀리초 단위로 계산하겠습니다.

```
from time import perf_counter

for _ in range(3):
    start_time = perf_counter()
    _ = pipe(query)
    latency = perf_counter() - start_time
    print(f"레이턴시 (ms) - {1000 * latency:.3f}")
```

```
레이턴시 (ms) - 85.367
레이턴시 (ms) - 85.241
레이턴시 (ms) - 87.275
```

결과를 보면 레이턴시 차이가 큽니다. 파이프라인의 1회 실행 시간을 재보면 코드를 실행할 때마다 결과가 달라집니다. 그러므로 파이프라인을 여러 번 실행해 레이턴시를 수집하고 그 결과의 평균과 표준 편차를 계산한 후, 분포를 구해 값이 얼마나 퍼져 있는지 파악하겠습니다. 다음 코드에는 실제 실행을 수행하기 전에 CPU를 워밍업warming up하는 단계가 포함됐습니다.

```python
import numpy as np

def time_pipeline(self, query="What is the pin number for my account?"):
    """PerformanceBenchmark.time_pipeline() 메서드를 오버라이드합니다"""
    latencies = []
    # 워밍업
    for _ in range(10):
        _ = self.pipeline(query)
    # 실행 측정
    for _ in range(100):
        start_time = perf_counter()
        _ = self.pipeline(query)
        latency = perf_counter() - start_time
        latencies.append(latency)
    # 통계 계산
    time_avg_ms = 1000 * np.mean(latencies)
    time_std_ms = 1000 * np.std(latencies)
    print(f"평균 레이턴시 (ms) - {time_avg_ms:.2f} +\- {time_std_ms:.2f}")
    return {"time_avg_ms": time_avg_ms, "time_std_ms": time_std_ms}

PerformanceBenchmark.time_pipeline = time_pipeline
```

간단하게, 동일한 query 값을 사용해 모델을 벤치마킹하겠습니다. 보통 레이턴시는 쿼리 길이
에 따라 달라지므로 제품 환경에서 마주하게 될 쿼리를 사용해 모델을 벤치마킹하는 것이 좋습
니다.

PerformanceBenchmark 클래스를 완성했으니 이제 사용해보죠! BERT 기준 모델로 시작하
겠습니다. 기준 모델의 경우 벤치마크를 수행할 파이프라인과 데이터셋을 전달하면 됩니다. 각
모델의 성능을 추적하기 위해 perf_metrics 딕셔너리에 결과를 저장하겠습니다.

```python
pb = PerformanceBenchmark(pipe, clinc["test"])
perf_metrics = pb.run_benchmark()
```

```
모델 크기 (MB) - 418.16
평균 레이턴시 (ms) - 54.20 +\- 1.91
테스트 세트 정확도 - 0.867
```

기준 점수를 얻었으니 첫 번째 압축 기술로 지식 정제를 살펴보겠습니다.

NOTE_ 평균 레이턴시 값은 사용하는 하드웨어 종류에 따라 달라집니다. 예를 들어, GPU에서 추론을 실행하면 배치 처리가 가능해서 대개는 성능이 좋아집니다. 이 장의 목적상 모델 간의 상대적인 레이턴시 차이가 중요합니다. 최상의 모델을 결정했다면 필요에 따라 적절한 하드웨어를 사용해 레이턴시의 절댓값을 줄일 수 있습니다.

8.3 지식 정제로 모델 크기 줄이기

지식 정제는 범용적인 방법입니다. 작은 스튜던트[student] 모델을 훈련하는 방법으로, 느리고 크지만 성능이 더 높은 티처[teacher]의 동작을 모방하도록 작은 스튜던트[student] 모델을 훈련합니다. 지식 정제는 앙상블 모델을 위해 2006년에 처음 소개됐습니다.[3] 2015년에 발표된 유명한 논문에서[4] 심층 신경망에 이 방법을 일반화해 이미지 분류와 자동 음성 인식에 적용하면서 널리 알려졌습니다.

사전 훈련하는 언어 모델의 파라미터 개수가 꾸준히 증가하는(이 책을 쓸 때 초대형 모델은 파라미터가 1조 개를 넘습니다)[5] 경향을 고려할 때, 지식 정제는 대규모 모델을 압축해 실용적인 애플리케이션 구축에 적합하게 만드는 인기 있는 전략입니다.

8.3.1 미세 튜닝에서의 지식 정제

그럼 훈련하는 동안 지식은 어떻게 '정제'되고 티처에서 스튜던트로 전달될까요? 미세 튜닝 같은 지도 학습 작업에서는 티처의 소프트 확률[soft probability]로 정답 레이블을 보강해서 스튜던트가 학습할 때 부가 정보를 제공하는 것이 주요 아이디어입니다. 예를 들어, BERT 기반 분류기가 여러 개의 의도에 높은 확률을 할당한다면, 이 의도는 특성 공간 안에서 서로 가까이 위치한다는 신호일 가능성이 있습니다. 이런 확률을 모방하도록 스튜던트를 훈련해서 티처가 학습

3 C. Buciluă et al., "Model Compression." Proceedings of the 12th ACM SIGKDD International Conference on Knowledge Discovery and Data Mining (August 2006): 535–541, https://doi.org/10.1145/1150402.1150464.

4 G. Hinton, O. Vinyals, and J. Dean. "Distilling the Knowledge in a Neural Network" (https://arxiv.org/abs/1503.02531), (2015).

5 W. Fedus, B. Zoph, and N. Shazeer. "Switch Transformers: Scaling to Trillion Parameter Models with Simple and Efficient Sparsity" (https://arxiv.org/abs/2101.03961), (2021).

한 '검은 지식^{dark knowledge'6}을 정제합니다. 검은 지식이란 레이블만으로는 얻지 못하는 지식입니다.

수학적으로는 다음과 같이 동작합니다. 입력 시퀀스 x를 티처에 전달해 로짓 벡터 $\mathbf{z}(x) = [z_1(x), ..., z_N(x)]$를 생성합니다. 이 로짓에 소프트맥스 함수를 적용하면 확률로 변환됩니다.

$$\frac{\exp(z_i(x))}{\sum_j \exp(z_i(x))}$$

하지만 많은 경우, 티처가 한 클래스에 높은 확률을 할당해서 나머지 클래스 확률이 0에 가까워지며 이는 우리가 원하는 바가 아닙니다. 이 경우 티처는 정답 레이블 외에 추가 정보를 많이 제공하지 않습니다. 따라서 소프트맥스 함수를 적용하기 전에 온도 하이퍼파라미터 T로 로짓의 스케일을 조정해 확률을 소프트하게 만들어야 합니다.[7]

$$p_i(x) = \frac{\exp(z_i(x)/T)}{\sum_j \exp(z_i(x)/T)}$$

[그림 8-3]에 있듯이 높은 T 값은 클래스에 대해 완만한 확률 분포를 만듭니다. 티처가 각 훈련 샘플로부터 학습한 결정 경계^{decision boundary}에 대한 정보가 더 많이 드러납니다. T=1이면 원래 소프트맥스 함수의 분포가 됩니다.

그림 8-3 원-핫 인코딩 레이블(왼쪽)과 소프트맥스 확률(중간), 온도 파라미터를 적용한 클래스 확률(오른쪽)의 비교

------

6 제프리 힌튼(Geoff Hinton)이 강연(https://oreil.ly/OkHGp)에서 소프트 확률이 티처의 숨겨진 지식을 드러낸다는 관찰을 언급하기 위해 이 용어를 만들었습니다.

7 5장에서 텍스트 생성을 다룰 때도 온도 파라미터를 사용했습니다.

스튜던트도 자신의 소프트 확률 $q_i(x)$을 만들 수 있으므로 쿨백–라이블러$^{\text{Kullback-Leibler}}$ (KL) 발산^{divergence}(https://oreil.ly/8nKQG)을 사용해 두 확률 분포의 차이를 측정합니다.

$$D_{KL}(p,\ q) = \sum_i p_i(x)\ log\ \frac{p_i(x)}{q_i(x)}$$

KL 발산을 사용해 티처의 확률 분포를 스튜던트로 근사할 때 손실되는 양을 계산할 수 있습니다. 이를 통해 지식 정제 손실을 정의합니다.

$$L_{KD} = T^2 D_{KL}$$

여기서 T^2는 소프트 레이블이 생성한 그레이디언트의 크기가 $1/T^2$로 스케일 조정된다는 사실을 고려한 정규화 인자입니다. 분류 작업에서 스튜던트 손실은 정답 레이블의 일반적인 크로스 엔트로피 손실 L_{CE}로 정제 손실을 가중 평균한 것입니다.

$$L_{\text{student}} = \alpha L_{\text{CE}} + (1 - \alpha)\, L_{\text{KD}}$$

여기서 α는 각 손실의 상대적인 강도를 제어하는 하이퍼파라미터입니다. 전 과정을 [그림 8-4]에 나타냈습니다. 추론 시에는 표준 소프트맥스 확률을 얻기 위해 온도를 1로 지정합니다.

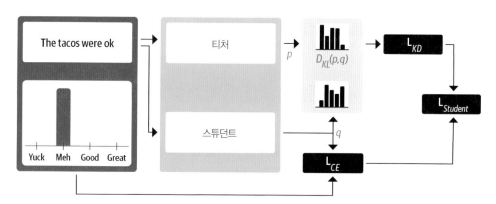

그림 8-4 지식 정제 프로세스

8.3.2 사전 훈련에서의 지식 정제

사전 훈련하는 동안 후속 작업에서 미세 튜닝이 가능한 범용 스튜던트를 만들기 위해 지식 정제를 사용할 수도 있습니다. 이 경우 티처는 마스크드 언어 모델링의 지식을 스튜던트에 전달하는 BERT 같은 사전 훈련된 언어 모델입니다. 예를 들면 DistilBERT 논문[8]에서 마스크드 언어 모델링 손실 L_{mlm}은 지식 정제 항과 티처와 스튜던트 간의 은닉 상태 벡터의 방향을 정렬하기 위해 코사인 임베딩 손실 $L_{\cos} = 1 - \cos(h_s,\ h_t)$로 보강됩니다.

$$L_{\text{DistilBERT}} = \alpha L_{mlm} + \beta L_{KD} + \gamma L_{cos}$$

이미 미세 튜닝된 BERT 기반 모델이 있으므로, 지식 정제를 사용해 더 작고 빠른 모델을 미세 튜닝하는 방법을 알아보겠습니다. 이를 위해 크로스 엔트로피 손실에 L_{KD} 항을 추가해야 합니다. 다행히 사용자 정의 트레이너를 만들어 추가하는 방법이 있습니다!

8.3.3 지식 정제 트레이너 만들기

지식 정제를 구현하기 위해 Trainer 클래스에 몇 가지를 추가해야 합니다.

- 새로운 하이퍼파라미터 α 와 T입니다. α 는 정제 손실의 상대적인 가중치를 제어합니다. T 는 레이블의 확률 분포를 얼마나 완만하게 만들지 조절합니다.
- 미세 튜닝한 티처 모델. 여기서는 BERT 베이스입니다.
- 크로스 엔트로피와 지식 정제 손실을 연결한 새로운 손실 함수

새로운 하이퍼파라미터를 추가하는 법은 매우 간단합니다. TrainingArguments 클래스를 상속해 새로운 속성을 추가하면 됩니다.

```
from transformers import TrainingArguments

class DistillationTrainingArguments(TrainingArguments):
    def __init__(self, *args, alpha=0.5, temperature=2.0, **kwargs):
        super().__init__(*args, **kwargs)
        self.alpha = alpha
        self.temperature = temperature
```

---

8 V. Sanh et al., "DistilBERT, a Distilled Version of BERT: Smaller, Faster, Cheaper and Lighter" (https://arxiv.org/abs/1910.01108), (2019).

트레이너 자체적으로는 새로운 손실 함수가 필요합니다. Trainer 클래스를 상속하고 지식 정세 손실 항 L_{KD}을 추가하기 위해 compute_loss() 메서드를 오버라이딩하면 구현 가능합니다.

```python
import torch.nn as nn
import torch.nn.functional as F
from transformers import Trainer

class DistillationTrainer(Trainer):
    def __init__(self, *args, teacher_model=None, **kwargs):
        super().__init__(*args, **kwargs)
        self.teacher_model = teacher_model

    def compute_loss(self, model, inputs, return_outputs=False):
        device = torch.device("cuda" if torch.cuda.is_available() else "cpu")
        inputs = inputs.to(device)
        outputs_stu = model(**inputs)
        # 스튜던트의 크로스 엔트로피 손실과 로짓을 추출합니다.
        loss_ce = outputs_stu.loss
        logits_stu = outputs_stu.logits
        # 티처의 로짓을 추출합니다.
        with torch.no_grad():
            outputs_tea = self.teacher_model(**inputs)
            logits_tea = outputs_tea.logits
        # 확률을 부드럽게하고 정제 손실을 계산합니다.
        loss_fct = nn.KLDivLoss(reduction="batchmean")
        loss_kd = self.args.temperature ** 2 * loss_fct(
            F.log_softmax(logits_stu / self.args.temperature, dim=-1),
            F.softmax(logits_tea / self.args.temperature, dim=-1))
        # 가중 평균된 스튜던트 손실을 반환합니다
        loss = self.args.alpha * loss_ce + (1. - self.args.alpha) * loss_kd
        return (loss, outputs_stu) if return_outputs else loss
```

이 코드를 조금 자세히 살펴보죠. DistillationTrainer 클래스의 객체를 만들 때 이 작업에서 이미 미세 튜닝된 티처를 teacher_model 매개변수에 전달합니다. 그다음 compute_loss() 메서드에서 스튜던트와 티처의 로짓을 추출하고, 온도로 스케일을 조정하고, 그다음 소프트맥스로 정규화한 후 파이토치 nn.KLDivLoss() 함수에 전달해서 KL 발산을 계산합니다. nn.KLDivLoss()에서 입력은 로그 확률로, 레이블은 일반 확률로 기대한다는 점이 특이합니다. 이 때문에 F.log_softmax()를 사용해 스튜던트 로짓을 정규화하고 티처 로짓은 표준 소프트맥스 함수를 사용해 확률로 변환합니다. `nn.KLDivLoss()`의 `reduction="batchmean"` 매개변수는 배치 차원에서 손실을 평균합니다.

> **TIP** 👻 트랜스포머스 라이브러리의 케라스 **API**로 지식 정제를 수행하는 방법도 있습니다. 그러려면 `tf.keras.Model()`의 `train_step()`, `test_step()`, `compile()` 메서드를 오버라이드하는 사용자 정의 Distiller 클래스를 구현해야 합니다. 자세한 내용은 케라스 문서(`https://oreil.ly/6qp0F`)를 참고하세요.

8.3.4 좋은 스튜던트 선택하기

이제 사용자 정의 트레이너를 만들었으니, 가장 먼저 스튜던트로 사전 훈련된 언어 모델중 어떤 것을 선택해야 할지 궁금할 겁니다. 보통은 레이턴시와 메모리 사용량을 줄이기 위해 스튜던트로 작은 모델을 골라야 합니다. 논문에 사용된 경험 법칙에 의하면 티처와 스튜던트가 동일한 종류의 모델일 때 지식 정제가 잘 동작합니다.[9] 이에 대한 이유 중 하나는 가령 BERT와 RoBERTa처럼 모델 종류가 다를 때 출력 임베딩 공간이 달라서 스튜던트가 티처를 모방하는데 방해가 되기 때문입니다. 여기서는 티처가 BERT이므로 DistilBERT가 자연스럽게 스튜던트 후보가 됩니다. DistilBERT는 파라미터가 40% 더 적고 후속 작업에서 좋은 결과를 낸다고 알려져 있습니다.

먼저 쿼리를 토큰화하고 인코딩합니다. 따라서 DistilBERT의 토크나이저를 초기화하고 간단하게 전처리를 수행할 `tokenize_text()` 함수를 만들겠습니다.

```python
from transformers import AutoTokenizer

student_ckpt = "distilbert-base-uncased"
student_tokenizer = AutoTokenizer.from_pretrained(student_ckpt)

def tokenize_text(batch):
    return student_tokenizer(batch["text"], truncation=True)

clinc_enc = clinc.map(tokenize_text, batched=True, remove_columns=["text"])
clinc_enc = clinc_enc.rename_column("intent", "labels")
```

---

9 Y. Kim and H. Awadalla. "FastFormers: Highly Efficient Transformer Models for Natural Language Understanding" (`https://arxiv.org/abs/2010.13382`), (2020).

text 열은 더 이상 필요하지 않기 때문에 삭제했습니다. 또 트레이너가 자동으로 감지하도록 intent 열을 labels로 바꿨습니다.[10]

텍스트를 처리했으니 다음에는 하이퍼파라미터와 DistillationTrainer 클래스를 위해 compute_metrics() 함수를 정의합니다. 모델을 모두 허깅페이스 허브에 저장할 것이므로 먼저 계정에 로그인합니다.

```
from huggingface_hub import notebook_login

notebook_login()
```

그다음 훈련하는 동안 추적할 성능 지표를 정의합니다. 성능 벤치마크에서 했던 것처럼 정확도를 주요 지표로 사용하겠습니다. DistillationTrainer에 포함될 compute_metrics() 함수에 accuracy_score()를 재사용할 수 있다는 의미입니다.

```
def compute_metrics(pred):
    predictions, labels = pred
    predictions = np.argmax(predictions, axis=1)
    return accuracy_score.compute(predictions=predictions, references=labels)
```

이 함수에서 시퀀스 모델링 헤드가 출력한 예측은 로짓의 형태입니다. 따라서 np.argmax() 함수를 사용해 확률이 가장 높은 클래스를 찾고 정답 레이블과 비교합니다.

그다음 훈련 매개변수를 정의합니다. 처음에는 α=1로 지정해 티처로부터 어떤 신호도 받지 않고 DistilBERT의 성능이 얼마나 나오는지 보겠습니다.[11] 미세 튜닝된 모델을 distilbert-base-uncased-finetuned-clinc 저장소에 업로드하기 위해 DistillationTrainingArguments의 output_dir 매개변수에 이를 지정합니다.

```
batch_size = 48

finetuned_ckpt = "distilbert-base-uncased-finetuned-clinc"
```

---

10 분류 작업에서 미세 튜닝할 때 기본적으로 Trainer는 labels 이름의 열을 찾습니다. TrainingArguments의 label_names 매개변수를 사용해 이 동작을 오버라이드할 수도 있습니다.

11 범용의 정제된 언어 모델을 미세 튜닝하는 이 방식을 이따금 '작업에 종속되지 않는(task-agnostic)' 정제라고 합니다.

```
student_training_args = DistillationTrainingArguments(
    output_dir=finetuned_ckpt, evaluation_strategy = "epoch",
    num_train_epochs=5, learning_rate=2e-5,
    per_device_train_batch_size=batch_size,
    per_device_eval_batch_size=batch_size, alpha=1, weight_decay=0.01,
    push_to_hub=True)
```

에포크 횟수, 가중치 감쇠, 학습률 같은 몇 개의 하이퍼파라미터 기본값을 바꿨습니다. 다음으로 스튜던트 모델을 만듭니다. 트레이너로 여러 번 실행할 것이므로, 실행 시마다 모델을 초기화하는 student_init() 함수를 만들겠습니다. 이 함수를 DistillationTrainer에 전달하면 train() 메서드가 호출될 때마다 새 모델이 만들어집니다.

또 스튜던트 모델에 의도와 레이블 ID의 매핑을 제공해야 합니다. 파이프라인에서 다운로드한 BERT 베이스 모델에서 이런 매핑을 얻습니다.

```
id2label = pipe.model.config.id2label
label2id = pipe.model.config.label2id
```

이 매핑과 함께 3장과 4장에서 본 **AutoConfig** 클래스를 사용해 사용자 정의 모델 설정을 만듭니다. 그럼 레이블 매핑에 관한 정보를 사용해 스튜던트를 위한 설정을 만들어보죠.

```
from transformers import AutoConfig

num_labels = intents.num_classes
student_config = (AutoConfig
                  .from_pretrained(student_ckpt, num_labels=num_labels,
                                   id2label=id2label, label2id=label2id))
```

모델이 기대해야 할 클래스 개수도 지정했습니다. 이 설정을 AutoModelForSequenceClassification 클래스의 from_pretrained() 함수에 전달합니다.

```
import torch
from transformers import AutoModelForSequenceClassification

device = torch.device("cuda" if torch.cuda.is_available() else "cpu")

def student_init():
```

```
    return (AutoModelForSequenceClassification
            .from_pretrained(student_ckpt, config=student_confrig).to(device))
```

이제 정제 트레이너를 위한 요소가 모두 준비됐으니 티처를 로드해 미세 튜닝해보죠.

```
teacher_ckpt = "transformersbook/bert-base-uncased-finetuned-clinc"
teacher_model = (AutoModelForSequenceClassification
                .from_pretrained(teacher_ckpt, num_labels=num_labels)
                .to(device))
distilbert_trainer = DistillationTrainer(model_init=student_init,
    teacher_model=teacher_model, args=student_training_args,
    train_dataset=clinc_enc['train'], eval_dataset=clinc_enc['validation'],
    compute_metrics=compute_metrics, tokenizer=student_tokenizer)

distilbert_trainer.train()
```

Epoch	Training Loss	Validation Loss	Accuracy
1	4.2923	3.289337	0.742258
2	2.6307	1.883680	0.828065
3	1.5483	1.158315	0.896774
4	1.0153	0.861815	0.909355
5	0.7958	0.777289	0.917419

검증 세트에서 달성한 92% 정확도는 BERT 베이스 티처가 달성한 94%와 비교할 때 꽤 좋아 보입니다. DistilBERT를 미세 튜닝했으므로 나중에 재사용할 수 있게 이 모델을 허브에 업로드해보죠.

```
distilbert_trainer.push_to_hub("Training completed!")
```

모델을 허브에 안전하게 저장하고 나면 파이프라인에서 성능 벤치마크를 위해 바로 사용할 수 있습니다.

```
# `transformersbook`을 자신의 허브 사용자 이름으로 바꾸세요.
finetuned_ckpt = "transformersbook/distilbert-base-uncased-finetuned-clinc"
pipe = pipeline("text-classification", model=finetuned_ckpt)
```

이 파이프라인을 PerformanceBenchmark 클래스에 전달해 이 모델에 대한 성능 지표를 계산합니다.

```
optim_type = "DistilBERT"
pb = PerformanceBenchmark(pipe, clinc["test"], optim_type=optim_type)
perf_metrics.update(pb.run_benchmark())
```

```
모델 크기 (MB) - 255.89
평균 레이턴시 (ms) - 27.53 +\- 0.60
테스트 세트 정확도 - 0.858
```

결과를 기준 모델과 비교하기 위해 레이턴시와 정확도를 사용해 산점도를 그려보겠습니다. 각 포인트의 반지름은 디스크에 저장된 모델의 크기에 해당합니다. 다음 함수는 이런 작업을 처리하며, 이전 결과와 쉽게 비교하도록 현재 최적화 방법의 결과를 점선으로 표시합니다.

```
import pandas as pd

def plot_metrics(perf_metrics, current_optim_type):
    df = pd.DataFrame.from_dict(perf_metrics, orient='index')
    for idx in df.index:
        df_opt = df.loc[idx]
        # 현재 최적화 방법을 점선으로 그립니다.
        if idx == current_optim_type:
            plt.scatter(df_opt["time_avg_ms"], df_opt["accuracy"] * 100,
                        alpha=0.5, s=df_opt["size_mb"], label=idx,
                        marker='$\u25CC$')
        else:
            plt.scatter(df_opt["time_avg_ms"], df_opt["accuracy"] * 100,
                        s=df_opt["size_mb"], label=idx, alpha=0.5)

    legend = plt.legend(bbox_to_anchor=(1,1))
    for handle in legend.legend_handles:
        handle.set_sizes([20])

    plt.ylim(80,90)
    # 가장 느린 모델을 사용해 x 축 범위를 정합니다.
    xlim = int(perf_metrics["BERT baseline"]["time_avg_ms"] + 3)
    plt.xlim(1, xlim)
    plt.ylabel("Accuracy (%)")
    plt.xlabel("Average latency (ms)")
```

```
    plt.show()

plot_metrics(perf_metrics, optim_type)
```

그래프를 보면 작은 모델을 사용해 평균 레이턴시를 크게 줄였습니다. 이 모든 것이 정확도를 1% 감소시켜 얻은 결과입니다! 티처의 정제 손실을 추가하고 좋은 α와 T 값을 찾아 그 차이를 줄일 수 있는지 알아보겠습니다.

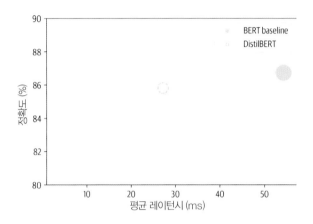

8.3.5 옵투나로 좋은 하이퍼파라미터 찾기

좋은 α와 T 값을 찾기 위해 2D 하이퍼파라미터 공간에서 그리드 서치grid search를 수행할 수 있습니다. 하지만 이런 작업을 위해 설계된 최적화 프레임워크 옵투나Optuna[12]를 사용하는 방법이 더 좋습니다. 옵투나는 검색 문제를 여러 시도를 통해 최적화할 목적 함수로 표현합니다. 예를 들어 최적화 프레임워크를 테스트하기 위한 유명한 로젠브록Rosenbrock의 바나나 함수banana function (https://oreil.ly/hPk8h)를 최소화한다고 가정해보죠.

$$f(x, y) = (1-x)^2 + 100(y-x^2)^2$$

[그림 8-5]에 있는 것처럼 이 함수의 이름은 휘어진 등고선에서 따왔습니다. 이 함수는 $(x, y) = (1, 1)$에서 전역 최솟값을 가집니다. 골짜기 영역을 찾는 것은 쉬운 최적화 문제이지만 전역 최솟값으로 수렴하기는 어렵습니다.

---

12 T. Akiba et al., "Optuna: A Next-Generation Hyperparameter Optimization Framework" (https://arxiv.org/abs/1907.10902), (2019). https://optuna.org/

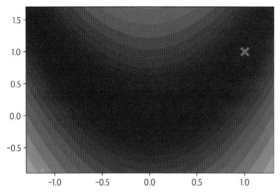

그림 8-5 두 변수를 가진 로젠브록 함수 그래프

옵투나에서는 $f(x, y)$의 값을 반환하는 objective() 함수를 정의해 $f(x, y)$의 최솟값을 찾습니다.

```
def objective(trial):
    x = trial.suggest_float("x", -2, 2)
    y = trial.suggest_float("y", -2, 2)
    return (1 - x) ** 2 + 100 * (y - x ** 2) ** 2
```

trial.suggest_float() 메서드는 균등하게 샘플링할 파라미터 범위를 지정합니다. 옵투나는 정수와 범주형 파라미터를 위해 각각 suggest_int와 suggest_categorical도 제공합니다. 옵투나는 여러 시도를 하나의 **스터디**study로 수집하므로 다음처럼 objective() 함수를 study.optimize() 메서드에 전달합니다.

```
import optuna

study = optuna.create_study()
study.optimize(objective, n_trials=1000)
```

스터디가 완료되면 다음처럼 최상의 파라미터를 얻습니다.

```
study.best_params
```

```
{'x': 1.003024865971437, 'y': 1.00315167589307}
```

1,000번의 시도를 통해 옵투나는 전역 최솟값에 상당히 가까운 x와 y 값을 찾았습니다. 🤗 트랜스포머스에서 옵투나를 사용하기 위해 비슷한 로직을 사용합니다. 먼저 최적화하려는 하이퍼파라미터 공간을 정의합니다. 다음처럼 α와 T 외에 훈련 에포크 횟수를 포함시키겠습니다.

```
def hp_space(trial):
    return {"num_train_epochs": trial.suggest_int("num_train_epochs", 5, 10),
        "alpha": trial.suggest_float("alpha", 0, 1),
        "temperature": trial.suggest_int("temperature", 2, 20)}
```

Trainer로 하이퍼파라미터 검색을 실행하는 법은 매우 간단합니다. 다음처럼 트레이너의 hyperparameter_search() 메서드에 시도 횟수와 최적화 방향을 지정하고 하이퍼파라미터 검색 공간을 전달하면 됩니다.

```
best_run = distilbert_trainer.hyperparameter_search(
    n_trials=20, direction="maximize", hp_space=hp_space)
```

hyperparameter_search() 메서드는 최대화된 목적 함수의 값(기본적으로 모든 지표를 더합니다)과 해당 시도에 사용한 하이퍼파라미터를 담은 BestRun 객체를 반환합니다.

```
print(best_run)
```

```
BestRun(run_id='1', objective=0.927741935483871,
hyperparameters={'num_train_epochs': 10, 'alpha': 0.12468168730193585,
 'temperature': 7})
```

이 α 값은 대부분의 훈련 신호가 지식 정제 항에서 온다는 의미입니다. 훈련 매개변수를 이 값으로 바꾸고 최종 훈련을 실행해보죠.

```
for k,v in best_run.hyperparameters.items():
    setattr(student_training_args, k, v)
```

```
# 정제된 모델을 저장할 새로운 저장소를 정의합니다.
distilled_ckpt = "distilbert-base-uncased-distilled-clinc"
student_training_args.output_dir = distilled_ckpt

# 최적의 매개변수로 새로운 Trainer를 만듭니다.
distil_trainer = DistillationTrainer(model_init=student_init,
    teacher_model=teacher_model, args=student_training_args,
    train_dataset=clinc_enc['train'], eval_dataset=clinc_enc['validation'],
    compute_metrics=compute_metrics, tokenizer=student_tokenizer)

distil_trainer.train()
```

Epoch	Training Loss	Validation Loss	Accuracy
1	0.9031	0.574540	0.736452
2	0.4481	0.285621	0.874839
3	0.2528	0.179766	0.918710
4	0.1760	0.139828	0.929355
5	0.1416	0.121053	0.934839
6	0.1243	0.111640	0.934839
7	0.1133	0.106174	0.937742
8	0.1075	0.103526	0.938710
9	0.1039	0.101432	0.938065
10	0.1018	0.100493	0.939355

놀랍게도 스튜던트의 매개변수 개수는 거의 티처의 절반이지만 티처의 정확도에 버금가는 스튜던트를 훈련할 수 있습니다. 나중을 위해 이 모델을 허브에 업로드하겠습니다.

```
distil_trainer.push_to_hub("Training complete")
```

8.3.6 정제 모델 벤치마크 수행하기

정확도 높은 스튜던트 모델을 만들었으므로, 이제 파이프라인을 만들고 벤치마크를 다시 수행해 테스트 세트에서 성능을 확인하겠습니다.

```
# `transformersbook`을 자신의 허브 사용자 이름으로 바꾸세요.
distilled_ckpt = "transformersbook/distilbert-base-uncased-distilled-clinc"
pipe = pipeline("text-classification", model=distilled_ckpt)
optim_type = "Distillation"
pb = PerformanceBenchmark(pipe, clinc["test"], optim_type=optim_type)
perf_metrics.update(pb.run_benchmark())
```

```
모델 크기 (MB) - 255.89
평균 레이턴시 (ms) - 25.96 +\- 1.63
테스트 세트 정확도 - 0.868
```

이 결과를 이전과 비교하기 위해 plot_metrics() 함수로 시각화해보죠.

```
plot_metrics(perf_metrics, optim_type)
```

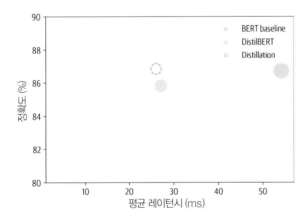

예상대로 모델 크기와 레이턴시는 기본적으로 DistilBERT에 비해 달라지지 않았습니다. 하지만 정확도는 향상됐고 심지어 티처의 성능보다도 더 뛰어납니다! 놀라운 이 결과를 보면 티처가 스튜던트처럼 체계적으로 미세 튜닝되지 않았을 가능성이 있다고 해석할 수 있습니다. 이것도 훌륭하지만 양자화란 기술을 사용하면 이 정제 모델을 더 압축할 수도 있습니다. 다음 절에서 이에 대해 알아보겠습니다.

8.4 양자화로 모델 속도 높이기

지식 정제를 사용해 티처의 정보를 그보다 작은 스튜던트 모델로 전송해서 추론 실행 시 계산 비용과 메모리 사용량을 줄이는 방법을 보았습니다. 그런데 양자화 방식은 다릅니다. 계산량을 줄이는 대신, 가중치와 활성화 출력을 32비트 부동 소수점(FP32)이 아닌 8비트 정수(INT8) 같이 정밀도가 낮은 데이터 타입으로 표현해 계산을 더 효율적으로 수행합니다. 비트 수를 줄이면 모델에 필요한 메모리 양이 줄고, 행렬 곱셈 같은 연산이 정수 계산으로 훨씬 빠르게 수행됩니다. 놀랍게도 이런 성능 향상은 정확도 손실에 미치는 영향이 거의 없습니다!

부동 소수점 숫자 vs 고정 소수점 숫자

오늘날 대부분의 트랜스포머는 (일반적으로 FP32 또는 FP16과 FP32를 혼합해) 부동 소수점 숫자로 사전 훈련되고 미세 튜닝됩니다. 범위가 매우 다른 가중치, 활성화, 그레이디언트를 위해 필요한 정밀도를 제공하기 때문입니다. FP32 같은 부동 소수점 숫자는 부호sign, 지수exponent, 유효숫자significand로 구성된 32개 비트의 시퀀스입니다. 부호는 숫자가 양수인지 음수인지 결정합니다. 유효숫자는 유효한 자릿수에 해당하며 고정된 밑수base(일반적으로 이진수인 경우 2, 십진수의 경우 10)의 지수exponent를 사용해 스케일을 조정합니다.

예를 들어 숫자 137.035를 다음과 같은 산술식을 통해 부동 소수점 숫자로 표현합니다.

$$137.035 = (-1)^0 \times 1.37035 \times 10^2$$

1.37035는 유효숫자이고, 2는 지수, 밑수는 10입니다. 지수를 사용하면 넓은 범위의 실수를 표현할 수 있습니다. 이때 십진수 소수점 또는 이진수 소수점은 유효 자릿수에 비례해 알맞은 위치에 놓습니다(그래서 이름이 부동 소수점입니다).

하지만 모델이 훈련되고 난 이후, 추론을 실행할 때는 정방향 패스만 필요합니다. 따라서 정확도에 지대한 영향을 미치지 않고 데이터 타입의 정밀도를 낮추는 방법을 사용합니다. 신경망에서는 일반적으로 낮은 정밀도 데이터 타입을 위한 고정 소수점 포맷fixed-point format을 사용합니다. 여기서는 동일 타입의 모든 변수에 대해 공통 비율로 스케일이 조정되는 B 비트 정수로 실수를 표현합니다. 예를 들면 137.035는 1/1,000로 스케일이 조정되는 정수 137,035로 표현합니다. 이 스케일링 인자를 조정해서 고정 소수점 숫자의 범위와 정밀도를 제어합니다.

양자화quantization의 기본 아이디어는 부동 소수점 숫자 f를 '이산화discretize'할 수 있다는 것입니다. 원래 범위 $[f_{max}, f_{min}]$에서 고정 소수점 숫자 q로 표현된 작은 범위 $[q_{max}, q_{min}]$으로 매핑하고 모든 값을 이 사이에 선형적으로 분포시킵니다. 이 매핑은 수학적으로 다음 식과 같습니다.

$$f = \left(\frac{f_{max} - f_{min}}{q_{max} - q_{min}} \right)(q - Z) = S(q - Z)$$

여기서 스케일 인자 S는 양의 부동 소수점 숫자입니다. 상수 Z는 q와 타입이 동일하며 부동 소수점 값 $f=0$을 양자화한 값에 해당하기 때문에 **영점**zero point이라 부릅니다. 고정 소수점 숫자를 역양자화해 부동 소수점 숫자로 되돌려야 하므로 이 매핑은 아핀 변환affine transformation입니다.[13] [그림 8-6]에 이 변환을 나타냈습니다.

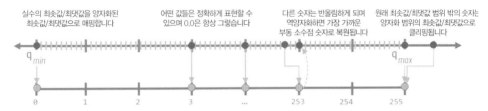

그림 8-6 부동 소수점 숫자를 부호 없는 8비트 정수로 양자화하기(Manas Sahni 제공)

트랜스포머가 (그리고 더 일반적으로는 심층 신경망이) 양자화의 주요 후보인 이유는 가중치와 활성화의 값 범위가 비교적 좁기 때문입니다. FP32 숫자의 전체 범위를 INT8로 표현되는 $2^8 = 256$개 숫자로 압축할 필요가 없다는 의미입니다. 정제 모델의 어텐션 가중치 행렬 중 하나를 선택해 값의 빈도 분포를 그려 확인해보죠.

```
import matplotlib.pyplot as plt

state_dict = pipe.model.state_dict()
weights = state_dict["distilbert.transformer.layer.0.attention.out_lin.weight"]
plt.hist(weights.flatten().numpy(), bins=250, range=(-0.3,0.3), edgecolor="C0")
plt.show()
```

---

13 아핀 변환은 신경망의 선형층에서 익숙하게 보았던 y = Ax + b 매핑의 또 다른 명칭입니다.

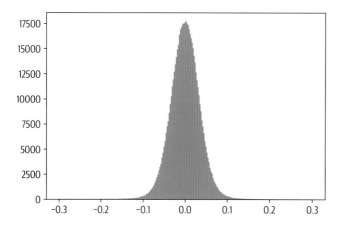

가중치 값이 원점에 가깝고 범위가 좁은 $[-0.1, 0.1]$ 사이에 분포됐습니다. 이 텐서를 부호가 있는 8비트 정수로 압축한다고 해보죠. 이 경우 가능한 정수 범위는 $[q_{max}, q_{min}] = [-128, 127]$ 입니다. 원점은 FP32의 원점과 일치하고 스케일링 인자는 이전 공식으로 계산됩니다.

```
zero_point = 0
scale = (weights.max() - weights.min()) / (127 - (-128))
```

양자화된 텐서를 얻으려면 매핑을 뒤집어 $q = f/S + Z$를 계산하고, 범위 밖의 값을 클리핑하고, 가장 가까운 정수로 반올림하고, Tensor.char() 함수를 사용해 torch.int8 데이터 타입으로 결과를 표현하면 됩니다.

```
(weights / scale + zero_point).clamp(-128, 127).round().char()
```

```
tensor([[ -5,  -8,   0,  ...,  -6,  -4,   8],
        [  8,   3,   1,  ...,  -4,   7,   0],
        [ -9,  -6,   5,  ...,   1,   5,  -3],
        ...,
        [  6,   0,  12,  ...,   0,   6,  -1],
        [  0,  -2, -12,  ...,  12,  -7, -13],
        [-13,  -1, -10,  ...,   8,   2,  -2]], dtype=torch.int8)
```

좋습니다. 처음으로 텐서를 양자화했습니다! 파이토치에서는 quantize_per_tensor() 함수와 정수 산술 연산에 최적화된 양자화 데이터 타입 torch.qint을 사용해 간단하게 변환할 수 있습니다.

```
from torch import quantize_per_tensor

dtype = torch.qint8
quantized_weights = quantize_per_tensor(weights, scale, zero_point, dtype)
quantized_weights.int_repr()
```

```
tensor([[ -5,  -8,   0,  ...,  -6,  -4,   8],
        [  8,   3,   1,  ...,  -4,   7,   0],
        [ -9,  -6,   5,  ...,   1,   5,  -3],
        ...,
        [  6,   0,  12,  ...,   0,   6,  -1],
        [  0,  -2, -12,  ...,  12,  -7, -13],
        [-13,  -1, -10,  ...,   8,   2,  -2]], dtype=torch.int8)
```

[그림 8-7]은 일부는 정확하게 매핑되고 나머지는 반올림해 만들어진 이산화를 명확하게 보여 줍니다.

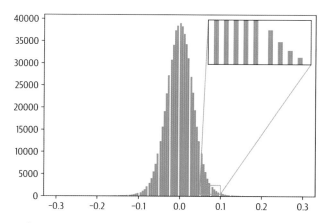

그림 8-7 트랜스포머 가중치에 대한 양자화 효과

FP32와 INT8 값의 가중치 텐서를 사용해 곱셈할 때 걸리는 시간을 비교하면서 이 분석을 마무리하겠습니다. FP32 텐서의 경우 파이토치의 @ 연산자를 사용해 곱셈을 수행합니다.

```
%%timeit
weights @ weights
```

```
393 μs ± 3.84 μs per loop (mean ± std. dev. of 7 runs, 1000 loops each)
```

양자화된 텐서의 경우 torch.qint8 데이터 타입으로 연산을 수행하는 QFunctional 래퍼^{wrap-per} 클래스가 필요합니다.

```
from torch.nn.quantized import QFunctional

q_fn = QFunctional()
```

이 클래스는 덧셈 같은 다양한 기초 연산을 지원합니다. 여기서는 다음처럼 양자화된 텐서의 곱셈 수행 시간을 측정해보겠습니다.

```
%%timeit
q_fn.mul(quantized_weights, quantized_weights)
```

```
23.3 μs ± 298 ns per loop (mean ± std. dev. of 7 runs, 10000 loops each)
```

FP32 계산과 비교하면 INT8 텐서가 거의 100배나 더 빠릅니다! 양자화 연산을 효율적으로 실행하는 전용 백엔드를 사용하면 차이가 더 커집니다. 이 책을 쓰는 시점에 파이토치는 다음과 같은 하드웨어를 지원합니다.

- AVX2 또는 그 이상을 지원하는 x86 CPU
- ARM CPU (모바일과 임베디드 장치에서 일반적으로 사용)

FP32 숫자와 비교하면 INT8 숫자는 사용하는 비트 수가 1/4이므로 양자화는 메모리 저장량도 1/4까지 줄일 수 있습니다. 이 예제의 가중치 텐서와 양자화된 텐서의 저장 크기를 비교해서 확인해보겠습니다. 이를 위해 파이썬 sys 모듈의 getsizeof() 함수와 Tensor.untyped_storage() 함수를 사용합니다.

```
import sys

sys.getsizeof(weights.untyped_storage()) / \
sys.getsizeof(quantized_weights.untyped_storage())
```

3.999633833760527

완전한 규모의 트랜스포머에서 실제 압축 비율은 어떤 층을 양자화했는지에 따라 다릅니다(다음 절에서 보겠지만, 보통 선형 층만 양자화합니다).

그럼 양자화에서 주의할 점은 무엇일까요? 모델에 있는 모든 연산에서 정밀도를 바꾸면 모델의 계산 그래프 각 지점에서 작은 변동이 생기고, 이는 모델 성능에 나쁜 영향을 미칩니다. 모델을 양자화하는 여러 가지 방법은 각기 장단점이 있는데, 심층 신경망에서 일반적으로 사용하는 양자화 방법은 세 가지입니다.

동적 양자화

동적 양자화를 사용할 때는 훈련 도중에 아무것도 바뀌지 않고 추론 과정에만 적용됩니다. 다른 양자화 방법과 마찬가지로 모델 가중치가 추론 전에 INT8로 변환됩니다. 가중치 외에 모델의 활성화도 양자화되는데, 이 양자화가 즉석에서 일어나기 때문에 동적인 방식입니다. 이는 모든 행렬 곱셈이 고도로 최적화된 INT8 함수로 계산된다는 의미입니다. 여기서 언급한 양자화 방법 중 가장 간단합니다. 하지만 동적 양자화에서는 부동 소수점 포맷으로 활성화를 메모리에 쓰고 읽습니다. 따라서 정수와 부동 소수점 간의 변환이 성능 병목이 되는 경우도 있습니다.

정적 양자화

즉석에서 활성화를 양자화하지 않고 양자화 체계scheme를 사전에 계산해 부동 소수점 변환을 피하는 방법입니다. 정적 양자화는 추론에 앞서 대표 샘플 데이터에서 활성화 패턴을 관찰해 이를 수행합니다. 그다음 이상적인 양자화 체계를 계산해 저장합니다. 이렇게 하면 INT8과 FP32 간의 전환을 피하고 계산 속도를 높일 수 있습니다. 하지만 좋은 데이터 샘플을 찾아야 하고 파이프라인에 추가 단계를 도입해야 합니다. 추론을 수행하기 전에 양자화 체계를 훈련하고 결정해야 하기 때문입니다. 정적 양자화가 해결하지 못하는 하나는 훈련과 추론 과정에서 정밀도의 차이로 모델 성능(가령 정확도)이 떨어지는 것입니다.

양자화를 고려한 훈련

가짜로 FP32 값을 양자화해 훈련 중에 양자화의 효과를 시뮬레이션합니다. 훈련할 때 INT8을 사용하는 대신 FP32를 반올림해 양자화 효과를 흉내 냅니다. 정방향 패스와 역방향 패스에서 모두 적용되며 정적 양자화와 동적 양자화를 사용해 모델 성능을 향상합니다.

트랜스포머로 추론을 실행할 때 주요 병목지점은 많은 개수의 모델 가중치에 연관된 계산과 메모리 대역폭입니다. 이런 이유로, 현재 NLP에서 동적 양자화는 트랜스포머 기반 모델에 대한 최상의 선택입니다. 이보다 작은 컴퓨터 비전 모델에서는 활성화에 대한 메모리 대역폭이 제약 요소이므로 정적 양자화를 일반적으로 사용합니다(성능이 매우 크게 떨어지는 경우엔 양자화를 고려한 훈련을 사용합니다).

파이토치에서 동적 양자화는 매우 간단하게 코드 한 줄로 구현됩니다.

```python
from torch.quantization import quantize_dynamic

# `transformersbook`을 자신의 허브 사용자 이름으로 바꾸세요.
model_ckpt = "transformersbook/distilbert-base-uncased-distilled-clinc"
tokenizer = AutoTokenizer.from_pretrained(model_ckpt)
model = (AutoModelForSequenceClassification
        .from_pretrained(model_ckpt).to("cpu"))

model_quantized = quantize_dynamic(model, {nn.Linear}, dtype=torch.qint8)
```

quantize_dynamic()에 완전한 정밀도 모델을 전달하고 이 모델에서 양자화할 파이토치 클래스를 지정합니다. dtype 매개변수는 타깃 정밀도를 나타내며 fp16 또는 qint8로 지정합니다. 평가 지표 측면에서 수용 가능한 가장 낮은 정밀도를 선택하는 편이 좋습니다. 이 장에서는 INT8을 사용하겠습니다. 잠시 후에 보겠지만, 모델 정확도에 미치는 영향이 거의 없습니다.

8.5 양자화된 모델의 벤치마크 수행하기

양자화된 모델을 벤치마크 클래스에 전달하고 결과를 시각화하겠습니다.

```python
pipe = pipeline("text-classification", model=model_quantized,
                tokenizer=tokenizer)
```

```
optim_type = "Distillation + quantization"
pb = PerformanceBenchmark(pipe, clinc["test"], optim_type=optim_type)
perf_metrics.update(pb.run_benchmark())
```

```
모델 크기 (MB) - 132.40
평균 레이턴시 (ms) - 12.54 +\- 0.73
테스트 세트 정확도 - 0.876
```

```
plot_metrics(perf_metrics, optim_type)
```

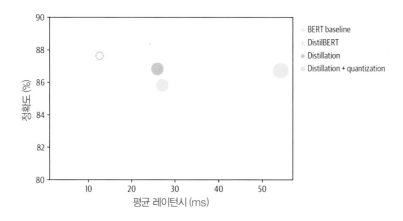

좋습니다. 양자화된 모델의 크기가 정제된 모델의 거의 절반이고 심지어 성능도 약간 향상됐습니다! ONNX 런타임이라는 강력한 프레임워크로 최적화를 한계에 다다를 때까지 밀어붙여 보겠습니다.

8.6 ONNX와 ONNX 런타임으로 추론 최적화하기

ONNX(https://onnx.ai)는 파이토치, 텐서플로를 비롯해 다양한 프레임워크에서 딥러닝 모델을 나타내기 위해 공통 연산자과 공통 파일 포맷을 정의하는 공개 표준입니다.[14] 모델을

---

14 사이킷런(scikit-learn) 같은 프레임워크나 랜덤 포레스트(random forest) 같은 전통적인 머신러닝 모델을 위해 설계된 ONNX-ML 이라는 표준이 별도로 있습니다.

ONNX 포맷으로 내보내면 이런 연산자를 사용해 신경망을 통과하는 데이터 흐름을 표현하기 위해 (**중간 표현**intermediate representation이라고도 부르는) 계산 그래프를 만듭니다. BERT 베이스 모델의 계산 그래프 예가 [그림 8-8]에 나타나있습니다. 여기서 각 노드는 어떤 입력을 받고, Add나 Squeeze 같은 연산을 적용하고, 그다음 출력을 다음 노드로 전달합니다.

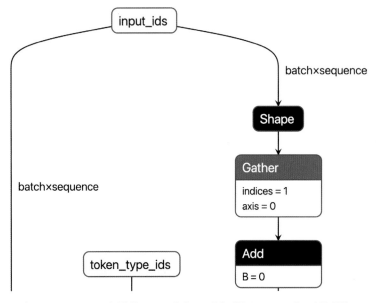

그림 8-8 Netron으로 시각화한 BERT 베이스 모델에 대한 ONNX 그래프의 한 섹션

ONNX는 표준 연산자와 데이터 타입으로 그래프를 표현하기 때문에 프레임워크 간 전환을 쉽게 만듭니다. 예를 들어 파이토치에서 훈련한 모델을 ONNX 포맷으로 내보내고 그다음 텐서플로에서 임포트할 수 있습니다(그 반대도 가능합니다).

ONNX가 진짜 빛날 때는 ONNX 런타임(https://onnxruntime.ai) 또는 짧게 줄여서 ORT 같은 전용 가속기와 함께 사용할 때입니다.[15] ORT는 연산자 융합operator fusion과 상수 폴딩constant folding 같은 ONNX 그래프를 최적화하는 도구를 제공합니다.[16] 그리고 여러 종류의 하드

---

15 인기 있는 그 외 가속기로는 NVIDIA의 TensorRT(https://oreil.ly/HnNZx)와 아파치의 TVM(https://oreil.ly/7KUyt)이 있습니다.

16 융합된 연산은 한 연산자(일반적으로 활성화 함수)를 다른 연산자와 합쳐서 함께 실행합니다. 예를 들어 행렬 곱셈 A × B에 활성화 함수 f를 적용한다고 가정해보죠. 일반적으로 활성화를 계산하기 전에 곱셈의 결과를 GPU 메모리에 다시 저장해야 합니다. 연산자 융합을 사용하면 한 번에 f(A×B)가 계산됩니다. 상수 폴딩은 실행이 아니라 컴파일 시 상수 표현식을 평가하는 과정을 의미합니다.

웨어에서 모델을 실행하도록 **실행 공급자**(execution provider)를 위한 인터페이스를 정의합니다. 이는 강력한 추상화입니다. [그림 8-9]는 ONNX와 ORT 생태계의 고수준 아키텍처입니다.

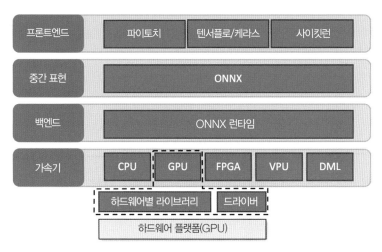

그림 8-9 ONNX와 ONNX 런타임 생태계의 아키텍처(ONNX 런타임 팀 제공)

ORT를 실행하려면 먼저 정제된 모델을 ONNX 포맷으로 변환합니다. 🤗 트랜스포머스 라이브러리는 다음과 같은 단계로 이 과정을 간단하게 처리하는 convert_graph_to_onnx. convert() 내장 함수가 있습니다.

1. 하나의 파이프라인(Pipeline)으로 모델을 초기화합니다.
2. ONNX가 계산 그래프를 기록하도록 플레이스홀더(placeholder) 입력으로 파이프라인을 실행합니다.
3. 동적 시퀀스 길이를 처리하기 위해 동적인 축을 정의합니다.
4. 네트워크 파라미터와 함께 이 그래프를 저장합니다.

이 함수를 사용하기 위해 먼저 ONNX를 위한 OpenMP(https://openmp.org) 환경 변수를 지정합니다.

```
import os
from psutil import cpu_count

os.environ["OMP_NUM_THREADS"] = f"{cpu_count()}"
os.environ["OMP_WAIT_POLICY"] = "ACTIVE"
```

OpenMP는 고도로 병렬화된 애플리케이션을 개발하기 위해 고안된 API입니다. OMP_NUM_ THREADS 환경 변수는 ONNX 런타임에서 병렬 계산에 사용할 스레드 개수를 지정합니다. OMP_WAIT_POLICY=ACTIVE는 대기 스레드를 활성 상태로 지정합니다(즉, CPU 프로세서의 사이클을 사용합니다).

그다음 정제된 모델을 ONNX 포맷으로 변환해보죠. convert()가 변환하는 동안 🤗 트랜스포머스의 pipeline() 함수로 모델을 감싸기 때문에 pipeline_name="text-classification" 매개변수를 지정해야 합니다.

```python
from transformers.convert_graph_to_onnx import convert

# `transformersbook`을 자신의 허브 사용자 이름으로 바꾸세요.
model_ckpt = "transformersbook/distilbert-base-uncased-distilled-clinc"
onnx_model_path = Path("onnx/model.onnx")
convert(framework="pt", model=model_ckpt, tokenizer=tokenizer,
        output=onnx_model_path, opset=12, pipeline_name="text-classification")
```

ONNX는 변경 불가능한 연산 규격을 그룹화하기 위해 연산자 집합operator set을 사용합니다. 따라서 opset=12는 ONNX 라이브러리의 특정 버전에 해당합니다.

모델을 저장했으므로 모델에 입력을 전달하기 위해 InferenceSession 객체를 만듭니다.

```python
from onnxruntime import (GraphOptimizationLevel, InferenceSession,
                         SessionOptions)

def create_model_for_provider(model_path, provider="CPUExecutionProvider"):
    options = SessionOptions()
    options.intra_op_num_threads = 1
    options.graph_optimization_level = GraphOptimizationLevel.ORT_ENABLE_ALL
    session = InferenceSession(str(model_path), options, providers=[provider])
    session.disable_fallback()
    return session
onnx_model = create_model_for_provider(onnx_model_path)
```

이제 onnx_model.run()을 호출해 ONNX 모델에서 클래스 로짓을 얻습니다. 테스트 세트에 있는 샘플을 하나 사용해 테스트해보죠. convert()의 출력은 ONNX가 input_ids와 attention_mask만 입력으로 기대한다는 것을 알려주므로 샘플에 있는 label 열은 삭제합니다.

```
inputs = clinc_enc["test"][:1]
del inputs["labels"]
logits_onnx = onnx_model.run(None, inputs)[0]
logits_onnx.shape
```

```
(1, 151)
```

로짓이 있으면 argmax를 적용해 쉽게 예측 레이블을 얻을 수 있습니다.

```
np.argmax(logits_onnx)
```

```
61
```

출력된 값이 정답 레이블과 같습니다.

```
clinc_enc["test"][0]["labels"]
```

```
61
```

ONNX 모델은 text-classification 파이프라인과 호환되지 않으므로 핵심 동작을 흉내 내는 사용자 정의 클래스를 만들겠습니다.

```
from                    import softmax

class OnnxPipeline:
    def __init__(self, model, tokenizer):
        self.model = model
        self.tokenizer = tokenizer

    def __call__(self, query):
        model_inputs = self.tokenizer(query, return_tensors="pt")
        inputs_onnx = {k: v.cpu().detach().numpy()
                       for k, v in model_inputs.items()}
        logits = self.model.run(None, inputs_onnx)[0][0, :]
```

```
        probs = softmax(logits)
        pred_idx = np.argmax(probs).item()
        return [{"label": intents.int2str(pred_idx), "score": probs[pred_idx]}]
```

그다음 간단한 쿼리로 이 클래스를 테스트해 car_rental 의도가 출력되는지 확인해보죠.

```
pipe = OnnxPipeline(onnx_model, tokenizer)
pipe(query)
```

```
[{'label': 'car_rental', 'score': 0.7848334}]
```

좋습니다. 기대한 대로 파이프라인이 동작합니다. 다음 단계로 ONNX 모델을 위한 성능 벤치마크를 만듭니다. PerformanceBenchmark 클래스에서 했던 작업을 토대로 구축합니다. compute_size() 메서드를 오버라이딩하고 compute_accuracy()와 time_pipeline() 메서드는 그대로 둡니다. 모델 크기를 계산할 때는 state_dict와 torch.save()에 의존하지 못하므로 compute_size() 메서드를 오버라이딩합니다. onnx_model이 기술적으로 파이토치의 nn.Module의 속성에 접근하지 못하는 ONNX InferenceSession 객체이기 때문입니다. 어쨌든 결과적으로 로직은 간단하게 다음처럼 구현됩니다.

```
class OnnxPerformanceBenchmark(PerformanceBenchmark):
    def __init__(self, *args, model_path, **kwargs):
        super().__init__(*args, **kwargs)
        self.model_path = model_path

    def compute_size(self):
        size_mb = Path(self.model_path).stat().st_size / (1024 * 1024)
        print(f"모델 크기 (MB) - {size_mb:.2f}")
        return {"size_mb": size_mb}
```

새로운 벤치마크 클래스를 사용해 정제 모델이 ONNX 포맷으로 변환됐을 때 성능을 확인해보겠습니다.

```
optim_type = "Distillation + ORT"
pb = OnnxPerformanceBenchmark(pipe, clinc["test"], optim_type,
```

```
                              model_path="onnx/model.onnx")
perf_metrics.update(pb.run_benchmark())
```

```
모델 크기 (MB) - 255.88
평균 레이턴시 (ms) - 21.02 +\- 0.55
테스트 세트 정확도 - 0.868
```

```
plot_metrics(perf_metrics, optim_type)
```

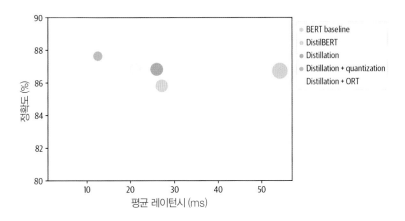

놀랍게도 ONNX 포맷으로 변환하고 ONNX 런타임을 사용하니 정제 모델(그래프에서 'Distillation'으로 표시된 원)의 레이턴시가 향상됐습니다! 여기에 양자화를 추가해 성능을 추가로 올리는 법을 알아보겠습니다.

파이토치와 비슷하게, ORT는 모델을 양자화하기 위해 세 가지 방법을 제공합니다. 동적 양자화, 정적 양자화, 양자화를 고려한 훈련입니다. 파이토치에서 했던 것처럼 정제 모델에 동적 양자화를 적용하겠습니다. ORT에서 양자화는 quantize_dynamic() 함수를 통해 수행합니다. 이 함수에는 양자화할 ONNX 모델 경로, 양자화된 모델을 저장할 타깃 경로, 가중치를 축소할 데이터 타입을 전달합니다.

```
from onnxruntime.quantization import quantize_dynamic, QuantType

model_input = "onnx/model.onnx"
```

```
model_output = "onnx/model.quant.onnx"
quantize_dynamic(model_input, model_output, weight_type=QuantType.QInt8)
```

모델을 양자화했으니 벤치마크를 다시 실행해보죠.

```
onnx_quantized_model = create_model_for_provider(model_output)
pipe = OnnxPipeline(onnx_quantized_model, tokenizer)
optim_type = "Distillation + ORT (quantized)"
pb = OnnxPerformanceBenchmark(pipe, clinc["test"], optim_type,
                              model_path=model_output)
perf_metrics.update(pb.run_benchmark())
```

```
모델 크기 (MB) - 64.20
평균 레이턴시 (ms) - 9.24 +\- 0.29
테스트 세트 정확도 - 0.877
```

```
plot_metrics(perf_metrics, optim_type)
```

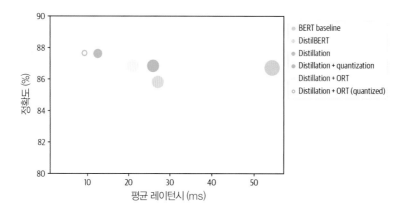

ORT 양자화는 파이토치 양자화로 얻은 모델('Distillation + quantization' 원)에 비해 모델 크기와 레이턴시를 30% 가량 줄였습니다. 파이토치는 nn.Linear 모듈만 최적화하지만 ONNX는 임베딩 층도 양자화하기 때문입니다. 그래프를 보면 정제 모델에 ORT 양자화를 적용해 DistilBERT에 비해 거의 세 배나 빨라졌습니다!

이것으로 트랜스포머의 추론 속도를 높이는 기술에 대한 분석을 마칩니다. 양자화 같은 방법은 표현 정밀도를 낮춰 모델 크기를 줄인다는 것을 알았습니다. 그런데 일부 가중치를 제거해서 크기를 줄이는 전략도 있습니다. 이를 **가중치 가지치기**weight pruning라 하며 다음 절에서 알아보겠습니다.

8.7 가중치 가지치기로 희소한 모델 만들기

앞서 본 대로 지식 정제와 가중치 양자화는 추론 속도가 빠른 모델을 만드는 데 효과적입니다. 하지만 경우에 따라 모델의 메모리 사용량이 강력히 제한될 때도 있습니다. 예를 들어 제품 관리자가 텍스트 기반 어시스턴트를 모바일 장치에 배포하겠다고 돌연히 결정을 내린다면, 의도 분류기가 가능한 작은 공간을 사용해야 합니다. 압축 방법에 대한 조사를 마무리하기 위해 신경망에서 가장 덜 중요한 가중치를 찾아 제거하는 식으로 모델의 파라미터 개수를 줄이는 방법을 알아보겠습니다.

8.7.1 심층 신경망의 희소성

[그림 8-10]에서 보듯, 가지치기의 기본 개념은 훈련하는 동안 가중치 연결을 (그리고 잠재적으로 뉴런을) 점진적으로 제거해 모델을 희소하게 만드는 것입니다. 이렇게 만들어진 가지치기된 모델은 0이 아닌 파라미터의 개수가 더 적어 희소 행렬 포맷으로 저장됩니다. 가지치기는 양자화와 함께 사용하면 추가 압축이 가능합니다.

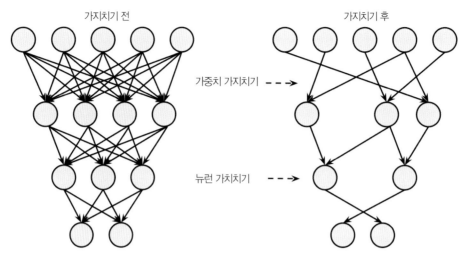

그림 8-10 가지치기 전후의 가중치와 뉴런(Song Han 제공)

8.7.2 가중치 가지치기 방법

수학적으로 대부분의 가중치 가지치기 방법이 동작하는 방식은 **중요도 점수**importance score 행렬 **S**를 계산하고 중요도 순으로 최상위 k%의 가중치를 선택하는 것입니다.

$$\text{Top}_k(\mathbf{S})_{ij} = \begin{cases} 1 & S_{ij} \text{가 최상위 } k\% \text{일 경우} \\ 0 & \text{그 외의 경우} \end{cases}$$

사실상 k는 모델의 희소성 양, 즉 값이 0인 가중치 비율을 제어하는 새로운 하이퍼파라미터 역할을 합니다. k 값이 낮을수록 행렬은 더 희소해집니다. 그다음 이 점수를 사용해 **마스크 행렬**mask matrix **M**을 만듭니다. 이 행렬은 정방향 패스에서 입력 x_i에 곱해지는 가중치 W_{ij}를 마스킹해 희소한 활성화 a_i를 만듭니다.

$$a_i = \sum_j W_{ij} M_{ij} x_j$$

'Optimal Brain Surgeon' 논문[17]에 언급됐듯, 가지치기 방법은 다음과 같은 중요 질문을 고

---

17 B. Hassibi and D. Stork, "Second Order Derivatives for Network Pruning: Optimal Brain Surgeon," Proceedings of the 5th International Conference on Neural Information Processing Systems (November 1992): 164-171.

려해야 합니다.

- 어떤 가중치를 삭제해야 하나요?
- 최상의 성능을 내려면 남은 가중치를 어떻게 조정해야 하나요?
- 이런 가지치기 계산을 효율적으로 수행하는 방법은 뭘까요?

이 질문들에 대한 답을 알면 점수 행렬 $\mathbf{S}$를 계산하는 방법도 이해할 수 있습니다. 초창기 가지치기 방법의 하나이자 가장 인기 있는 절댓값 가지치기[magnitude pruning]로 시작하겠습니다.

절댓값 가지치기

이름 그대로 '절댓값 가지치기'는 가중치 절댓값 크기에 따라 점수 $\mathbf{S} = (|W_{ij}|)_{1 \leq j, j \leq n}$를 계산합니다. 그다음 마스크 $\mathbf{M} = \text{Top}_k(\mathbf{S})$을 만듭니다. 논문에서는 먼저 어떤 가중치가 중요한지 학습하도록 모델을 훈련하고 가장 덜 중요한 가중치를 가지치기하는 식으로 반복적으로 절댓값 가지치기를 적용하는 경우가 일반적입니다.[18] 그다음 원하는 희소성에 도달할 때까지 희소한 모델을 다시 훈련하고 이 과정을 반복합니다.

이 방식의 단점은 계산량이 많다는 것입니다. 가지치기 매 단계마다 모델을 훈련해 수렴시켜야 합니다. 이런 이유로 보통 희소성 초깃값 s_i를 일정 단계 N 후에 최종 값으로 점진적으로 증가시키는 편이 낫습니다.[19]

$$s_t = s_f + (s_i - s_f)\left(1 - \frac{t - t_o}{N\Delta t}\right)^3$$

여기서 $t \in \{t_0, t_0 + \Delta t, ..., t_0 + N\Delta t\}$

이 가지치기의 개념은 매 Δt 스텝마다 이진 마스크 $\mathbf{M}$을 업데이트해 훈련하는 동안 마스킹된 가중치를 다시 활성화하고 가지치기로 인해 발생할지 모를 잠재적인 정확도 손실을 복구하는 것입니다. [그림 8-11]처럼, 세제곱 항은 가중치 가지치기의 속도가 (중복된 가중치가 많은) 초기 단계에 가장 높고 그후 점차 감소한다는 의미입니다.

---

https://papers.nips.cc/paper/1992/hash/303ed4c69846ab36c2904d3ba8573050-Abstract.html.

[18] S. Han et al., "Learning Both Weights and Connections for Efficient Neural Networks" (https://arxiv.org/abs/1506.02626), (2015).

[19] M. Zhu and S. Gupta, "To Prune, or Not to Prune: Exploring the Efficacy of Pruning for Model Compression" (https://arxiv.org/abs/1710.01878), (2017).

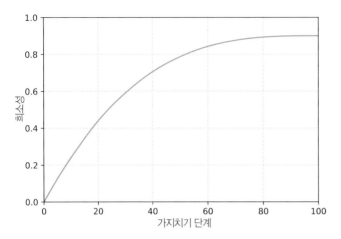

그림 8-11 가지치기에 사용되는 세제곱 희소성 스케줄러

그런데 절댓값 가지치기는 각 가중치의 중요도가 현재 작업과 직접적으로 관련된 순수한 지도 학습을 위해 고안됐다는 문제가 있습니다. 이와 달리 전이 학습에서는 가중치의 중요도가 주로 사전 훈련 단계에서 결정됩니다. 따라서 절댓값 가지치기로 인해 미세 튜닝 작업에서 중요한 가중치가 삭제될 수도 있습니다. 그래서 최근 허깅페이스 연구자들은 이동 가지치기[movement pruning]라는 적응적 방식을 제안했습니다.[20] 이에 대해 알아보겠습니다.

이동 가지치기

이동 가지치기의 기본 개념은 미세 튜닝하는 동안 점진적으로 가중치를 제거해 모델을 점차 희소하게 만드는 것입니다. 이 방식의 새로운 점은 미세 튜닝하는 동안 가중치와 점수가 모두 학습된다는 것입니다. 따라서 이동 가지치기에서는 점수를 가중치에서 바로 구하지 않고 임의적이며 신경망의 다른 파라미터처럼 경사 하강법을 통해 학습합니다. 즉 역방향 패스에서 점수 S_{ij}에 대한 손실 L의 그레이디언트도 추적합니다.

점수를 학습하고 나면 $\mathbf{M} = \text{Top}_k(\mathbf{S})$를 사용해 이진 마스크를 생성하기는 쉽습니다.[21]

이동 가지치기 개념에 의하면, 직관적으로 원점으로부터 가장 크게 이동하는 가중치가 가장 중

---

20 V. Sanh, T. Wolf, and A.M. Rush, "Movement Pruning: Adaptive Sparsity by Fine-Tuning" (https://arxiv.org/abs/2005.07683), (2020).

21 최상위 k%의 가중치를 선택하는 대신 전역 임곗값 τ를 사용해 이진 마스크 $\mathbf{M} = (S > \tau)$를 정의하는 이동 가지치기의 소프트 버전도 있습니다.

요합니다. 다른 말로 하면, 미세 튜닝하는 동안 양의 가중치가 증가합니다(그리고 음의 가중치는 반대로 줄어듭니다). 이는 가중치가 원점에서 멀어질수록 점수가 증가한다는 말과 같습니다.[22] [그림 8-12]에서 보듯, 이런 형태는 원점에서 가장 멀리 있는 가중치를 가장 중요한 가중치로 선택하는 절댓값 가지치기와 다릅니다.[23]

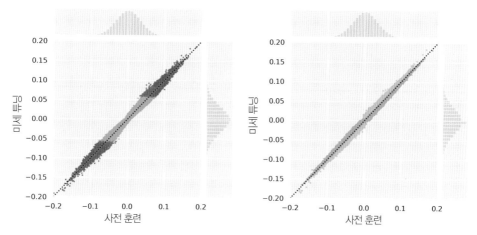

그림 8-12 절댓값 가지치기(왼쪽)와 이동 가지치기(오른쪽)에서 삭제된 가중치 비교

두 가지치기 방법의 차이는 남은 가중치의 분포에서도 잘 드러납니다. [그림 8-13]에서 보듯, 절댓값 가중치는 두 개의 가중치 클러스터를 만들지만 이동 가지치기는 더 완만한 분포를 만듭니다.

이 책을 쓰는 시점에 🤗 트랜스포머스는 기본적으로 가지치기 방법을 제공하지 않습니다. 다행히 `nn_pruning`Neural Networks Block Movement Pruning(https://oreil.ly/aHEvD)이라는 멋진 라이브러리에 이런 개념이 많이 구현됐습니다. 메모리 제약 조건이 중요하다면 이 라이브러리를 확인해보세요.

----

22 옮긴이_ 이동 가지치기에서 점수 S_{ij}에 대한 손실의 그레이디언트가 0보다 작은 경우, 점수 S_{ij}가 증가합니다. 이는 가중치 W_{ij}가 원점에서 멀어진다는 의미입니다.

23 옮긴이_ [그림 8-12]는 사전 훈련된 가중치와 미세 튜닝한 후의 가중치를 비교한 것이며, 회색 영역이 가지치기된 가중치입니다. 절댓값 가지치기의 경우 사전 훈련된 가중치 값이 미세 튜닝의 가지치기에 큰 영향을 미치지만, 이동 가지치기에서는 전 영역에서 고르게 가지치기됩니다.

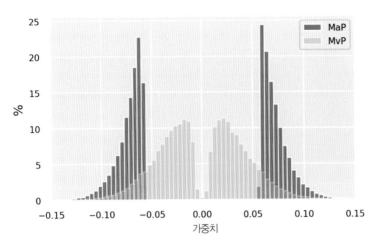

그림 8-13 절댓값 가지치기(MaP)와 이동 가지치기(MvP)에서 남은 가중치 분포

8.8 결론

제품 환경에 배포하기 위해 트랜스포머를 최적화할 전략으로 레이턴시와 메모리 공간의 압축에 대해 알아봤습니다. 미세 튜닝된 모델로 시작해서 정제, 양자화, ORT 최적화를 적용해 두 가지를 모두 크게 줄였습니다. 특히 양자화와 ORT 변환이 최소의 노력으로 이득을 극대화했습니다.

가지치기가 트랜스포머 모델의 저장 크기를 줄이는 효과적인 전략이지만, 현재 하드웨어는 희소 행렬 연산에 최적화되지 않아 이 기법의 유용성이 제한적입니다. 하지만 활발히 연구되는 영역이기에 이 책이 출간될 즈음에는 이런 제약 사항이 많이 해결됐을지도 모릅니다.

그럼 이걸 어디에 활용할까요? 이 장의 모든 기술은 질문 답변, 개체명 인식, 언어 모델링 같은 작업에도 적용할 수 있습니다. 레이턴시 요구사항을 맞추려고 애쓰고 있거나 모델이 컴퓨팅 자원을 독식하고 있다면, 이런 기법 중 하나를 시도해보길 권합니다.

다음 장에서는 성능 최적화에서 방향을 바꿔 데이터 과학자가 가장 싫어하는 레이블이 거의 없거나 전혀 없는 상황을 다루겠습니다.

## CHAPTER 9

레이블 부족 문제 다루기

데이터 과학자에게는 이 질문이 마음속 깊이 새겨져 있습니다. 새로운 프로젝트를 시작할 때면 가장 먼저 묻는 질문이죠. "레이블링된 데이터가 있나요?" 이때 돌아오는 답은 대부분 "아니오" 또는 "조금요"입니다. 하지만 고객은 여전히 여러분이 만든 멋진 머신러닝 모델이 잘 동작하길 기대합니다. 모델을 매우 작은 데이터셋에서 훈련하면 보통 좋은 결과를 얻지 못하기 때문에, 확실한 해결책은 레이블링된 데이터를 더 많이 모으는 것입니다. 하지만 그러려면 시간이 걸리고 비용이 매우 많이 듭니다. 도메인 전문가가 레이블을 검증해야 한다면 더욱 그렇습니다.

다행히도 레이블링된 데이터가 전혀 없거나 매우 적은 경우, 잘 맞는 방법이 몇 가지 있습니다! 어쩌면 **제로샷 학습**zero-shot learning 또는 **퓨샷 학습**few-shot learning 같은 기법을 들어봤을지 모르겠습니다. 단 몇 십 개의 샘플로 다양한 작업을 수행하는 GPT-3의 놀라운 능력에서 이를 확인할 수 있습니다.

일반적으로 작업, 가용 데이터, 레이블링된 데이터의 비율에 따라 최고의 성능을 내는 방법은 다릅니다. 가장 적절한 방법을 선택하는 데 도움될 결정 과정을 [그림 9-1]에 나타냈습니다.

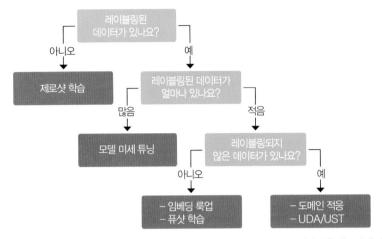

그림 9-1 많은 양의 레이블링된 데이터가 없을 때 모델 성능을 향상하기 위해 사용하는 여러 가지 기법

이 결정 과정을 단계별로 살펴보겠습니다.

1. 레이블링된 데이터가 있나요?

   레이블링된 데이터가 조금이라도 있다면, 가장 좋은 방법을 결정하는 데 영향을 미칩니다. 레이블링된 데이터가 전혀 없다면 종종 강력한 기준점을 세워주는 제로샷 학습을 추천합니다.

2. 레이블링된 데이터가 얼마나 있나요?

   레이블링된 데이터가 있다면, 그다음에는 데이터의 양이 중요합니다. 가용한 훈련 데이터가 많다면, 2장에서 본 표준적인 미세 튜닝 방식을 추천합니다.

3. 레이블링되지 않은 데이터가 있나요?

   레이블링된 샘플이 조금 있고 레이블링되지 않은 데이터가 많이 있다면, 큰 도움이 됩니다. 이때는 분류기를 훈련하기 전에 레이블링되지 않은 데이터를 사용해 해당 도메인에서 언어 모델을 미세 튜닝하는 방법, 비지도 데이터 증식unsupervised data augmentation(UDA), 불확실성 인지 자기 훈련uncertainty-aware self-training(UST)[1] 같이 더 복잡한 방법을 사용할 수 있습니다. 레이블링되지 않은 데이터가 전혀 없다면, 데이터를 레이블링해 늘릴 수가 없습니다. 이 경우 퓨샷 학습이나 사전 훈련된 언어 모델의 임베딩을 사용해 최근접 이웃 검색nearest neighbor search으로 룩업lookup을 수행할 수 있습니다.

---

1 Q. Xie et al., "Unsupervised Data Augmentation for Consistency Training" (https://arxiv.org/abs/1904.12848), (2019); S. Mukherjee and A.H. Awadallah, "Uncertainty-Aware Self-Training for Few-Shot Text Classification" (https://arxiv.org/abs/2006.15315), (2020).

이 결정 과정을 따라서 지라^{Jira}(https://oreil.ly/TVqZQ)나 깃허브^{GitHub}(https://oreil.ly/e0Bd1) 같은 이슈 트래커^{issue tracker}를 사용하는 많은 고객 지원팀이 마주하는 공통의 문제를 이 장에서 해결하겠습니다. 바로 이슈 내용을 기반으로 메타데이터^{metadata}의 하나로 태그^{tag}를 추가하는 일입니다. 이런 태그는 이슈 종류, 문제를 일으키는 제품, 보고된 이슈를 처리할 팀 등이 됩니다. 이 과정을 자동화하면 생산성을 크게 높이고 지원팀이 사용자를 돕는 데 집중할 수 있습니다. 오픈소스 프로젝트이자 실제로 유명한 🤗 트랜스포머스의 깃허브 이슈를 사용하겠습니다! 이 이슈에 어떤 정보가 담겼는지, 또 어떻게 이 작업을 구성하고, 어떻게 데이터를 얻는지 알아보겠습니다.

> **NOTE_** 이 장에서 소개하는 방법은 텍스트 분류에 잘 맞습니다. 개체명 인식, 질문 답변, 요약 등 더 복잡한 작업을 해결하려면 데이터 증식 같은 기법이 필요할 수 있습니다.

9.1 깃허브 이슈 태거 만들기

🤗 트랜스포머스 저장소의 이슈 탭(https://oreil.ly/StdH3)을 들어가면 [그림 9-2] 같은 이슈가 보입니다. 깃허브 이슈는 제목, 설명, 이슈의 특징을 나타내는 일련의 태그 또는 레이블을 담고 있어 자연스럽게 지도 학습 작업으로 구성할 수 있습니다. 이슈의 제목과 설명이 주어지면 한 개 이상의 레이블을 예측하는 식입니다. 이슈에 여러 개의 레이블을 할당할 수 있으므로 **다중 레이블 텍스트 분류**^{multilabel text classification} 문제가 됩니다. 이 문제는 2장에서 본, 각 트윗에 하나의 감정만 할당하는 다중 분류 문제보다 더 어렵습니다.

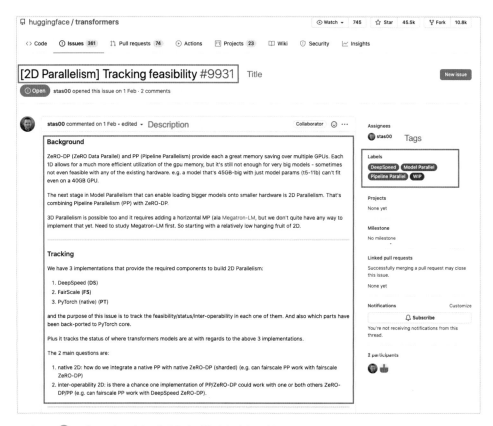

그림 9-2 🦥 트랜스포머스 저장소에 등록된 전형적인 깃허브 이슈

깃허브 이슈가 어떻게 구성됐는지 보았으니, 이를 다운로드해 데이터셋을 만드는 방법을 알아보겠습니다.

9.1.1 데이터 다운로드하기

저장소의 이슈를 모두 다운로드하려면 깃허브 REST API(https://oreil.ly/q605k)에 있는 Issues 엔드포인트^{endpoint}(https://oreil.ly/qXdWV)를 반복해 호출해야 합니다. 이 엔드포인트는 JSON 객체의 리스트를 반환합니다. 이 객체는 이슈 상태(오픈 또는 클로즈)와 이슈를 생성한 사람은 물론이고 [그림 9-2]에 있는 제목, 본문, 레이블 등 해당 이슈에 관한 많은 필드를 포함합니다.

모든 이슈를 다운로드하려면 시간이 걸리므로 이 책의 깃허브 저장소에 미리 **github-issues-transformers.json** 파일을 준비해뒀습니다. 직접 다운로드하고 싶다면 9장 노트북의 **fetch_issues()** 함수를 사용하세요.

> **NOTE_** 깃허브 REST API는 풀 리퀘스트[pull request]를 이슈로 처리하므로 이 데이터셋에는 풀 리퀘스트와 이슈가 모두 들어 있습니다. 문제를 단순화하기 위해 두 종류의 이슈를 모두 처리하는 분류기를 개발하겠습니다. 하지만 실전에서는 모델의 성능을 세밀하게 제어하기 위해 별도의 분류기 두 개를 만들 수 있습니다.

데이터를 가져오는 방법을 알았으니 이제 데이터를 정제하는 방법을 살펴보겠습니다.

9.1.2 데이터 준비하기

다운로드한 모든 이슈를 판다스 데이터프레임으로 로드해보죠.

```
import pandas as pd

dataset_url = "https://git.io/nlp-with-transformers"
df_issues = pd.read_json(dataset_url, lines=True)
print(f"데이터프레임 크기: {df_issues.shape}")
```

```
데이터프레임 크기: (9930, 26)
```

이 데이터셋에는 거의 10,000개의 이슈가 있습니다. 깃허브 API에서 어떤 정보를 가져왔는지 확인하기 위해 한 행을 출력해보죠. 이 행에는 URL, ID, 날짜, 사용자, 제목, 본문, 레이블 같은 많은 필드가 포함됐습니다.

```
cols = ["url", "id", "title", "user", "labels", "state", "created_at", "body"]
df_issues.loc[2, cols].to_frame()
```

	2
url	https://api.github.com/repos/huggingface/trans...
id	849529761
title	[DeepSpeed] ZeRO stage 3 integration: getting ...
user	{'login': 'stas00', 'id': 10676103, 'node_id':...
labels	[{'id': 2659267025, 'node_id': 'MDU6TGFiZWwyNj...
state	open
created_at	2021-04-02 23:40:42
body	**[This is not yet alive, preparing for the re...

이중 주목할 열은 labels입니다. 각 행마다 레이블에 대한 메타데이터로 구성된 JSON 객체의 리스트가 들어 있습니다.

```
[
    {
        "id":2659267025,
        "node_id":"MDU6TGFiZWwyNjU5MjY3MDI1",
        "url":"https://api.github.com/repos/huggingface...",
        "name":"DeepSpeed",
        "color":"4D34F7",
        "default":false,
        "description":""
    }
]
```

목적상 각 레이블 객체의 name 필드에만 관심이 있으므로 labels 열을 레이블 이름으로 덮어 쓰겠습니다.

```
df_issues["labels"] = (df_issues["labels"]
                        .apply(lambda x: [meta["name"] for meta in x]))
df_issues[["labels"]].head()
```

	labels
0	[]
1	[]
2	[DeepSpeed]
3	[]
4	[]

이제 labels 열에 있는 각 행은 깃허브 레이블의 리스트가 됩니다. 따라서 각 행의 길이를 계산해 이슈에 할당된 레이블의 개수를 구해보죠.

```
df_issues["labels"].apply(lambda x : len(x)).value_counts().to_frame().T
```

	0	1	2	3	4	5
labels	6440	3057	305	100	25	3

출력 결과를 보면, 대부분의 이슈는 레이블이 없거나 하나이며, 그 이상 있는 이슈는 적습니다. 다음으로 데이터셋에서 가장 많이 등장한 상위 8개의 레이블을 확인해보겠습니다. 판다스에서는 labels 열에 explode() 메서드를 적용하면 리스트에 있는 각 레이블을 열로 변환합니다. 그다음 간단하게 각 레이블의 등장 횟수를 카운팅하면 됩니다.

```
df_counts = df_issues["labels"].explode().value_counts()
print(f"레이블 개수: {len(df_counts)}")
# 상위 8개 레이블을 출력합니다.
df_counts.to_frame().head(8).T
```

레이블 개수: 65

	wontfix	model card	Core: Tokenization	New model	Core: Modeling	Help wanted	Good First Issue	Usage
labels	2284	649	106	98	64	52	50	46

이 데이터셋에는 고유한 레이블이 65개 있고 클래스(레이블) 비율이 매우 불균형합니다. wontfix와 model card가 가장 자주 등장합니다. 분류 작업을 쉽게 만들기 위해 일부 레이블에 대한 태거^{tagger}를 만드는 데 초점을 맞추겠습니다. 예를 들어 Good First Issue나 Help Wanted 같은 일부 레이블은 이슈 설명만으로는 예측하기가 매우 어렵습니다. 반면 model card 같은 레이블은 허깅페이스 허브에 모델 카드가 추가된 때를 감지하는 간단한 규칙으로 분류할 수 있습니다.

다음 코드로 데이터셋을 필터링해 앞으로 다룰 레이블만 남깁니다. 또 레이블을 읽기 쉽게 변환합니다.

```python
label_map = {"Core: Tokenization": "tokenization",
             "New model": "new model",
             "Core: Modeling": "model training",
             "Usage": "usage",
             "Core: Pipeline": "pipeline",
             "TensorFlow": "tensorflow or tf",
             "PyTorch": "pytorch",
             "Examples": "examples",
             "Documentation": "documentation"}

def filter_labels(x):
    return [label_map[label] for label in x if label in label_map]

df_issues["labels"] = df_issues["labels"].apply(filter_labels)
all_labels = list(label_map.values())
```

이제 새로운 레이블에 대한 분포를 확인해보죠.

```python
df_counts = df_issues["labels"].explode().value_counts()
df_counts.to_frame().T
```

	tokenization	new model	model training	usage	pipeline	tensorflow or tf	pytorch	documentation	examples
labels	106	98	64	46	42	41	37	28	24

나중에 보겠지만, 레이블이 없는 이슈를 별도의 훈련 세트로 다루면 도움됩니다. 따라서 이슈에 레이블이 있는지 없는지를 나타내는 열을 새로 만들겠습니다.

```
df_issues["split"] = "unlabeled"
mask = df_issues["labels"].apply(lambda x: len(x)) > 0
df_issues.loc[mask, "split"] = "labeled"
df_issues["split"].value_counts().to_frame()
```

	split
unlabeled	9489
labeled	441

샘플 하나를 확인해보죠.

```
for column in ["title", "body", "labels"]:
    print(f"{column}: {df_issues[column].iloc[26][:500]}\n")
```

```
title: Add new CANINE model

body: # ★ New model addition

## Model description

Google recently proposed a new **C**haracter **A**rchitecture with **N**o
 tokenization **I**n **N**eural **E**ncoders architecture (CANINE). Not only
 the title is exciting:

Pipelined NLP systems have largely been superseded by end-to-end neural
 modeling, yet nearly all commonly-used models still require an explicit
 tokenization step. While recent tokenization approaches based on data-derived
 subword lexicons are less brittle than manually en

labels: ['new model']
```

이 이슈는 새로운 모델 구조를 제안합니다. 따라서 new model 태그가 적절합니다. title에 담긴 정보가 분류기에 유용하므로 body 필드에 있는 이슈 설명과 합치겠습니다.

```
df_issues["text"] = (df_issues
                     .apply(lambda x: x["title"] + "\n\n" + x["body"], axis=1))
```

데이터를 더 살펴보기 전에 **drop_duplicates()** 메서드로 중복된 데이터를 삭제하겠습니다.

```
len_before = len(df_issues)
df_issues = df_issues.drop_duplicates(subset="text")
print(f"삭제된 중복 이슈: {(len_before-len(df_issues))/len_before:.2%}")
```

삭제된 중복 이슈: 1.88%

중복된 이슈가 조금 있지만 전체에서 차지하는 양은 적습니다. 다른 장처럼 모델의 문맥 크기로 자를 때 너무 많은 정보를 잃지 않는지, 텍스트에 있는 단어 개수를 살펴보아 확인하는 것이 좋습니다.

```
import numpy as np
import matplotlib.pyplot as plt

(df_issues["text"].str.split().apply(len)
 .hist(bins=np.linspace(0, 500, 50), grid=False, edgecolor="C0"))
plt.title("Words per issue")
plt.xlabel("Number of words")
plt.ylabel("Number of issues")
plt.show()
```

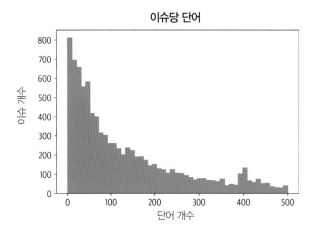

332 트랜스포머를 활용한 자연어 처리

이 분포에는 많은 텍스트 데이터셋에서 보이는 롱테일long tail 특징이 있습니다. 대부분의 텍스트가 매우 짧지만, 500단어가 넘는 이슈도 있습니다. 특히 에러 메시지나 코드를 함께 포스팅하면 보통 이슈의 길이가 커집니다. 대부분의 트랜스포머 모델의 문맥 크기는 512개 토큰이나 그 이상이기 때문에 일부 긴 이슈를 잘라내는 것이 전체 성능에 영향을 미칠 것 같지 않습니다. 데이터셋을 살펴보고 정제했으니, 마지막으로 훈련 세트와 분류기를 평가할 검증 세트를 정의하겠습니다.

9.1.3 훈련 세트 만들기

다중 레이블 문제에서는 훈련 세트와 검증 세트를 만들기가 조금 까다롭습니다. 이때 모든 레이블에 대해 균형 잡힌 비율을 보장하지 못하기 때문입니다. 하지만 이런 목적을 위해 특별히 개발된 scikit-multilearn 라이브러리(http://scikit.ml)를 사용하면 도움이 됩니다. 먼저 pytorch와 tokenization 같은 레이블을 모델이 처리 가능한 포맷으로 변환합니다. 이를 위해 사이킷런의 MultiLabelBinarizer 클래스를 사용합니다. 이 클래스는 레이블 이름의 리스트를 받고 레이블에 해당하는 위치는 1, 나머지는 0인 벡터를 만듭니다. 다음처럼 레이블 이름을 ID로 매핑하기 위해 all_labels 리스트에 MultiLabelBinarizer 클래스를 적용해보죠.

```
from sklearn.preprocessing import MultiLabelBinarizer

mlb = MultiLabelBinarizer()
mlb.fit([all_labels])
mlb.transform([["tokenization", "new model"], ["pytorch"]])
```

```
array([[0, 0, 0, 1, 0, 0, 0, 1, 0],
       [0, 0, 0, 0, 0, 1, 0, 0, 0]])
```

앞의 예에서 첫 번째 행은 두 개의 1을 포함하는데, 각각 new model과 tokenization 레이블에 해당합니다. 두 번째 행은 pytorch 하나만 1입니다.[2]

scikit-multilearn의 iterative_train_test_split() 함수를 사용해 이 데이터셋을 분할

---

2 옮긴이_ 변환된 벡터의 네 번째 원소가 new model에 해당합니다. 벡터의 각 자리가 어떤 클래스에 해당하는지 확인하려면 mlb.classes_ 속성을 참고하세요.

합니다. 이 함수는 레이블의 균형을 잡기 위해 반복적으로 훈련/테스트 세트를 만듭니다. 이 함수를 DataFrame에 적용하기 위해 별도의 함수로 감싸겠습니다. 이 함수는 2차원 특성 행렬을 기대하므로 분할하기 전에 인덱스 배열에 차원을 추가합니다.[3]

```python
from skmultilearn.model_selection import iterative_train_test_split

def balanced_split(df, test_size=0.5):
    ind = np.expand_dims(np.arange(len(df)), axis=1)
    labels = mlb.transform(df["labels"])
    ind_train, _, ind_test, _ = iterative_train_test_split(ind, labels,
                                                           test_size)
    return df.iloc[ind_train[:, 0]], df.iloc[ind_test[:,0]]
```

먼저 데이터를 지도 학습 데이터셋과 비지도 학습 데이터셋으로 나눕니다. 그다음 balanced_split() 함수를 사용해 지도 학습 데이터셋을 훈련 세트, 검증 세트, 테스트 세트로 균형 있게 나누겠습니다.

```python
from sklearn.model_selection import train_test_split

df_clean = df_issues[["text", "labels", "split"]].reset_index(drop=True).copy()
df_unsup = df_clean.loc[df_clean["split"] == "unlabeled", ["text", "labels"]]
df_sup = df_clean.loc[df_clean["split"] == "labeled", ["text", "labels"]]

np.random.seed(0)
df_train, df_tmp = balanced_split(df_sup, test_size=0.5)
df_valid, df_test = balanced_split(df_tmp, test_size=0.5)
```

마지막으로, 쉽게 데이터셋을 토큰화하고 Trainer와 통합하기 위해 모든 분할을 담은 DatasetDict 객체를 만들어보죠. 여기서는 from_pandas() 메서드를 사용해 판다스 DataFrame에서 각 분할을 바로 로드하겠습니다.

----

3 옮긴이_ balanced_split() 함수는 iterative_train_test_split()에 데이터프레임을 직접 전달하지 않고 인덱스만 전달합니다. 이를 위해 열에 해당하는 차원을 추가해 2차원 배열로 만들어야 합니다. 그다음 반환된 각 분할의 인덱스를 데이터프레임의 iloc 메서드에 전달해 훈련 세트와 테스트 세트를 나눕니다. 또 데이터프레임 df에 레이블 열이 이미 포함됐으므로 iterative_train_test_split()에서 반환된 레이블 분할은 사용하지 않고 버렸습니다.

```
from datasets import Dataset, DatasetDict

ds = DatasetDict({
    "train": Dataset.from_pandas(df_train.reset_index(drop=True)),
    "valid": Dataset.from_pandas(df_valid.reset_index(drop=True)),
    "test": Dataset.from_pandas(df_test.reset_index(drop=True)),
    "unsup": Dataset.from_pandas(df_unsup.reset_index(drop=True))})
```

네, 좋아 보이는군요. 마지막으로 분류기의 성능을 훈련 세트의 크기별로 평가하기 위해 훈련 슬라이스slice를 만들겠습니다.

9.1.4 훈련 슬라이스 만들기

이 장에서 희소하게 레이블링된 데이터와 다중 레이블 분류에 대해 알아보려 합니다. 이 데이터셋은 이런 두 특징이 모두 있습니다. 훈련 세트는 단 220개 샘플로 구성됐으며 전이 학습으로도 확실히 어려운 문제입니다. 이 장에서 소개하는 각 방법이 적은 양의 레이블링된 데이터에서 얼마나 좋은 성능을 내는지 확인하기 위해 샘플 개수가 더 적은 훈련 데이터의 슬라이스도 만들겠습니다. 그다음 샘플 개수에 대한 성능을 그래프로 그려서 여러 방법을 분석하겠습니다. iterative_train_test_split() 함수를 사용해 레이블마다 여덟 개 샘플로 시작해서 전체 훈련 세트를 담은 슬라이스까지 만들겠습니다.

```
np.random.seed(0)
all_indices = np.expand_dims(list(range(len(ds["train"]))), axis=1)
indices_pool = all_indices
labels = mlb.transform(ds["train"]["labels"])
train_samples = [8, 16, 32, 64, 128]
train_slices, last_k = [], 0

for i, k in enumerate(train_samples):
    # 다음 슬라이스 크기를 채우는 데 필요한 샘플을 분할합니다.
    indices_pool, labels, new_slice, _ = iterative_train_test_split(
        indices_pool, labels, (k-last_k)/len(labels))
    last_k = k
    if i==0: train_slices.append(new_slice)
    else: train_slices.append(np.concatenate((train_slices[-1], new_slice)))
```

```
# 전체 데이터셋을 마지막 슬라이스로 추가합니다.
train_slices.append(all_indices), train_samples.append(len(ds["train"]))
train_slices = [np.squeeze(train_slice) for train_slice in train_slices]
```

이런 반복적인 방식은 원하는 크기에 근사하게만 샘플을 나눕니다. 주어진 크기에 맞는 균형 잡힌 분할을 구하는 것이 항상 가능하지는 않기 때문입니다.

```
print("목표 분할 크기:")
print(train_samples)
print("실제 분할 크기:")
print([len(x) for x in train_slices])
```

```
목표 분할 크기:
[8, 16, 32, 64, 128, 223]
실제 분할 크기:
[10, 19, 36, 68, 134, 223]
```

이후 그래프를 그릴 때 목표 분할 크기를 x 축으로 사용하겠습니다. 좋습니다. 데이터셋을 훈련 분할로 만들었습니다. 다음 절에서 강력한 기준 모델을 훈련하겠습니다!

9.2 나이브 베이즈 모델 만들기

새로운 NLP 프로젝트를 시작할 때마다 강력한 기준 모델을 구현하는 것은 늘 유익합니다. 주요한 두 가지 이유 때문입니다.

1. 정규 표현식, 수동 규칙 또는 매우 간단한 모델을 기반으로 하는 기준 모델이 실제로 문제를 잘 해결하기도 합니다. 이 경우 트랜스포머와 같은 해머를 집어들 이유가 없습니다. 트랜스포머 같은 모델은 제품 환경에 배포하고 유지 관리하기가 대체로 더 복잡합니다.

2. 복잡한 모델을 탐색할 때 기준 모델이 간단한 검증 역할을 합니다. 예를 들어, BERT-large 모델을 훈련하고 검증 세트에서 80% 정확도를 얻었다고 해보죠. 어려운 데이터셋이라 생각하고 여기서 끝낼지도 모릅니다. 하지만 로지스틱 회귀 같은 간단한 분류기가 95% 정확도를 달성했다면 어떨까요? 모델에 버그가 있는지 의심하고 디버깅을 하게 됩니다.

따라서 기준 모델을 만드는 것부터 해보죠. 텍스트 분류의 경우 좋은 기준점은 **나이브 베이즈**

분류기Naive Bayes classifier입니다. 이 모델은 간단하고 훈련 속도가 빠르며 입력의 변동에 매우 안정적입니다. 사이킷런의 나이브 베이즈 구현은 기본적으로 다중 레이블 분류를 지원하지 않지만, 다행히 scikit-multilearn 라이브러리를 사용해 이 문제를 OvRone-versus-rest 분류 작업으로 바꿔보겠습니다. 이 방식은 L개의 레이블을 위해 L개의 이진 분류기를 훈련합니다. 먼저 `MultiLabelBinarizer` 객체를 사용해 새로운 훈련 세트에 `label_ids` 열을 만들어보죠. `map()` 함수를 사용해 모든 처리를 한번에 수행합니다.

```python
def prepare_labels(batch):
    batch["label_ids"] = mlb.transform(batch["labels"])
    return batch

ds = ds.map(prepare_labels, batched=True)
```

분류기의 성능을 평가하기 위해 마이크로micro와 매크로macro F_1-점수를 사용하겠습니다. 전자는 자주 등장하는 레이블에 대한 성능을 추적하고, 후자는 빈도를 무시하고 모든 레이블에 대한 성능을 평균합니다. 각 모델을 다른 크기의 훈련 분할에서 평가할 것이므로 `defaultdict`로 각 분할의 점수를 담을 리스트를 만들겠습니다.

```python
from collections import defaultdict

macro_scores, micro_scores = defaultdict(list), defaultdict(list)
```

이제 기준 모델을 훈련할 준비를 마쳤습니다! 다음 코드로 이 모델을 훈련하고 훈련 세트 크기를 증가시키면서 분류기를 평가합니다.

```python
from sklearn.naive_bayes import MultinomialNB
from sklearn.metrics import classification_report
from skmultilearn.problem_transform import BinaryRelevance
from sklearn.feature_extraction.text import CountVectorizer

for train_slice in train_slices:
    # 훈련 슬라이스와 테스트 데이터를 준비합니다.
    ds_train_sample = ds["train"].select(train_slice)
    y_train = np.array(ds_train_sample["label_ids"])
    y_test = np.array(ds["test"]["label_ids"])
```

```
# 간단한 CountVectorizer를 사용해 텍스트를 토큰 카운트로 인코딩합니다.
count_vect = CountVectorizer()
X_train_counts = count_vect.fit_transform(ds_train_sample["text"])
X_test_counts = count_vect.transform(ds["test"]["text"])
# 모델을 만들고 훈련합니다!
classifier = BinaryRelevance(classifier=MultinomialNB())
classifier.fit(X_train_counts, y_train)
# 예측을 생성하고 평가합니다.
y_pred_test = classifier.predict(X_test_counts)
clf_report = classification_report(
    y_test, y_pred_test, target_names=mlb.classes_, zero_division=0,
    output_dict=True)
# 평가 결과를 저장합니다.
macro_scores["Naive Bayes"].append(clf_report["macro avg"]["f1-score"])
micro_scores["Naive Bayes"].append(clf_report["micro avg"]["f1-score"])
```

이 코드에서 많은 작업이 수행되니 하나씩 살펴보죠. 먼저 훈련 슬라이스를 준비하고 레이블을 인코딩합니다. 그다음 **CountVectorizer**를 사용해 텍스트를 인코딩합니다. 단순하게 어휘사전 크기의 벡터를 만듭니다. 이 벡터의 각 원소는 텍스트에 등장한 토큰의 빈도입니다. 단어 순서 정보가 모두 없어지기 때문에 이를 **BoW**bag-of-words 방식이라 합니다. 그다음 분류기를 훈련하고 테스트 세트에서 예측을 만든 후에 **classification_report()** 함수를 사용해 마이크로와 매크로 F_1-점수를 얻습니다.

실험 결과를 다음 함수를 사용해 그래프로 그리겠습니다.

```python
import matplotlib.pyplot as plt

def plot_metrics(micro_scores, macro_scores, sample_sizes, current_model):
    fig, (ax0, ax1) = plt.subplots(1, 2, figsize=(10, 4), sharey=True)

    for run in micro_scores.keys():
        if run == current_model:
            ax0.plot(sample_sizes, micro_scores[run], label=run, linewidth=2)
            ax1.plot(sample_sizes, macro_scores[run], label=run, linewidth=2)
        else:
            ax0.plot(sample_sizes, micro_scores[run], label=run,
                    linestyle="dashed")
            ax1.plot(sample_sizes, macro_scores[run], label=run,
                    linestyle="dashed")
```

```
ax0.set_title("Micro F1 scores")
ax1.set_title("Macro F1 scores")
ax0.set_ylabel("Test set F1 score")
ax0.legend(loc="lower right")
for ax in [ax0, ax1]:
    ax.set_xlabel("Number of training samples")
    ax.set_xscale("log")
    ax.set_xticks(sample_sizes)
    ax.set_xticklabels(sample_sizes)
    ax.minorticks_off()
plt.tight_layout()
plt.show()

plot_metrics(micro_scores, macro_scores, train_samples, "Naive Bayes")
```

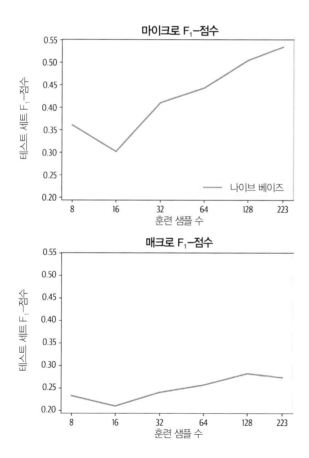

앞의 그래프는 샘플 개수를 로그 스케일로 표현했습니다. 그래프를 보면 훈련 샘플 개수의 증가에 따라 마이크로와 매크로 F_1-점수가 모두 향상됐습니다. 훈련 샘플이 너무 적으면 슬라이스마다 클래스 분포가 달라져 결과에 약간의 잡음이 생깁니다. 하지만 중요한 것은 추세입니다. 따라서 이런 결과가 트랜스포머 기반 방식에 어떻게 적용되는지 알아보겠습니다!

9.3 레이블링된 데이터가 없는 경우

첫째로 생각해볼 방법은 레이블링된 데이터가 전혀 없는 상황에 적합한 **제로샷 분류**zero-shot classification입니다. 업계에서 이런 상황은 놀랍도록 보편적입니다. 레이블이 있는 과거 데이터가 없거나, 데이터에 대한 레이블을 구하기 어려운 경우가 있습니다. 이 절에서는 테스트 데이터로 성능을 평가하기 때문에 약간의 트릭을 쓰는 셈이지만, 모델을 훈련할 때는 어떤 레이블도 사용하지 않겠습니다(그렇지 않다면 다른 방식과 비교하기 어렵습니다).

제로샷 분류는 작업별 말뭉치에서 추가로 미세 튜닝하지 않고 사전 훈련된 모델을 사용하는 것이 목표입니다. 이 방식을 잘 이해하려면 BERT 같은 언어 모델이 수천 권의 책과 위키피디아의 대규모 덤프에서 텍스트에 있는 마스킹된 토큰을 예측하도록 사전 훈련됐다는 사실을 기억하세요. 누락된 토큰을 잘 예측하려면 모델은 문맥에 있는 주제를 인식해야 합니다. 다음과 같은 문장을 제공해 모델이 문서를 분류하게끔 트릭을 쓸 수 있습니다.

"This section was about the topic [MASK]."

이런 문장은 데이터셋에 등장한 자연스러운 텍스트이므로 모델은 문서의 주제를 합리적으로 예측해야 합니다.[4]

간단한 문제를 가지고 조금 더 자세히 설명해보죠. 가령 두 아이가 있는데, 한 아이는 자동차 영화를 좋아하고 다른 아이는 동물 영화를 좋아합니다. 이미 개봉된 영화는 모두 봤으니, 새 영화의 주제가 어떤 것인지 알려주는 함수를 만들려고 합니다. 자연스럽게 이 작업에 트랜스포머를 사용하게 됐습니다. 먼저, 마스크드 언어 모델을 사용해 마스킹된 토큰 내용을 예측하는 fill-mask 파이프라인에 BERT 베이스 모델을 로드합니다.

---

4 이 방식을 제안한 Joe Davison(https://joeddav.github.io)에게 감사를 표합니다.

```
from transformers import pipeline

pipe = pipeline("fill-mask", model="bert-base-uncased")
```

그다음 약간의 영화 설명을 작성하고 마스킹된 단어를 위한 프롬프트를 추가합니다. 이 프롬프트는 모델이 분류하도록 안내하는 역할을 합니다. fill-mask 파이프라인은 마스킹된 위치에 놓기에 가장 가능성이 높은 토큰을 반환합니다.

```
movie_desc = "The main characters of the movie madacascar \
are a lion, a zebra, a giraffe, and a hippo. "
prompt = "The movie is about [MASK]."

output = pipe(movie_desc + prompt)
for element in output:
    print(f"토큰 {element['token_str']}:\t{element['score']:.3f}%")
```

```
토큰 animals:   0.103%
토큰 lions:     0.066%
토큰 birds:     0.025%
토큰 love:      0.015%
토큰 hunting:   0.013%
```

확실히 이 모델은 동물에 관한 토큰만 예측합니다. 방식을 바꿔 가장 가능성이 높은 토큰을 얻는 대신 주어진 토큰에 대한 확률을 출력하도록 파이프라인을 실행하겠습니다. 여기서는 cars와 animals를 선택해 타깃으로 파이프라인에 전달합니다.

```
output = pipe(movie_desc + prompt, targets=["animals", "cars"])
for element in output:
    print(f"토큰 {element['token_str']}:\t{element['score']:.3f}%")
```

```
토큰 animals:   0.103%
토큰 cars:      0.001%
```

당연히 cars 토큰에 대한 예측 확률은 animals보다 훨씬 더 낮습니다. 자동차에 관련된 설명에서도 잘 동작하는지 확인해보죠.

```
movie_desc = "In the movie transformers aliens \
can morph into a wide range of vehicles."

output = pipe(movie_desc + prompt, targets=["animals", "cars"])
for element in output:
    print(f"토큰 {element['token_str']}:\t{element['score']:.3f}%")
```

```
토큰 cars:      0.139%
토큰 animals:   0.006%
```

잘 되는군요! 간단한 예에 불과하니 잘 동작하는지 확인하려면 철저히 테스트해야겠지만, 이 예제는 사전 훈련된 모델을 추가 훈련 없이 다른 작업에 적용하는 방법을 보여줍니다. 이는 이 장에서 소개할 많은 방법들의 핵심 아이디어입니다. 이 예는 분류에 마스크드 언어 모델을 바로 사용하기 위해 마스킹된 프롬프트를 만듭니다. 텍스트 분류에 좀 더 가까운 작업인 **자연어 추론**natural language inference (NLI)에서 미세 튜닝된 모델을 적용하면 결과가 더 좋은지 알아보겠습니다.

분류할 때 마스크드 언어 모델을 사용하는 것이 좋지만, 좀 더 비슷한 작업에서 훈련된 모델을 사용하는 것이 더 좋을 때도 있습니다. 바로 **텍스트 함의**text entailment라는 작업입니다. 텍스트 함의에서는 모델이 두 개의 텍스트 구절이 서로 연결되는지 아니면 모순되는지 판단합니다. 모델은 일반적으로 MNLI^Multi-Genre NLI 말뭉치나 XNLI^Cross-Lingual NLI 말뭉치[5] 같은 데이터셋에서 함의와 모순을 감지하도록 훈련됩니다.

이 데이터셋에 있는 각 샘플은 전제premise, 가설hypothesis, 레이블 세 부분으로 구성됩니다. 레이블은 entailment, neutral, contradiction 중 하나입니다. entailment 레이블은 전제 조건하에서 가설 텍스트가 참일 때 할당되고, contradiction 레이블은 전제 조건하에서 가설 텍스트가 거짓이거나 부적합할 때 사용됩니다. 이런 두 경우에 해당하지 않으면 neutral 레이블이 할당됩니다. [표 9-1]에서 각 경우의 샘플을 보겠습니다.

---

5 A. Williams, N. Nangia, and S.R. Bowman, "A Broad-Coverage Challenge Corpus for Sentence Understanding Through Inference" (https://arxiv.org/abs/1704.05426), (2018); A. Conneau et al., "XNLI: Evaluating Cross-Lingual Sentence Representations" (https://arxiv.org/abs/1809.05053), (2018).

표 9-1 MNLI 데이터셋에 있는 세 가지 클래스

전제	가설	레이블
His favourite color is blue.	He is into heavy metal music.	`neutral`
She finds the joke hilarious.	She thinks the joke is not funny at all.	`contradiction`
The house was recently built.	The house is new.	`entailment`

MNLI 데이터셋에서 훈련한 모델을 사용하여 어떤 레이블도 필요하지 않은 분류기를 만들 수 있습니다! 핵심 아이디어는 분류하고자 하는 텍스트를 전제로 사용해 다음과 같은 가설을 만드는 것입니다.

"This example is about {label}."

{label}에는 클래스 이름을 넣습니다. 함의 점수는 전제가 주제와 얼마나 관련되는지 알려줍니다. 이를 여러 클래스에 순차적으로 실행합니다. 이 방식은 클래스마다 정방향 패스를 실행하므로 일반적인 분류기보다 덜 효율적입니다. 또 레이블 이름 선택이 정확도에 큰 영향을 미치므로 이 점을 주의해야 합니다. 대체로 의미 있는 이름을 선택하는 것이 좋습니다. 예를 들어 레이블을 단순히 **Class 1**이라 하면 어떤 의미인지 모델이 알지 못하고 모순인지 함의인지에 대한 힌트를 얻지 못합니다.

🤗 트랜스포머스에는 제로샷 분류를 위한 MNLI 모델이 내장됐습니다. 다음처럼 파이프라인을 사용해 초기화합니다.

```python
from transformers import pipeline

pipe = pipeline("zero-shot-classification", device=0)
```

`device=0`으로 설정하면 추론 속도를 높이기 위해 기본 CPU 대신 GPU에서 모델을 실행합니다.[6] 텍스트를 분류하려면 레이블 이름과 함께 파이프라인에 전달하면 됩니다. 또 `multi_label=True`로 지정하면 단일 레이블 분류를 위한 최댓값이 아니라 모든 점수가 반환됩니다.[7]

6　옮긴이_ CPU에서 실행하려면 `device=0` 매개변수를 삭제하세요.

7　옮긴이_ 단일 레이블 분류의 반환 값은 클래스별 확률의 합이 1이 됩니다. 다중 레이블 분류에서는 여러 클래스의 확률이 1에 가까워지면 전체 확률의 합이 1을 넘을 수도 있습니다.

```python
sample = ds["train"][0]
print(f"레이블: {sample['labels']}")
output = pipe(sample["text"], all_labels, multi_label=True)
print(output["sequence"][:400])
print("\n예측:")

for label, score in zip(output["labels"], output["scores"]):
    print(f"{label}, {score:.2f}")
```

```
레이블: ['new model']
Add new CANINE model

# ⭐ New model addition

## Model description

Google recently proposed a new **C**haracter **A**rchitecture with **N**o
tokenization **I**n **N**eural **E**ncoders architecture (CANINE). Not only the
title is exciting:

> Pipelined NLP systems have largely been superseded by end-to-end neural
modeling, yet nearly all commonly-used models still require an explicit tokeni

예측:
new model, 0.98
tensorflow or tf, 0.37
examples, 0.34
usage, 0.30
pytorch, 0.25
documentation, 0.25
model training, 0.24
tokenization, 0.17
pipeline, 0.16
```

NOTE_ 부분단어 토크나이저를 사용하므로 모델에 코드를 전달할 수도 있습니다! 제로샷 파이프라인을 위한 사전 훈련 데이터셋은 코드 비율이 적어서 토큰화가 덜 효율적일 때가 있습니다. 하지만 코드도 자연어로 구성되는 부분이 많아 큰 문제가 되지는 않습니다. 또 코드에 프레임워크(파이토치 또는 텐서플로) 같은 중요한 정보가 담기는 경우도 있습니다.

모델은 텍스트의 주제가 신형 모델(new model)이라고 강하게 확신합니다. 하지만 다른 레이블에도 비교적 높은 점수를 할당합니다. 제로샷 분류의 중요한 부분은 다루고 있는 도메인입니다. 여기서 처리하는 텍스트는 매우 기술적이고 대부분 코딩과 관련된 내용이 담깁니다. 이는 MNLI 데이터셋에 있는 원래 텍스트 분포와 매우 다릅니다. 따라서 당연히 이 작업은 모델에게 어렵습니다. 훈련 데이터와 얼마나 비슷한지에 따라 특정 도메인에서 더 잘 수행되기도 합니다.

제로샷 파이프라인에 하나의 샘플을 주입하는 함수를 작성하고 이를 map() 메서드로 전체 검증 세트에 적용하겠습니다.

```python
def zero_shot_pipeline(example):
    output = pipe(example["text"], all_labels, multi_label=True)
    example["predicted_labels"] = output["labels"]
    example["scores"] = output["scores"]
    return example

ds_zero_shot = ds["valid"].map(zero_shot_pipeline)
```

점수를 구했으니, 다음 단계로 샘플마다 어떤 레이블을 할당할지 결정하겠습니다. 이때 선택지는 두 가지입니다.

- 임곗값을 정의하고 이 임곗값을 초과한 모든 레이블을 선택합니다.
- 점수가 높은 순으로 상위 k개 레이블을 선택합니다.

어떤 방법이 최선인지 판단하기 위해 두 방법 중 하나를 적용해 예측을 추출하는 get_preds() 함수를 만들어보죠.

```python
def get_preds(example, threshold=None, topk=None):
    preds = []
    if threshold:
        for label, score in zip(example["predicted_labels"], example["scores"]):
            if score >= threshold:
                preds.append(label)
    elif topk:
        for i in range(topk):
            preds.append(example["predicted_labels"][i])
    else:
```

```
        raise ValueError("`threshold` 또는 `topk`로 지정해야 합니다.")
    return {"pred_label_ids": list(np.squeeze(mlb.transform([preds])))}
```

그다음 예측 레이블을 사용해 사이킷런의 분류 리포트 결과를 반환하는 두 번째 함수 get_clf_report()를 작성합니다.

```
def get_clf_report(ds):
    y_true = np.array(ds["label_ids"])
    y_pred = np.array(ds["pred_label_ids"])
    return classification_report(
        y_true, y_pred, target_names=mlb.classes_, zero_division=0,
        output_dict=True)
```

이 두 함수로 먼저 k를 증가시키면서 탑-k 방법을 적용합니다. 그다음 검증 세트에 대한 마이크로와 매크로 F_1-점수를 그래프로 그려보죠.

```
macros, micros = [], []
topks = [1, 2, 3, 4]
for topk in topks:
    ds_zero_shot = ds_zero_shot.map(get_preds, batched=False,
                                    fn_kwargs={'topk': topk})
    clf_report = get_clf_report(ds_zero_shot)
    micros.append(clf_report['micro avg']['f1-score'])
    macros.append(clf_report['macro avg']['f1-score'])
plt.plot(topks, micros, label='Micro F1')
plt.plot(topks, macros, label='Macro F1')
plt.xlabel("Top-k")
plt.ylabel("F1-score")
plt.legend(loc='best')
plt.show()
```

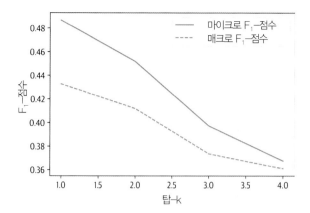

그래프를 보면, 샘플당 점수가 가장 높은 레이블(탑-1)을 선택하는 방식이 최상의 결과를 냈습니다. 데이터셋의 샘플 대부분에 레이블이 하나 있기 때문에 그리 놀랍지는 않습니다. 샘플당 하나 이상의 레이블을 예측할 수 있으므로 이를 임곗값 방식과 비교해보죠.

```python
macros, micros = [], []
thresholds = np.linspace(0.01, 1, 100)
for threshold in thresholds:
    ds_zero_shot = ds_zero_shot.map(get_preds,
                                    fn_kwargs={"threshold": threshold})
    clf_report = get_clf_report(ds_zero_shot)
    micros.append(clf_report["micro avg"]["f1-score"])
    macros.append(clf_report["macro avg"]["f1-score"])
plt.plot(thresholds, micros, label="Micro F1")
plt.plot(thresholds, macros, label="Macro F1")
plt.xlabel("Threshold")
plt.ylabel("F1-score")
plt.legend(loc="best")
plt.show()
```

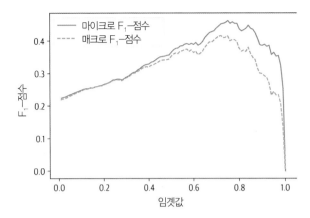

```
best_t, best_micro = thresholds[np.argmax(micros)], np.max(micros)
print(f'최상의 임곗값 (마이크로): {best_t}, F₁-점수 {best_micro:.2f}.')
best_t, best_macro = thresholds[np.argmax(macros)], np.max(macros)
print(f'최상의 임곗값 (매크로): {best_t}, F₁-점수 {best_macro:.2f}.')
```

```
최상의 임곗값 (마이크로): 0.75, F₁-점수 0.46.
최상의 임곗값 (매크로): 0.72, F₁-점수 0.42.
```

이 방식의 결과는 탑-1 결과보다 다소 나쁘지만, 그래프에 정밀도/재현율의 트레이드오프trade-off가 확실하게 나타납니다. 임곗값을 매우 낮게 설정하면 예측이 매우 많아져 정밀도가 낮아집니다. 임계값을 매우 높게 하면 예측하기 어려워져 재현율이 낮아집니다. 이 그래프에서는 0.8 근방의 임곗값이 이 둘 사이의 최적 값으로 보입니다.

탑-1 방법이 더 나은 결과를 냈으니 이를 사용해 테스트 세트에서 제로샷 분류와 나이브 베이즈를 비교하겠습니다.

```
ds_zero_shot = ds['test'].map(zero_shot_pipeline)
ds_zero_shot = ds_zero_shot.map(get_preds, fn_kwargs={'topk': 1})
clf_report = get_clf_report(ds_zero_shot)
for train_slice in train_slices:
    macro_scores['Zero Shot'].append(clf_report['macro avg']['f1-score'])
    micro_scores['Zero Shot'].append(clf_report['micro avg']['f1-score'])
plot_metrics(micro_scores, macro_scores, train_samples, "Zero Shot")
```

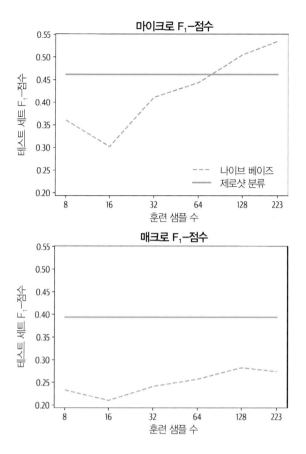

제로샷 파이프라인을 기준 모델과 비교하면 두 가지가 관찰됩니다.

1. 레이블링된 샘플이 50개보다 더 적다면 제로샷 파이프라인이 기준 모델의 성능을 쉽게 추월합니다.
2. 샘플이 50개 이상이더라도 마이크로와 매크로 F_1-점수를 모두 고려하면 제로샷 파이프라인이 더 낫습니다. 마이크로 F_1-점수의 결과를 보면, 기준 모델이 빈도가 높은 클래스에서 잘 동작하지만 제로샷 파이프라인은 학습할 샘플이 필요하지 않기 때문에 기준 모델보다 더 뛰어납니다.

NOTE_ 이 절에는 약간의 모순이 있습니다. 레이블이 없는 상황인데도 여전히 검증 세트와 테스트 세트를 사용하여 다양한 기술을 소개하고 결과를 비교합니다. 실전에서도 간단한 검증을 위해 레이블링된 샘플을 소량 수집하는 편이 좋습니다. 이때 데이터를 모델 파라미터를 훈련하는 데 사용하지 않고 하이퍼파라미터를 수정하는 데 사용했다는 점이 중요합니다.

자신의 데이터셋에서 좋은 결과를 얻기 힘들다면 제로샷 파이프라인의 성능 향상을 위해 몇 가지 방법을 시도해봅시다.

- 파이프라인의 작동 방식은 레이블 이름에 매우 민감합니다. 이름이 무의미하거나 텍스트에 쉽게 연결되지 않으면 파이프라인이 제대로 동작하지 않습니다. 이름을 바꾸거나 여러 이름을 동시에 사용한 다음 후속 단계에서 결과를 집계하세요.
- 가설을 변형해도 성능이 높아집니다. 기본적으로 가설은 hypothesis="This is example is about {}"이지만 파이프라인에 다른 텍스트를 전달해도 됩니다. 문제에 따라 성능이 향상하기도 합니다.

이제 모델 훈련에 사용할 레이블링된 샘플이 조금 있는 상황으로 넘어가겠습니다.

9.4 레이블링된 데이터가 적은 경우

대부분의 NLP 프로젝트는 극소량이더라도 레이블링된 샘플이 있습니다. 레이블은 고객이나 다른 팀에서 바로 얻거나 샘플 몇 개에 직접 레이블을 입력합니다. 이전 절의 방법을 사용하더라도, 제로샷 방식이 얼마나 잘 동작하는지 평가하려면 약간의 레이블링된 샘플이 필요합니다. 이 절에서 소량의 귀중한 레이블링된 데이터를 최대로 활용하는 방법을 알아보겠습니다. 적은 양의 레이블링된 데이터를 몇 배로 늘려주는 데이터 증식 기법부터 알아보죠.

9.4.1 데이터 증식

기존 샘플에서 새 훈련 샘플을 생성하는 **데이터 증식**data augmentation 기법을 적용하면, 간단하지만 효과적으로 작은 데이터셋에서 텍스트 분류기의 성능을 높일 수 있습니다. 컴퓨터 비전에서 데이터 증식은 일반적인 전략입니다. 데이터의 의미를 바꾸지 않고 이미지를 랜덤하게 변형합니다(고양이 이미지를 살짝 회전해도 여전히 고양이 이미지입니다). 텍스트는 단어나 문자가 바뀌면 의미가 완전히 달라지기 때문에 데이터 증식이 조금 까다롭습니다. 예를 들어 "Are elephants heavier than mice?"와 "Are mice heavier than elephants?" 질문은 단어의 위치만 바뀌었지만 정반대의 답이 나옵니다. 하지만 (깃허브 이슈처럼) 텍스트가 여러 문장으로 구성됐다면 이런 변형으로 추가되는 잡음은 대개 레이블에 영향을 미치지 않습니다. 일반적으로 사용되는 데이터 증식 기법은 두 가지입니다.

원본 언어로 된 텍스트를 기계 번역을 사용해 하나 이상의 타깃 언어로 번역합니다. 그다음 이를 원본 언어로 다시 번역합니다. 역 번역은 데이터가 많은 언어 또는 도메인 특화된 언어가 매우 많지 않은 말뭉치에서 잘 동작하는 편입니다.

토큰 섞기token perturbations

훈련 세트의 한 텍스트에서 동의어 교체, 단어 추가, 교환, 삭제 같은 간단한 변환을 임의로 선택해 수행합니다.[8]

이런 변환의 예를 [표 9-2]에 나타냈습니다. NLP의 데이터 증식 기법에 대한 자세한 목록은 Amit Chaudhary의 블로그 포스트 "A Visual Survey of Data Augmentation in NLP" (https://oreil.ly/j6euX)를 참고하세요.

표 9-2 텍스트에 사용할 수 있는 여러 가지 데이터 증식 기법

데이터 증식	문장
없음	Even if you defeat me Megatron, others will rise to defeat your tyranny
동의어 교체	Even if you kill me Megatron, others will prove to defeat your tyranny
무작위 추가	Even if you defeat me Megatron, others humanity will rise to defeat your tyranny
무작위 교체	You even if defeat me Megatron, others will rise defeat to tyranny your
무작위 삭제	Even if you me Megatron, others to defeat tyranny
역 번역 (독일어)	Even if you defeat me, others will rise up to defeat your tyranny

M2M100(https://oreil.ly/gfJCq) 같은 기계 번역 모델을 사용해 역 번역을 구현할 수 있습니다. NlpAug(https://oreil.ly/UVRci)와 TextAttack(https://oreil.ly/NMtYi) 같은 라이브러리는 다양한 토큰 변환 기법을 제공합니다. 이 절에서는 구현하기 간단하고 데이터 증식의 주요 개념을 이해하는 데 도움되는 동의어 교체에 초점을 두겠습니다.

동의어 교체를 위해 NlpAug의 `ContextualWordEmbsAug` 클래스로 DistilBERT의 문맥 단어 임베딩을 사용하겠습니다. 간단한 예로 시작하죠.

---

8 J. Wei and K. Zou, "EDA: Easy Data Augmentation Techniques for Boosting Performance on Text Classification Tasks" (https://arxiv.org/abs/1901.11196), (2019).

```
from transformers import set_seed
import nlpaug.augmenter.word as naw

set_seed(3)
aug = naw.ContextualWordEmbsAug(model_path="distilbert-base-uncased",
                                device="cpu", action="substitute")

text = "Transformers are the most popular toys"
print(f"원본 텍스트: {text}")
print(f"증식된 텍스트: {aug.augment(text)}")
```

```
원본 텍스트: Transformers are the most popular toys
증식된 텍스트: transformers'the most popular toys
```

단어 "are"이 아포스트로피^{apostrophe}(')로 바뀌어 새 훈련 샘플을 생성했습니다. 다음처럼 이 증식 코드를 간단한 함수로 감싸겠습니다.

```
def augment_text(batch, transformations_per_example=1):
    text_aug, label_ids = [], []
    for text, labels in zip(batch["text"], batch["label_ids"]):
        text_aug += [text]
        label_ids += [labels]
        for _ in range(transformations_per_example):
            text_aug += aug.augment(text)
            label_ids += [labels]
    return {"text": text_aug, "label_ids": label_ids}
```

이 함수를 map() 메서드에 전달할 때 transformations_per_example 매개변수에 새로 생성할 샘플 수를 지정할 수 있습니다. 이 함수를 사용하면 훈련 슬라이스를 선택한 후 코드 한 줄만 추가하여 나이브 베이즈 분류기를 훈련할 수 있습니다.

```
ds_train_sample = ds_train_sample.map(augment_text, batched=True,
    remove_columns=ds_train_sample.column_names).shuffle(seed=42)
```

이 코드를 포함해 다시 분석을 수행하면 다음과 같은 그래프를 얻습니다.

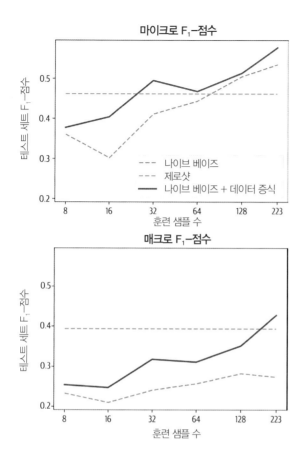

```
plot_metrics(micro_scores, macro_scores, train_samples, "Naive Bayes + Aug")
```

그림을 보면 소량의 데이터 증식으로 나이브 베이즈 분류기의 F_1-점수가 약 5포인트 상승했습니다. 약 170개 훈련 샘플을 사용하면 매크로 점수에서 제로샷 파이프라인의 성능을 추월합니다. 이제 대규모 언어 모델의 임베딩을 사용하는 방법을 알아보겠습니다.

9.4.2 임베딩을 룩업 테이블로 사용하기

GPT-3 같은 대규모 언어 모델은 제한된 데이터로 문제를 해결하는 데 뛰어납니다. 유용한 텍스트 표현을 학습한 덕분입니다. 이런 표현은 감성, 토픽, 텍스트 구조 등의 많은 차원에 걸쳐 정보를 인코딩합니다. 이런 까닭에 대규모 언어 모델의 임베딩을 사용해 의미 검색 엔진semantic search engine을 개발하고, 비슷한 문서나 코멘트를 찾고, 심지어 텍스트를 분류하는 작업도 가능합니다.

이 절에서 OpenAI API 분류 엔드포인트를 본떠 텍스트 분류기를 만들겠습니다. 다음 세 단계를 따릅니다.[9]

1. 언어 모델을 사용해 레이블링된 전체 텍스트를 임베딩합니다.
2. 저장된 임베딩에 최근접 이웃 검색을 수행합니다.
3. 최근접 이웃의 레이블을 수집해 예측을 만듭니다.

이 과정을 표현한 [그림 9-3]은 모델을 사용해 레이블링된 데이터를 임베딩해서 레이블과 함께 저장하는 방법을 보여줍니다. 새로운 텍스트를 분류할 때 이를 임베딩한 후 최근접 이웃의 레이블을 기반으로 새로운 텍스트의 레이블을 부여합니다. 탐색할 이웃의 개수를 조정하는 것이 중요합니다. 너무 적으면 잡음이 많고 너무 많으면 이웃한 그룹이 혼합됩니다.

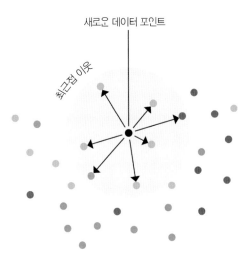

그림 9-3 최근접 이웃 임베딩 룩업

이 방식은 레이블링된 데이터 포인트를 활용하기 위해 모델을 미세 튜닝할 필요가 없습니다. 대신 현재 데이터셋과 비슷한 도메인에서 사전 훈련된 적절한 모델을 선택하는 것이 중요합니다.

....

9   옮긴이_ 이 절의 코드는 번역서 깃허브의 09_lookup-table-with-faiss.ipynb 노트북에 있습니다.

GPT-3는 OpenAI API를 통해서만 사용 가능하므로 GPT-2를 사용해 이 기법을 테스트하겠습니다. 구체적으로 파이썬 코드에서 훈련된 GPT-2 변종을 사용하겠습니다. 그러면 깃허브 이슈에 담긴 일부 문맥을 감지할 것입니다.

텍스트 리스트를 받고 이 모델을 사용해 각 텍스트에 대해 하나의 벡터 표현을 만드는 헬퍼 함수를 작성해보죠. 이때 한 가지 문제를 처리해야 합니다. GPT-2 같은 트랜스포머 모델은 토큰마다 하나의 임베딩 벡터를 반환합니다. 예를 들어 'I took my dog for a walk' 문장이 주어지면 토큰마다 임베딩 벡터가 여러 개 나옵니다. 하지만 실제로 필요한 것은 전체 문장(여기서는 깃허브 이슈)에 대한 임베딩 벡터 하나입니다. 이를 처리하기 위해 **풀링**pooling이라는 기법을 사용합니다. 가장 간단한 풀링 방법은 토큰 임베딩을 평균하는 **평균 풀링**mean pooling입니다. 평균 풀링에서 주의할 점은 평균에 패딩 토큰을 포함하지 말아야 한다는 것입니다. 어텐션 마스크를 사용해 이를 처리하겠습니다.

작동 방식을 이해하기 위해 GPT-2 토크나이저와 모델을 로드하고 평균 풀링 연산을 정의한 후, 전 과정을 embed_text() 함수로 감싸겠습니다.

```python
import torch
from transformers import AutoTokenizer, AutoModel

model_ckpt = "miguelvictor/python-gpt2-large"
tokenizer = AutoTokenizer.from_pretrained(model_ckpt)
model = AutoModel.from_pretrained(model_ckpt)

def mean_pooling(model_output, attention_mask):
    # 토큰 임베딩을 추출합니다.
    token_embeddings = model_output[0]
    # 어텐션 마스크를 계산합니다.
    input_mask_expanded = (attention_mask
                            .unsqueeze(-1)
                            .expand(token_embeddings.size())
                            .float())
    # 임베딩을 더하지만 마스킹된 토큰은 무시합니다.
    sum_embeddings = torch.sum(token_embeddings * input_mask_expanded, 1)
    sum_mask = torch.clamp(input_mask_expanded.sum(1), min=1e-9)
    # 하나의 평균 벡터를 반환합니다.
    return sum_embeddings / sum_mask

def embed_text(examples):
```

```
inputs = tokenizer(examples["text"], padding=True, truncation=True,
                    max_length=128, return_tensors="pt")
with torch.no_grad():
    model_output = model(**inputs)
pooled_embeds = mean_pooling(model_output, inputs["attention_mask"])
return {"embedding": pooled_embeds.cpu().numpy()}
```

이제 각 분할에 대한 임베딩을 얻을 수 있습니다. GPT 스타일의 모델은 패딩 토큰이 없으므로
앞의 코드에서 구현된 것처럼 배치 형식으로 임베딩을 구하려면 패딩 토큰을 추가해야 합니다.
이를 위해 EOS$^{end-of-string}$ 토큰을 재사용하겠습니다.

```
tokenizer.pad_token = tokenizer.eos_token
embs_train = ds["train"].map(embed_text, batched=True, batch_size=16)
embs_valid = ds["valid"].map(embed_text, batched=True, batch_size=16)
embs_test = ds["test"].map(embed_text, batched=True, batch_size=16)
```

모든 임베딩이 준비됐으니 이를 검색할 시스템을 구성합니다. 쿼리할 새로운 텍스트 임베딩과
훈련 세트에 있는 기존 임베딩 사이의 코사인 유사도$^{cosine similarity}$를 계산하는 함수를 작성하겠습니
다. 또는 FAISS 인덱스[10]라 부르는 🤗 데이터셋의 내장 구조를 사용합니다. FAISS는 7장에
서 소개했습니다. 이를 임베딩을 위한 검색 엔진으로 생각할 수 있습니다. 자세한 작동 방식은
잠시 후에 알아보겠습니다. add_faiss_index()를 사용하면 데이터셋의 기존 필드를 FAISS
인덱스로 만듭니다. 또 add_faiss_index_from_external_arrays()를 사용하면 새로운 임
베딩을 데이터셋으로 로드합니다. 전자의 방법을 사용해 다음처럼 훈련 임베딩을 데이터셋에
추가하겠습니다.[11]

```
embs_train.add_faiss_index("embedding")
```

embedding이라는 새로운 FAISS 인덱스를 만들었습니다. 이제 get_nearest_examples() 메
서드를 호출해 최근접 이웃 룩업을 수행합니다. 이 메서드는 가장 가까운 이웃과 각 이웃의 매
칭 점수를 반환합니다. 이를 위해 쿼리 임베딩과 추출할 최근접 이웃 개수를 지정합니다. 이 메

---

10 J. Johnson, M. Douze, and H. Jégou, "Billion-Scale Similarity Search with GPUs" (https://arxiv.org/
   abs/1702.08734), (2017).

11 옮긴이_ FAISS를 사용하려면 conda나 pip로 faiss-cpu 또는 faiss-gpu 패키지를 설치해야 합니다.

서드를 한번 호출해서 주어진 샘플과 가장 가까운 문서를 확인하겠습니다.

```
i, k = 0, 3    # 첫 번째 쿼리와 3개의 최근접 이웃을 선택합니다.
rn, nl = "\r\n\r\n", "\n"    # 간결한 출력을 위해 텍스트에서 줄바꿈 문자를 삭제합니다.

query =  np.array(embs_valid[i]["embedding"], dtype=np.float32)
scores, samples = embs_train.get_nearest_examples("embedding", query, k=k)

print(f"쿼리 레이블: {embs_valid[i]['labels']}")
print(f"쿼리 텍스트:\n{embs_valid[i]['text'][:200].replace(rn, nl)} [...]\n")
print("="*50)
print(f"검색된 문서:")
for score, label, text in zip(scores, samples["labels"], samples["text"]):
    print("="*50)
    print(f"텍스트:\n{text[:200].replace(rn, nl)} [...]")
    print(f"점수: {score:.2f}")
    print(f"레이블: {label}")
```

```
쿼리 레이블: ['new model']
쿼리 텍스트:
Implementing efficient self attention in T5

# ★ New model addition
My teammates and I (including @ice-americano) would like to use efficient self
attention methods such as Linformer, Performer and [...]

==================================================
검색된 문서:
==================================================
텍스트:
Add Linformer model

# ★ New model addition
## Model description
### Linformer: Self-Attention with Linear Complexity
Paper published June 9th on ArXiv: https://arxiv.org/abs/2006.04768
La [...]
점수: 54.92
레이블: ['new model']
==================================================
텍스트:
Add FAVOR+ / Performer attention
```

```
# ★ FAVOR+ / Performer attention addition
Are there any plans to add this new attention approximation block to
Transformers library?
## Model description
The n [...]
점수: 57.90
레이블: ['new model']
================================================
텍스트:
Implement DeLighT: Very Deep and Light-weight Transformers

# ★ New model addition
## Model description
DeLight, that delivers similar or better performance than transformer-based
models with sign [...]
점수: 60.12
레이블: ['new model']
```

훌륭하네요! 기대한 그대로입니다. 임베딩 룩업으로 얻은 세 문서는 레이블이 모두 똑같습니다. 제목을 보면 세 문서가 매우 비슷합니다. 쿼리와 검색된 문서는 고효율의 신형 트랜스포머 모델을 추가하는 문제를 다룹니다. 하지만 최적의 k 값은 얼마일까요? 비슷하게 검색된 문서의 레이블을 어떻게 집계해야 할까요? 아니면 k를 20으로 설정하고 5회 이상 등장한 레이블을 모두 사용해야 할까요? 체계적으로 조사해봅시다. 헬퍼 함수를 만들어 몇 개의 k 값과 레이블 할당을 위한 임곗값 $m < k$를 바꾸겠습니다. 각 설정에서 매크로와 마이크로 F_1-점수를 기록해 나중에 가장 좋은 성능을 내는 설정을 정하겠습니다. 검증 세트에 있는 각 샘플에서 루프를 반복하지 않고 쿼리 배치를 받는 get_nearest_examples_batch() 메서드를 사용하겠습니다.

```python
def get_sample_preds(sample, m):
    return (np.sum(sample["label_ids"], axis=0) >= m).astype(int)

def find_best_k_m(ds_train, valid_queries, valid_labels, max_k=17):
    max_k = min(len(ds_train), max_k)
    perf_micro = np.zeros((max_k, max_k))
    perf_macro = np.zeros((max_k, max_k))
    for k in range(1, max_k):
        for m in range(1, k + 1):
            _, samples = ds_train.get_nearest_examples_batch("embedding",
                                                    valid_queries, k=k)
            y_pred = np.array([get_sample_preds(s, m) for s in samples])
```

```
            clf_report = classification_report(valid_labels, y_pred,
                target_names=mlb.classes_, zero_division=0, output_dict=True)
            perf_micro[k, m] = clf_report["micro avg"]["f1-score"]
            perf_macro[k, m] = clf_report["macro avg"]["f1-score"]
    return perf_micro, perf_macro
```

모든 k와 m 설정에서 전체 훈련 샘플을 사용해 최상의 값을 찾고 이 점수를 시각화하겠습니다.

```
valid_labels = np.array(embs_valid["label_ids"])
valid_queries = np.array(embs_valid["embedding"], dtype=np.float32)
perf_micro, perf_macro = find_best_k_m(embs_train, valid_queries, valid_labels)
fig, (ax0, ax1) = plt.subplots(1, 2, figsize=(10, 3.5), sharey=True)
ax0.imshow(perf_micro)
ax1.imshow(perf_macro)

ax0.set_title("micro scores")
ax0.set_ylabel("k")
ax1.set_title("macro scores")
for ax in [ax0, ax1]:
    ax.set_xlim([0.5, 17 - 0.5])
    ax.set_ylim([17 - 0.5, 0.5])
    ax.set_xlabel("m")
plt.show()
```

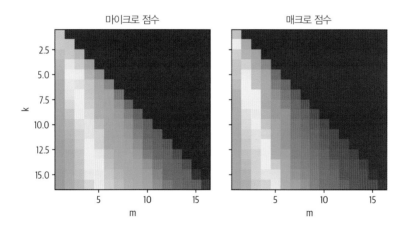

그래프에서 패턴이 보입니다. 어떤 k에서 m이 너무 크거나 작으면 최적이 아닌 결과를 얻습니

다. 대략 m/k = 1/3의 비율로 선택할 때 성능이 가장 좋습니다. 전반적으로 어떤 k와 m이 최상의 결과를 내는지 알아보죠.

```python
k, m = np.unravel_index(perf_micro.argmax(), perf_micro.shape)
print(f"최상의 k: {k}, 최상의 m: {m}")
```

```
최상의 k: 15, 최상의 m: 5
```

k=15와 m=5를 선택할 때 성능이 최상입니다. 다른 말로 하면, 15개의 최근접 이웃을 검색하고 최소한 5회 등장한 레이블을 할당할 때 최상의 성능을 달성합니다. 임베딩 룩업을 위해 최상의 값을 찾는 좋은 방법을 알았으니, 나이브 베이즈 분류기처럼 훈련 세트 슬라이스를 사용해 성능을 평가하겠습니다. 데이터셋을 슬라이싱하기 전에 FAISS 인덱스는 데이터셋처럼 슬라이싱하지 못하므로 인덱스를 삭제합니다. 나머지 루프는 최상의 k와 m 값을 구하기 위해 검증 세트를 사용하는 것을 제외하면 이전과 똑같습니다.

```python
embs_train.drop_index("embedding")
test_labels = np.array(embs_test["label_ids"])
test_queries = np.array(embs_test["embedding"], dtype=np.float32)

for train_slice in train_slices:
    # 훈련 슬라이스로부터 FAISS 인덱스를 만듭니다.
    embs_train_tmp = embs_train.select(train_slice)
    embs_train_tmp.add_faiss_index("embedding")
    # 검증 세트로 최상의 k, m 값을 구합니다.
    perf_micro, _ = find_best_k_m(embs_train_tmp, valid_queries, valid_labels)
    k, m = np.unravel_index(perf_micro.argmax(), perf_micro.shape)
    # 테스트 세트에서 예측을 만듭니다.
    _, samples = embs_train_tmp.get_nearest_examples_batch("embedding",
                                                           test_queries,
                                                           k=int(k))
    y_pred = np.array([get_sample_preds(s, m) for s in samples])
    # 예측을 평가합니다.
    clf_report = classification_report(test_labels, y_pred,
        target_names=mlb.classes_, zero_division=0, output_dict=True,)
    macro_scores["Embedding"].append(clf_report["macro avg"]["f1-score"])
    micro_scores["Embedding"].append(clf_report["micro avg"]["f1-score"])

plot_metrics(micro_scores, macro_scores, train_samples, "Embedding")
```

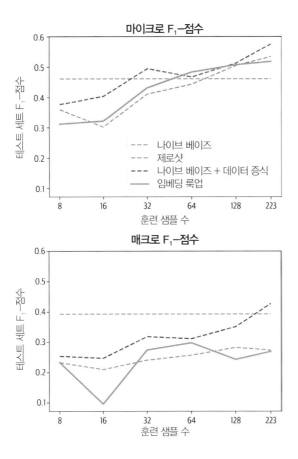

임베딩 룩업은 학습 가능한 파라미터 k와 m을 가지면서 마이크로 점수에서 이전 방법들에 비해 경쟁력이 있습니다. 하지만 매크로 점수에서는 조금 나쁜 성능을 보입니다.

이런 결과는 조심해서 받아들이세요. 도메인에 따라 잘 동작하는 방법이 크게 다릅니다. 이 제로샷 파이프라인의 훈련 데이터는 여기서 사용한 깃허브 이슈 데이터셋과 많이 다릅니다. 깃허브 이슈에는 모델이 이전에 만나본 적 없는 많은 코드가 포함됐습니다. 이 파이프라인은 리뷰 감성 분석 같은 더 일반적인 작업에서 훨씬 더 잘 동작할 수 있습니다. 마찬가지로 임베딩의 품질은 모델과 훈련하는 데이터에 따라 달라집니다. 고품질 임베딩을 위해 훈련된 sentence-transformers/stsb-roberta-large와 코드와 문서에서 훈련된 microsoft/codebert-base, dbernsohn/roberta-python 같은 여러 모델을 시도해봤습니다. 이 경우 파이썬 코드에서 훈련된 GPT-2가 가장 잘 동작했습니다.

다른 모델을 테스트하려면 모델 체크포인트 이름만 바꾸면 되므로, 평가 파이프라인을 준비하고 나면 여러 모델을 빠르게 시험할 수 있습니다.

이제 간단한 이 임베딩 트릭을 소량의 데이터에서 트랜스포머를 미세 튜닝하는 것과 비교해보겠습니다.

FAISS를 사용한 효율적인 유사도 검색

7장에서 DPR 임베딩으로 문서를 검색할 때 FAISS를 처음 보았습니다. 여기서는 FAISS 라이브러리의 작동 방식과 ML 도구상자에서 이 라이브러리가 강력한 이유를 간략하게 설명하겠습니다.

우리는 위키피디아 같은 대규모 데이터셋이나 구글 같은 검색 엔진으로 웹에서 빠른 텍스트 쿼리를 수행하는 데 익숙합니다. 이 성능은 텍스트에서 임베딩으로 바꿀 때도 유지하고 싶습니다. 하지만 텍스트 쿼리의 속도를 높이는 방법이 임베딩에는 적용되지 않습니다.

텍스트 검색의 속도를 높이기 위해서는 일반적으로 단어를 문서에 매핑한 역 인덱스inverted index를 만듭니다. 역 인덱스는 책 끝에 있는 찾아보기와 비슷하게 동작합니다. 즉, 각 단어는 단어가 등장한 페이지(이 경우, 문서)에 매핑됩니다. 나중에 쿼리를 실행하면 검색 단어가 등장한 문서를 빠르게 찾습니다. 이 방식은 단어와 같은 이산적인 객체에서 잘 동작합니다. 하지만 벡터와 같은 연속적인 객체에서는 잘 맞지 않습니다. 각 문서의 벡터는 고유할 가능성이 높아 인덱스가 새로운 벡터와 절대 일치하지 않습니다. 따라서 정확히 일치하는 항목 대신 가깝거나 비슷한 항목을 찾아야 합니다.

데이터베이스에서 쿼리 벡터와 가장 비슷한 벡터를 찾고 싶을 때는 이론적으로 쿼리 벡터를 데이터베이스에 있는 n개의 벡터와 모두 비교해야 합니다. 작은 데이터셋에서는 문제가 안 되지만, 이를 수천 또는 수백만 개 항목으로 확장한다면 쿼리가 처리되는 동안 잠시 기다려야 합니다.

FAISS는 몇 가지 트릭으로 이 문제를 해결합니다. 주요 개념은 데이터셋을 분할하는 것입니다. 쿼리 벡터를 데이터셋 일부와 비교하면 처리 속도가 크게 높아집니다. 하지만 데이터셋이 무작위로 나뉘면 그중 어떤 분할을 검색할지 어떻게 결정할까요? 가장 비슷한 항목을 찾을 거라 어떻게 보장할까요? 분명 더 좋은 방법이 필요합니다. 바로 데이터셋에 k-평균 클러스터링clustering을 적용하는 것입니다! 이 알고리즘은 유사도에 따라 임베딩을 그룹으로 묶습니다. 또 각 그룹에 속한 벡터를 모두 평균해 센트로이드centroid 벡터를 얻습니다(그림 9-4).

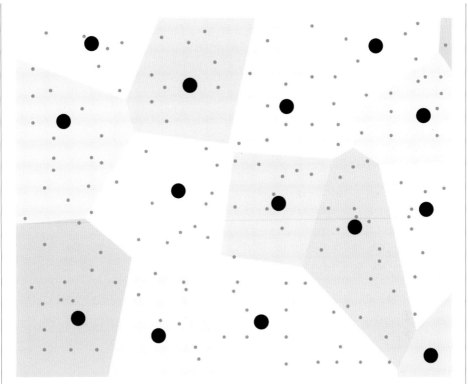

그림 9-4 FAISS 인덱스의 구조. 회색 점은 인덱스에 추가된 데이터 포인트. 검은 동그라미는 k-평균 클러스터링으로 찾은 클러스터 센트로이드입니다. 음영으로 구분된 지역은 하나의 클러스터 중심에 속한 영역을 나타냅니다.

이렇게 그룹핑되면 n개의 벡터에서 검색하기가 훨씬 쉬워집니다. 먼저 k개의 센트로이드에서 쿼리와 가장 비슷한 것을 찾습니다(k회 비교). 그다음 해당 그룹 안에서 검색합니다($\frac{n}{k}$개 원소 비교). 그러면 비교 횟수가 n에서 $k+\frac{n}{k}$으로 줄어듭니다. 따라서 이어지는 질문은 "최적의 k 값은 무엇일까요?"입니다. k가 매우 작으면 각 그룹에 샘플이 많아지고 두 번째 단계에서 비교 횟수가 늘어납니다. k 값이 매우 크면 검색해야 할 센트로이드가 많아집니다. k에 대한 함수 $f(k)=k+\frac{n}{k}$의 최솟값을 찾으면 $k=\sqrt{n}$이 됩니다. 실제로 n = 220일 때 이 함수의 그래프를 그려 이를 확인하겠습니다.

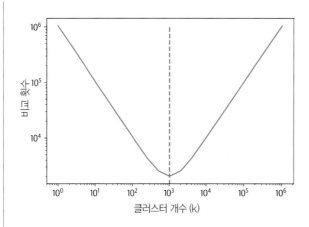

그래프는 클러스터 개수의 함수로 비교 횟수를 보여줍니다. 이 함수의 최솟값을 찾아 비교해보면 예상대로 $\sqrt{2^{20}} = 2^{10} = 1024$가 나옵니다.

데이터셋 분할로 쿼리 속도를 높이는 것 외에도 FAISS의 속도 향상을 높이는 방법으로 GPU를 활용할 수 있습니다. 메모리가 걱정된다면 고급 양자화 방식으로 벡터를 압축하는 몇 가지 옵션도 있습니다. 프로젝트에 FAISS를 사용하고 싶다면 적절한 방식을 선택하기 위해 FAISS 저장소에 수록된 간단한 가이드(https://oreil.ly/QmvzR)를 참고하세요.

FAISS를 사용한 가장 큰 프로젝트 중 하나는 페이스북의 CCMatrix 말뭉치(https://oreil.ly/ennlr)입니다. CCMatrix의 저자들은 다국어 임베딩을 사용해 다른 언어에서 동일한 문장을 찾았습니다. 이 거대한 말뭉치는 100개 언어를 직접 번역하는 대규모 기계 번역 모델인 M2M100(https://oreil.ly/XzSH9)을 훈련하는 데 사용됐습니다.

9.4.3 기본 트랜스포머 미세 튜닝하기

레이블링된 데이터가 있다면 사전 훈련된 트랜스포머 모델의 미세 튜닝도 가능합니다. 기본 BERT 체크포인트로 시작해 언어 모델의 미세 튜닝이 성능에 미치는 영향은 이 절의 후반부에서 보겠습니다.

> **TIP** 많은 애플리케이션에서 사전 훈련된 BERT 같은 모델로 시작하는 것이 좋습니다. 하지만 주어진 말뭉치의 도메인이 사전 훈련된 말뭉치(일반적으로 위키피디아)와 크게 다르다면 허깅페이스 허브에 있는 많은 모델을 찾아봐야 합니다. 누군가가 이미 해당 도메인에서 모델을 사전 훈련했을 가능성이 있습니다!

먼저 사전 훈련 토크나이저를 로드해 데이터셋을 토큰화한 다음, 훈련과 평가에 필요 없는 열을 삭제해보죠.

```python
import torch
from transformers import (AutoTokenizer, AutoConfig,
                          AutoModelForSequenceClassification)

model_ckpt = "bert-base-uncased"
tokenizer = AutoTokenizer.from_pretrained(model_ckpt)

def tokenize(batch):
    return tokenizer(batch["text"], truncation=True, max_length=128)
ds_enc = ds.map(tokenize, batched=True)
ds_enc = ds_enc.remove_columns(['labels', 'text'])
```

다중 레이블 손실 함수는 이산적인 레이블 대신 클래스 확률도 사용할 수 있기 때문에 실수 타입의 레이블을 기대합니다. 따라서 label_ids 열의 타입을 바꿔야 합니다. 열 원소의 포맷을 바꾸면 애로우의 타입 포맷typed format에서 잘 동작하지 않으므로 조금 돌아가야 합니다. 먼저 레이블로 새 열을 만듭니다. 이 열의 포맷은 첫 번째 원소로 추론합니다. 그다음 원본 열을 삭제하고 새 열의 이름을 바꿔 원본 열을 대체합니다.

```python
ds_enc.set_format("torch")
ds_enc = ds_enc.map(lambda x: {"label_ids_f": x["label_ids"].to(torch.float)},
                    remove_columns=["label_ids"])
ds_enc = ds_enc.rename_column("label_ids_f", "label_ids")
```

크기가 작기 때문에 훈련 데이터에 금세 과대적합될 가능성이 높습니다. 따라서 load_best_model_at_end=True로 설정해서 마이크로 F_1-점수를 기반으로 최선의 모델을 선택합니다.

```python
from transformers import Trainer, TrainingArguments

training_args_fine_tune = TrainingArguments(
    output_dir="./results", num_train_epochs=20, learning_rate=3e-5,
    lr_scheduler_type='constant', per_device_train_batch_size=4,
    per_device_eval_batch_size=32, weight_decay=0.0,
    evaluation_strategy="epoch", save_strategy="epoch",logging_strategy="epoch",
    load_best_model_at_end=True, metric_for_best_model='micro f1',
    save_total_limit=1, log_level='error')
```

최상의 모델을 선택하려면 F_1-점수가 필요합니다. 따라서 평가 단계에서 이를 계산합니다. 모델이 로짓을 반환하므로 먼저 시그모이드 함수로 예측을 정규화하고, 그다음 간단한 임곗값으로 이를 이진화합니다. 그 후 분류 리포트를 사용해 관심 대상 점수를 반환합니다.

```python
from scipy.special import expit as sigmoid

def compute_metrics(pred):
    y_true = pred.label_ids
    y_pred = sigmoid(pred.predictions)
    y_pred = (y_pred>0.5).astype(float)

    clf_dict = classification_report(y_true, y_pred, target_names=all_labels,
                                     zero_division=0, output_dict=True)
    return {"micro f1": clf_dict["micro avg"]["f1-score"],
            "macro f1": clf_dict["macro avg"]["f1-score"]}
```

이제 훈련할 준비가 됐습니다! 훈련 세트 슬라이스마다 처음부터 분류기를 훈련하고, 훈련 루프 끝에서 최상의 모델을 로드하고, 테스트 세트의 결과를 저장합니다.

```python
config = AutoConfig.from_pretrained(model_ckpt)
config.num_labels = len(all_labels)
config.problem_type = "multi_label_classification"

for train_slice in train_slices:
    model = AutoModelForSequenceClassification.from_pretrained(model_ckpt,
                                                               config=config)

    trainer = Trainer(
        model=model, tokenizer=tokenizer,
        args=training_args_fine_tune,
        compute_metrics=compute_metrics,
        train_dataset=ds_enc["train"].select(train_slice),
        eval_dataset=ds_enc["valid"],)

    trainer.train()
    pred = trainer.predict(ds_enc["test"])
    metrics = compute_metrics(pred)
    macro_scores["Fine-tune (vanilla)"].append(metrics["macro f1"])
    micro_scores["Fine-tune (vanilla)"].append(metrics["micro f1"])

plot_metrics(micro_scores, macro_scores, train_samples, "Fine-tune (vanilla)")
```

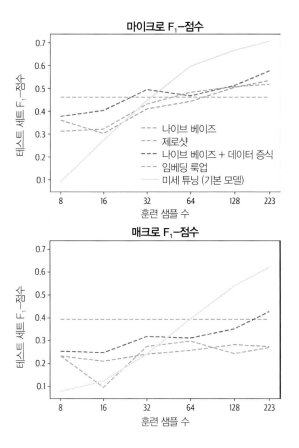

기본적인 BERT 모델을 간단하게 미세 튜닝해 64개 샘플에서 경쟁력 있는 모델을 얻었습니다. 또 미세 튜닝 전에는 약간 불규칙한 행동을 보인다는 사실도 알았습니다. 모델을 훈련한 작은 샘플의 레이블이 일부 불균형하기 때문입니다. 레이블링되지 않은 데이터셋을 사용하기 전에, 퓨샷 도메인 분야에서 언어 모델을 사용할 또 다른 유망한 방법을 빠르게 살펴보겠습니다.

9.4.4 프롬프트를 사용한 인–컨텍스트 학습과 퓨샷 학습

이 장의 앞부분에서 BERT나 GPT–2 같은 언어 모델을 사용해 지도 학습에 적용했습니다. 이를 위해 프롬프트를 사용하고 모델의 토큰 예측을 파싱합니다. 이 방식은 작업에 특화된 헤드를 추가하고 모델 파라미터를 작업에 맞게 튜닝하는 전통적인 방식과 다릅니다. 훈련 데이터가 전혀 필요하지 않은 장점과 가지고 있는 레이블링된 데이터를 활용할 수 없는 단점이 있습니다. 그 절충안으로 **인-컨텍스트 학습**in-context learning 또는 **퓨샷 학습**few-shot learning을 활용하는 방법도 있습니다.

개념을 설명하기 위해 영어를 프랑스어로 번역하는 작업을 생각해보죠. 제로샷 패러다임에서 다음과 같은 프롬프트를 만듭니다.

```
prompt = """\
Translate English to French:
thanks =>
"""
```

이 프롬프트는 모델이 단어 'merci'를 예측하도록 유도합니다. 6장에서 요약을 위해 GPT-2를 사용할 때 텍스트에 'TL;DR'을 추가해서 모델이 텍스트로 명시적 훈련을 받지 않고도 요약을 생성하도록 유도했습니다. GPT-3 논문에서 흥미로운 점은 프롬프트가 있는 샘플에서 효과적으로 학습하는 대규모 언어 모델의 능력입니다. 따라서 앞의 번역 샘플에 영어-프랑스어 번역 샘플 몇 개를 보강하면 모델이 작업에서 더 뛰어난 성능을 냅니다.[12]

게다가 저자들은 모델이 클수록 인-컨텍스트 샘플을 더 잘 사용해 성능이 크게 향상됨을 알았습니다. GPT-3 정도 크기의 모델을 실전 제품에 사용하기가 어렵지만, 이는 새롭게 부상하는 연구 분야이며, 자연어로 명령을 입력하고 GPT-3가 파싱해 명령을 셸에 전달하는 자연어 셸shell 같은 멋진 애플리케이션을 만들었습니다.

레이블링된 데이터를 사용하는 또 다른 방법으로 프롬프트 샘플과 원하는 예측을 만들고 이런 샘플로 언어 모델을 계속 훈련하는 방법이 있습니다. 이 방식을 따르는 ADAPET이란 이름의 새 방법은 생성된 프롬프트로 모델을 튜닝해 다양한 작업에서 GPT-3를 능가하는 성능을 보여줍니다.[13] 허깅페이스 연구자들의 최근 연구에 따르면, 이 방식은 사용자 헤드를 미세 튜닝하는 것보다 더 데이터 효율적일 수 있습니다.[14]

이 절에서 몇 개의 레이블링된 샘플을 잘 활용하는 다양한 방법을 간략하게 알아봤습니다. 레이블링된 샘플 외에 레이블링되지 않은 데이터가 많이 있는 경우가 더 흔합니다. 다음 절에서

---

12 T. Brown et al., "Language Models Are Few-Shot Learners" (https://arxiv.org/abs/2005.14165), (2020).

13 D. Tam et al., "Improving and Simplifying Pattern Exploiting Training" (https://arxiv.org/abs/2103.11955), (2021).

14 T. Le Scao and A.M. Rush, "How Many Data Points Is a Prompt Worth?" (https://arxiv.org/abs/2103.08493), (2021).

이를 잘 활용하는 방법을 논의하겠습니다.

9.5 레이블링되지 않은 데이터 활용하기

분류기를 훈련할 최상의 시나리오는 고품질의 레이블링된 데이터를 대량으로 구하는 것이지만, 그렇다고 해서 레이블링되지 않은 데이터가 쓸모없다는 뜻은 아닙니다. 지금까지 사용한 모델의 사전 훈련을 생각해보죠. 대부분 인터넷상의 레이블링되지 않은 데이터에서 훈련했지만, 다양한 텍스트 관련 작업에서 사전 훈련된 가중치를 활용할 수 있습니다. 이것이 NLP에서 전이 학습의 주요 개념입니다. 당연히 후속 작업의 텍스트 구조가 사전 훈련 텍스트와 비슷하다면 전이 학습은 더 잘 수행됩니다. 따라서 사전 훈련 작업이 후속 작업의 목표에 가깝다면 전이 학습의 성능이 높아집니다.

구체적인 사례를 들어 생각해보죠. BERT는 BookCorpus와 영어 위키피디아에서 사전 훈련합니다. 이런 데이터셋에서 코드가 담긴 텍스트와 깃허브 이슈는 확실히 작은 부분에 해당합니다. 예를 들어 BERT를 처음부터 사전 훈련한다면 깃허브에 있는 모든 이슈를 크롤링하는 방법이 있지만, 비용이 많이 듭니다. 또 이 방법은 BERT가 학습한 언어의 대부분이 여전히 깃허브 이슈에만 유효하다는 문제가 있습니다. 밑바닥부터 재훈련하는 방법과 분류를 위해 그냥 모델을 사용하는 방법의 절충점이 있지 않을까요? 이를 도메인 적응domain adaption이라 합니다(7장의 질문 답변에서도 보았습니다). 언어 모델을 밑바닥부터 재훈련하는 대신 주어진 도메인의 데이터에서 계속 훈련하는 방법입니다. 이 단계에서는 마스킹된 단어를 예측하는 고전적인 언어 모델의 목표를 사용합니다. 즉 레이블링된 데이터가 필요하지 않습니다. 그다음 적응된 모델을 분류기로 로드하고 미세 튜닝해서 레이블링되지 않은 데이터를 활용합니다.

도메인 적응은 레이블링된 데이터에 비해 레이블링되지 않은 데이터가 풍부한 경우가 많다는 사실을 활용합니다. 게다가 적응된 모델은 많은 곳에 재사용됩니다. 이메일 분류기를 구축하기 위해 과거 이메일에 도메인 적응을 적용한다고 가정해보죠. 나중에 같은 모델을 개체명 인식이나 감성 분석 같은 분류 작업에 사용할 수 있습니다. 이 방식은 후속 작업에 무관하기 때문입니다.

이제 사전 훈련된 언어 모델을 미세 튜닝할 때 거쳐야 할 단계를 알아보겠습니다.

9.5.1 언어 모델 미세 튜닝하기

마스크드 언어 모델링으로 사전 훈련된 BERT 모델을 레이블링이 없는 데이터셋에서 미세 튜닝하겠습니다. 이를 위해 두 가지 새로운 개념이 필요합니다. 데이터를 토큰화하는 추가 단계와 특별한 데이터 콜레이터입니다. 토큰화부터 알아보죠.

토크나이저는 텍스트에 있는 일반적인 토큰 외에 분류와 다음 문장 예측에 사용할 [CLS]와 [SEP] 같은 특수 토큰도 시퀀스에 추가합니다. 마스크드 언어 모델링에서는 이런 토큰도 예측하도록 모델을 훈련하지 않습니다. 이런 이유로 손실을 계산할 때 특수 토큰을 마스킹합니다. 또 return_special_tokens_mask=True로 설정해 토큰화할 때 마스크를 얻을 수 있습니다. 이런 방식으로 텍스트를 토큰화해보죠.

```
def tokenize(batch):
    return tokenizer(batch["text"], truncation=True,
                     max_length=128, return_special_tokens_mask=True)

ds_mlm = ds.map(tokenize, batched=True)
ds_mlm = ds_mlm.remove_columns(["labels", "text", "label_ids"])
```

마스크드 언어 모델링을 시작하려면 입력 시퀀스에 있는 토큰을 마스킹하고 출력에서 타깃 토큰을 마련하는 메커니즘이 필요합니다. 이를 위해 랜덤한 토큰을 마스킹하고 시퀀스를 위해 레이블을 생성하는 함수를 작성해야 합니다. 하지만 데이터셋에 타깃 시퀀스도 저장해야 하니 데이터셋의 크기는 두 배가 됩니다. 또 에포크마다 동일한 시퀀스 마스킹을 사용하게 됩니다.

데이터 콜레이터를 사용하는 방식은 더 우아합니다. 데이터 콜레이터는 데이터셋과 모델 호출 사이를 연결하는 함수라는 것을 기억하세요. 배치는 데이터셋에서 샘플링되고 데이터 콜레이터는 배치에 있는 원소를 모델에 주입하기 위해 준비합니다. 가장 간단한 예는 각 원소의 텐서를 하나의 텐서로 연결하는 경우입니다. 여기서는 동적으로 마스킹과 레이블 생성을 수행하기 위해 데이터 콜레이터를 사용합니다. 이런 방식에서는 레이블을 저장할 필요가 없고 샘플링할 때마다 새 마스크를 얻습니다. 이런 작업을 위한 데이터 콜레이터는 DataCollatorForLanguageModeling입니다. 모델의 토크나이저와 마스킹할 토큰 비율을 mlm_probability 매개변수에 지정해 초기화합니다. BERT 논문을 따라 이 콜레이터로 토큰의 15%를 마스킹하겠습니다.

```
from transformers import DataCollatorForLanguageModeling, set_seed

data_collator = DataCollatorForLanguageModeling(tokenizer=tokenizer,
                                                 mlm_probability=0.15)
```

실제로 어떻게 동작하는지 알아보기 위해 데이터 콜레이터를 실행해보죠. DataFrame으로 결과를 빠르게 확인하기 위해 토크나이저와 데이터 콜레이터의 반환 포맷을 넘파이로 바꿉니다.

```
set_seed(3)
data_collator.return_tensors = "np"
inputs = tokenizer("Transformers are awesome!", return_tensors="np")
outputs = data_collator([{"input_ids": inputs["input_ids"][0]}])
original_input_ids = inputs["input_ids"][0]
masked_input_ids = outputs["input_ids"][0]

pd.DataFrame({
    "Original tokens": tokenizer.convert_ids_to_tokens(original_input_ids),
    "Masked tokens": tokenizer.convert_ids_to_tokens(masked_input_ids),
    "Original input_ids": original_input_ids,
    "Masked input_ids": masked_input_ids,
    "Labels": outputs["labels"][0]}).T
```

	0	1	2	3	4	5
Original tokens	[CLS]	transformers	are	awesome	!	[SEP]
Masked tokens	[CLS]	transformers	are	awesome	[MASK]	[SEP]
Original input_ids	101	19081	2024	12476	999	102
Masked input_ids	101	19081	2024	12476	103	102
Labels	−100	−100	−100	−100	999	−100

느낌표에 해당하는 토큰이 마스킹 토큰으로 바뀌었습니다. 또 데이터 콜레이터가 레이블 배열을 반환했습니다. 이 배열에서 원본 토큰은 −100이고 마스킹된 토큰의 경우는 토큰 ID입니다. 이전에 보았듯 −100에 해당하는 항목은 손실을 계산할 때 무시됩니다. 다시 데이터 콜레이터의 포맷을 파이토치로 바꾸겠습니다.

```
data_collator.return_tensors = "pt"
```

토크나이저와 데이터 콜레이터가 있으니 마스크드 언어 모델을 미세 튜닝할 준비가 됐습니다. 이전처럼 TrainingArguments와 Trainer를 설정합니다.[15]

```python
from transformers import AutoModelForMaskedLM

training_args = TrainingArguments(
    output_dir = f"{model_ckpt}-issues-128", per_device_train_batch_size=32,
    logging_strategy="epoch", evaluation_strategy="epoch", save_strategy="no",
    num_train_epochs=16, push_to_hub=True, log_level="error", report_to="none")

trainer = Trainer(
        model=AutoModelForMaskedLM.from_pretrained("bert-base-uncased"),
        tokenizer=tokenizer, args=training_args, data_collator=data_collator,
        train_dataset=ds_mlm["unsup"], eval_dataset=ds_mlm["train"])

trainer.train()
trainer.push_to_hub("Training complete!")
```

모델의 훈련 손실과 검증 손실을 보기 위해 Trainer의 로그 기록을 확인하겠습니다. 모든 로그는 딕셔너리의 리스트로 trainer.state.log_history에 저장되어 쉽게 판다스 DataFrame으로 로드됩니다. 훈련과 검증 손실이 다른 간격으로 기록되기 때문에 데이터프레임에 누락된 값이 있습니다. 따라서 값을 그래프로 그리기 전에 누락된 값을 삭제하겠습니다.

```python
df_log = pd.DataFrame(trainer.state.log_history)

(df_log.dropna(subset=["eval_loss"]).reset_index()["eval_loss"]
  .plot(label="Validation"))
df_log.dropna(subset=["loss"]).reset_index()["loss"].plot(label="Train")

plt.xlabel("Epochs")
plt.ylabel("Loss")
plt.legend(loc="upper right")
plt.show()
```

---

15 옮긴이_ 아래 코드를 실행하기 전에 허깅페이스 허브에 로그인해야 합니다. 코랩이나 주피터 노트북을 사용한다면 다음 명령을 실행하세요.
```python
from huggingface_hub import notebook_login
notebook_login()
```

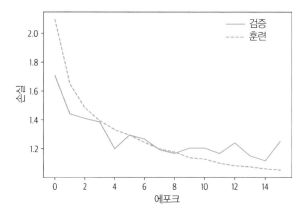

훈련 손실과 검증 손실이 모두 상당히 줄어든 것 같습니다. 따라서 이 모델을 기반으로 분류기를 미세 튜닝해 성능이 올라가는지 확인해보죠.

9.5.2 분류기 미세 튜닝하기

미세 튜닝 과정을 반복하겠습니다. 하지만 조금 다르게 앞서 만든 체크포인트를 로드합니다.

```python
model_ckpt = f'{model_ckpt}-issues-128'
config = AutoConfig.from_pretrained(model_ckpt)
config.num_labels = len(all_labels)
config.problem_type = "multi_label_classification"

for train_slice in train_slices:
    model = AutoModelForSequenceClassification.from_pretrained(model_ckpt,
                                                               config=config)
    trainer = Trainer(
        model=model,
        tokenizer=tokenizer,
        args=training_args_fine_tune,
        compute_metrics=compute_metrics,
        train_dataset=ds_enc["train"].select(train_slice),
        eval_dataset=ds_enc["valid"],
    )

    trainer.train()
    pred = trainer.predict(ds_enc['test'])
    metrics = compute_metrics(pred)
```

```
# DA는 도메인 적응을 의미합니다
macro_scores['Fine-tune (DA)'].append(metrics['macro f1'])
micro_scores['Fine-tune (DA)'].append(metrics['micro f1'])
```

기본 BERT를 기반으로 미세 튜닝한 결과와 비교하면, 특히 데이터가 부족한 도메인에서 유리
합니다. 레이블링된 데이터가 더 많은 상황에서는 몇 퍼센트 포인트가 향상되기도 합니다.

```
plot_metrics(micro_scores, macro_scores, train_samples, "Fine-tune (DA)")
```

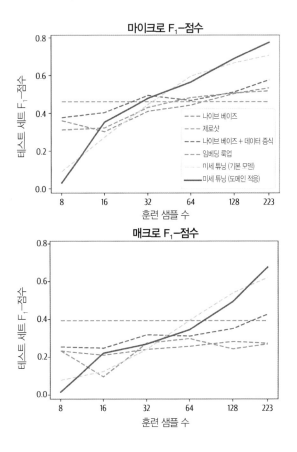

이는 도메인 적응이 레이블링되지 않은 데이터와 약간의 노력을 통해 모델 성능을 조금 향상시
킬 수 있다는 사실을 잘 보여줍니다. 당연히 레이블링되지 않은 데이터가 많고 레이블링된 데
이터가 적을수록 이 방법이 미치는 영향은 더 커집니다. 이 장을 마무리하기 전에 레이블링되

지 않은 데이터를 활용하는 몇 가지 트릭을 추가로 소개하겠습니다.

9.5.3 고급 방법

분류 헤드를 튜닝하기 전에 언어 모델을 미세 튜닝하는 것은 간단하지만 성능 향상에 언제나 도움이 됩니다. 하지만 레이블링되지 않은 데이터를 더 잘 활용할 정교한 방법이 있습니다. 여기서 요약할 몇 가지 방법은 성능을 높여야 할 때 좋은 출발점이 됩니다.

비지도 데이터 증식

비지도 데이터 증식unsupervised data augmentation(UDA)의 기본 개념은 레이블링되지 않은 샘플과 살짝 왜곡된 샘플에 대해 모델의 예측이 일정해야 한다는 것입니다. 왜곡은 토큰 교체나 역 번역 같은 표준적인 데이터 증식 전략으로 만듭니다. 그다음 원본 예측과 왜곡된 샘플의 예측 사이에 KL 발산을 최소화하도록 일관성이 강제로 부여됩니다. 이 과정이 [그림 9-5]에 나타나있습니다. 레이블링되지 않은 샘플에 대한 항으로 크로스 엔트로피 손실을 보강해 일관성에 대한 요구사항을 통합합니다. 즉 표준적인 지도 학습 방식으로 레이블링된 데이터에서 모델을 훈련하지만 레이블링되지 않은 데이터에서 일관된 예측을 만들도록 모델을 제한합니다.

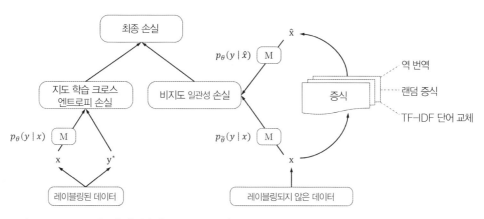

그림 9-5 UDA로 모델 M을 훈련하기(Qizhe Xie 제공)

이 방식은 매우 인상적인 성능을 선보입니다. 약간의 레이블링된 샘플을 사용해 UDA로 훈련한 BERT 모델이 수천 개의 샘플로 훈련한 모델과 비슷한 성능을 냈습니다. 하지만 데이터 증식 파이프라인이 필요하다는 단점이 있습니다. 또 레이블링되지 않은 샘플과 증식 샘플에 대해 예측을 만들기 위해 여러 번 정방향 패스를 실행해야 하므로 훈련이 훨씬 오래 걸립니다.

불확실성 인지 자기 훈련

불확실성 인지 자기 훈련_{uncertainty-aware self-training}(UST)도 레이블링되지 않은 데이터를 활용하는 유망한 방법입니다. 이 방법은 레이블링된 데이터에서 티처 모델을 훈련하고 이 모델을 사용해 레이블링되지 않은 데이터에서 의사 레이블_{pseudo-label}을 만든다는 개념에 기초합니다. 스튜던트 모델은 의사 레이블 데이터에서 훈련되고, 훈련 후에는 다음 반복에서 티처가 됩니다.

이 방법에서 의사 레이블을 생성하는 방법이 흥미롭습니다. 모델 예측의 불확실성을 측정하기 위해 동일한 입력을 드롭아웃이 적용된 모델에 여러 번 주입합니다. 이런 예측의 분산이 특정 샘플에 대한 모델의 불확실성을 대변합니다. 이런 불확실성 측정값으로 BALD^{Bayesian Active Learning by Disagreement}라는 방법을 사용해 의사 레이블을 샘플링합니다. 전체 훈련 파이프라인은 [그림 9-6]과 같습니다.

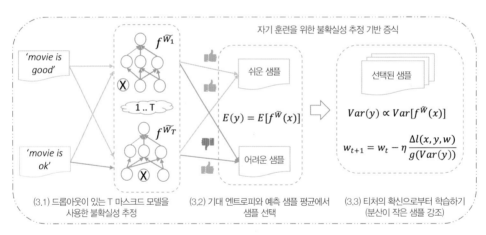

그림 9-6 UST 방법은 의사 레이블을 생성하는 티처와 이 레이블에서 훈련되는 스튜던트로 구성됩니다. 스튜던트가 훈련된 후 티처가 되는 과정이 반복됩니다(Subhabrata Mukherjee 제공).[16]

티처는 이런 반복 구조를 통해 지속적으로 의사 레이블을 만드는 데 능숙해지므로 모델 성능이

---

16 S. Mukherjee and A.H. Awadallah. "Uncertainty-Aware Self-Training for Few-Shot Text Classification" (`https://arxiv.org/abs/2006.15315`), (2020).

향상됩니다. 결국 이 방식은 샘플이 수천 개인 전체 훈련 데이터에서 훈련된 모델의 몇 퍼센트 안에 들며 심지어 여러 데이터셋에서 UDA를 능가합니다.

이 절에서 몇 가지 고급 방법을 알아봤습니다. 이제 한걸음 뒤로 물러나 이 장에서 배운 내용을 요약하겠습니다.

9.6 결론

이 장에서 레이블이 전혀 없거나 조금만 있는 경우라도 모델을 만드는 방법이 있다는 것을 알았습니다. BERT 언어 모델이나 파이썬 코드에서 훈련된 GPT-2처럼 다른 작업에서 사전 훈련된 모델을 활용해 새로운 깃허브 이슈 분류 작업에서 예측을 만드는 방법입니다. 또 일반적인 분류 헤드를 가진 모델을 훈련할 때 도메인 적응을 사용해 추가적으로 성능을 향상시킬 수도 있습니다.

여기서 소개한 방법 중 특정 문제에 가장 잘 맞는 방법이 무엇인지는 다양한 요소에 따라 달라집니다. 레이블링된 데이터가 얼마나 많은지, 데이터에 잡음이 얼마나 많은지, 데이터가 사전 훈련된 말뭉치에 얼마나 가까운지 등입니다. 가장 잘 맞는 방법을 찾으려면 평가 파이프라인을 준비하고 빠르게 반복해보는 것이 좋습니다. 🤗 트랜스포머스의 유연한 API를 사용하면 여러 모델을 빠르게 로드하고 코드 수정 없이 모델을 비교할 수 있습니다. 허깅페이스 허브에는 10,000개가 넘는 모델이 있습니다. 이전에 누군가가 비슷한 문제를 다뤘을 가능성이 다분하니, 여러분은 이를 기반으로 모델을 구축해도 됩니다.

이 책의 범위 밖의 주제는 UDA나 UST 같은 복잡한 방식과 더 많은 데이터 수집의 트레이드오프입니다. 접근법을 평가하려면 초기에 검증 세트와 테스트 세트를 만드는 것이 좋습니다. 각 단계에서 레이블링된 데이터를 더 수집할 수도 있습니다. 보통 몇 백 개 샘플에 레이블을 달려면 몇 시간 내지는 며칠이 걸립니다. 이런 작업을 돕는 도구가 많습니다. 달성하려는 목표를 따라 부족분을 채우려고 매우 복잡한 방법을 궁리하기보다 고품질의 작은 데이터셋을 만드는 데 시간을 투자하는 편이 합리적입니다. 이 장에서 소개한 방법을 사용하면 레이블링된 귀중한 데이터를 최대로 활용할 수 있습니다.

이 장에서 데이터가 부족한 세상을 탐험했습니다. 트랜스포머 모델은 단 백 개 샘플을 가지고도 여전히 강력한 성능을 냅니다. 다음 장에서는 이와 완전히 반대되는 경우로 수백 기가바이트 데이터와 계산량이 많을 때 어떻게 대응할지 알아보겠습니다. 또 코드 자동 완성 기능을 제공하는 대규모 트랜스포머 모델을 밑바닥부터 훈련하겠습니다.

## CHAPTER 10

대규모 데이터셋 수집하기

이 책의 머리말에 깃허브 코파일럿^{GitHub Copilot}이라는 최신 애플리케이션을 언급했습니다. 코파일럿은 GPT 같은 트랜스포머를 사용해 코드 자동 완성을 수행합니다. 이 기능은 새로운 언어나 프레임워크로 프로그래밍하거나, 처음 코딩을 배울 때 또는 보일러플레이트^{boilerplate} 코드를 자동으로 생성할 때 특히 유용합니다. 이런 용도로 AI 모델을 사용하는 또 다른 제품으로는 TabNine(`https://tabnine.com`)과 Kite(`https://kite.com`)가 있습니다. GPT 모델을 사용해 고품질 텍스트를 생성하는 방법은 5장에서 자세히 알아보았습니다. 이 장에서는 이 둘을 연결해 파이썬 코드를 생성하는 GPT 유사 모델을 직접 만들겠습니다! 이 모델을 CodeParrot이라 칭하겠습니다.

지금까지는 레이블링된 훈련 데이터의 양이 제한적인 애플리케이션을 주로 다뤘습니다. 이 경우에는 전이 학습이 성능 좋은 모델을 만드는 데 일조합니다. 그리고 9장에서는 훈련 데이터를 거의 사용하지 않는 경우에도 전이 학습을 적용했습니다.

이 장에서는 이와 정반대 상황으로 넘어가서 원하는 데이터가 모두 있을 때 무엇을 할 수 있는지 알아보겠습니다. 사전 훈련 단계 자체를 살펴보고, 트랜스포머 모델을 밑바닥부터 훈련하는 법을 배우겠습니다. 이와 함께 미처 생각하지 못한 훈련의 여러 측면도 살펴겠습니다.

- 대용량 데이터셋 수집과 처리
- 자신만의 데이터셋을 위한 사용자 정의 토크나이저 만들기
- 여러 GPU에서 대규모로 모델 훈련하기

파라미터가 수십억 개인 대규모 모델을 효과적으로 훈련하려면 분산 훈련을 위한 특별한 도구가 필요합니다. 분산 훈련은 🤗 트랜스포머스의 **Trainer**도 지원하지만, 지금이야말로 🤗 액셀러레이트^Accelerate^라는 강력한 파이토치 라이브러리를 소개할 때입니다. 오늘날 사용되는 가장 큰 NLP 모델 중 하나를 다루겠습니다. 하지만 그러려면 충분히 큰 데이터셋이 필요합니다.

> **WARNING_** 이 책의 다른 코드는 주피터 노트북에서 단일 GPU로 실행할 수 있으나, 이 장의 훈련 코드는 다중 GPU에서 스크립트로 실행해야 합니다. CodeParrot을 직접 훈련하려면 🤗 트랜스포머스 저장소(https://oreil.ly/ZyPPR)에 있는 스크립트를 사용하는 것이 좋습니다.

10.1 대규모 데이터셋 수집하기

법률 문서부터 생의학 데이터셋과 프로그래밍 코드베이스까지 여러 대용량 데이터가 많은 도메인에서 발생됩니다. 대체로 이런 데이터셋은 레이블이 없습니다. 데이터가 크기 때문에 일반적으로 경험적인 규칙을 사용하거나 수집 과정에서 저장된 메타데이터로 레이블링할 수 있습니다.

하지만 레이블링되지 않았거나 혹은 경험적인 규칙을 따라 레이블링됐더라도, 대규모 말뭉치는 대개 유용합니다. 레이블링되지 않은 데이터셋으로 도메인 적응을 위해 언어 모델을 미세 튜닝하는 예를 9장에서 보았습니다. 이 방법은 일반적으로 사용 가능한 데이터가 제한적일 때 성능에 도움이 됩니다. 기존 모델을 미세 튜닝하지 않고 밑바닥부터 모델을 훈련한다는 결정은 대부분 미세 튜닝 말뭉치의 크기, 사전 훈련된 모델과 말뭉치의 차이에 의해 내려집니다.

사전 훈련된 모델을 사용하면 해당 모델의 토크나이저를 사용해야 합니다. 하지만 다른 도메인의 말뭉치에서 훈련한 토크나이저를 사용하는 것은 대개 최선의 결정이 아닙니다. 가령 법률 문서에서 훈련한 GPT의 사전 훈련 토크나이저를 다른 언어, 음악 악보나 DNA 시퀀스와 같이 완전히 다른 시퀀스에 사용하면 토큰화 결과가 좋지 않습니다(잠시 후에 알아보겠습니다).

가용한 훈련 데이터 양이 사전 훈련에 사용된 데이터 양과 비슷하고 계산에 필요한 자원이 주어진다면, 모델과 토크나이저를 밑바닥부터 훈련하는 방안을 고려해보세요. 여러 가지 사전 훈련 목표에 대해 더 논의하기 전에, 사전 훈련을 위한 대규모 말뭉치부터 만들겠습니다. 이런 말뭉치의 구축은 그 자체로 도전적인 과제입니다. 다음 절에서 이에 대해 알아보겠습니다.

10.1.1 대규모 말뭉치 구축의 어려움

사전 훈련 말뭉치의 품질은 대체로 사전 훈련 모델의 품질에 영향을 미칩니다. 특히 사전 훈련 말뭉치에 있는 결함은 그대로 모델에 전달됩니다. 따라서 말뭉치를 만들기 전에, 사전 훈련용 대규모 말뭉치 구축에 관련된 일반적인 이슈와 도전 과제를 알아두는 편이 좋습니다.

데이터셋이 커질수록 내용을 완전히 제어하거나 적어도 이해할 기회가 적어집니다. 매우 큰 데이터셋의 모든 데이터를 머신러닝 모델이 적용될 작업과 전체 파이프라인에 대해 잘 아는 담당자가 한 번에 한 샘플씩 만들었을 리 없습니다. 오히려 매우 큰 데이터셋에는 그 외 활동의 부산물로 생성된 데이터나 자동 혹은 반자동으로 양산된 데이터가 취합됐을 가능성이 훨씬 큽니다. 회사에 저장된 문서(가령 계약, 구매 주문서), 사용자 활동 로그, 인터넷에서 수집한 데이터 등입니다.

대규모 데이터셋이 대부분 고도의 자동화로 만들어진다는 점이 몇 가지 문제를 일으킵니다. 그 중 한 가지 중요하게 고려할 문제는 데이터셋의 내용과 생성 방법을 제어하기 어려워서 편향되고 품질 낮은 데이터에서 모델을 훈련할 위험이 증가한다는 점입니다. 최근 조사를 통해 BERT와 T5를 훈련하기 위해 각각 사용한 BookCorpus와 C4 같은 유명한 대규모 데이터셋에서 밝혀진 사실은 다음과 같습니다.[1]

- C4 말뭉치의 상당 부분을 사람이 아닌 기계가 번역했습니다.
- C4의 불용어 필터링으로 아프리카계 미국인의 영어가 이질적으로 삭제되면서 관련 콘텐츠가 충분히 표현되지 못했습니다.
- 대규모 텍스트 말뭉치는 성적인 콘텐츠와 기타 노골적인 콘텐츠를 (종종 지나치게 많이) 표현하거나 아니면 성과 젠더를 언급한 부분을 완전히 삭제합니다. 이 둘 사이를 일반적으로 절충하기 어렵습니다. 이로 인해 (중립적이고 명시적인 의미로 쓰이기도 하는) 'sex' 같은 평범한 단어가 말뭉치에 전혀 등장하지 않아서 C4로 훈련한 토크나이저는 이 단어를 전혀 알지 못합니다.
- BookCorpus는 저작권을 위반하는 내용이 많습니다. 다른 대규모 데이터셋도 마찬가지일 것입니다.[2]
- BookCorpus는 로맨스 소설 장르에 편향됐습니다.[3]

---

1 Y. Zhu et al., "Aligning Books and Movies: Towards Story-Like Visual Explanations by Watching Movies and Reading Books"(`https://arxiv.org/abs/1506.06724`), (2015); J. Dodge et al., "Documenting the English Colossal Clean Crawled Corpus"(`https://arxiv.org/abs/2104.08758`), (2021).

2 J. Bandy and N. Vincent, "Addressing Documentation Debt in Machine Learning Research: A Retrospective Datasheet for BookCorpus"(`https://arxiv.org/abs/2105.05241`), (2021).

3 옮긴이_ BookCorpus는 로맨스 소설이 약 26%를 차지합니다.

이런 말뭉치에서 훈련된 모델을 사용하는 후속 작업에 따라서 위와 같은 사실이 용인되기도 합니다. 예를 들어 모델을 로맨스 소설을 쓰는 도구나 게임을 만드는 데 사용한다면 BookCorpus에서 로맨스 소설이 과하게 많아도 용인될 수 있습니다.

데이터에 의해 왜곡된 모델의 개념을 설명하기 위해 GPT와 GPT-2에서 생성한 텍스트를 비교하겠습니다. GPT는 대부분 BookCorpus에서 훈련하고 GPT-2는 웹 페이지, 블로그, 레딧[Reddit]에 링크된 뉴스 기사에서 훈련했습니다. 크기가 비슷한 두 모델을 같은 프롬프트로 비교하겠습니다. 따라서 주요 차이점은 사전 훈련 데이터셋입니다. text-generation 파이프라인을 사용해 모델 출력을 조사해보죠.

```python
from transformers import pipeline, set_seed

generation_gpt = pipeline("text-generation", model="openai-gpt")
generation_gpt2 = pipeline("text-generation", model="gpt2")
```

그다음 각 모델의 파라미터 개수를 출력하는 간단한 함수를 만들어보죠.

```python
def model_size(model):
    return sum(t.numel() for t in model.parameters())

print(f"GPT  크기: {model_size(generation_gpt.model)/1000**2:.1f}M 개 파라미터")
print(f"GPT2 크기: {model_size(generation_gpt2.model)/1000**2:.1f}M 개 파라미터")
```

```
GPT  크기: 116.5M 개 파라미터
GPT2 크기: 124.4M 개 파라미터
```

원본 GPT 모델은 가장 작은 GPT-2 모델과 크기가 거의 같습니다. 두 모델에서 같은 프롬프트로 세 번의 자동 완성을 수행하겠습니다.

```python
def enum_pipeline_ouputs(pipe, prompt, num_return_sequences):
    out = pipe(prompt, num_return_sequences=num_return_sequences,
               clean_up_tokenization_spaces=True)
    return "\n".join(f"{i+1}." + s["generated_text"] for i, s in enumerate(out))

prompt = "\nWhen they came back"
```

```
print("GPT 자동 완성:\n" + enum_pipeline_ouputs(generation_gpt, prompt, 3))
print("")
print("GPT-2 자동 완성:\n" + enum_pipeline_ouputs(generation_gpt2, prompt, 3))
```

GPT 자동 완성:
1.
When they came back.
 " we need all we can get, " jason said once they had settled into the back of
the truck without anyone stopping them. " after getting out here, it 'll be up
to us what to find. for now
2.
When they came back.
 his gaze swept over her body. he 'd dressed her, too, in the borrowed clothes
that she 'd worn for the journey.
 " i thought it would be easier to just leave you there. " a woman like
3.
When they came back to the house and she was sitting there with the little boy.
 " don't be afraid, " he told her. she nodded slowly, her eyes wide. she was so
lost in whatever she discovered that tom knew her mistake

GPT-2 자동 완성:
1.
When they came back we had a big dinner and the other guys went to see what
their opinion was on her. I did an hour and they were happy with it.
2.
When they came back to this island there had been another massacre, but he could
not help but feel pity for the helpless victim who had been left to die, and
that they had failed that day. And so was very, very grateful indeed.
3.
When they came back to our house after the morning, I asked if she was sure. She
said, "Nope." The two kids were gone that morning. I thought they were back to
being a good friend.

When Dost

두 모델에서 몇 개의 출력만 만들더라도, GPT가 생성한 문장에서 로맨스로 편향된 부분이 보입니다. 남자와 여자의 낭만적인 대화가 상상됩니다. 반면 GPT-2는 레딧 기사에 연결된 웹 텍스트에서 훈련했습니다. 이 모델이 생성한 문장은 블로그 같은 내용이나 모험적인 요소를 담고 있으며 중립적인 'they'를 채택했습니다.

일반적으로 한 데이터셋에서 훈련한 모델은 언어 편향과 훈련 데이터에 있는 인구나 이벤트의 과대 또는 과소 표현을 반영합니다. 모델 행동에 나타난 편향은 모델과 상호 작용하는 타깃 사용자와 관련해 중요하게 고려해야 합니다. 이에 대한 유용한 가이드라인으로, 데이터셋 개발 프레임워크를 제공하는 구글의 한 논문을 추천합니다.[4]

대규모 텍스트 말뭉치를 만들 때 마주하게 될 어려움을 짧게 언급했습니다. 이를 유념하면서 이제 자신만의 데이터셋을 만들어보겠습니다!

10.1.2 사용자 정의 코드 데이터셋 만들기

작업을 간단하게 만들기 위해 파이썬 프로그래밍 언어를 위한 코드 생성 모델을 만드는 데 초점을 맞추겠습니다.[5] 가장 먼저 파이썬 소스 코드로 구성된 대규모 사전 훈련 말뭉치가 필요합니다. 다행히 모든 소프트웨어 엔지니어가 알고 있는 소스 코드 자원의 보고 깃허브가 있습니다! 이 유명한 코드 공유 웹사이트는 테라바이트 규모의 코드 저장소repository를 호스팅합니다. 저장소들은 공개되어 라이선스에 따라 다운로드해 사용 가능합니다. 이 책을 쓰는 시점에 깃허브가 호스팅하는 코드 저장소는 2천만 개가 넘고, 대다수는 사용자들이 학습, 사이드 프로젝트, 테스트용으로 만든 소규모 또는 테스트 저장소입니다.

깃허브 저장소를 가져오는 방식은 두 가지입니다.

- 9장에서 🤗 트랜스포머스 저장소의 깃허브 이슈를 다운로드할 때 본 깃허브 REST API(https://oreil.ly/brhxw)를 사용합니다.
- 구글 빅쿼리BigQuery 같은 공개 데이터셋(https://oreil.ly/dYsVT)을 사용합니다.

REST API는 요청 횟수가 제한되는데 사전 훈련 말뭉치에는 많은 데이터가 필요하므로, 구글 빅쿼리를 사용해 모든 파이썬 저장소를 추출하겠습니다. `bigquery-public-data.github_repos.contents` 테이블에는 10MB보다 크기가 작은 ASCII 파일의 복사본이 모두 담겼습니다. 또 깃허브 라이선스 API(https://oreil.ly/N9zHb)를 따라 여기에는 오픈소스 프로젝트만 포함되어 있습니다.

---

4 B. Hutchinson et al., "Towards Accountability for Machine Learning Datasets: Practices from Software Engineering and Infrastructure" (https://arxiv.org/abs/2010.13561), (2020).

5 이에 비해 깃허브 코파일럿은 12개 이상의 프로그래밍 언어를 지원합니다.

구글 빅쿼리 데이터셋은 스타^{star} 개수 또는 다른 라이브러리에 활용되는 정보를 포함하지 않습니다. 이런 정보는 깃허브 REST API나 오픈소스 패키지를 모니터링하는 Libraries.io(`https://libraries.io`) 같은 서비스를 사용해 얻을 수 있습니다. 실제로 깃허브의 한 팀은 최근 Libraries.io의 정보를 사용해 최소한 한 개 이상 다른 프로젝트에 사용되는 저장소를 필터링한 CodeSearchNet(`https://oreil.ly/daE43`)라는 데이터셋을 공개했습니다.

구글 빅쿼리로 코드 데이터셋을 만들 때 필요한 내용을 살펴보죠.

구글 빅쿼리로 데이터셋 만들기

먼저 구글 빅쿼리 스냅샷^{snapshot}에서 깃허브 공개 저장소에 있는 파이썬 파일을 모두 추출하겠습니다. 동일한 재현과 향후에 빅쿼리 무료 사용 정책이 변경되는 경우를 대비해 허깅페이스 허브에도 이 데이터셋을 공유하겠습니다. 파일을 추출하는 과정은 다음과 같이 TransCoder(`https://oreil.ly/vih2m`) 구현을 참고했습니다.[6]

1. 구글 클라우드 계정을 만듭니다(무료 크레딧으로 충분합니다).
2. 계정 아래 구글 빅쿼리 프로젝트를 만듭니다.
3. 이 프로젝트에서 데이터셋을 만듭니다.
4. 이 프로젝트에서 SQL 요청 결과를 저장할 테이블을 만듭니다.
5. github_repos에서 다음 SQL 쿼리를 준비하고 실행합니다(쿼리 결과를 저장하려면 [더 보기] 〉 [쿼리 설정]을 선택하고 '쿼리 결과의 대상 테이블 설정'을 체크하고 테이블 이름을 지정합니다).

```sql
SELECT
    f.repo_name, f.path, c.copies, c.size, c.content, l.license
FROM
    `bigquery-public-data.github_repos.files` AS f
JOIN
    `bigquery-public-data.github_repos.contents` AS c
ON
    f.id = c.id
JOIN
    `bigquery-public-data.github_repos.licenses` AS l
ON
    f.repo_name = l.repo_name
```

---

6 M.–A. Lachaux et al., "Unsupervised Translation of Programming Languages" (`https://arxiv.org/abs/2006.03511`), (2020).

```
WHERE
  NOT c.binary
  AND ((f.path LIKE '%.py')
    AND (c.size BETWEEN 1024
      AND 1048575))
```

이 명령은 약 2.6TB 데이터를 처리해 2,680만 개 파일을 추출합니다. 결과 데이터셋은 약 50GB로 압축된 JSON 파일로 구성됩니다. 각 파일에는 파이썬 파일의 소스 코드가 있습니다. 빈 파일과 유용한 정보가 적은 __init__.py 같은 작은 파일을 필터링했습니다. 또 1MB보다 큰 파일도 필터링했습니다. 나중에 라이선스에 따라 훈련 데이터를 필터링할 수 있도록, 파일의 라이선스도 모두 다운로드했습니다.

그다음 로컬 컴퓨터로 결과를 다운로드하겠습니다. 집에서 다운로드하려면 빠른 인터넷과 50GB의 디스크 여유 공간이 있어야 합니다. 결과 테이블을 로컬 컴퓨터로 다운로드할 때는 다음 두 단계를 따르는 것이 가장 쉽습니다.

1. 결과를 구글 클라우드로 내보냅니다.

   1.1 구글 클라우드 스토리지Google Cloud Storage(GCS)에 버킷과 폴더를 만듭니다.

   1.2 [내보내기] 〉 [GCS로 내보내기]를 선택하고 JSON 형식과 gzip 압축으로 테이블을 이 버킷으로 내보냅니다.

2. 이 버킷을 컴퓨터로 다운로드하기 위해 gsutil 라이브러리(https://oreil.ly/JzgRk)를 사용합니다.

   2.1 pip install gsutil로 gsutil을 설치합니다.

   2.2 gsutil config를 실행해 gsutil에 구글 계정을 설정합니다.

   2.3 버킷을 컴퓨터로 복사합니다.

```
$ gsutil -m -o
"GSUtil:parallel_process_count=1" cp -r gs://<name_of_bucket>
```

또는 다음 명령으로 허깅페이스 허브에서 이 데이터셋을 바로 다운로드하는 방법도 있습니다.[7]

```
$ git clone https://huggingface.co/datasets/transformersbook/codeparrot
```

---

7 옮긴이_ 이 저장소의 파일은 깃의 LFS로 저장되어 있으므로 클론한 후 git lfs pull로 실제 데이터를 다운로드해야 합니다.

잡음 필터링 여부

깃허브에선 누구나 저장소를 만들기 때문에 프로젝트의 품질이 제각각입니다. 실전 환경에서 시스템이 어떻게 동작할지 고려해 선택해야 할 사항이 있습니다. 훈련 데이터셋에 잡음이 섞이면, 추론 시 잡음이 있는 입력에 더 견고한 시스템을 만들게 됩니다. 하지만 예측의 무작위성도 커집니다. 이 경우 사용 목적과 전체 시스템 통합 관점에 따라 잡음이 많거나 적은 데이터를 선택하고, 사전 필터링과 사후 필터링 연산을 추가합니다.

이 장의 교육 목적에 충실하고 데이터 준비 코드를 간단하게 만들기 위해, 스타 개수나 활용도에 따라 필터링하지 않고 깃허브 빅쿼리 데이터셋에 있는 파일을 모두 가져옵니다. 하지만 데이터 준비는 중요한 단계이니 가능한 한 데이터셋을 깨끗하게 정제해야 합니다. 이 장의 경우 몇 가지 사항을 고려할 수 있습니다. 데이터셋에 있는 프로그래밍 언어 간에 균형 있는 비율을 유지할지, (깃허브 스타 개수나 다른 저장소에서 참조하는 횟수 등으로) 품질이 낮은 데이터를 필터링할지, 중복된 코드 샘플을 삭제할지, 저작권 정보를 고려할지, 문서와 주석, 독스트링^{docstring}에 사용된 언어를 조사할지, 패스워드나 키 같은 개인 식별 정보를 삭제할지 등입니다.

50GB 데이터셋으로 작업하기가 어려울 수 있습니다. 충분한 디스크 공간이 필요하고 메모리가 부족하지 않도록 주의해야 합니다. 다음 절에서 작은 컴퓨터에서 대용량 데이터셋을 다룰 때 발생하는 제약 사항을 해결하는 데 🤗 데이터셋이 어떤 도움이 되는지 알아보겠습니다.

10.1.3 대용량 데이터셋 다루기

컴퓨터의 램^{RAM}보다 큰 대용량 데이터셋을 로딩하는 작업은 종종 난관에 부딪힙니다. 대규모 사전 훈련 데이터셋이라면 이런 일은 다반사로 일어납니다. 이 예제에서는 압축 데이터가 50GB이고, 압축하지 않으면 대략 200GB가 됩니다. 따라서 표준적인 랩톱이나 데스크톱 컴퓨터의 메모리로 로드하기 어렵습니다.

다행히 🤗 데이터셋은 이런 문제를 고려해 설계됐습니다. 메모리와 하드 드라이브 공간의 제약을 해결할 수 있도록 메모리 매핑과 스트리밍^{streaming} 기능을 제공합니다.

메모리 매핑

메모리 제약을 극복하기 위해 🤗 데이터셋은 제로-카피^{zero-copy}와 제로-오버헤드^{zero-overhead} 메모리 매핑을 위한 메커니즘을 사용하며 기본적으로 활성화됩니다. 각 데이터셋은 메모리 내용이 바로 반영되는 하나의 파일로 디스크에 캐싱됩니다. 데이터셋을 메모리로 로딩하지 않고, 🤗 데이터셋은 이 파일에서 읽기 전용 포인터^{pointer}를 열어 메모리 대신 이를 사용합니다. 근본적으로 하드 드라이브를 메모리의 확장으로 사용하는 셈입니다.

지금까지 허깅페이스 허브에 있는 원격 데이터셋을 가져올 때 대부분 🤗 데이터셋을 사용했습니다. 여기서는 로컬 codeparrot 저장소에 저장된, 50GB의 압축된 JSON 파일을 직접 로드합니다. 먼저 JSON 파일의 압축을 풀어야 합니다. 하지만 🤗 데이터셋이 이를 알아서 처리합니다. 이때 주의하세요. 180GB의 디스크 공간이 필요합니다! 하지만 램은 거의 사용하지 않습니다. 데이터셋의 다운로드 설정에 delete_extracted=True를 지정하면 더 이상 필요하지 않은 모든 파일을 즉시 삭제합니다.

```python
from datasets import load_dataset, DownloadConfig

download_config = DownloadConfig(delete_extracted=True)
dataset = load_dataset("./codeparrot", split="train",
                       download_config=download_config)
```

🤗 데이터셋은 내부적으로 압축된 JSON 파일을 최적화된 캐시 파일 하나에 로드해서 내용을 모두 추출하고 읽어 들입니다. 이 데이터셋이 로드되면 용량이 얼마나 되는지 보죠.

```python
import psutil

print(f"데이터셋에 있는 파이썬 파일의 개수 : {len(dataset)}")
ds_size = sum(os.stat(f["filename"]).st_size for f in dataset.cache_files)
# os.stat.st_size는 바이트 단위이므로 GB로 바꿉니다
print(f"데이터셋 크기 (캐시 파일) : {ds_size / 2**30:.2f} GB")
# Process.memory_info는 바이트 단위이므로 MB로 바꿉니다
print(f"메모리 사용량 : {psutil.Process(os.getpid()).memory_info().rss >> 20} MB")
```

```
데이터셋에 있는 파이썬 파일의 개수 : 18695559
데이터셋 크기 (캐시 파일) : 183.68 GB
메모리 사용량 : 4924 MB
```

이처럼 데이터셋은 일반적인 램 메모리 용량보다 훨씬 더 큽니다. 하지만 여전히 로드할 수 있고 실제로 사용하는 메모리가 매우 적습니다.

이로 인해 훈련할 때 I/O 바운드bound가 생길까 우려할 수 있습니다. 실제로 NLP 데이터를 로드하는 일은 모델 처리 계산에 비해 매우 가볍기 때문에 문제가 되는 경우가 극히 드뭅니다. 또 제로–카피/제로–오버헤드 포맷은 내부적으로 아파치 애로우를 사용해 매우 효율적으로 원소에 접근합니다. 하드 드라이브 속도와 배치 크기에 따라 다르겠지만, 데이터셋 순회 속도는 보통 수십 GB/s에서 수 GB/s가 됩니다. 하지만 전체 데이터셋을 로컬에 저장할 만큼 여유 공간이 충분하지 않다면 어떻게 될까요? 디스크 공간 부족 에러가 나와서 몇 GB를 확보하기 위해 숨겨진 파일을 어렵게 찾아 삭제할 때면 무력감을 느끼곤 합니다. 다행히도 전체 데이터셋을 로컬에 저장하지 않는 방법이 있는데, 바로 🤗 데이터셋의 스트리밍입니다!

스트리밍

(1TB 또는 그 이상 되는) 일부 데이터셋은 표준적인 하드 드라이브가 있더라도 다루기 어렵습니다. 이 경우 사용하는 서버의 용량을 높이는 대신 데이터셋을 스트리밍할 수 있습니다. JSONL(JSON Lines), CSV, (원시 포맷 또는 zip, gzip, zstandard 압축된) 텍스트 같이 한 줄씩 읽는 여러 종류의 압축 또는 비압축 파일 포맷을 🤗 데이터셋으로 처리할 수 있습니다. 캐시 파일을 만들지 않고 압축된 JSON 파일을 바로 데이터셋으로 로드해보죠.

```
streamed_dataset = load_dataset('./codeparrot', split="train", streaming=True)
```

보다시피 데이터셋 로딩은 순간입니다! 스트리밍 모드는 압축된 JSON 파일을 열어 동적으로 읽습니다. 데이터셋은 이제 IterableDataset 객체입니다. 즉 streamed_dataset[1264]처럼 랜덤하게 원소에 접근할 수 없습니다. 대신 next(iter(streamed_dataset)) 같은 방식으로 순서대로 읽어야 합니다. shuffle() 같은 메서드는 여전히 사용 가능하지만, 샘플 버퍼를 추출하고 이 버퍼 안에서 랜덤하게 섞는 식으로 동작합니다(버퍼 크기는 조정 가능합니다). 원시 파일이 여러 개(이 경우, 184개)일 때, shuffle()은 반복마다 파일 순서를 랜덤하게 선택합니다.

스트리밍 데이터셋의 샘플은 스트리밍하지 않는 데이터셋의 샘플과 동일합니다.

```
iterator = iter(streamed_dataset)

print(dataset[0] == next(iterator))
print(dataset[1] == next(iterator))
```

```
True
True
```

스트리밍 데이터셋을 사용하면 데이터셋을 로드할 때 하드 드라이브에 캐시 파일이 생성되지 않고 (많은 양의) 메모리가 필요하지 않다는 장점이 있습니다. 새로운 샘플 배치가 필요할 때 원시 파일을 즉시 추출하고 읽어 들여 해당 배치만 메모리에 로드합니다. 그래서 데이터셋의 메모리 사용량이 크게 줄어듭니다. 한 단계 더 나아가 로컬 데이터셋이 아니라 허브에 있는 데이터셋을 지정할 수 있습니다. 그러면 원시 파일을 로컬에 다운로드하지 않고 샘플을 직접 다운로드합니다.

```
remote_dataset = load_dataset('transformersbook/codeparrot', split="train",
                              streaming=True)
```

이 데이터셋은 이전과 완전히 똑같이 동작합니다. 하지만 내부적으로 샘플을 동적으로 다운로드합니다. 이렇게 설정하면 (대부분의) 작은 서버에서도 아주 큰 대용량 데이터셋을 사용할 수 있습니다. 데이터셋을 훈련 분할과 검증 분할로 나눠 허깅페이스 허브에 업로드하고 스트리밍으로 사용해보죠.

10.1.4 허깅페이스 허브에 데이터셋 추가하기

데이터셋을 허깅페이스 허브에 업로드하면 다음 작업이 가능해집니다.

- 훈련 서버에서 쉽게 다운로드합니다.
- 스트리밍 데이터셋을 허브 데이터셋과 함께 사용합니다.
- 이 책의 독자는 물론이고 커뮤니티와 공유합니다!

데이터셋을 업로드하려면 먼저 터미널에서 다음 명령을 실행하고 인증 정보를 입력해 허깅페이스 계정에 로그인합니다.

```
$ huggingface-cli login
```

이전 장에서 사용한 notebook_login() 함수와 동일합니다. 이 명령을 실행한 후, 허브에 새로운 데이터셋을 만들고 압축된 JSON 파일을 직접 업로드합니다. 작업을 간단하게 하기 위해 저장소를 두 개 만들겠습니다. 하나는 훈련 분할, 다른 하나는 검증 분할을 위한 것입니다. 다음처럼 명령줄 인터페이스에서 repo create 명령을 실행해 만듭니다.

```
$ huggingface-cli repo create --type dataset --organization transformersbook \
codeparrot-train
$ huggingface-cli repo create --type dataset --organization transformersbook \
codeparrot-valid
```

여기서 저장소 타입을 (가중치를 저장하는 데 사용할 모델 저장소 대신) 데이터셋으로 지정합니다. 또 이 저장소가 속할 조직을 지정합니다. 개인 계정에서 이 명령을 실행한다면 --organization 옵션을 빼도 좋습니다. 이제 비어 있는 두 저장소를 로컬 컴퓨터에 클론하고, JSON 파일을 각 저장소에 복사하고, 변경 사항을 허브에 푸시해야 합니다. 184개 파일 중 마지막 JSON 압축 파일을 검증 파일로 선택하겠습니다(즉, 전체 데이터셋의 약 0.5퍼센트입니다). 다음 명령을 실행해 허브에서 로컬 컴퓨터로 저장소를 클론합니다.

```
$ git clone https://huggingface.co/datasets/transformersbook/codeparrot-train
$ git clone https://huggingface.co/datasets/transformersbook/codeparrot-valid
```

마지막 깃허브 파일을 제외한 모든 파일을 훈련 세트로 복사합니다.

```
$ cd codeparrot-train
$ cp ../codeparrot/*.json.gz .
$ rm ./file-000000000183.json.gz
```

그다음 파일을 커밋하고 허브에 푸시합니다.

```
$ git add .
$ git commit -m "Adding dataset files"
$ git push
```

검증 세트에도 이 과정을 반복합니다.

```
$ cd ../codeparrot-valid
$ cp ../codeparrot/file-000000000183.json.gz .
$ mv ./file-000000000183.json.gz ./file-000000000183_validation.json.gz
$ git add .
$ git commit -m "Adding dataset files"
$ git push
```

git add . 단계에서 모든 파일의 해시를 계산하므로 몇 분이 걸리기도 합니다. 파일을 모두 업로드하는 데도 시간이 조금 걸립니다. 하지만 나중에 스트링으로 사용할 수 있으니 시간 낭비가 아닙니다. 이 단계 덕분에 나머지 실험 속도가 매우 빨라집니다. 나중에 검증 분할로 로드할 수 있도록, 검증 파일에는 접미사 _validation을 붙였습니다.

이제 끝났습니다! 두 데이터셋 분할과 전체 데이터셋이 다음 주소로 허깅페이스 허브에 준비됐습니다.

- https://huggingface.co/datasets/transformersbook/codeparrot
- https://huggingface.co/datasets/transformersbook/codeparrot-train
- https://huggingface.co/datasets/transformersbook/codeparrot-valid

> **NOTE_** README 카드를 추가해 데이터셋을 어떻게 만들었는지 설명하고 유용한 정보를 되도록 많이 수록하는 것이 좋은 습관입니다. 잘 문서화된 데이터셋이 다른 사람은 물론 미래의 자신에게도 유용합니다. 데이터셋의 README 문서 작성법을 자세히 설명한 🤗 데이터셋 README 가이드(https://oreil.ly/Tv9bq)를 읽어보세요. 허브에서 직접 웹 에디터를 사용해 README 카드를 수정해도 됩니다.

10.2 토크나이저 구축하기

대용량 데이터셋을 수집하고 로딩했으니, 이제 데이터를 효율적으로 처리해 모델에 주입하는 방법을 알아보죠. 이전 장에서는 모델에서 제공하는 토크나이저를 사용했습니다. 해당 토크나이저에 정의된 특별한 전처리 파이프라인을 통과한 데이터로 모델을 사전 훈련했으니 당연합니다. 사전 훈련된 모델을 사용할 때는 사전 훈련을 위해 선택한 전처리 방식을 동일하게 고수하는 것이 중요합니다. 그렇지 않으면 분포를 벗어난 패턴이나 알 수 없는 토큰이 모델에 입력될 수 있습니다.

하지만 새로운 모델을 훈련할 때는 다른 데이터셋을 위해 준비된 토크나이저를 사용하는 방법이 최적이 아닐 수 있습니다. 기존 토크나이저를 사용할 때 마주칠 만한 문제 유형은 다음과 같습니다.

- T5 토크나이저는 앞에서 본 C4(https://oreil.ly/wsYIC) 말뭉치에서 훈련됐지만 불용어 필터링이 광범위하게 적용됐습니다. 그 결과 T5 토크나이저는 'sex' 같은 평범한 단어를 본 적이 없습니다.
- CamemBERT 토크나이저도 대규모 텍스트 말뭉치에서 훈련됐지만 이 데이터셋은 OSCAR(https://oreil.ly/hg05J) 말뭉치의 프랑스어 서브셋으로 프랑스어 텍스트로만 구성됐습니다. 따라서 'being' 같은 평범한 영어 단어를 인식하지 못합니다.

실제로 토크나이저마다 이런 특징을 쉽게 테스트할 수 있습니다.

```
from          import AutoTokenizer

def tok_list(tokenizer, string):
    input_ids = tokenizer(string, add_special_tokens=False)["input_ids"]
    return [tokenizer.decode(tok) for tok in input_ids]

tokenizer_T5 = AutoTokenizer.from_pretrained("t5-base")
tokenizer_camembert = AutoTokenizer.from_pretrained("camembert-base")

print(f'"sex"에 대한 T5 토큰: {tok_list(tokenizer_T5,"sex")}')
print(f'"being"에 대한 CamemBERT 토큰: {tok_list(tokenizer_camembert,"being")}')
```

```
"sex"에 대한 T5 토큰 : ['', 's', 'ex']
"being"에 대한 CamemBERT 토큰 : ['be', 'ing']
```

많은 경우, 이렇게 짧고 평범한 단어를 부분으로 나누면 (문맥 길이가 제한된) 모델에 입력되는 시퀀스 길이가 늘어나서 비효율적이게 됩니다. 그래서 토크나이저를 훈련하는 데 사용한 데이터셋의 도메인과 전처리 방식을 이해하는 것이 중요합니다. 토크나이저와 모델은 데이터셋의 편향을 인코딩할 수 있는데, 이는 모델의 후속 행동에 영향을 미칩니다. 따라서 데이터셋에 맞는 최적의 토크나이저를 얻으려면 토크나이저를 직접 훈련해야 합니다. 그 방법을 알아보죠.

NOTE_ 모델 훈련은 일련의 가중치로 시작합니다. 그다음 역전파를 사용해 목적 함수의 오류 신호로부터 모델의 손실을 최소화합니다. 결국 훈련이란 특정 목적하에 작업을 수행할 최적의 모델 가중치 집합을 찾는 과정입니다. 반면 토크나이저의 훈련은 역전파나 가중치와 무관합니다. 토크나이저 훈련은 텍스트 문자열을 정수 리스트로 매핑해서 모델에 주입할 최적의 매핑을 찾습니다. 오늘날 토크나이저에서 최적의 문자열-정수 변환에는, 단위^{atomic} 문자열의 리스트로 구성된 어휘사전과 변환, 정규화, 잘라내기, 텍스트 문자열을 인덱스 리스트로 매핑하기 등을 위한 메서드가 사용됩니다. 그다음 이 인덱스의 리스트가 신경망의 입력이 됩니다.

10.2.1 토크나이저 모델

4장에서 보았듯, 토크나이저는 정규화, 사전 토큰화, 토크나이저 모델, 사후 처리 네 단계로 구성된 전처리 파이프라인입니다. 데이터로 훈련하는 토크나이저 파이프라인 부분이 토크나이저 모델입니다. 2장에서 언급했듯 BPE, WordPiece, 유니그램 같은 부분단어 토큰화 알고리즘을 사용합니다.

BPE는 기본 단위(단일 문자)의 리스트로 시작해서 가장 자주 함께 등장한 기본 단위를 합쳐 어휘사전에 추가하는 식으로 점진적으로 새 토큰을 만드는 과정을 거쳐 어휘사전을 만듭니다. 이 과정은 사전에 정의된 어휘사전 크기에 도달할 때까지 반복됩니다.

유니그램은 반대입니다. 먼저 말뭉치에 있는 모든 단어와 가능성 있는 부분단어로 기본 어휘사전을 구성합니다. 그다음 어휘사전의 목표 크기에 도달할 때까지 점진적으로 유용성이 떨어지는 토큰을 삭제하거나 분할해 더 작은 어휘사전을 얻습니다. WordPiece는 유니그램의 전신이며 공식 구현은 구글에서 오픈소스로 공개한 적이 없습니다.

이런 다양한 알고리즘이 후속 작업의 성능에 미치는 영향은 그 작업에 따라 다릅니다. 전반적으로 한 알고리즘이 다른 알고리즘보다 확실히 더 뛰어나다고 판별하기는 매우 어렵습니다. BPE와 유니그램은 대부분의 경우 성능이 꽤 괜찮지만 평가할 때 고려할 점이 있습니다.

10.2.2 토크나이저 성능 측정하기

토크나이저의 최적성과 성능은 실제로 측정하기 어렵지만, 가능한 몇 가지 방법이 있습니다.

- **부분단어 생산력**^{subword fertility}은 토큰화된 단어마다 생성되는 부분단어의 평균 개수를 계산합니다.

- **연속 단어의 비율**proportion of continued words은 말뭉치에서 적어도 두 개의 부분 토큰으로 분할된 토큰화된 단어의 비율입니다.

- 토큰화된 말뭉치에서 알 수 없는 단어나 거의 사용되지 않는 토큰의 비율 같은 **커버리지 측정값**coverage metrics입니다.

또 때로는 철자 오류나 잡음 등에 대한 견고성과 도메인 밖 샘플에 대한 모델 성능을 추정합니다. 이런 성능은 토큰화 과정의 영향을 크게 받기 때문입니다.

이런 측정값들은 토큰화 성능에 대한 다양한 정보를 제공하지만 토크나이저와 모델의 상호작용을 간과하는 경향이 있습니다. 예를 들어, 부분단어 생산력은 어휘사전에 가능한 모든 단어를 포함시켜 최소화할 수 있지만, 그러면 모델 입장에서 어휘사전이 매우 커집니다.

결국 다양한 토큰화 방식의 성능은 일반적으로 후속 모델의 성능을 궁극적인 지표로 사용할 때 가장 잘 추정됩니다. 예를 들어, 초기 BPE 방식의 성능이 우수하다는 사실을 입증하기 위해 문자나 단어 기반 토큰화 대신 BPE 방식의 토크나이저와 어휘사전을 사용해 훈련한 모델이 기계 번역 작업의 성능을 향상시킴을 보였습니다.

그럼 파이썬 코드에 최적화된 토크나이저를 구축하는 방법을 알아보죠.

10.2.3 파이썬 코드를 위한 토크나이저

파이썬 코드를 토큰화할 사용자 정의 토크나이저가 필요합니다. 프로그래밍 언어의 토큰화에 대해 약간 논의할 점이 있습니다. 파이썬 코드를 공백으로 나눠 공백이 제거되면 들여쓰기 정보가 모두 사라집니다. 파이썬에서 공백은 중요한 의미가 있습니다(while 루프나 if-then-else 문을 생각해보세요). 반면 줄바꿈은 의미가 없기 때문에 추가하거나 삭제해도 의미가 바뀌지 않습니다. 이와 비슷하게, 밑줄 문자(_)로 여러 단어를 조합해 변수 이름을 만들기 때문에 구두점으로 분할하는 것은 자연어에서만큼 도움되지 않을 수 있습니다. 코드 토큰화에 자연어 처리 토크나이저를 사용하는 것이 최적은 아닐 것 같습니다.

허브에서 이 작업에 유용한 토크나이저를 제공하는지 알아보죠. 공백을 유지하는 토크나이저가 필요하니, GPT-2의 토크나이저와 같은 바이트 수준 토크나이저가 좋은 후보가 될 수 있습니다. 이 토크나이저를 로드하고 토큰화 방식을 살펴보겠습니다.

```
from transformers import AutoTokenizer

python_code = r"""def say_hello():
    print("Hello, World!")

# Print it
say_hello()
"""
tokenizer = AutoTokenizer.from_pretrained("gpt2")
print(tokenizer(python_code).tokens())
```

```
['def', 'Ġsay›, ‹_›, ‹hello›, ‹():›, ‹Ċ›, ‹Ġ›, ‹Ġ›, ‹Ġ›, ‹Ġprint›, ‹(«›,
‹Hello›, ‹,›, ‹ĠWorld›, ‹!»›, ‹)›, ‹Ġ#›, ‹ĠPrint›, ‹Ġit›, ‹Ċ›, ‹Ċ›, ‹say›, ‹_›,
‹hello›, ‹()›, ‹Ċ›]
```

> **NOTE_** 파이썬은 파이썬 코드를 의미 있는 단위(코드 연산, 주석, 들여쓰기, 내어쓰기 등)로 분할하는
> tokenize 모듈을 내장하고 있습니다. 이 모듈을 사용할 때 문제점은 이 토크나이저가 파이썬 기반이라 보통
> 느리고 파이썬의 GIL global interpreter lock 때문에 성능이 제한된다는 것입니다. 반면 🤗 트랜스포머스 라이브러리
> 에 있는 대부분의 토크나이저는 🤗 토크나이저 라이브러리에서 제공하며 러스트Rust로 작성됐습니다. 러스트
> 토크나이저는 수십 배 이상 빠른 훈련과 실행이 가능합니다. 따라서 이 예제에서 사용하는 말뭉치 크기를 감
> 안하면 🤗 트랜스포머스 라이브러리에 있는 토크나이저를 사용하는 것이 좋습니다.

출력이 상당히 이상합니다. 이 토크나이저 파이프라인에 있는 다양한 서브 모듈을 실행해서 어
떤 작업을 수행하는지 알아보죠. 먼저 토크나이저에 어떤 정규화가 적용됐는지 보겠습니다.

```
print(tokenizer.backend_tokenizer.normalizer)
```

```
None
```

보다시피 GPT-2 토크나이저는 정규화를 사용하지 않습니다. 어떤 정규화 단계도 거치지 않
고 원시 유니코드 입력을 바로 사용합니다. 다음으로 사전 토큰화를 확인해보죠.

```
print(tokenizer.backend_tokenizer.pre_tokenizer.pre_tokenize_str(python_code))
```

```
[('def', (0, 3)), ('Ġsay›, (3, 7)), (‹_›, (7, 8)), (‹hello›, (8, 13)), (‹():›,
(13, 16)), (‹ĊĠĠĠ›, (16, 20)), (‹Ġprint›, (20, 26)), (‹(«›, (26, 28)), (‹Hello›,
(28, 33)), (‹,›, (33, 34)), (‹ĠWorld›, (34, 40)), (‹!»›, (40, 43)), (‹Ġ#›, (43,
45)), (‹ĠPrint›, (45, 51)), (‹Ġit›, (51, 54)), (‹Ċ›, (54, 55)), (‹Ċ›, (55, 56)),
(‹say›, (56, 59)), (‹_›, (59, 60)), (‹hello›, (60, 65)), (‹()›, (65, 67)), (‹Ċ›,
(67, 68))]
```

Ġ 기호는 모두 무엇일까요? 토큰과 함께 출력된 숫자는 무엇을 의미할까요? 토크나이저의 동작 방식을 더 잘 이해하기 위해 이 두 가지를 모두 설명하겠습니다.

숫자부터 설명하죠. 🤖 토크나이저는 문자열과 토큰 사이를 전환하는 데 매우 유용한 **오프셋 트래킹**offset tracking 기능이 있습니다. 입력 문자열에 대한 모든 연산이 추적되기 때문에 토큰화 이후에 토큰이 입력 문자열의 어떤 부분에 해당하는지 정확하게 알 수 있습니다. 이 숫자는 단순히 토큰이 유래된 원본 문자열의 위치를 나타냅니다. 예를 들어 첫째 줄의 단어 'hello'는 원본 문자열의 인덱스 8과 13 사이에 있습니다. 일부 문자가 정규화 단계에서 삭제되더라도 각 토큰을 원본 문자열의 해당 부분에 연결할 수 있습니다.

토큰화된 텍스트에서 또 특이한 기능은 Ċ와 Ġ 같이 기이한 문자입니다. 바이트 수준이란 표현은 이 토크나이저가 유니코드 문자가 아닌 바이트 단위로 동작함을 뜻합니다. 각 유니코드 문자는 문자에 따라 1에서 4바이트로 구성됩니다. 유니코드 알파벳에는 143,859개의 유니코드 문자가 있지만 바이트 알파벳에는 256개만 있다는 것이 바이트의 장점입니다. 따라서 유니코드 문자를 이런 바이트의 시퀀스로 변환할 수 있습니다. 만약 바이트를 사용하면 UTF-8로 구성된 어떤 문자열도 256개 값의 알파벳으로 구성된 더 긴 문자열로 표현할 수 있습니다. 즉 256개 알파벳만 사용해 어떤 유니코드 문자열도 처리하는 모델이 생깁니다. 일부 문자의 바이트 표현을 확인해보죠.

```
a, e = u"a", u"€"
byte = ord(a.encode("utf-8"))
print(f'`{a}`는 단일 바이트 `{a.encode("utf-8")}`로 인코딩됩니다: {byte}')
byte = [ord(chr(i)) for i in e.encode("utf-8")]
print(f'`{e}`는 세 바이트 `{e.encode("utf-8")}`로 인코딩됩니다: {byte}')
```

```
`a`는 단일 바이트 `b'a'`로 인코딩됩니다: 97
`€`는 세 바이트 `b'\xe2\x82\xac'`로 인코딩됩니다: [226, 130, 172]
```

이 지점에서 왜 바이트 수준에서 작업하는지 궁금한가요? 그렇다면 2장에서 논의한 문자와 토큰의 트레이드오프를 떠올려보세요. 143,859개 유니코드 문자로 어휘사전을 만들기로 정했어도 단어, 즉 유니코드 문자의 조합도 어휘사전에 포함하고 싶을 것입니다. 따라서 (이미 매우 큰) 이 숫자가 전체 어휘사전의 최소 크기가 됩니다. 모델의 임베딩 층이 어휘사전의 토큰마다 벡터 하나를 할당하기 때문에 이 층은 매우 커집니다.

반대로 어휘사전으로 256개 바이트 값만 사용한다면 입력 시퀀스를 많은 작은 조각(유니코드 문자를 구성하는 각 바이트)으로 분할합니다. 따라서 모델이 긴 입력을 처리해야 하며 나누어진 바이트에서 유니코드 문자를 재구성하고 문자에서 단어를 재구성하는 데 많은 컴퓨팅 성능을 소모합니다. 이런 오버헤드에 대한 자세한 연구는 ByT5 모델과 함께 공개된 논문을 참고하세요.[8]

둘의 절충안은 가장 자주 등장한 바이트 조합으로 256개 단어 어휘를 확장해서 어휘사전을 중간 규모로 만드는 것입니다. 이것이 BPE 알고리즘이 수행하는 방식입니다. 어휘사전에서 가장 자주 함께 등장한 토큰 쌍을 합쳐 새로운 어휘 토큰을 만드는 식으로 사전에 정의된 크기의 어휘사전을 점진적으로 구축합니다. 예를 들어, 영어처럼 t와 h가 매우 자주 함께 등장한다면 th 토큰을 분리하는 대신 이 토큰 쌍을 모델링하기 위해 어휘사전에 추가합니다. t와 h는 함께 등장하지 않은 샘플을 토큰화하기 위해 어휘사전에 그대로 유지합니다. 따라서 기본 단위로 구성된 어휘사전에서 시작해 어떤 문자열도 효율적으로 모델링할 수 있습니다.

> **WARNING_** '바이트-페어 인코딩Byte-Pair Encoding(BPE)'의 바이트와 '바이트 수준byte-level'의 바이트를 혼동하지 마세요. 바이트-페어 인코딩이란 이름은 1994년에 필립 게이지Philip Gage가 제안한 원래 바이트 단위로 작동하는 데이터 압축 기술에서 유래했습니다.[9] 그런데 NLP의 표준 BPE 알고리즘은 그 이름과 달리 바이트가 아니라 대개 유니코드 문자열에서 작동합니다(바이트 수준 BPE는 바이트에서 동작하는 신형 BPE입니다). 유니코드 문자열을 바이트로 읽는다면 간단한 BPE 부분단어 분할 알고리즘의 재사용이 가능합니다.

NLP에서 일반적인 BPE 알고리즘을 사용할 때 문제가 하나 있습니다. 이 알고리즘은 입력으로 바이트가 아니라 정제된 유니코드 문자열을 다루도록 설계되어 공백이나 제어 문자가 아

8　L. Xue et al., "ByT5: Towards a Token-Free Future with Pre-Trained Byte-to-Byte Models" (`https://arxiv.org/abs/2105.13626`), (2021).

9　P. Gage, "A New Algorithm for Data Compression," The C Users Journal 12, no. 2 (1994): 23–38, `https://dx.doi.org/10.14569/IJACSA.2012.030803`.

닌 일반적인 ASCII 문자를 받습니다. 하지만 처음 256개 바이트 유니코드 문자에는 제어 문자(줄바꿈, 탭, 그 외 화면에 출력되지 않는 문자 등)가 많이 있습니다. 이 문제를 해결하기 위해 GPT-2 토크나이저는 256개 입력 바이트를 표준 BPE 알고리즘이 쉽게 처리하는 유니코드 문자열로 매핑합니다. 즉 256개 값을 출력 가능한 표준 유니코드 문자에 해당하는 유니코드 문자열로 매핑합니다.

이런 유니코드 문자가 1바이트 또는 그 이상으로 인코딩되는지 여부는 그렇게 중요하지 않습니다. 결국 256개 값이 기본 어휘사전을 구성하고 이런 256개 값이 BPE 알고리즘으로 바르게 처리된다는 사실이 중요합니다. GPT-2가 이렇게 매핑한 예를 확인해보죠. 다음과 같이 전체 매핑을 확인합니다.

```
from transformers.models.gpt2.tokenization_gpt2 import bytes_to_unicode

byte_to_unicode_map = bytes_to_unicode()
unicode_to_byte_map = dict((v, k) for k, v in byte_to_unicode_map.items())
base_vocab = list(unicode_to_byte_map.keys())

print(f'기본 어휘사전 크기: {len(base_vocab)}')
print(f'첫 번째 원소: `{base_vocab[0]}`, 마지막 원소: `{base_vocab[-1]}`')
```

```
기본 어휘사전 크기: 256
첫 번째 원소: `!`, 마지막 원소: `Ń`
```

[표 10-1]에 바이트 값과 매핑된 유니코드 문자 몇 가지를 열거했습니다.

표 10-1 BPE 문자 매핑의 예

설명	문자	바이트	매핑된 바이트
일반적인 문자	`a`, `?`	97, 63	`a`, `?`
출력되지 않는 제어 문자(줄바꿈(carriage return))	`U+000D`	13	`č`
공백	` `	32	`Ġ`
분리할 수 없는 공백	`\xa0`	160	`ł`
줄바꿈(line feed)	`\n`	10	`ċ`

줄바꿈을 `NEWLINE` 문자열로 매핑하는 식으로 조금 더 명시적인 변환을 할 수 있지만, BPE 알고리즘은 일반적으로 문자를 다루도록 고안됐습니다. 이런 이유에서 각 바이트 문자에 하나의 유니코드 문자를 매핑해야 기존의 BPE 알고리즘이 처리하기 쉽습니다. 이제 유니코드 인코딩의 감춰진 내막을 알았으니 토큰화 변환을 더 잘 이해할 수 있을 것입니다.

```
print(tokenizer.backend_tokenizer.pre_tokenizer.pre_tokenize_str(python_code))
```

```
[('def', (0, 3)), ('Ġsay›, (3, 7)), (‹_›, (7, 8)), (‹hello›, (8, 13)), (‹():›,
(13, 16)), (‹ĊĠĠĠ›, (16, 20)), (‹Ġprint›, (20, 26)), (‹(«›, (26, 28)), (‹Hello›,
(28, 33)), (‹,›, (33, 34)), (‹ĠWorld›, (34, 40)), (‹!»›, (40, 43)), (‹Ġ#›, (43,
45)), (‹ĠPrint›, (45, 51)), (‹Ġit›, (51, 54)), (‹Ċ›, (54, 55)), (‹Ċ›, (55, 56)),
(‹say›, (56, 59)), (‹_›, (59, 60)), (‹hello›, (60, 65)), (‹()›, (65, 67)), (‹Ċ›,
(67, 68))]
```

이제 줄바꿈은 Ċ로 매핑되고 공백은 Ġ로 매핑된 것이 한눈에 보입니다. 또 다음 내용도 알게 됐습니다.

- 공백, 특히 연속된 공백이 보존됩니다(예를 들어, 'ĊĠĠĠ'는 공백 세 개를 의미합니다).
- 연속된 공백은 단어 하나로 간주합니다.
- 단어 앞 공백은 후속 단어에 포함된 단어의 일부로 간주합니다(가령 'Ġsay').

그럼 BPE 알고리즘으로 실험을 해보죠. 이미 언급했듯 미리 정의된 어휘사전 크기에 도달할 때까지 단어를 부분으로 나눕니다.

GPT-2 토크나이저의 어휘사전은 50,257개 단어로 구성됩니다.

- 기본 어휘사전은 256개 바이트 값에 해당합니다.
- 50,000개 추가 토큰은 가장 자주 함께 등장한 토큰을 반복적으로 합쳐 만듭니다.
- 문서 경계를 나타내는 특별한 문자가 어휘사전에 추가됩니다.

이 내용을 토크나이저의 길이 속성에서 쉽게 확인하겠습니다.

```
print(f"어휘사전의 크기: {len(tokenizer)}")
```

```
어휘사전의 크기: 50257
```

샘플 입력 코드에 전체 파이프라인을 실행하면 다음과 같은 결과를 얻습니다.

```
print(tokenizer(python_code).tokens())
```

```
['def', 'Ġsay', '⟨_⟩', '⟨hello⟩', '⟨():⟩', '⟨Ċ⟩', '⟨Ġ⟩', '⟨Ġ⟩', '⟨Ġ⟩', '⟨Ġprint⟩', '⟨(«⟩',
'⟨Hello⟩', '⟨,⟩', '⟨ĠWorld⟩', '⟨!»⟩', '⟨)⟩', '⟨Ġ#⟩', '⟨ĠPrint⟩', '⟨Ġit⟩', '⟨Ċ⟩', '⟨Ċ⟩', '⟨say⟩', '⟨_⟩',
'⟨hello⟩', '⟨()⟩', '⟨Ċ⟩']
```

이처럼 BPE 토크나이저는 대부분 단어를 유지하지만 들여쓰기에 있는 여러 공백을 몇 개의 연속된 공백으로 나눕니다. 코드에서 훈련되지 않았기 때문입니다. 대부분 텍스트에서 연속된 공백은 드뭅니다. 따라서 BPE 모델은 들여쓰기를 위해 어휘사전에 특수 토큰을 포함하지 않습니다. 바로 이 경우가 토크나이저 모델이 주어진 데이터셋의 도메인에 잘 맞지 않는 한 예입니다. 앞서 논의했듯 타깃 말뭉치에서 토크나이저를 재훈련하는 것이 해결책입니다. 그럼 그렇게 해보죠!

10.2.4 토크나이저 훈련하기

파이썬 코드에 잘 맞는 어휘사전을 얻기 위해 이 예제의 말뭉치에서 바이트 수준 BPE 토크나이저를 재훈련하겠습니다. 🤗 트랜스포머스가 제공하는 토크나이저는 간단하게 재훈련되는데, 다음 내용이 필요합니다.

- 목표 어휘사전의 크기를 지정합니다.
- 토크나이저 모델을 훈련하기 위해 입력 문자열을 공급할 반복자iterator를 준비합니다.
- train_new_from_iterator() 메서드를 호출합니다.

딥러닝 모델은 훈련 말뭉치에서 특정 세부 내용을 많이 기억하도록 훈련하지만, 토크나이저는 주요 통곗값을 추출하도록 훈련합니다. 간단히 말해 토크나이저는 말뭉치에서 가장 자주 등장한 문자 조합을 알아내는 훈련을 합니다.

따라서 토크나이저를 반드시 대규모 말뭉치에서 훈련할 필요가 없습니다. 훈련 말뭉치는 해당 도메인을 대표하고 토크나이저가 통계적으로 의미 있는 값을 추출할 정도로 크면 됩니다. 어휘사전의 크기와 말뭉치에 있는 텍스트에 따라 토크나이저가 예상치 못한 단어를 저장할 수 있습니다. 예를 들어 GPT-2 토크나이저의 어휘사전에서 가장 긴 단어를 확인하면 이런 현상을 볼 수 있습니다.

```
tokens = sorted(tokenizer.vocab.items(), key=lambda x: len(x[0]), reverse=True)
print([f'{tokenizer.convert_tokens_to_string(t)}' for t, _ in tokens[:8]])
```

```
['ÃÂÃÂÃÂÃÂÃÂÃÂÃÂÃÂÃÂÃÂÃÂÃÂÃÂÃÂÃÂÃÂÃÂÃÂÃÂÃÂÃÂÃÂÃÂÃÂÃÂÃÂÃÂÃÂÃÂÃÂÃÂÃ›, ‹
============================================================›, ‹
------------------------------------------------------------
‹,
‹..............................................................›,
‹ÃÂÃÂÃÂÃÂÃÂÃÂÃÂÃÂÃÂÃÂÃÂÃÂÃÂÃÂÃÂÃÂÃÂÃÂÃÂÃÂÃÂÃÂÃÂÃÂ›,
‹
------------------------------------------------------------
‹,
‹============================================================›,
‹_____›]
```

이런 토큰은 온라인 포럼에서 사용하는 구분선으로 보입니다. GPT-2는 레딧에서 얻은 말뭉치로 훈련했으니 이런 결과가 이해됩니다. 이번에는 가장 드물게 나타나 어휘사전의 마지막에 등록된 단어를 확인해보죠.

```
tokens = sorted(tokenizer.vocab.items(), key=lambda x: x[1], reverse=True)
print([f'{tokenizer.convert_tokens_to_string(t)}' for t, _ in tokens[:12]])
```

```
['<|endoftext|>', ' gazed', ' informants', ' Collider', ' regress', 'ominated',
 ' amplification', 'Compar', '..."', ' (/', 'Commission', ' Hitman']
```

첫 토큰 <|endoftext|>은 텍스트 시퀀스의 끝을 지정할 때 사용하는 특수 토큰으로, BPE 어휘사전이 구축된 후 추가됩니다. 모델은 각 토큰에 관련된 단어 임베딩을 학습해야 하는데, 임베딩 행렬에 잡음 단어가 많이 포함되어 있다면 좋지 않을 것입니다. 또한 세상의 시공간적 지식(가령 Hitman과 Commission 같은 고유 명사)을 어휘사전에 있는 벡터와 함께 별개의 토큰으로 부여해 저수준에서 이를 임베딩할 수 있습니다. BPE 토크나이저가 이런 토큰을 생성한다면 목표 어휘사전이 너무 크거나 말뭉치에 특수 토큰이 포함됐다는 신호가 됩니다.

예제의 말뭉치에서 새 토크나이저를 훈련하고 학습된 어휘사전을 살펴보겠습니다. 데이터셋의 통계를 대표할 말뭉치가 필요하니 말뭉치에서 약 100,000개 문서(1~2GB 데이터)를 선택하겠습니다.

```python
from tqdm.auto import tqdm

length = 100000
dataset_name = 'transformersbook/codeparrot-train'
dataset = load_dataset(dataset_name, split="train", streaming=True)
iter_dataset = iter(dataset)

def batch_iterator(batch_size=10):
    for _ in tqdm(range(0, length, batch_size)):
        yield [next(iter_dataset)['content'] for _ in range(batch_size)]

new_tokenizer = tokenizer.train_new_from_iterator(batch_iterator(),
                                                  vocab_size=12500,
                                                  initial_alphabet=base_vocab)
```

이 어휘사전이 작업과 얼마나 관련됐는지 알아보기 위해 BPE 알고리즘이 만든 첫 단어와 마지막 단어를 조사해보죠. 256바이트는 건너뛰고 그다음에 추가된 첫 토큰을 살펴봅니다.

```python
tokens = sorted(new_tokenizer.vocab.items(), key=lambda x: x[1], reverse=False)
print([f'{tokenizer.convert_tokens_to_string(t)}' for t, _ in tokens[257:280]])
```

```
['  ', '    ', '   ', '        ', 'se', 'in', '         ', 're', 'on', 'te', '\n
', '\n       ', 'or', 'st', 'de', '\n   ', 'th', 'le', ' =', 'lf', 'self',
'me', 'al']
```

여러 수준의 들여쓰기와 공백 토큰, self, or, in 같은 짧은 파이썬 예약어가 보입니다. 이는 BPE 알고리즘이 의도대로 동작한다는 신호입니다. 마지막 단어를 확인해보죠.

```python
print([f'{new_tokenizer.convert_tokens_to_string(t)}' for t,_ in tokens[-12:]])
```

```
[' capt', ' embedded', ' regarding', 'Bundle', '355', ' recv', ' dmp', ' vault',
' Mongo', ' possibly', 'implementation', 'Matches']
```

recv(https://oreil.ly/tliPP)와 같이 비교적 일반적인 단어도 있지만, 주석에서 나온 잡음 단어가 더 많습니다.

토크나이저가 어떻게 동작하는지 보기 위해 간단한 파이썬 예제 코드를 토큰화하겠습니다.

```
print(new_tokenizer(python_code).tokens())
```

```
['def', 'Ġs›, ‹ay›, ‹_›, ‹hello›, ‹():›, ‹ĊĠĠĠ›, ‹Ġprint›, ‹(«›, ‹Hello›, ‹,›,
‹ĠWor›, ‹ld›, ‹!»)›, ‹Ġ#›, ‹ĠPrint›, ‹Ġit›, ‹Ċ›, ‹Ċ›, ‹s›, ‹ay›, ‹_›, ‹hello›,
‹()›, ‹Ċ›]
```

프로그램 키워드는 아니지만, 토크나이저가 World나 say 같은 평범한 영어 단어를 분할하는 것이 마음에 걸립니다. 이런 단어가 말뭉치에 자주 등장하리라 예상되기 때문입니다. 파이썬의 예약어가 모두 어휘사전에 있는지 확인하겠습니다.

```
import keyword

print(f'파이썬 전체 예약어 개수: {len(keyword.kwlist)}')
for keyw in keyword.kwlist:
    if keyw not in new_tokenizer.vocab:
        print(f'예약어 `{keyw}`는 어휘사전에 없습니다.')
```

```
파이썬 전체 예약어 개수:  35
예약어 `await`는 어휘사전에 없습니다.
예약어 `finally`는 어휘사전에 없습니다.
예약어 `nonlocal`는 어휘사전에 없습니다.
```

어휘사전에 finally 같이 매우 자주 등장하는 예약어가 없습니다. 데이터셋에서 더 많은 샘플을 가져와 더 큰 어휘사전을 만들겠습니다. 어휘사전을 32,768개 단어로 구성하고(8의 배수가 일부 GPU/TPU 계산에 더 효율적입니다) 토크나이저를 더 많은 말뭉치 데이터에서 훈련하겠습니다.

```
length = 200000
new_tokenizer_larger = tokenizer.train_new_from_iterator(batch_iterator(),
    vocab_size=32768, initial_alphabet=base_vocab)
```

더 많은 문서를 추가해도 가장 자주 등장한 토큰이 크게 바뀌리라고 기대하진 않습니다. 하지만 마지막 토큰을 확인해보죠.

```
tokens = sorted(new_tokenizer_larger.vocab.items(), key=lambda x: x[1],
                reverse=False)
print([f'{tokenizer.convert_tokens_to_string(t)}' for t, _ in tokens[-12:]])
```

```
['lineEdit', 'spik', ' BC', 'pective', 'OTA', 'theus', 'FLUSH', ' excutils',
 '00000002', ' DIVISION', 'CursorPosition', ' InfoBar']
```

간단히 조사한 바로는 일반적인 프로그래밍 예약어가 출력되지 않는데 이는 좋은 소식입니다. 새 토크나이저로 샘플 코드를 토큰화하겠습니다.

```
print(new_tokenizer_larger(python_code).tokens())
```

```
['def', 'Ġsay›', '‹_›', '‹hello›', '‹():›', '‹ĊĠĠ̇Ġ', '‹Ġprint›', '‹(«›', '‹Hello›', '‹,›',
 '‹ĠWorld›', '‹!»)›', '‹Ġ#›', '‹ĠPrint›', '‹Ġit›', '‹Ċ›', '‹Ċ›', '‹say›', '‹_›', '‹hello›', '‹()›',
 '‹Ċ›']
```

여기서도 편리하게 들여쓰기가 어휘사전에 유지됐습니다. Hello, World, say 같은 평범한 영어 단어도 하나의 토큰으로 포함됩니다. 모델이 후속 작업에서 데이터를 처리할 때 기대할 수 있는 결과와 잘 맞는 것 같습니다. 앞에서와 같이 어휘사전에 없는 파이썬 예약어를 조사해보죠.

```
for keyw in keyword.kwlist:
    if keyw not in new_tokenizer_larger.vocab:
        print(f'예약어 `{keyw}`는 어휘사전에 없습니다.')
```

```
예약어 `nonlocal`는 어휘사전에 없습니다.
```

여전히 어휘사전에 nonlocal 예약어(https://oreil.ly/IHAMu)가 없는데, 이 단어는 구문을 복잡하게 만들어서 실제로도 드물게 사용됩니다. 따라서 어휘사전에 포함시키지 않는 것이 합당합니다. 수동으로 조사해보니 새로운 토크나이저가 이 작업에 잘 맞을 것 같습니다. 하지만 앞서 언급한 대로 모델의 성능을 측정하지 않고 토크나이저의 성능을 객관적으로 평가하기는 어렵습니다. 이 토크나이저를 사용해 모델을 훈련한 후에 실제로 얼마나 잘 동작하는지 알아보겠습니다.

> **NOTE_** 토큰화된 코드 샘플의 시퀀스 길이를 비교해서 새 토크나이저가 기본 GPT-2 토크나이저보다 거의 두 배 더 효율적임을 쉽게 확인했습니다. 새 토크나이저는 기존 토크나이저가 텍스트를 인코딩할 때 사용한 토큰의 약 절반만 사용했습니다. 이로 인해 아무런 비용을 들이지 않고 실제적인 모델의 문맥 크기가 두 배로 늘어납니다. 문맥 윈도 크기 1,024에서 새로운 토크나이저로 모델을 훈련하는 것은 문맥 윈도 크기 2,048에서 기존 토크나이저로 모델을 훈련하는 것과 동일합니다. 하지만 훨씬 더 빠르고 메모리 효율성도 더 높다는 이점이 있습니다.

10.2.5 허브에 사용자 정의 토크나이저 저장하기

토크나이저를 훈련했으니 저장해야 합니다. 토크나이저를 저장하고 나중에 어디에서든 가져다 쓸 수 있게 하려면 허깅페이스 허브에 업로드합니다. 간단한 이 방법은 특히 나중에 다른 훈련 서버를 사용할 때 유용합니다.

개인 모델 저장소를 만들고 토크나이저를 첫 번째 파일로 저장하려면 토크나이저의 `push_to_hub()` 메서드를 사용합니다. `huggingface-cli login`으로 이미 계정에 로그인했으니 다음처럼 간단히 토크나이저를 푸시합니다.

```
model_ckpt = "codeparrot"
org = "transformersbook"
new_tokenizer_larger.push_to_hub(model_ckpt, organization=org)
```

어떤 조직 내에 푸시하고 싶지 않다면 **organization** 매개변수를 빼면 됩니다. 그러면 자신의 네임스페이스 안에 **codeparrot**란 이름의 저장소가 만들어지고 누구든지 다음 코드를 실행해 이 토크나이저를 로드할 수 있습니다.

```
reloaded_tokenizer = AutoTokenizer.from_pretrained(org + "/" + model_ckpt)
print(reloaded_tokenizer(python_code).tokens())
```

```
['def', 'Ġsay', ‹_›, ‹hello›, ‹():›, ‹ĊĠĠĠ›, ‹Ġprint›, ‹(«›, ‹Hello›, ‹,›,
‹ĠWorld›, ‹!»)›, ‹Ġ#›, ‹ĠPrint›, ‹Ġit›, ‹Ċ›, ‹Ċ›, ‹say›, ‹_›, ‹hello›, ‹()›,
‹Ċ›]
```

허브(https://oreil.ly/vcLeo)에서 로드한 토크나이저는 앞서 본 대로 동일하게 동작합니다. 허브에 저장된 어휘사전과 파일을 조사할 수도 있습니다. 나중에 재현할 수 있도록 작은 버전의 토크나이저도 저장해보죠.

```
new_tokenizer.push_to_hub(model_ckpt+ "-small-vocabulary", organization=org)
```

지금까지 특정 문제에 맞는 토크나이저를 만드는 방법을 자세히 알아봤습니다. 이제 새로운 모델을 만들고 밑바닥부터 훈련하겠습니다.

10.3 밑바닥부터 모델을 훈련하기

모델을 훈련하는 이 순간을 기다렸으리라 생각합니다. 이 절에서는 작업에 가장 잘 맞는 아키텍처를 결정하고, 사전 훈련된 가중치 없는 새 모델을 초기화한 뒤, 사용자 정의 데이터 로딩 클래스를 만들고, 확장 가능한 훈련 루프를 만들겠습니다. 최종적으로 각각 파라미터가 1억 1,100만 개인 소규모 GPT-2 모델과 15억 개인 대규모 GPT-2 모델을 훈련하겠습니다! 하지만 서두르지 말고 먼저 어떤 아키텍처가 코드 자동 완성에 가장 잘 맞는지 결정합시다.

> **TIP** 이 절에서는 분산 환경에서 모델을 훈련하기 위해 스크립트를 보통 길이보다 더 길게 구현합니다. 따라서 코드 조각을 독립적으로 실행하지 말고 🤗 트랜스포머스 저장소에 있는 스크립트(https://oreil.ly/ZyPPR)를 다운로드하세요. 컴퓨터에서 🤗 액셀러레이트로 스크립트를 실행하려면 함께 제공되는 가이드를 참고하세요.

10.3.1 사전 훈련 목표

대규모 사전 훈련 말뭉치와 효율적인 토크나이저를 갖췄으니 트랜스포머 모델을 사전 훈련하는 방법을 생각할 차례입니다. [그림 10-1] 같은 코드 조각으로 구성된 대용량 코드 베이스를 사용해 여러 가지 작업을 처리할 수 있습니다. 어떤 것을 선택하느냐가 사전 훈련 목표를 정하는 데 영향을 미칩니다. 가장 일반적인 작업 세 가지를 생각해보죠.

말뭉치에 있는 예

```
def add_numbers(a,b):
    "add two numbers"
    return a+b
```

그림 10-1 데이터셋에서 찾을 수 있는 파이썬 함수의 예

코잘 언어 모델링

이 텍스트 데이터로 생각할 수 있는 작업은 코드 샘플 시작 부분을 모델에게 제공하고 코드의 나머지 부분을 생성해 완성하라고 요청하는 것입니다. 레이블이 없는 데이터셋을 사용하는 자기 지도 훈련 목표입니다. 왠지 익숙하지 않나요? 이 작업이 바로 5장에서 본 **코잘 언어 모델링** causal language modeling입니다. 코드 자동 완성은 이와 직접적으로 관련된 후속 작업입니다. 따라서 이 모델을 최종 후보에 올릴 것입니다. 이런 작업에는 일반적으로 [그림 10-2] 같은 GPT 계열의 디코더 전용 아키텍처가 가장 잘 맞습니다.

입력　　　　　　　　　　모델　　　　　　　　　　레이블

그림 10-2 코잘 언어 모델링에서 모델은 마스킹된 미래 토큰을 예측합니다. 이런 작업에는 일반적으로 GPT 같은 디코더 모델을 사용합니다.

마스크드 언어 모델링

관련성이 있지만 조금 다른 작업은 [그림 10-3]처럼 모델에게 잡음이 섞인 코드 샘플(가령 랜덤한 단어나 마스킹된 단어로 코드 명령을 바꿉니다)을 주고 깨끗한 원본 샘플을 재구성하라고 요청하는 것입니다. 이것도 자기 지도 훈련 목표이며, 일반적으로 **마스크드 언어 모델링** masked language modeling 또는 **잡음 제거 목표** denoising objective라 합니다. 잡음 제거와 직접적으로 관련된 후속 작업을 생각하기 어렵지만, 대체로 잡음 제거는 후속 작업을 위해 보편적인 표현을 학습하기 좋은 사전 훈련 작업입니다. 이전 장에서 사용한 (BERT와 XLM-RoBERTa 같은) 많은 모델이 이런 식으로 사전 훈련됩니다. 따라서 레이블링된 샘플이 제한적인 후속 작업의 경

우 대규모 말뭉치에서 훈련된 마스크드 언어 모델을 사용해 모델을 미세 튜닝할 수 있습니다.

그림 10-3 마스크드 언어 모델링에서는 입력 토큰 중 일부가 마스킹되거나 바뀝니다. 원본 토큰을 예측하는 것이 모델의 작업입니다. 트랜스포머 모델 중 인코더의 기반이 되는 아키텍처입니다.

시퀀스–투–시퀀스 훈련

정규식 같은 수동 규칙으로 주석이나 독스트링을 코드에서 분리해서 레이블링된 데이터셋으로 사용하도록 (코드, 주석) 쌍의 대규모 데이터셋을 구축하는 작업입니다. 그러면 훈련은 한 카테고리(코드나 주석)를 모델의 입력으로 사용하고 다른 카테고리(주석이나 코드)를 레이블로 사용하는 지도 학습 목표가 됩니다. [그림 10-4]에 보이듯, 이는 (입력, 레이블) 쌍을 사용하는 지도 학습 문제가 됩니다. 다양성을 갖춘 대규모의 정제된 데이터셋과 용량이 충분한 모델을 사용해 코드에 있는 코드에서 주석을 예측하거나 그 반대를 학습하는 모델을 훈련할 수 있습니다. 이런 지도 학습 훈련 작업에 직접적으로 관련된 후속 작업은 입력/출력을 어떻게 지정하느냐에 따라 코드로부터 문서를 생성하거나 문서로부터 코드를 생성하는 일입니다. 이런 설정에서 한 시퀀스는 다른 시퀀스로 변환되며 T5, BART, PEGASUS 같은 인코더–디코더 모델이 여기에 잘 맞습니다.

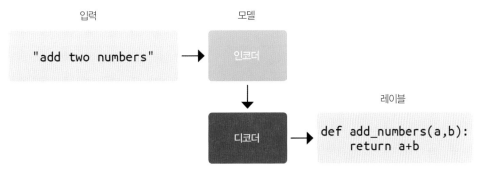

그림 10-4 시퀀스–투–시퀀스 작업을 위한 인코더–디코더 아키텍처 사용하기. 입력은 경험적인 규칙을 사용해 주석/코드 쌍으로 분할되고, 모델은 주석과 코드 중 하나를 입력으로 받아 다른 하나를 생성합니다.

코드 자동 완성 모델을 구축하고 싶기 때문에 첫 번째 훈련 목표와 GPT 아키텍처를 선택하겠습니다. 그럼 새로운 GPT-2 모델을 생성해보죠!

10.3.2 모델 초기화

이 책에서 처음으로 `from_pretrained()` 메서드로 모델을 로드하지 않고 새 모델을 만듭니다. 하지만 `gpt2-xl` 설정과 동일한 하이퍼파라미터를 사용하고 새 토크나이저를 위해 어휘사전의 크기만 바꾸겠습니다. 그다음 이 설정을 `from_config()` 메서드에 사용해 새 모델을 초기화합니다.

```
from transformers import AutoConfig, AutoModelForCausalLM, AutoTokenizer

tokenizer = AutoTokenizer.from_pretrained(model_ckpt)
config = AutoConfig.from_pretrained("gpt2-xl", vocab_size=len(tokenizer))
model = AutoModelForCausalLM.from_config(config)
```

모델이 얼마나 큰지 확인해보죠.

```
print(f'GPT-2 (xl) 크기: {model_size(model)/1000**2:.1f}M 개의 파라미터')
GPT-2 (xl) 크기: 1529.6M 개의 파라미터
```

15억 개 파라미터가 있습니다! 용량이 크지만 준비한 데이터셋도 대용량입니다. 보통 대규모 언어 모델은 데이터셋이 충분히 크기만 하면 효율적인 훈련이 가능합니다. 새로 초기화한 모델을 models/ 폴더에 저장하고 허브에 푸시해보죠.

```
model.save_pretrained("models/" + model_ckpt, push_to_hub=True,
                      organization=org)
```

체크포인트 크기(〉5GB) 때문에 모델을 허브에 푸시하는 데 몇 분이 걸릴 수 있습니다. 모델이 매우 크기 때문에 모든 것이 잘 동작하는지 확인하기 위해 작은 버전도 만들겠습니다. 표준 GPT-2 크기를 기본으로 사용합니다.

```
tokenizer = AutoTokenizer.from_pretrained(model_ckpt)
config_small = AutoConfig.from_pretrained("gpt2", vocab_size=len(tokenizer))
model_small = AutoModelForCausalLM.from_config(config_small)
print(f'GPT-2 크기: {model_size(model_small)/1000**2:.1f}M 개의 파라미터')
```

GPT-2 크기: 111.0M 개의 파라미터

쉽게 공유하고 재사용하기 위해 이 모델도 허브에 저장해보죠.

```
model_small.save_pretrained("models/" + model_ckpt + "-small", push_to_hub=True,
                            organization=org)
```

두 개의 모델을 준비했으니, 이제 훈련할 때 효율적으로 입력 데이터를 주입할 방법이 필요합니다.

10.3.3 데이터로더 구축하기

훈련 효율을 극대화하도록 문맥 크기를 꽉 채운 시퀀스를 모델에 제공합니다. 예를 들어 모델의 문맥 크기가 1,024개 토큰이라면 훈련할 때 매번 1,024개 토큰의 시퀀스를 제공하는 것이 좋습니다. 하지만 일부 코드 샘플은 1,024개 토큰보다 더 짧거나 깁니다. 이 경우 모델에게 sequence_length 길이 시퀀스의 배치를 주입하기 위해 시퀀스 마지막을 자르거나 패딩해야 합니다. 하지만 그러면 훈련의 효율성이 조금 떨어지고 패딩된 토큰의 레이블을 패딩하고 마스킹해야 합니다. 데이터 제약에 비해 컴퓨팅 제약이 훨씬 더 커집니다. 따라서 여기서는 효율적이면서 동시에 손쉬운 방법을 택하겠습니다. 시퀀스 마지막 부분을 너무 많이 잃지 않도록 작은 트릭을 사용해보죠. 여러 샘플을 토큰화한 다음 특수한 EOS 토큰으로 이를 연결해 매우 긴 시퀀스를 만듭니다. 마지막으로 [그림 10-5]처럼 이 시퀀스를 동일한 크기의 청크chunk로 나눕니다. 이 방법을 사용하면 마지막 데이터에서 손실되는 부분이 미미합니다.

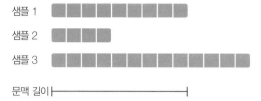

샘플 1

샘플 2

샘플 3

문맥 길이

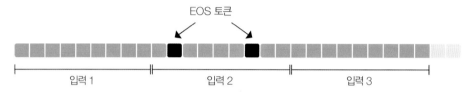

EOS 토큰

입력 1   입력 2   입력 3

그림 10-5 코잘 언어 모델링을 위해 가변 길이 시퀀스 준비하기. EOS 토큰으로 토큰화된 샘플을 여러 개 연결한 다음 청크로 나눕니다.

예를 들어 입력 문자열의 문자 개수를 다음과 같이 정의해서 토큰화된 샘플에 약 100개의 완전한 시퀀스가 있게 만들 수 있습니다.

```
input_characters = number_of_sequences * sequence_length * characters_per_token
```

- input_characters는 토크나이저에 입력된 문자열에 있는 문자의 개수입니다.
- number_of_sequences는 토크나이저로부터 얻으려는 (잘린) 시퀀스의 개수입니다(가령 100).
- sequence_length는 토크나이저가 반환한 각 시퀀스의 토큰 개수입니다(가령 1,024).
- characters_per_token은 사전에 추정해야 하는 각 출력 토큰의 평균 문자 개수입니다.

input_characters 개의 문자로 된 문자열을 입력하면 평균적으로 number_of_sequences 개의 출력 시퀀스를 얻습니다. number_of_sequences=100은 시퀀스를 약 100개 쌓고 기껏해야 너무 짧거나 긴 마지막 원소를 잃는다는 의미입니다. 즉 데이터셋의 1%를 잃는 셈이죠. 동시에 이 방식은 대부분 파일의 끝을 잘라내지 않아 편향을 일으키지 않습니다.

먼저 데이터셋에 있는 토큰의 평균 문자 길이를 예측해보죠.

```
examples, total_characters, total_tokens = 500, 0, 0
dataset = load_dataset('transformersbook/codeparrot-train', split='train',
                        streaming=True)
```

```
for _, example in tqdm(zip(range(examples), iter(dataset)), total=examples):
    total_characters += len(example['content'])
    total_tokens += len(tokenizer(example['content']).tokens())

characters_per_token = total_characters / total_tokens

print(characters_per_token)
```

3.6233025034779565

모델에게 일정한 길이의 입력을 주입하도록 사용자 정의 IterableDataset(파이토치에서 제 공하는 헬퍼 클래스입니다)를 만들기 위해 필요한 것이 모두 준비됐습니다. IterableDataset 을 상속해서 방금 살펴본 로직을 기반으로 다음 원소를 반환하는 __iter__() 함수를 작성하면 됩니다.

```
import torch
from torch.utils.data import IterableDataset

class ConstantLengthDataset(IterableDataset):

    def __init__(self, tokenizer, dataset, seq_length=1024,
                 num_of_sequences=1024, chars_per_token=3.6):
        self.tokenizer = tokenizer
        self.concat_token_id = tokenizer.eos_token_id
        self.dataset = dataset
        self.seq_length = seq_length
        self.input_characters = seq_length * chars_per_token * num_of_sequences

    def __iter__(self):
        iterator = iter(self.dataset)
        more_examples = True
        while more_examples:
            buffer, buffer_len = [], 0
            while True:
                if buffer_len >= self.input_characters:
                    m=f"버퍼 채우는 중: {buffer_len}>={self.input_characters:.0f}"
                    print(m)
                    break
                try:
                    m=f"버퍼 채우기 완료: {buffer_len}<{self.input_characters:.0f}"
```

```
                    print(m)
                    buffer.append(next(iterator)["content"])
                    buffer_len += len(buffer[-1])
            except StopIteration:
                    iterator = iter(self.dataset)

        all_token_ids = []
        tokenized_inputs = self.tokenizer(buffer, truncation=False)
        for tokenized_input in tokenized_inputs["input_ids'"]:
            all_token_ids.extend(tokenized_input + [self.concat_token_id])

        for i in range(0, len(all_token_ids), self.seq_length):
            input_ids = all_token_ids[i : i + self.seq_length]
            if len(input_ids) == self.seq_length:
                yield torch.tensor(input_ids)
```

__iter__() 메서드는 충분한 개수의 문자를 포함할 때까지 문자열 버퍼를 채웁니다. 버퍼 안의 모든 원소는 토큰화되어 EOS 토큰으로 연결되고 그다음 all_token_ids에 있는 긴 시퀀스가 seq_length 크기로 나뉩니다. 일반적으로 패딩된 가변 길이 시퀀스를 쌓을 때는 훈련 시 패딩을 부시하도록 어텐션 마스크가 필요합니다. 여기서는 동일한 (최대) 길이 시퀀스만 제공하므로 마스크가 필요하지 않으며 input_ids만 반환하면 됩니다. 이 사용자 정의 데이터셋을 테스트해보죠.

```
shuffled_dataset = dataset.shuffle(buffer_size=100)
constant_length_dataset = ConstantLengthDataset(tokenizer, shuffled_dataset,
                                                num_of_sequences=10)
dataset_iterator = iter(constant_length_dataset)

lengths = [len(b) for _, b in zip(range(5), dataset_iterator)]
print(f"시퀀스 길이: {lengths}")
```

```
버퍼 채우는 중: 0<36864
버퍼 채우는 중: 3311<36864
버퍼 채우는 중: 9590<36864
버퍼 채우는 중: 22177<36864
버퍼 채우는 중: 25530<36864
버퍼 채우는 중: 31098<36864
버퍼 채우는 중: 32232<36864
버퍼 채우는 중: 33867<36864
```

```
버퍼 채우기 완료: 41172>=36864
시퀀스 길이: [1024, 1024, 1024, 1024, 1024]
```

좋습니다. 의도대로 작동해 모델에 전달할 일정 길이의 입력을 얻었습니다. 이제 모델을 위해 신뢰할 만한 데이터 소스를 갖췄으니 실제 훈련 루프를 만들어봅시다.

TIP ConstantLengthDataset를 만들기 전에 원시 데이터셋을 섞었습니다. 반복 가능한 데이터셋이므로 처음에 전체 데이터셋을 섞을 수 없습니다. 대신 데이터셋에서 원소를 가져오기 전에 buffer_size 크기의 버퍼를 할당하고 버퍼 안의 원소를 섞습니다.

10.3.4 훈련 루프 정의하기

훈련 루프를 작성하기 위해 필요한 요소가 모두 준비됐습니다. 사용자 정의 언어 모델을 훈련할 때 분명한 제약 조건은 GPU의 메모리 제한입니다. 최신 그래픽 카드에서도 GPT-2 규모의 모델을 적절한 시간 내에 훈련하지 못합니다. 이 예제에서는 여러 개의 GPU를 훈련에 사용하기 위해 **데이터 병렬화**data parallelism를 구현하겠습니다. 다행히 🤗 액셀러레이트를 사용해 예제 코드를 확장할 수 있습니다. 🤗 액셀러레이트 라이브러리는 분산 훈련을 위해 하드웨어를 쉽게 바꿀 수 있게 고안됐습니다. 분산 훈련을 위해 Trainer를 사용할 수도 있지만, 🤗 액셀러레이트를 사용하면 훈련 루프를 완전하게 제어할 수 있으니 여기서 살펴보겠습니다.

🤗 액셀러레이트는 혼합 정밀도와 어떤 종류의 분산 환경(단일 GPU, 다중 GPU, TPU)에서도 훈련 스크립트를 실행할 수 있는 간편한 API를 제공합니다. 동일한 코드를 디버깅하기 위해 로컬 컴퓨터에서 실행하거나 최종 훈련을 위해 대규모 훈련 클러스터에서도 실행이 가능합니다. 기본 파이토치 훈련 루프에서 약간만 변경하면 됩니다.

```
  import torch
  import torch.nn.functional as F
  from datasets import load_dataset
+ from accelerate import Accelerator

- device = 'cpu'
+ accelerator = Accelerator()

- model = torch.nn.Transformer().to(device)
```

```
+ model = torch.nn.Transformer()
  optimizer = torch.optim.Adam(model.parameters())
  dataset = load_dataset('my_dataset')
  data = torch.utils.data.DataLoader(dataset, shuffle=True)
+ model, optimizer, data = accelerator.prepare(model, optimizer, data)

  model.train()
  for epoch in range(10):
      for source, targets in data:
-         source = source.to(device)
-         targets = targets.to(device)
          optimizer.zero_grad()
          output = model(source)
          loss = F.cross_entropy(output, targets)
-         loss.backward()
+         accelerator.backward(loss)
          optimizer.step()
```

바뀐 부분 중 핵심은 **prepare()** 메서드 호출입니다. 모델, 옵티마이저, 데이터로더를 모두 준비하고 인프라에 분산합니다. 이렇게 파이토치 훈련 루프를 조금 바꿔 다양한 인프라로 훈련을 확장합니다. 이 점을 유념하면서 훈련 스크립트를 만들고 몇 개의 헬퍼 함수를 정의하겠습니다. 먼저 훈련을 위한 하이퍼파라미터를 설정하고 접근이 용이하도록 **Namespace**로 감쌉니다.

```
from argparse import Namespace

# 작은 모델에 해당하는 파라미터
config = {"train_batch_size": 2, # 12
         "valid_batch_size": 2, # 12
         "weight_decay": 0.1,
         "shuffle_buffer": 1000,
         "learning_rate": 2e-4, # 5e-4
         "lr_scheduler_type": "cosine",
         "num_warmup_steps": 750, # 2000
         "gradient_accumulation_steps": 16, # 1
         "max_train_steps": 50000, # 150000
         "max_eval_steps": -1,
         "seq_length": 1024,
         "seed": 1,
         "save_checkpoint_steps": 50000} # 15000

args = Namespace(**config)
```

그다음 훈련을 위한 로깅을 설정합니다. 모델을 밑바닥부터 훈련하기 때문에 훈련 시간이 조금 걸리고 고가의 인프라가 필요합니다. 따라서 관련된 모든 정보를 저장하고 쉽게 참조할 수 있게 만드는 것이 좋습니다. setup_logging() 메서드는 세 개의 로깅 수준을 설정합니다. 표준 파이썬 Logger(https://oreil.ly/P9Xrm), 텐서보드(https://oreil.ly/kY5ri), wandb^{Weights & Biases}(https://oreil.ly/BCC3k)를 사용합니다. 주어진 문제와 선호하는 바에 따라 로깅 프레임워크를 추가하거나 삭제할 수 있습니다.

```python
from torch.utils.tensorboard import SummaryWriter
import logging
import wandb

def setup_logging(project_name):
    logger = logging.getLogger(__name__)
    logging.basicConfig(
        format="%(asctime)s - %(levelname)s - %(name)s - %(message)s",
        datefmt="%m/%d/%Y %H:%M:%S", level=logging.INFO, handlers=[
        logging.FileHandler(f"log/debug_{accelerator.process_index}.log"),
        logging.StreamHandler()])
    if accelerator.is_main_process: # 로깅을 한 번만 설정합니다.
        wandb.init(project=project_name, config=args)
        run_name = wandb.run.name
        tb_writer = SummaryWriter()
        tb_writer.add_hparams(vars(args), {'0': 0})
        logger.setLevel(logging.INFO)
        datasets.utils.logging.set_verbosity_debug()
        transformers.utils.logging.set_verbosity_info()
    else:
        tb_writer = None
        run_name = ''
        logger.setLevel(logging.ERROR)
        datasets.utils.logging.set_verbosity_error()
        transformers.utils.logging.set_verbosity_error()
    return logger, tb_writer, run_name
```

각 워커^{worker}는 고유한 accelerator.process_index를 받습니다. 이를 FileHandler에 사용해 각 워커의 로그를 개별 파일에 기록합니다. 또 메인 워커에서만 true인 accelerator.is_main_process 속성도 사용합니다. 이를 사용해 텐서보드와 wandb의 로거^{logger}가 여러 번 초기화되지 않게 하고 다른 워커에서 로깅 수준을 낮춥니다. 나중에 허브에서 실험 결과에 이름을 부여하기 위해 자동으로 생성된 고유한 wandb.run.name을 반환합니다.

텐서보드와 wandb에 측정값을 기록할 함수도 정의하겠습니다. 여기서도 accelerator.is_main_process를 다시 사용해 측정값이 워커마다 저장되지 않고 한 번만 기록되게 합니다.

```
def log_metrics(step, metrics):
    logger.info(f"Step {step}: {metrics}")
    if accelerator.is_main_process:
        wandb.log(metrics)
        [tb_writer.add_scalar(k, v, step) for k, v in metrics.items()]
```

그다음 사용자 정의 ConstantLengthDataset 클래스로 훈련 세트와 검증 세트를 위한 데이터 로더를 만드는 함수를 작성합니다.

```
from torch.utils.data.dataloader import DataLoader

def create_dataloaders(dataset_name):
    train_data = load_dataset(dataset_name+'-train', split="train",
                              streaming=True)
    train_data = train_data.shuffle(buffer_size=args.shuffle_buffer,
                                    seed=args.seed)
    valid_data = load_dataset(dataset_name+'-valid', split="validation",
                              streaming=True)

    train_dataset = ConstantLengthDataset(tokenizer, train_data,
                                          seq_length=args.seq_length)
    valid_dataset = ConstantLengthDataset(tokenizer, valid_data,
                                          seq_length=args.seq_length)

    train_dataloader=DataLoader(train_dataset, batch_size=args.train_batch_size)
    eval_dataloader=DataLoader(valid_dataset, batch_size=args.valid_batch_size)
    return train_dataloader, eval_dataloader
```

마지막에 배치 처리를 위해 데이터셋을 DataLoader로 감쌉니다. 👻 액셀러레이트가 배치를 각 워커로 분산해줄 것입니다.

또 하나 구현할 것은 최적화입니다. 메인 루프에서 옵티마이저와 학습률을 설정하겠지만, 가중치 감쇠weight decay를 받아야 하는 파라미터를 구분하기 위해 헬퍼 함수를 정의하겠습니다. 보통 절편과 LayerNorm의 가중치에는 가중치 감쇠를 적용하지 않습니다.

```
def get_grouped_params(model, no_decay=["bias", "LayerNorm.weight"]):
    params_with_wd, params_without_wd = [], []
    for n, p in model.named_parameters():
        if any(nd in n for nd in no_decay):
            params_without_wd.append(p)
        else:
            params_with_wd.append(p)
    return [{'params': params_with_wd, 'weight_decay': args.weight_decay},
            {'params': params_without_wd, 'weight_decay': 0.0}]
```

이따금 검증 세트에서 모델을 평가해야 합니다. 따라서 평가 세트에서 손실과 복잡도perplexity를 계산하는 평가 함수를 추가하겠습니다.

```
def evaluate():
    model.eval()
    losses = []
    for step, batch in enumerate(eval_dataloader):
        with torch.no_grad():
            outputs = model(batch, labels=batch)
        loss = outputs.loss.repeat(args.valid_batch_size)
        losses.append(accelerator.gather(loss))
        if args.max_eval_steps > 0 and step >= args.max_eval_steps: break
    loss = torch.mean(torch.cat(losses))
    try:
        perplexity = torch.exp(loss)
    except OverflowError:
        perplexity = torch.tensor(float("inf"))
    return loss.item(), perplexity.item()
```

복잡도는 모델의 출력 확률 분포가 얼마나 타깃 토큰을 잘 예측하는지 측정합니다. 복잡도가 낮을수록 성능이 더 좋습니다. 복잡도는 모델 출력에서 얻은 크로스 엔트로피 손실에 지수 함수를 적용해 계산합니다. 특히 훈련 초기에 손실이 높을 때 복잡도를 계산하면 수치적으로 오버플로가 발생할 수 있습니다. 이 오류를 캐치해서 이 경우 복잡도를 무한대로 설정합니다.

훈련 스크립트에 이를 모두 적용하기 전에 추가로 사용할 기능이 하나 있습니다. 이제 알았겠지만 허깅페이스 허브는 모델과 데이터셋을 저장하고 버전을 관리하기 위해 내부적으로 깃Git을 사용합니다. huggingface_hub 라이브러리의 Repository를 사용해 프로그래밍적으로 저장소에 접근하고 풀, 브랜치, 커밋, 푸시를 할 수 있습니다. 스크립트에 이를 사용해 훈련하는 동안 모델 체크포인트를 지속적으로 허브에 푸시하겠습니다.

이제 헬퍼 함수가 모두 준비됐으니 훈련 스크립트의 핵심 부분을 작성해보죠.

```python
set_seed(args.seed)

# 액셀러레이트
accelerator = Accelerator()
samples_per_step = accelerator.state.num_processes * args.train_batch_size

# 로깅
logger, tb_writer, run_name = setup_logging(project_name.split("/")[1])
logger.info(accelerator.state)

# 모델과 토크나이저를 로드합니다.
if accelerator.is_main_process:
    hf_repo = Repository("./", clone_from=project_name, revision=run_name)
model = AutoModelForCausalLM.from_pretrained("./", gradient_checkpointing=True)
tokenizer = AutoTokenizer.from_pretrained("./")

# 데이터셋과 데이터로더를 로드합니다.
train_dataloader, eval_dataloader = create_dataloaders(dataset_name)

# 옵티마이저와 학습률 스케줄러를 준비합니다.
optimizer = AdamW(get_grouped_params(model), lr=args.learning_rate)
lr_scheduler = get_scheduler(name=args.lr_scheduler_type, optimizer=optimizer,
                    num_warmup_steps=args.num_warmup_steps,
                    num_training_steps=args.max_train_steps,)
def get_lr():
    return optimizer.param_groups[0]['lr']

# `accelerator`로 모든 것을 준비합니다(매개변수 순서는 중요하지 않습니다).
model, optimizer, train_dataloader, eval_dataloader = accelerator.prepare(
    model, optimizer, train_dataloader, eval_dataloader)

# 모델을 훈련합니다.
model.train()
completed_steps = 0
for step, batch in enumerate(train_dataloader, start=1):
    loss = model(batch, labels=batch).loss
    log_metrics(step, {'lr': get_lr(), 'samples': step*samples_per_step,
                    'steps': completed_steps, 'loss/train': loss.item()})
    loss = loss / args.gradient_accumulation_steps
```

```
        accelerator.backward(loss)
        if step % args.gradient_accumulation_steps == 0:
            optimizer.step()
            lr_scheduler.step()
            optimizer.zero_grad()
            completed_steps += 1
        if step % args.save_checkpoint_steps == 0:
            logger.info('Evaluating and saving model checkpoint')
            eval_loss, perplexity = evaluate()
            log_metrics(step, {'loss/eval': eval_loss, 'perplexity': perplexity})
            accelerator.wait_for_everyone()
            unwrapped_model = accelerator.unwrap_model(model)
            if accelerator.is_main_process:
                unwrapped_model.save_pretrained("./")
                hf_repo.push_to_hub(commit_message=f'step {step}')
            model.train()
        if completed_steps >= args.max_train_steps:
            break

# 마지막 체크포인트를 평가하고 저장합니다.
logger.info('Evaluating and saving model after training')
eval_loss, perplexity = evaluate()
log_metrics(step, {'loss/eval': eval_loss, 'perplexity': perplexity})
accelerator.wait_for_everyone()
unwrapped_model = accelerator.unwrap_model(model)
if accelerator.is_main_process:
    unwrapped_model.save_pretrained("./")
    hf_repo.push_to_hub(commit_message=f'final model')
```

코드가 꽤 길지만, 분산 인프라에서 대규모 언어 모델을 훈련할 때 필요한 코드 전부라는 것을 기억하세요. 이 스크립트를 조금씩 나누어서 가장 중요한 부분을 설명하겠습니다.

모델 저장

모델 저장소 내에서 이 스크립트를 실행하면 스크립트가 시작되면서 wandb에서 얻은 run_name을 따라 새 브랜치를 체크아웃합니다. 나중에 체크포인트마다 모델을 커밋하고 허브에 푸시합니다. 이런 방식으로 실험할 때마다 새 브랜치가 만들어지고 각 커밋은 모델 체크포인트에 해당합니다. 모델을 저장할 때 제대로 동기화되도록 wait_for_everyone()과 unwrap_model()을 호출합니다.

최적화

모델 최적화를 위해 선형적인 워밍업 단계를 거친 후, 코사인 학습률 스케줄러와 함께 AdamW를 사용합니다. 하이퍼파라미터의 경우 GPT−3 논문에 기술된 비슷한 크기의 모델에서 사용한 파라미터와 비슷하게 설정하겠습니다.[10]

평가

모델을 저장할 때마다 평가 세트에서 평가합니다. 즉 각 `save_checkpoint_steps`마다, 그리고 훈련이 끝난 후에 평가합니다. 검증 손실과 함께 검증 복잡도도 기록합니다.

그레이디언트 누적과 체크포인팅

최신 GPU에서 실행하더라도 GPU 메모리가 필요한 배치 크기에 맞지 않습니다. 따라서 몇 번의 역방향 패스에서 그레이디언트를 모아 그레이디언트가 충분히 누적됐을 때 최적화 단계를 수행하는 그레이디언트 누적을 구현합니다. Trainer를 사용해 이를 수행하는 방법은 6장에서 보았습니다. 대규모 모델의 경우 단일 배치조차도 하나의 GPU에 맞지 않습니다. 이 경우 **그레이디언트 체크포인팅**gradient checkpointing이란 방법을 사용해 훈련 속도를 약 20% 낮추면서 메모리 사용량을 줄일 수 있습니다.[11] 이를 사용하면 더 큰 모델도 단일 GPU에서 훈련할 수 있습니다.

그런데 다중 GPU에서 모델을 훈련하는 방법은 여전히 이해하기 힘듭니다. 분산 환경에서 모델을 훈련하는 방법은 모델 크기와 데이터 용량에 따라 다릅니다. 🤗 액셀러레이트에서 사용하는 방법은 `DataDistributedParallelism`(DDP)(`https://oreil.ly/m4iNm`)이며, 단일 GPU에 맞는 것보다 더 큰 배치에서 모델을 빠르게 훈련한다는 장점이 있습니다. [그림 10−6]에 이 과정을 나타냈습니다.

---

10 T. Brown et al., "Language Models Are Few−Shot Learners"(`https://arxiv.org/abs/2005.14165`), (2020).

11 그레이디언트 체크포인팅의 자세한 내용은 OpenAI의 포스트(`https://oreil.ly/94oj1`)를 참고하세요.

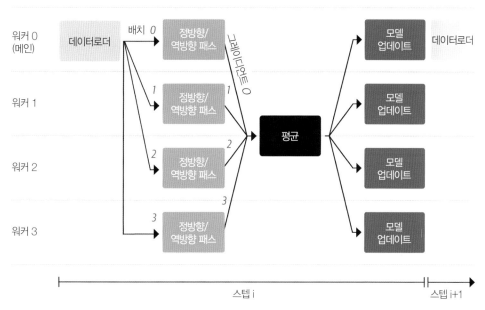

그림 10-6 네 개의 GPU를 사용한 DDP

이 파이프라인을 단계별로 살펴보겠습니다.

- 각 워커는 하나의 GPU로 구성됩니다. 🤗 액셀러레이트에서는 메인 프로세스에서 실행하는 데이터로더가 데이터 배치를 준비하고 모든 워커에 배치를 전달합니다.
- 각 GPU는 데이터 배치를 받고 모델의 로컬 복사본을 사용해 정방향 패스와 역방향 패스로부터 손실과 누적 그레이디언트를 계산합니다.
- 각 노드의 그레이디언트는 올-리듀스^{all-reduce} 패턴으로 평균되고 평균된 그레이디언트는 각각의 워커로 다시 전달됩니다.
- 각 노드에서 개별적으로 옵티마이저를 사용해 그레이디언트가 적용됩니다. 중복 작업처럼 보일 수 있지만 노드 간에 대규모 모델의 복사본을 전송하지 않기 위해서입니다. 적어도 한 번은 모델을 업데이트하게 되는데, 이 방법을 사용하지 않으면 업데이트 버전을 받을 때까지 다른 노드가 기다려야 합니다.
- 모든 모델이 업데이트되면 메인 워커가 새로운 배치를 준비하고 전체 과정을 다시 시작합니다.

간단한 패턴을 사용해 대규모 모델을 추가 로직 없이 여러 개의 GPU로 확장해 매우 빠르게 훈련할 수 있습니다. 하지만 이것만으로 충분하지 않은 경우가 있습니다. 예를 들어 모델이 하나의 GPU에 들어갈 수 없을 때 좀 더 정교한 병렬화 전략(https://oreil.ly/3uhfq)이 필요합니다. 훈련에 필요한 요소를 모두 갖췄으니 이제 훈련을 시작할 차례입니다! 다음 절에서 보겠지만 이는 매우 간단합니다.

10.3.5 훈련 실행

훈련 서버에서 실행되도록 훈련 스크립트를 codeparrot_training.py 파일에 저장하겠습니다. 이 스크립트와 함께 필요한 파이썬 패키지가 모두 들어있는 파일을 허브의 모델 저장소에 추가하겠습니다(https://oreil.ly/ndqSB). 허브에 있는 모델은 근본적으로 깃 저장소이므로 이 저장소를 클론하고 원하는 어떤 파일을 추가해 허브에 다시 푸시할 수 있습니다. 훈련 서버에서 다음과 같은 몇 개의 명령으로 훈련을 시작합니다.

```
$ git clone https://huggingface.co/transformersbook/codeparrot
$ cd codeparrot
$ pip install -r requirements.txt
$ wandb login
$ accelerate config
$ accelerate launch codeparrot_training.py
```

이게 전부입니다. 드디어 모델 훈련을 시작했습니다! wandb login 명령을 실행하면 로깅을 위해 wandb 계정을 인증해야 합니다. accelerate config 명령은 인프라 설정 과정을 안내해줍니다. [표 10-2]에서 이 실험에 사용할 설정을 볼 수 있습니다. 메모리가 40GB, A100 GPU가 16개인 워크스테이션 a2-megagpu-16g 인스턴스(https://oreil.ly/ZJIG3)를 사용합니다.

표 10-2 CodeParrot 모델 훈련에 사용할 설정

설정	값
Compute environment?	multi-GPU
How many machines?	1
DeepSpeed?	No
How many processes?	16
Use FP16?	Yes

이 설정으로 위와 같은 인프라에서 훈련 스크립트를 실행하면 작은 모델에는 24시간이 걸리고 큰 모델에는 7일이 걸립니다. 자신만의 모델을 훈련한다면 비용이 많이 드니, 오랜 시간 문제 없이 실행되도록 작은 인프라에서 코드 실행을 확인하세요. 전체 훈련 실행이 성공적으로 완료된 후 다음 명령으로 이 실험 브랜치를 메인 브랜치로 머지해 허브로 푸시합니다.

```
$ git checkout main
$ git merge <RUN_NAME>
$ git push
```

당연히 RUN_NAME은 머지하려는 허브의 실험 브랜치 이름이어야 합니다. 이제 훈련된 모델이 있으므로 성능을 조사하는 방법을 알아보겠습니다.

10.4 결과 및 분석

일주일 동안 초조하게 로그를 모니터링하고 나면 [그림 10-7]과 같은 손실 곡선과 복잡도 곡선을 보게 됩니다. 훈련 손실과 검증 복잡도는 지속적으로 감소하고 손실 곡선은 로그-로그 스케일에서 거의 선형으로 보입니다. 대규모 모델은 전체적으로 훈련이 더 오래 걸리지만 처리된 토큰 측면에서 보면 더 빠르게 수렴합니다.

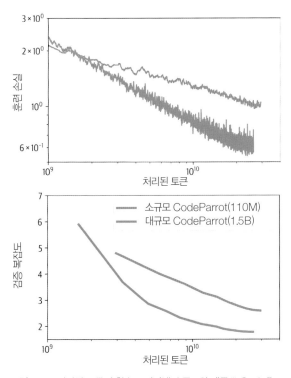

그림 10-7 처리된 토큰의 함수로 나타낸 소규모와 대규모 CodeParrot의 훈련 손실과 검증 복잡도

그럼 GPU 오븐에서 갓 구워낸 언어 모델로 무엇을 할 수 있을까요? 이 모델을 사용해 약간의 코드를 작성해볼 수 있습니다. 정성적인 분석과 정량적인 분석을 수행하겠습니다. 정성적인 분석에서는 구체적인 샘플을 사용해서 모델의 성공 사례와 실패 사례를 더 잘 이해하게 됩니다. 정량적인 분석에서는 대규모 테스트 세트에서 통계적으로 모델의 성능을 평가합니다. 이 절의 앞에서 만든 모델을 사용해 어떻게 하는지 알아보겠습니다. 먼저 샘플 몇 개를 살펴보고 모델을 체계적이고 안정적으로 평가하는 방법을 논의하겠습니다. 파이프라인으로 작은 모델을 감싸고 이어서 샘플 코드 입력을 전달해보죠.

```python
from transformers import pipeline, set_seed

model_ckpt = 'transformersbook/codeparrot-small'
generation = pipeline('text-generation', model=model_ckpt, device=0)
```

주어진 프롬프트에서 완성된 코드 후보를 생성하기 위해 생성 파이프라인을 사용합니다. 기본적으로 이 파이프라인은 사전에 정의된 길이에 도달할 때까지 코드를 생성합니다. 출력은 여러 개의 함수나 클래스를 포함할 수 있습니다. 따라서 출력을 간략하게 유지하기 위해 정규식으로 첫째로 등장한 함수나 클래스를 추출하는 first_block() 함수를 구현하겠습니다. 그 아래 complete_code() 함수는 이 로직을 적용하고 CodeParrot이 생성한 코드 완성을 출력합니다.

```python
import re
from transformers import set_seed

def first_block(string):
    return re.split('\nclass|\ndef|\n#|\n@|\nprint|\nif', string)[0].rstrip()

def complete_code(pipe, prompt, max_length=64, num_completions=4, seed=1):
    set_seed(seed)
    gen_kwargs = {"temperature":0.4, "top_p":0.95, "top_k":0, "num_beams":1,
                  "do_sample":True,}
    code_gens = generation(prompt, num_return_sequences=num_completions,
                           max_length=max_length, **gen_kwargs)
    code_strings = []
    for code_gen in code_gens:
        generated_code = first_block(code_gen['generated_text'][len(prompt):])
        code_strings.append(generated_code)
    print(('\n'+'='*80 + '\n').join(code_strings))
```

간단한 샘플로 시작해보죠. 모델이 사각형의 면적을 계산하는 함수를 작성하도록 하겠습니다.

```python
prompt = '''def area_of_rectangle(a: float, b: float):
    """Return the area of the rectangle."""'''
complete_code(generation, prompt)
```

```
    return math.sqrt(a * b)
=================================================================

    return a * b / 2.0
=================================================================

    return a * b
=================================================================

    return a * b / a
```

아주 좋아 보이네요! 생성된 코드가 모두 맞지는 않지만 이중에 정답이 있습니다. 그럼 모델이 HTML에서 URL을 추출하는 조금 더 어려운 작업도 해낼까요? 한번 알아보죠.

```python
prompt = '''def get_urls_from_html(html):
    """Get all embedded URLs in a HTML string."""'''
complete_code(generation, prompt)
```

```
    if not html:
        return []
    return [url for url in re.findall(r'<a href="(/[^/]+/[^"]+?)">', html)]
=================================================================

    return [url for url in re.findall(r'<a href="(.*?)"', html)
            if url]
=================================================================

    return [url for url in re.findall(r'<a href="(/.*)",', html)]
=================================================================

    return re.findall(r'<a href="(.*?)" class="url"[^>]*>', html)
```

다른 출력은 맞지 않지만, 두 번째 출력은 맞습니다. 허깅페이스 홈페이지로 이 함수를 테스트해보죠.

```python
import requests

def get_urls_from_html(html):
    return [url for url in re.findall(r'<a href="(.*?)"', html) if url]

print(" | ".join(get_urls_from_html(requests.get('https://hf.co/').text)))
```

```
https://github.com/huggingface/transformers | /allenai | /facebook |
/asteroid-team | /google | /amazon | /speechbrain | /microsoft | /grammarly |
/models | /inference-api | /distilbert-base-uncased |
/dbmdz/bert-large-cased-finetuned-conll03-english |
https://huggingface.co/transformers | https://arxiv.org/abs/1811.06031 |
https://arxiv.org/abs/1803.10631 | https://transformer.huggingface.co/ | /coref
| https://medium.com/huggingface/distilbert-8cf3380435b5
```

알다시피 **https**로 시작하는 URL은 외부 페이지이고 나머지는 웹사이트 내 하위 페이지입니다. 바로 우리가 원했던 것입니다. 마지막으로 대규모 모델을 로드하고 순수한 파이썬 함수를 넘파이를 사용하는 함수로 바꿀 수 있는지 알아보죠.

```python
model_ckpt = 'transformersbook/codeparrot'
generation = pipeline('text-generation', model=model_ckpt, device=0)

prompt = '''# a function in native python:
def mean(a):
    return sum(a)/len(a)

# the same function using numpy:
import numpy as np
def mean(a):'''
complete_code(generation, prompt, max_length=64)
```

```
Setting `pad_token_id` to `eos_token_id`:0 for open-end generation.
```

```
        return np.mean(a)
=========================================================================

        return np.mean(a)
=========================================================================

        return np.mean(a)
=========================================================================

        return np.mean(a)
```

성공입니다! 이번에는 CodeParrot 모델이 사이킷런 모델도 만들 수 있는지 알아보겠습니다.

```
prompt = '''X = np.random.randn(100, 100)
y = np.random.randint(0, 1, 100)

# fit random forest classifier with 20 estimators'''
complete_code(generation, prompt, max_length=96)
Setting `pad_token_id` to `eos_token_id`:0 for open-end generation.
```

```
reg = DummyRegressor()

forest = RandomForestClassifier(n_estimators=20)

forest.fit(X, y)
=========================================================================

clf = ExtraTreesClassifier(n_estimators=100, max_features='sqrt')
clf.fit(X, y)
=========================================================================

clf = RandomForestClassifier(n_estimators=20, n_jobs=n_jobs, random_state=1)
clf.fit(X, y)
=========================================================================

clf = RandomForestClassifier(n_estimators=20)
clf.fit(X, y)
```

두 번째 경우는 ExtraTreesClassifier(https://oreil.ly/40Uy7)를 훈련하려고 시도했지만, 다른 경우는 요청한 대로 코드를 생성했습니다.[12]

생성된 텍스트의 품질을 측정하는 방법은 5장에서 알아봤습니다. 그중 하나로 많이 사용되는 BLEU 지표는 일반적인 한계가 있기도 하지만, 이 문제에는 특히 잘 맞지 않습니다. BLEU 점수는 참조 텍스트와 생성된 텍스트 간의 n-그램 중복을 측정합니다. 코드를 작성할 때 변수와 클래스에 자유도가 많고 프로그램에 일관성이 있다면, 이름을 짓는 방식으로 성공 여부가 결정되지 않습니다. 하지만 BLEU 점수는 참조 코드에 있는 이름과 다른 이름으로 생성한 결과에 불리합니다. 사실 이런 이름은 거의 예측하기가 불가능합니다(실제 프로그래머도 그렇습니다).

소프트웨어 개발 분야에는 유닛 테스트[unit test]와 같이 코드 품질을 측정할 때 신뢰할 만한 좋은 방법이 있습니다. 이런 방법으로 OpenAI Codex 모델을 평가했습니다. 코딩 작업을 위해 생성한 여러 코드를 일련의 단위 테스트를 통해 실행하고 테스트를 통과한 비율을 계산합니다.[13] 이 장에서 만든 모델의 성능을 제대로 측정하려면 동일한 평가 방식을 적용해야 하겠지만, 이 내용은 이 장의 범위를 넘어섭니다. 자세한 내용은 CodeParrot이 HumanEval 벤치마크에서 어떻게 동작하는지를 다룬 블로그 포스트(https://oreil.ly/hKOP8)를 참고하세요.

10.5 결론

잠시 한걸음 뒤로 물러나서 이 장에서 수행한 일을 정리해보죠. 여기에서는 파이썬 코드 자동 완성 함수를 만들어보았습니다. 먼저 대규모 언어 모델을 사전 훈련하기 위해 대규모 데이터셋을 직접 구축했습니다. 그다음 이 데이터셋으로 파이썬 코드를 효율적으로 인코딩하는 사용자 정의 토크나이저를 만들었습니다. 마지막으로 🤗 액셀러레이트를 사용해 모든 것을 연결하고 훈련 스크립트를 작성해서 200줄 미만의 코드로 다중 GPU 인프라에서 소규모와 대규모 GPT-2 모델을 밑바닥부터 훈련했습니다. 모델 출력을 조사하면서 모델이 적절하게 이어지는 코드를 생성할 수 있음을 보았고 모델을 체계적으로 평가하는 방법을 논의했습니다.

---

12 옮긴이_ 흥미롭게도 ExtraTreesClassifier는 트리 노드에서 후보 특성을 랜덤하게 분할하는 것을 제외하면 랜덤포레스트와 매우 비슷합니다.

13 M. Chen et al., "Evaluating Large Language Models Trained on Code" (https://arxiv.org/abs/2107.03374), (2021).

이제 허브에 있는 많은 사전 훈련된 모델을 미세 튜닝하는 방법만이 아니라, 충분한 데이터와 컴퓨팅 자원이 있을 때 자신만의 모델을 밑바닥부터 사전 훈련하는 방법도 배웠습니다. 트랜스포머 모델로 거의 모든 NLP 문제를 다룰 준비를 마친 셈입니다. 이제 다음에는 무엇을 알아볼까요? 이 책의 마지막인 다음 장에서는 이 분야가 현재 어디를 향해 가고 있는지, NLP를 뛰어넘어 트랜스포머 모델이 해결할 수 있는 흥미로운 새 애플리케이션과 도메인을 살펴보겠습니다.

## CHAPTER 11

향후 방향

다양한 NLP 작업에서 트랜스포머가 발휘하는 강력한 능력을 살펴봤습니다. 마지막 장에서는 관점을 바꿔 이런 모델들이 당면한 도전 과제를 살펴보고 이를 극복하기 위한 연구 동향을 알아봅니다. 먼저 모델과 말뭉치의 규모 측면에서 트랜스포머를 확장하는 주제에 대해 살펴봅니다. 그다음 셀프 어텐션 메커니즘의 효율을 높이는 다양한 기술로 관심을 돌리겠습니다. 마지막으로, 새로 부상하고 있는 흥미진진한 분야를 살펴봅니다. 텍스트, 이미지, 오디오 같이 여러 도메인에 걸친 입력을 모델링하는 **멀티모달 트랜스포머**multimodal transformer입니다.

11.1 트랜스포머 확장

2019년 리처드 서튼Richard Sutton(https://oreil.ly/119br) 박사는 획기적인 에세이 'The Bitter Lesson'(https://oreil.ly/YtD3V)에서 다음과 같이 주장했습니다.

> AI 연구 70년의 역사에서 얻은 가장 큰 교훈은 계산을 활용하는 일반적인 방법이 궁극적으로 가장 효과적이며 매우 압도적이라는 것입니다. ... 연구자들은 단기간에 괄목할 만한 성과를 내기 위해 인간의 도메인 지식을 활용할 방안을 모색하지만, 장기적으로 의미 있는 것은 오직 계산의 활용입니다. 이 둘은 서로 대립할 필요가 없지만, 실제로는 대립하는 경향이 있습니다. ... 인간의 지식을 활용하는 방안은 계산을 활용하는 일반적인 방법의 이점을 적용하기 어렵게 만들기 때문에 더 복잡해지는 경향이 있습니다.

서튼 박사는 에세이에서 인간의 지식을 AI 시스템에 인코딩하는 방식이 궁극적으로 늘어난 계산량에 압도된, 체스나 바둑 같은 몇 가지 과거 사례를 들며 이를 AI 연구 분야의 '쓰라린 교훈' bitter lesson'이라고 했습니다.

> 우리 생각으로 구축한 방법이 장기적으로 효과를 내지 못한다는 쓰라린 교훈에서 배워야 합니다.
> ... 이 교훈에서 깨달아야 할 것은 가용한 계산의 규모가 커지면서 늘어난 계산량 덕분에 지속적으
> 로 확장되는 범용의 방법이 지닌 위대한 능력입니다. 이런 식으로 검색searching과 학습learning은 어떤
> 크기로도 확장될 것 같습니다.

이와 비슷한 교훈이 트랜스포머에 적용되리라는 전조가 있습니다. BERT와 GPT를 계승한 초기의 모델은 주로 구조나 사전 훈련 목표를 조정하는 데 초점을 뒀지만, 2021년 중반에 최고 성능을 보인 GPT-3 같은 모델은 근본적으로 구조의 큰 변경 없이 원본 모델을 확장했습니다. [그림 11-1]은 2017년 원본 트랜스포머 아키텍처가 공개된 후 가장 큰 모델의 발전 과정을 보여줍니다. 수년 만에 모델 크기의 자릿수가 네 개나 늘어났습니다!

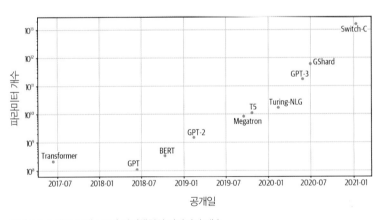

그림 11-1 중요 트랜스포머 아키텍처의 파라미터 개수

이와 같은 극적인 성장은 대규모 언어 모델이 후속 작업에서 더 잘 수행되고 제로샷 학습과 퓨샷 학습 같은 흥미로운 기능이 10~100억 개 파라미터 범위 내에서 작동한다는 사실이 경험적으로 밝혀지면서 촉발됐습니다. 하지만 파라미터 개수 외에 모델 성능에 영향을 미치는 요소가 또 있습니다. 괴물 같이 거대한 모델을 훈련하려면 계산량과 훈련 데이터도 확장돼야 합니다. GPT-3 같은 대규모 언어 모델을 훈련하려면 460만 달러가 들 것으로 예상됩니다. 따라서

모델의 성능을 미리 추정할 수 있는 것이 바람직합니다. 살짝 놀라운 건 언어 모델의 성능이 모델 크기 및 그 외 요소와 관련된 거듭제곱 법칙^{power law}을 따른다는 것입니다.[1] 흥미로운 이 연구에 대해 살펴보겠습니다.

11.1.1 규모의 법칙

규모의 법칙으로 컴퓨팅 예산 C, 데이터셋 크기 D, 모델 크기 N을 달리하면서 언어 모델의 동작을 연구하면, '클수록 좋다'는 패러다임을 경험적으로 정량화하게 됩니다.[2] 그 기본 개념은 이 세 요소에 대한 크로스 엔트로피 L의 의존성을 그래프로 그려 어떤 관계가 있는지 결정하는 것입니다. GPT 같은 자기회귀 모델에 대한 손실 곡선의 결과가 [그림 11-2]입니다. 파란 곡선은 개별 모델의 훈련 결과를 나타냅니다.

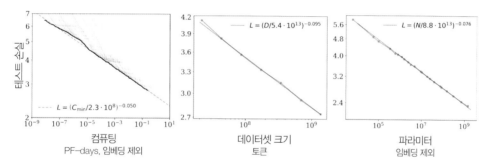

그림 11-2 테스트 손실 vs 컴퓨팅 예산(왼쪽), 데이터셋 크기(중간), 모델 크기(오른쪽) 사이의 거듭제곱 관계(Jared Kaplan 제공)

이런 손실 곡선에서 몇 가지 결론이 도출됩니다.

성능과 규모의 관계

많은 NLP 연구자들이 크기가 고정된 데이터셋에서 성능을 향상하기 위해 구조 변경이나 (층이나 어텐션 헤드의 개수 튜닝처럼) 하이퍼파라미터 최적화에 초점을 맞춥니다. 하지만 규모의 법칙에 의하면 N, C, D를 동시에 증가시키는 것이 더 나은 모델을 만드는 데 생산적입니다.

---

1 J. Kaplan et al., "Scaling Laws for Neural Language Models" (https://arxiv.org/abs/2001.08361), (2020).
2 데이터셋 크기는 토큰 개수로 측정하고 모델 크기에서 임베딩 층의 파라미터는 제외합니다.

거듭제곱 법칙

테스트 손실 L은 N, C, D와 여러 자릿수에서 거듭제곱 관계가 있습니다(거듭제곱 관계는 로그–로그 스케일에서 선형입니다). $X=N, C, D$일 때 이 거듭제곱 관계를 $L(X) \sim 1/X^{\alpha}$ 로 나타냅니다. 여기서 α는 [그림 11-2]의 손실 곡선에 맞춰 결정된 스케일링 지수입니다.[3] 보통 α_X의 값은 0.05~0.095 범위에 있습니다. 이 거듭제곱 법칙은 손실 곡선의 초기 부분 곡선을 연장해서 훈련을 더 오래 수행할 때 얻게 될 손실의 근사치를 추정할 수 있다는 점에서 매력적입니다.

샘플 효율성

대규모 모델은 더 적은 횟수의 훈련 단계로도 소규모 모델과 동일한 성능을 냅니다. 일정 횟수의 훈련 단계를 거친 후 손실 곡선이 평탄해지는 영역을 비교하면 알 수 있습니다. 이 비교는 단순히 모델을 확장한 것에 비해 성능 개선이 크지 않음을 나타냅니다.

[그림 11-3]에서 보듯, 의외로 규모의 법칙은 이미지, 비디오, 수학 문제 해결 등의 분야에서도 관찰됩니다.

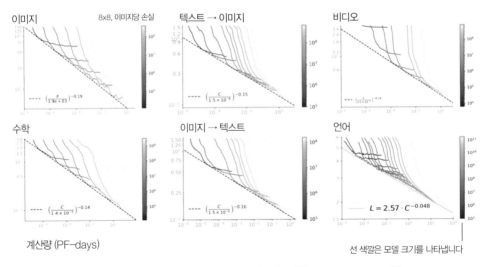

그림 11-3 다양한 분야에 걸친 테스트 손실과 컴퓨팅 예산의 거듭제곱 법칙(Tom Henighan 제공)

---

3 T. Henighan et al., "Scaling Laws for Autoregressive Generative Modeling" (https://arxiv.org/abs/2010.14701), (2020).

거듭제곱 법칙이 트랜스포머 언어 모델의 일반적인 속성인지 여부는 아직 밝혀지지 않았습니다. 현재로서는 비용이 많이 드는 대규모 모델을 명시적으로 훈련하지 않고 성능을 예측하는 도구로 규모의 법칙을 이용합니다. 하지만 규모 확장은 말처럼 그렇게 쉽지 않습니다. 한계에 다다를 때 맞이하게 될 도전 과제를 알아보죠.

11.1.2 규모 확장의 어려움

확장은 이론적으로 보면 간단하지만(단지 더 많은 층을 추가하는 거죠!), 실제로는 어려움이 많습니다. 언어 모델의 규모를 확장할 때 만나게 될 큰 문제는 이런 것들입니다.

인프라

GPU가 여럿이고 노드가 수백 내지 수천 개인 인프라를 프로비저닝하고 관리하는 일은 소심한 사람에게 맞지 않습니다. 필요한 만큼 노드가 있나요? 노드 간 통신에 병목이 있나요? 이런 사안을 해결하려면 데이터 과학 팀이 보유한 기술과 전혀 다른 기술이 필요합니다. 우선 대규모 분산 실험을 능숙하게 수행할 전문 엔지니어가 있어야 합니다.

비용

ML 기술자라면, 클라우드에서 최신 GPU 머신을 *끄지* 않았다는 생각이 문득 떠올라 식은 땀을 흘리며 한밤중에 일어난 일이 있을 것입니다. 이런 느낌은 대규모 실험을 수행할 때 더 뚜렷하며, 대부분 회사들은 최대 규모로 모델을 훈련할 팀과 자원을 감당하지 못합니다. GPT-3 모델 하나를 훈련하는 데 수백만 달러가 들기도 하는데, 보통 회사에는 이런 여윳돈이 없습니다.[4]

데이터셋 큐레이션

모델은 학습 데이터의 품질에 좌우됩니다. 대규모 모델을 훈련하려면 대용량의 고품질 데이터셋이 필요합니다. 테라바이트 크기의 텍스트 데이터를 사용할 때는 고품질 텍스트 데이터인지 확인하기 어렵고 전처리하기도 힘듭니다. 또 대규모 웹 텍스트 말뭉치에서 훈련할 때는

---

4 하지만 최근에 협업 방식으로 소규모 회사들이 컴퓨팅 자원과 사전 훈련 모델을 공유할 수 있는 분산 딥러닝 프레임워크가 제안되었습니다. M. Diskin et al., "Distributed Deep Learning in Open Collaborations" (https://arxiv.org/abs/2106.10207), (2021)를 참고하세요.

언어 모델이 습득한 성차별이나 인종차별 같은 편향을 제어할 방법이 있는지 확인해야 합니다. 이외에 훈련 데이터의 라이선스와 대형 텍스트 데이터셋에 포함된 개인정보와 관련된 문제도 고려해야 합니다.

모델 평가

모델 훈련이 종료된 후에도 문제는 끝나지 않습니다. 후속 작업에서 모델을 평가하는 데 다시 시간과 자원을 투입해야 합니다. 또 데이터셋을 정제했다는 확신이 들어도 모델이 편향되고 유해한지 검증하길 원합니다. 이런 단계는 시간이 소요되며 차후 부작용의 위험을 최소화하기 위해 철저히 수행돼야 합니다.

배포

마지막으로, 대규모 언어 모델을 서빙^{serving}하는 것도 큰 도전입니다. 이를 돕는 방법으로 8장에서 정제, 가지치기, 양자화 같은 방법을 알아봤지만, 수백 기가바이트의 모델이라면 이것으로 충분하지 않습니다. 이런 배포 문제를 처리하지 못하거나 처리하고 싶지 않은 회사를 지원하기 위해 설계된 호스팅 서비스가 있습니다. OpenAI API(https://beta.openai.com/)나 허깅페이스의 가속 추론 API$^{Accelerated\ Inference\ API}$(https://oreil.ly/E4q3b)입니다.

이 목록은 일부에 불과하지만, 언어 모델의 크기를 확장할 때 고려할 사항과 도전 과제에 대한 아이디어를 제공합니다. 이런 노력은 대개 한계를 확장할 자원과 노하우를 보유한 소수 기관에 집중되지만, 현재 대규모 언어 모델을 오픈소스로 만들고 검증하겠다는 목표하에 두 개의 커뮤니티 주도 프로젝트가 진행 중입니다.

BigScience

대규모 언어 모델에 초점을 둔 연구 워크숍으로, 2021년부터 2022년까지 일 년간 수행됐습니다. 이런 모델에 관련된 연구 질문(역량, 한계, 잠재적 개선, 편향, 윤리, 환경 영향, 일반적인 AI/인지 연구 분야의 역할)은 물론이고, 연구 커뮤니티들이 연구를 목적으로 이런 모델과 데이터셋을 만들고 공유하는 애로사항에 대한 논의와 성찰을 촉진하겠다는 목표가 있습니다. 대규모 다국어 데이터셋과 언어 모델을 만들고, 공유하고, 평가하는 등의 협업 작업을 하는데, 이 작업에 예외적으로 대규모의 컴퓨팅 예산(수천 개의 GPU에서 수백만 GPU

시간)이 할당됐습니다. 이 워크숍이 성공한다면, 차후에 협업 작업을 업데이트하거나 새로 추가해 다시 열릴 것입니다. 이 워크숍에 참여하려면 프로젝트 웹사이트(https://oreil. ly/13xfb)에서 자세한 정보를 참고하세요.

EleutherAI

AI 연대, 확장, 오픈소스 AI 연구에 주로 관심이 있는 자원 봉사 연구원, 엔지니어, 개발 자가 만든 분산형 단체입니다. 이들의 목표는 GPT-3 크기의 모델을 훈련하고 오픈소스 로 공개하는 것입니다. 이 그룹은 벌써 GPT-Neo(https://oreil.ly/ZVGaz)와 GPT-J(https://oreil.ly/Kup60) 같은 인상적인 모델을 릴리스했습니다. 그중 GPT-J는 매개 변수가 60억 개이며 제로샷 성능 측면에서 현재 최고의 성능을 내는 오픈소스 트랜스포머입 니다. 자세한 내용을 알고 싶다면 EleutherAI의 웹사이트(https://eleuther.ai)를 방문 해보세요.

계산량, 모델 크기, 데이터셋 크기에 걸쳐 트랜스포머의 규모를 확장하는 방법을 살펴봤습니 다. 이번에는 활발히 연구되고 있는 또 다른 분야로 셀프 어텐션을 더 효율적으로 만드는 방법 을 조사해보죠.

11.1.3 어텐션 플리즈!

이 책을 통해 셀프 어텐션 메커니즘이 트랜스포머 아키텍처에서 핵심 역할을 한다는 사실을 알 았습니다. 무엇보다도, 트랜스포머 논문의 원래 이름이 'Attention Is All You Need'입니다! 그런데 셀프 어텐션에는 주목할 이슈가 있습니다. 시퀀스에 있는 모든 토큰의 쌍을 비교해 가 중치가 생성되므로 트랜스포머를 긴 문서나 음성 처리, 컴퓨터 비전 같은 분야에 적용할 때 셀 프 어텐션 층이 계산의 병목지점이 됩니다. 트랜스포머 아키텍처에 있는 셀프 어텐션 층의 시 간 복잡도와 공간 복잡도는 대략 (n^2)입니다. 여기서 n은 시퀀스 길이입니다.[5]

결과적으로 최근 트랜스포머에 대한 많은 연구는 셀프 어텐션을 더 효율적으로 만드는 데 초점 을 둡니다. [그림 11-4]에 이런 연구 동향을 광범위하게 분류했습니다.

---

5   셀프 어텐션의 표준 구현은 O(n^2)의 시간 복잡도와 공간 복잡도를 가지지만 구글 연구자들이 발표한 최근 논문(https://arxiv.org/ abs/2112.05682)은 연산의 순서를 단순히 바꾸어 공간 복잡도를 O(log n)로 낮출 수 있음을 보였습니다.

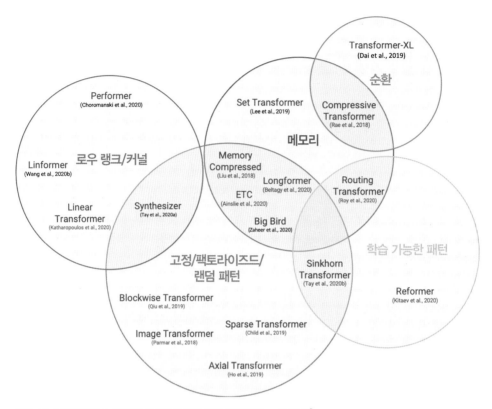

그림 11-4 어텐션을 더 효율적으로 만들기 위한 연구 방향(Yi Tay 등 제공)[6]

어텐션 메커니즘에 희소성을 추가하거나 어텐션 행렬에 커널을 적용해 어텐션을 효율적으로 만드는 것이 일반적 패턴입니다. 희소성을 활용하는 방법으로 시작해서 잘 알려진 몇 가지 방법을 빠르게 살펴보겠습니다.

11.1.4 희소 어텐션

셀프 어텐션 층에서 수행되는 계산의 횟수를 줄이는 방법은 미리 정의된 패턴을 따라 생성되는 쿼리-키 쌍의 개수를 제한하는 것입니다. 논문에서 희소한 패턴을 많이 살펴봤지만, 대부분은 [그림 11-5]에 제시한 몇 개의 기본 패턴으로 분해됩니다.

---

6   Yi Tay et al., "Efficient Transformers: A Survey" (https://arxiv.org/abs/2009.06732), (2020).

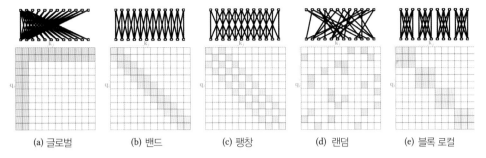

|(a) 글로벌|(b) 밴드|(c) 팽창|(d) 랜덤|(e) 블록 로컬|

그림 11-5 셀프 어텐션을 위한 일반적인 기본 희소 패턴. 컬러 사각형은 계산된 어텐션 점수를, 빈 사각형은 버려진 어텐션 점수를 나타냅니다(Tianyang Lin 제공).

이런 패턴을 다음과 같이 설명할 수 있습니다.[7]

글로벌 어텐션global attention

시퀀스에서 다른 모든 토큰에 주의를 기울이는 몇 개의 특수한 토큰을 정의합니다.

밴드 어텐션band attention

대각선에 걸친 어텐션을 계산합니다.

팽창 어텐션dilated attention

간격을 둔 팽창 윈도dilated window를 사용해 일부 쿼리–키 쌍을 건너뜁니다.

랜덤 어텐션random attention

쿼리마다 몇 개의 키를 랜덤하게 샘플링해 어텐션 점수를 계산합니다.

블록 로컬 어텐션block local attention

시퀀스를 블록으로 나누고 이 블록 안에서 어텐션 점수를 계산합니다.

실제로 희소 어텐션을 사용하는 대부분의 트랜스포머 모델은 [그림 11-5]의 기본 희소 패턴을 혼합해 최종 어텐션 행렬을 만듭니다. [그림 11-6]에서 보듯, Longformer(`https://oreil.ly/F7xCY`) 같은 모델은 글로벌 어텐션과 밴드 어텐션을 혼합해 사용하고, BigBird

---

7   T. Lin et al., "A Survey of Transformers"(`https://arxiv.org/abs/2106.04554`), (2021).

(https://oreil.ly/yFPyj)는 여기에 랜덤 어텐션을 추가합니다. 어텐션 행렬에 희소성을 추가하면 모델이 훨씬 긴 시퀀스를 처리합니다. Longformer와 BigBird의 경우 최대 시퀀스 길이는 4,096개 토큰으로 BERT보다 여덟 배 더 큽니다!

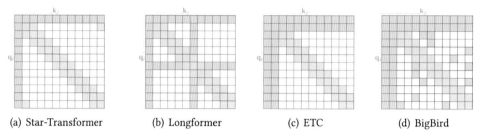

(a) Star-Transformer   (b) Longformer   (c) ETC   (d) BigBird

그림 11-6 최근 트랜스포머 모델의 희소 어텐션 패턴(Tianyang Lin 제공)

> **NOTE_** 데이터 주도 방식으로 희소 패턴을 학습할 수도 있습니다. 이 방식의 기본 개념은 토큰을 청크chunk로 클러스터링하는 것이죠. 예를 들어 Reformer(https://oreil.ly/yIVvX)는 해시 함수를 사용해 비슷한 토큰을 클러스터로 묶습니다.

지금까지 희소성이 셀프 어텐션의 복잡도를 어떻게 줄이는지 알아봤습니다. 다음에는 인기 있는 또 다른 방법으로 직접 연산을 바꾸는 방법을 알아보겠습니다.

11.1.5 선형 어텐션

셀프 어텐션을 효율적으로 만드는 또 다른 방법은 어텐션 점수 계산에 관련된 연산의 순서를 바꾸는 것입니다. 쿼리와 키의 셀프 어텐션 점수를 계산하려면 유사도 함수가 필요합니다. 트랜스포머의 경우 단순한 점곱입니다. 하지만 일반적인 유사도 함수 $\text{sim}(q_i, k_j)$에 대해 다음과 같은 식으로 어텐션 출력을 표현할 수 있습니다.

$$y_i = \sum_j \frac{\text{sim}(Q_i,\ K_j)}{\sum_k \text{sim}(Q_i,\ K_k)} V_j$$

선형 어텐션linearized attention 메커니즘의 기본 개념은 유사도 함수를 두 부분으로 나누는 **커널 함수**kernel function로 표현하는 것입니다.

$$\text{sim}(Q_j, K_j) = \phi(Q_i)^{\top}\phi(K_j)$$

여기에서 ϕ는 전형적인 고차원 특성 맵입니다. $\phi(Q_i)$가 j와 k에 독립적이니 합 기호 밖으로 빼내어 어텐션 출력을 다음과 같이 쓸 수 있죠.

$$y_i = \frac{\phi(Q_i)^{\top} \sum_j \phi(K_j) V_j^{\top}}{\phi(Q_i)^{\top} \sum_k \phi(K_k)}$$

미리 $\sum_j \phi(K_j) V_j^{\top}$와 $\sum_k \phi(K_k)$를 계산해 셀프 어텐션의 시간 복잡도와 공간 복잡도를 사실상 선형화합니다! [그림 11-7]에 두 방식을 비교했습니다. 선형 셀프 어텐션을 사용하는 잘 알려진 모델은 선형 트랜스포머$^{\text{Linear Transformer}}$와 Performer입니다.[8]

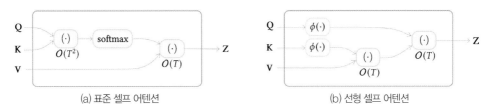

(a) 표준 셀프 어텐션   (b) 선형 셀프 어텐션

그림 11-7 표준 셀프 어텐션과 선형 셀프 어텐션 사이의 복잡도 차이(Tianyang Lin 제공)

이 절에서 일반적인 트랜스포머 아키텍처와 어텐션 메커니즘을 확장해 다양한 작업에서 더 좋은 성능을 달성하는 방법을 알아봤습니다. 다음 절에서는 NLP에서 벗어나 트랜스포머를 오디오와 컴퓨터 비전 같은 도메인에 적용하는 방법을 살펴보겠습니다.

11.2 텍스트를 넘어서

텍스트를 사용한 언어 모델 훈련과 전이 학습의 조합 방법이 트랜스포머 언어 모델을 성공으로 이끈 동력입니다. 텍스트가 풍부하여 대규모 모델의 자기 지도 학습이 가능합니다. 또한 분류와 질문 답변 같은 텍스트 작업은 보편적이어서 효과적인 전략을 개발해 광범위한 실제 문제를

---

8   A. Katharopoulos et al., "Transformers Are RNNs: Fast Autoregressive Transformers with Linear Attention" (`https://arxiv.org/abs/2006.16236`), (2020); K. Choromanski et al., "Rethinking Attention with Performers" (`https://arxiv.org/abs/2009.14794`), (2020).

해결할 수 있습니다.

하지만 이 방법은 다음과 같은 한계가 있습니다.

사람이 만든 편향

텍스트에 있는 이벤트 빈도가 실제 빈도를 나타내지 않을 수 있습니다.[9] 인터넷상의 텍스트에서만 훈련된 모델은 세상을 크게 왜곡된 시선으로 바라봅니다.

상식

상식은 인간이 추론할 때 사용하는 기본 재료지만, 대개 기록으로 남지 않습니다. 따라서 텍스트에서 훈련된 언어 모델은 세상에 대해 많은 사실을 알지만 기본 상식은 잘 추론하지 못합니다.

사실

확률적 언어 모델은 신뢰할 만한 방법으로 사실을 저장하지 못해 실제로 잘못된 텍스트를 생성하기도 합니다. 이와 비슷하게 개체명을 감지해내지만 이에 대한 정보를 직접적으로 얻을 방법이 없습니다.

데이터 형태

언어 모델은 이전 항목을 해결하기 위해 오디오나 시각 신호, 테이블 데이터 같은 형태의 데이터를 참조할 방법이 없습니다.

따라서 데이터 형태의 한계를 극복하면 잠재된 다른 문제도 일부 해결될 것입니다. 최근 트랜스포머를 다른 형태의 데이터에 적용하고, 심지어 멀티모달multimodal 모델을 만드는 데 많은 진전이 있었습니다. 이 절에서 이러한 발전 몇 가지를 소개하겠습니다.

11.2.1 비전

비전은 딥러닝 혁명을 촉발한 후 줄곧 합성곱 신경망(CNN)의 전유물이었습니다. 그런데 최

---

9 J. Gordon and B. Van Durme, "Reporting Bias and Knowledge Extraction" (https://openreview.net/pdf?id=AzxEzvpdE3Wcy), (2013).

근 이 분야에 적용된 트랜스포머가 CNN에 못지않은, 때로는 더 월등한 효율을 달성하기 시작했습니다. 몇 가지 예를 보겠습니다.

iGPT

iGPT(이미지 GPT의 약자)는 텍스트를 사용한 GPT 모델의 성공에 영감을 얻어 이와 동일한 방식을 이미지에 적용합니다.[10] iGPT는 이미지를 픽셀의 시퀀스로 보고 GPT 아키텍처와 자기회귀 사전 훈련 목표를 사용해 다음 픽셀 값을 예측합니다. 대규모 이미지 데이터셋에서 사전 훈련해 [그림 11-8]처럼 부분 이미지를 완성합니다. 또 이 모델에 분류 헤드를 추가해 분류 작업에서 높은 성능을 달성합니다.

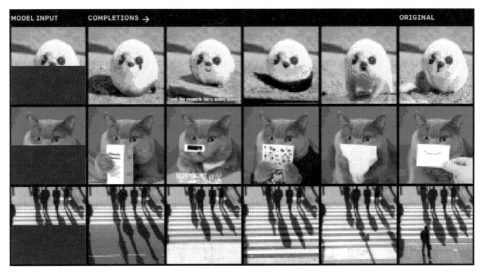

그림 11-8 iGPT로 완성한 이미지 샘플(Mark Chen 제공)

ViT

iGPT는 GPT 스타일의 아키텍처와 사전 훈련 절차를 매우 비슷하게 따릅니다. [그림 11-9]에

10 M. Chen et al., "Generative Pretraining from Pixels," Proceedings of the 37th International Conference on Machine Learning 119 (2020):1691-1703, https://proceedings.mlr.press/v119/chen20s.html.

서 보듯, 비전 트랜스포머(ViT)[11]는 비전을 위해 트랜스포머를 선택한 BERT 스타일 모델입니다. 먼저 이미지를 작은 패치로 나누고 각 패치를 선형 투영을 통해 임베딩합니다. 이 결과는 BERT의 토큰 임베딩과 매우 닮았습니다. 그다음은 사실상 동일합니다. 패치 임베딩을 위치 임베딩과 연결해 일반적인 트랜스포머 인코더로 주입합니다. 사전 훈련하는 동안 일부 패치가 마스킹되거나 왜곡되는데, 목표는 마스킹된 패치의 평균 컬러를 예측하는 것입니다.

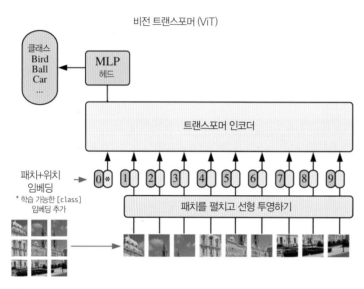

그림 11-9 ViT 아키텍처(Alexey Dosovitskiy 등 제공)

이 방식은 기본 ImageNet 데이터셋에서 사전 훈련할 때 더 좋은 결과를 내지 못하지만 대규모 데이터셋에서 CNN보다 훨씬 더 잘 확장됩니다.

ViT는 🤗 트랜스포머스와 통합되어 이 책에서 사용한 NLP 파이프라인과 사용법이 매우 비슷합니다. 먼저 유명한 강아지 이미지 하나를 로딩해보죠.

```python
from PIL import Image
import matplotlib.pyplot as plt

image = Image.open("images/doge.jpg")
```

---

11 A. Dosovitskiy et al., "An Image Is Worth 16x16 Words: Transformers for Image Recognition at Scale" (https://arxiv.org/abs/2010.11929), (2020).

```
plt.imshow(image)
plt.axis("off")
plt.show()
```

ViT 모델을 로드하려면 **image-classification** 파이프라인을 지정하면 됩니다. 그다음 이미
지를 주입해 예측 클래스를 추출합니다.

```
import pandas as pd
from transformers import pipeline

image_classifier = pipeline("image-classification")
preds = image_classifier(image)
preds_df = pd.DataFrame(preds)
preds_df
```

	score	label
0	0.643599	Eskimo dog, husky
1	0.207407	Siberian husky
2	0.060160	dingo, warrigal, warragal, Canis dingo
3	0.035359	Norwegian elkhound, elkhound
4	0.012927	malamute, malemute, Alaskan malamute

좋네요. 예측 클래스가 이미지와 맞는 것 같습니다!

이미지 모델을 확장하면 자연스럽게 비디오 모델이 됩니다. 비디오는 공간 차원 외에 시간 차원도 가집니다. 데이터 볼륨이 훨씬 크고 추가 차원을 처리하므로 작업하기가 훨씬 어렵습니다. TimeSformer 같은 모델은 이 두 가지를 모두 처리하기 위해 공간과 시간 어텐션 메커니즘을 사용합니다.[12] 미래에 이런 모델이 비디오 시퀀스 분류나 레이블링 같은 다양한 작업을 위한 도구를 만드는 데 유용할 것입니다.

11.2.2 테이블

회사에서는 고객 데이터 같은 대량의 데이터를 원시 텍스트가 아니라 구조적인 데이터베이스에 저장합니다. 질문 답변 모델을 사용해 텍스트를 자연어 텍스트 질문으로 쿼리하는 방법은 7장에서 보았습니다. [그림 11-10]에 제시한 테이블에도 동일한 작업을 수행할 수 있다면 좋지 않을까요?

테이블

Rank	Name	No. of reigns	Combined days
1	Lou Thesz	3	3,749
2	Ric Flair	8	3,103
3	Harley Race	7	1,799
4	Dory Funk Jr.	1	1,563
5	Dan Severn	2	1,559
6	Gene Kiniski	1	1,131

예시 질문

#	Question	Answer	Example Type
1	Which wrestler had the most number of reigns?	Ric Flair	Cell selection
2	Average time as champion for top 2 wrestlers?	AVG(3749,3103)=3426	Scalar answer
3	How many world champions are there with only one reign?	COUNT(Dory Funk Jr., Gene Kiniski)=2	Ambiguous answer
4	What is the number of reigns for Harley Race?	7	Ambiguous answer
5	Which of the following wrestlers were ranked in the bottom 3?	{Dory Funk Jr., Dan Severn, Gene Kiniski}	Cell selection
	Out of these, who had more than one reign?	Dan Severn	Cell selection

그림 11-10 테이블 데이터에 대한 질문 답변(Jonathan Herzig 제공)

TAPAS(Table Parser의 약자)[13]가 해결책입니다! 이 모델은 [그림 11-11]처럼 테이블 정보와 쿼리를 결합하는 식으로 트랜스포머 아키텍처를 테이블에 적용합니다.

---

12 G. Bertasius, H. Wang, and L. Torresani, "Is Space-Time Attention All You Need for Video Understanding?" (https://arxiv.org/abs/2102.05095), (2021).

13 J. Herzig et al., "TAPAS: Weakly Supervised Table Parsing via Pre-Training" (https://arxiv.org/abs/2004.02349), (2020).

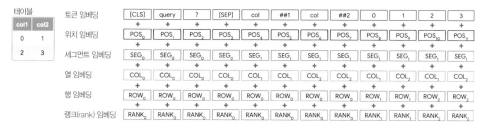

그림 11-11 TAPAS 아키텍처(Jonathan Herzig 제공)

실제로 TAPAS가 어떻게 작동하는지 예를 들어보죠. 이 책 목차의 가상 버전을 만들겠습니다. 장 번호, 장 이름, 각 장의 시작과 끝 페이지 번호가 포함됩니다.

```
book_data = [
    {"chapter": 0, "name": "Introduction", "start_page": 1, "end_page": 11},
    {"chapter": 1, "name": "Text classification", "start_page": 12,
     "end_page": 48},
    {"chapter": 2, "name": "Named Entity Recognition", "start_page": 49,
     "end_page": 73},
    {"chapter": 3, "name": "Question Answering", "start_page": 74,
     "end_page": 120},
    {"chapter": 4, "name": "Summarization", "start_page": 121,
     "end_page": 140},
    {"chapter": 5, "name": "Conclusion", "start_page": 141,
     "end_page": 144}
]
```

기존 필드를 사용해 각 장의 페이지 수를 쉽게 추가할 수 있습니다. TAPAS 모델을 활용하려면 모든 열의 타입이 str이어야 합니다.

```
table = pd.DataFrame(book_data)
table['number_of_pages'] = table['end_page']-table['start_page']
table = table.astype(str)
table
```

	chapter	name	start_page	end_page	number_of_pages
0	0	Introduction	1	11	10
1	1	Text classification	12	48	36

2	2	Named Entity Recognition	49	73	24
3	3	Question Answering	74	120	46
4	4	Summarization	121	140	19
5	5	Conclusion	141	144	3

이제 사용법을 알아보죠. 먼저 **table-question-answering** 파이프라인을 로드합니다.

```
table_qa = pipeline("table-question-answering")
```

그다음 쿼리를 전달해 답변을 추출합니다.

```
table_qa = pipeline("table-question-answering")
queries = ["What's the topic in chapter 4?",
           "What is the total number of pages?",
           "On which page does the chapter about question-answering start?",
           "How many chapters have more than 20 pages?"]
preds = table_qa(table, queries)
```

예측 결과에는 답변과 함께 **aggregator** 필드에 테이블 연산의 종류가 저장됐습니다. TAPAS 가 질문을 얼마나 잘 처리했는지 확인해보죠.

```
for query, pred in zip(queries, preds):
    print(query)
    print("Predicted answer: " + pred["answer"])
    print('='*50)
```

```
What's the topic in chapter 4?
Predicted answer: Summarization
==================================================
What is the total number of pages?
Predicted answer: SUM > 10, 36, 24, 46, 19, 3
==================================================
On which page does the chapter about question-answering start?
Predicted answer: AVERAGE > 74
```

```
==================================================
How many chapters have more than 20 pages?
Predicted answer: COUNT > 1, 2, 3
==================================================
```

첫째 질문의 경우, 모델이 여러 셀을 참조하지 않고 셀 하나를 정확히 예측했습니다. 테이블을 보니, 정답을 맞혔군요. 다음 질문에서 모델은 SUM 연산으로 페이지 수가 있는 셀을 모두 골랐습니다. 이번에도 전체 페이지 수를 계산하는 방법을 맞혔습니다. 셋째 질문의 답도 맞습니다. 이 경우 AVERAGE 연산이 필요하지 않지만 결과에 차이는 없습니다. 마지막 질문은 조금 복잡합니다. 20페이지를 넘는 장이 몇 개인지 판단하려면, 먼저 어떤 장이 이 조건을 만족하는지 찾은 후 이를 카운트해야 합니다. 이번에도 TAPAS가 정확히 맞힌 것 같습니다. 1, 2, 3장이 20페이지 이상이라는 바른 결정을 내려 이 셀들을 COUNT 연산에 추가했습니다.

이 예제의 질문은 간단한 판다스 명령 몇 개로도 가능합니다. 하지만 파이썬 코드 대신 자연어로 질문한다면 훨씬 많은 사용자들이 데이터를 쿼리해 특정 질문의 답을 얻을 수 있습니다. 데이터에 대한 가설을 검증할 수 있도록 비즈니스 분석가나 관리자에게 이런 도구를 제공한다고 상상해보세요!

11.3 멀티모달 트랜스포머

지금까지 트랜스포머를 새로운 단일 데이터 형식에 확장하는 것을 살펴봤습니다. TAPAS는 텍스트와 테이블을 결합하기 때문에 멀티모달multimodal이지만 테이블은 텍스트로도 취급됩니다. 이 절에서는 오디오와 텍스트 또는 비전과 텍스트처럼, 두 개의 데이터 형식을 동시에 결합하는 트랜스포머를 알아보겠습니다.

11.3.1 스피치-투-텍스트

큰 발전 덕분에 컴퓨터와 텍스트로 상호작용하는 것이 가능해졌지만, 음성 언어로 통신하는 것이 사람에게는 더 자연스럽습니다. 이런 경향은 산업 분야에서 보게 됩니다. 시리Siri와 알렉사Alexa 같은 애플리케이션이 늘어나면서 그 활용도도 커지고 있습니다. 또 많은 사람들은 쓰고 읽는 것보다 말하는 것이 쉽습니다. 따라서 오디오를 처리하고 이해하게 된다면 편리할 뿐만 아니라 사람들이 더 많은 정보를 얻게 됩니다. 이 분야의 대표적인 작업의 예를 들면, 자동 음성 인식automatic speech recognition(ASR)으로 음성 단어를 텍스트로 변환하고 시리 같은 음성 기술이 "What is the weather like today?" 같은 질문에 답합니다.

ASR 분야에서 가장 최근에 개발된 모델은 wav2vec 2.0(`https://oreil.ly/tPpC7`)입니다. 이 모델은 [그림 11-12]에 나온 것처럼 트랜스포머 층과 CNN을 함께 사용합니다.[14] 사전 훈련에서 레이블링되지 않은 데이터를 활용함으로써 몇 분 길이에 해당하는 레이블링된 데이터만으로 경쟁력 있는 결과를 달성합니다.

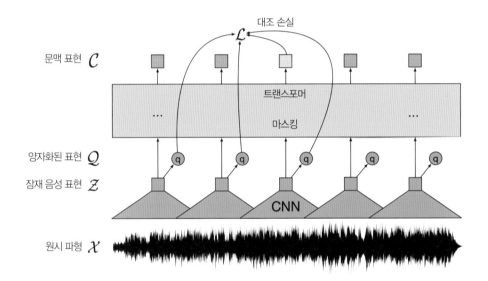

그림 11-12 wav2vec 2.0 아키텍처(Alexei Baevski 제공)

wav2vec 2.0 모델이 🤗 트랜스포머스에 통합됐으므로, 이 책에서 계속 살펴본 익숙한 단계를 따라 로딩하고 사용할 수 있습니다. 960시간 길이의 음성 오디오에서 사전 훈련한 모델을 로드하겠습니다.

```
asr = pipeline("automatic-speech-recognition")
```

14 A. Baevski et al., "wav2vec 2.0: A Framework for Self-Supervised Learning of Speech Representations" (`https://arxiv.org/abs/2006.11477`), (2020).

모델을 오디오 파일에 적용하기 위해 사전 훈련에 사용한 SUPERB 데이터셋(https://oreil.ly/iBAK8)의 ASR 서브셋을 사용하겠습니다. 데이터셋이 매우 크므로 데모용으로 샘플 하나만 로드합니다.

```
from datasets import load_dataset

ds = load_dataset("superb", "asr", split="validation[:1]")
print(ds[0])
```

```
{'chapter_id': 128104, 'speaker_id': 1272, 'file': '~/.cache/huggingf
ace/datasets/downloads/extracted/e4e70a454363bec1c1a8ce336139866a39442114d86a433
6014acd4b1ed55e55/LibriSpeech/dev-clean/1272/128104/1272-128104-0000.flac',
'id': '1272-128104-0000', 'text': 'MISTER QUILTER IS THE APOSTLE OF THE MIDDLE
CLASSES AND WE ARE GLAD TO WELCOME HIS GOSPEL'}
```

file 열에 오디오가 FLAC 코딩 포맷으로 저장됐고 text 열에 기대 출력 텍스트가 있습니다. 오디오를 실수 배열로 변환하기 위해 SoundFile 라이브러리(https://oreil.ly/eo106)와 map() 메서드를 사용해 데이터셋에 있는 각 파일을 읽습니다.

```
import soundfile as sf

def map_to_array(batch):
    speech, _ = sf.read(batch["file"])
    batch["speech"] = speech
    return batch

ds = ds.map(map_to_array)
```

주피터 노트북을 사용한다면 다음과 같은 IPython 위젯으로 사운드 파일을 간단히 플레이할 수 있습니다.

```
from IPython.display import Audio

display(Audio(ds[0]['speech'], rate=16000))
```

마지막으로, 이 입력을 파이프라인에 전달하고 예측을 얻습니다.

```
pred = asr(ds[0]["speech"])
print(pred)
```

{'text': 'MISTER QUILTER IS THE APOSTLE OF THE MIDDLE CLASSES AND WE ARE GLAD TO
WELCOME HIS GOSPEL'}

변환된 텍스트가 정확한 것 같습니다. 구두점이 몇 개 누락됐으나, 이는 오디오만으로 처리하기 힘들며 후처리 단계에서 추가 가능합니다. 코드 몇 줄로 최첨단 스피치-투-텍스트 애플리케이션을 만들었습니다!

새로운 언어에 대한 모델을 구축하려면, 아직은 최소한 양의 레이블링된 데이터가 필요합니다. 그런데 이 데이터는 특히 자원이 부족한 언어에서는 얻기 힘듭니다. wav2vec 2.0 출시 후에 wav2vec-U라는 방법을 소개한 논문이 공개됐습니다.[15] 이 논문은 스마트한 클러스터링과 GAN 훈련을 조합하고 레이블링되지 않은 독립적인 음성 데이터와 텍스트 데이터만 사용해서 스피치-투-텍스트 모델을 만듭니다. 이 과정을 [그림 11-13]에 자세히 표현했습니다. 음성 데이터와 텍스트 데이터를 정렬할 필요가 전혀 없으므로 훨씬 다양한 언어를 위한 고성능 스피치-투-텍스트 모델을 훈련할 수 있습니다.

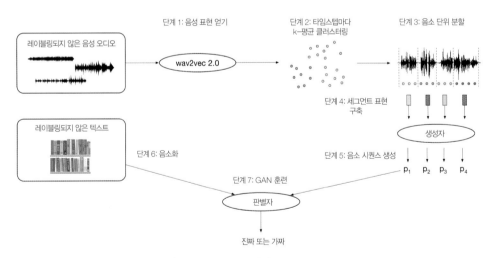

그림 11-13 wav2vec-U의 훈련 방법(Alexsei Baevski 제공)

---

15 A. Baevski et al., "Unsupervised Speech Recognition" (https://arxiv.org/abs/2105.11084), (2021).

멋지네요. 트랜스포머는 이제 텍스트를 읽고 오디오를 들을 수 있습니다. 그럼 볼 수도 있을까요? 네, 그렇습니다. 비전은 현재 매우 활발히 연구되는 분야 중 하나입니다.

11.3.2 비전과 텍스트

우리는 언어를 사용해 이미지와 비디오로 본 내용에 대해 대화하고 추론하기 때문에 비전과 텍스트는 자연스럽게 결합되는 데이터 쌍입니다. 시각 정보와 텍스트 정보를 결합해 개발한 모델은 비전 트랜스포머만이 아닙니다. 비전과 텍스트를 결합한 네 가지 모델 VisualQA, LayoutLM, DALL · E, CLIP을 이 절에서 살펴보겠습니다.

VQA

7장에서 트랜스포머 모델을 사용해 텍스트 기반 질문의 답을 추출하는 방법을 살펴봤습니다. 질문 답변 모델은 텍스트나 오프라인에서 정보를 추출하며 일련의 문서에서 구조적인 정보도 추출합니다. 데이터셋을 사용해 이 방식을 비전으로 확장하려는 여러 노력이 있는데, 그 한 예가 [그림 11-14]에 보이는 VQA[16]입니다.

그림 11-14 VQA 데이터셋에서 시각 질문 답변을 위한 샘플(Yash Goyal 제공)

---

16 Y. Goyal et al., "Making the V in VQA Matter: Elevating the Role of Image Understanding in Visual Question Answering" (https://arxiv.org/abs/1612.00837), (2016).

LXMERT와 VisualBERT 같은 모델은 ResNet 같은 비전 모델을 사용해 사진에서 특성을 추출하고 트랜스포머 인코더를 사용해 자연어 질문과 합쳐서 답변을 생성합니다.[17]

LayoutLM

관심 대상 텍스트 필드를 인식하기 위한 시각 및 레이아웃 정보 추출은 영수증, 송장, 보고서 등 스캔한 비즈니스 문서를 분석하는 분야에서 유용합니다. 현재 최고의 성능을 달성한 LayoutLM (`https://oreil.ly/uQc5t`) 모델은 입력으로 텍스트, 이미지, 레이아웃 데이터 타입을 받는 개선된 트랜스포머 아키텍처를 사용합니다. [그림 11-15]에서 보듯, 각 데이터 타입에 연관된 임베딩 층, 공간 인식spatial-aware 셀프 어텐션 메커니즘이 있고, 이미지와 텍스트/이미지 사전 훈련 목표를 혼합해 여러 데이터 타입을 정렬합니다. LayoutLM 모델을 수백만 개의 스캔 문서에서 사전 훈련해서 NLP의 BERT와 비슷한 방식으로 다양한 후속 작업의 전이 학습에 사용할 수 있습니다.

17 H. Tan and M. Bansal, "LXMERT: Learning Cross-Modality Encoder Representations from Transformers" (`https://arxiv.org/abs/1908.07490`), (2019); L.H. Li et al., "VisualBERT: A Simple and Performant Baseline for Vision and Language" (`https://arxiv.org/abs/1908.03557`), (2019).

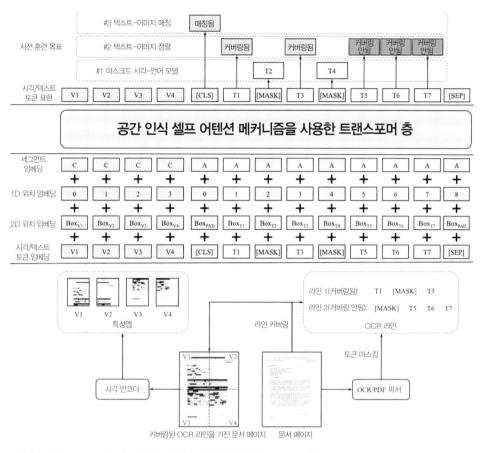

그림 11-15 LayoutLMv2의 모델 아키텍처와 사전 훈련 전략(Yang Xu 제공)

DALL·E

DALL · E[18]는 생성 작업을 위해 비전과 텍스트를 결합한 모델입니다. GPT 아키텍처와 자기 회귀 모델링을 사용해 텍스트에서 이미지를 생성합니다. iGPT에서 착안해 단어와 픽셀을 토큰의 시퀀스로 간주하므로, [그림 11-16]처럼 텍스트 프롬프트에서 이미지를 연속적으로 생성합니다.

---

18 A. Ramesh et al., "Zero-Shot Text-to-Image Generation" (https://arxiv.org/abs/2102.12092), (2021).

텍스트 프롬프트
an illustration of a baby daikon radish in a tutu walking a dog

AI 생성 이미지

그림 11-16 DALL · E가 생성한 이미지 예(Aditya Ramesh 제공)

CLIP

마지막으로, 텍스트와 비전을 결합하지만 지도 학습 작업을 위해 고안된 CLIP[19]을 살펴보겠습니다. CLIP 논문의 저자들은 4억 개의 이미지/캡션 쌍으로 구성된 데이터셋을 만들고 대조 학습contrastive learning을 사용해 모델을 사전 훈련했습니다. CLIP 아키텍처는 캡션과 이미지 임베딩을 만드는 (둘 다 트랜스포머인) 텍스트 인코더와 이미지 인코더로 구성됩니다. [그림 11-17]에서 보듯, 이미지와 캡션의 배치가 샘플링되면 대조 훈련의 목표는 해당 쌍의 임베딩 유사도를 최대화하고 나머지 유사도는 최소화하는 것입니다.

사전 훈련된 모델을 분류에 사용하기 위해 제로샷 파이프라인에서 사용한 방법과 비슷하게 텍스트 인코더로 가능한 클래스를 임베딩합니다. 그다음 모든 클래스의 임베딩을 분류하려는 이미지 임베딩과 비교해 유사도가 가장 높은 클래스를 선택합니다.

---

19 A. Radford et al., "Learning Transferable Visual Models from Natural Language Supervision" (https://arxiv.org/abs/2103.00020), (2021).

1. 대조 사전 훈련

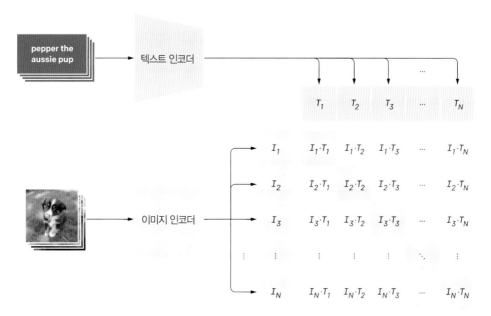

2. 레이블 텍스트로부터 데이터셋 분류기 생성

3. 제로샷 예측에 사용

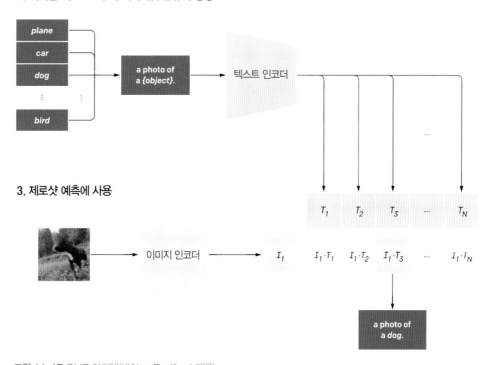

그림 11-17 CLIP 아키텍처(Alec Radford 제공)

CLIP의 제로샷 이미지 분류 성능은 놀라우며 완전하게 지도 학습으로 훈련된 비전 모델에 비해 경쟁력이 있습니다. 하지만 새 클래스에 더 유연합니다. CLIP이 🤗 트랜스포머스에 완전히 통합됐기 때문에 시험해볼 수 있습니다. 이미지-투-텍스트 작업에서는 **특성 추출기**feature extractor 와 토크나이저로 구성된 **프로세서**processor 객체를 만듭니다. 특성 추출기는 이미지를 모델에 적합한 형태로 변환하고, 토크나이저는 모델의 예측을 텍스트로 디코딩합니다.

```python
from transformers import CLIPProcessor, CLIPModel

clip_ckpt = "openai/clip-vit-base-patch32"
model = CLIPModel.from_pretrained(clip_ckpt)
processor = CLIPProcessor.from_pretrained(clip_ckpt)
```

시험해볼 이미지가 필요합니다. 옵티머스 프라임Optimus Prime 사진이 어울리지 않을까요?

```python
image = Image.open("images/optimusprime.jpg")
plt.imshow(image)
plt.axis("off")
plt.show()
```

그다음 이미지와 비교할 텍스트를 준비하고 모델에 전달합니다.

```
import torch

texts = ["a photo of a transformer", "a photo of a robot", "a photo of agi"]
inputs = processor(text=texts, images=image, return_tensors="pt", padding=True)
with torch.no_grad():
    outputs = model(**inputs)
logits_per_image = outputs.logits_per_image
probs = logits_per_image.softmax(dim=1)
probs
```

```
tensor([[0.9557, 0.0413, 0.0031]])
```

네, 거의 정답을 맞혔습니다(물론 옵티머스 프라임은 AGI이지만). CLIP은 모델 아키텍처에 클래스를 하드코딩하지 않고 텍스트로 클래스를 정의할 수 있기 때문에 이미지 분류가 매우 유연해집니다. 이것으로 멀티모달 트랜스포머 모델 소개를 마칩니다. 이 내용이 여러분의 흥미를 자아냈기를 바랍니다.

11.4 다음 목적지는?

드디어 종착지에 도착했습니다. 트랜스포머 세상으로 떠난 여행에 함께해주셔서 감사합니다! 이 책을 통해 트랜스포머가 광범위한 텍스트 작업을 수행하고 최상의 결과를 내는 능력자임을 알았습니다. 또 이 장에서는 모델을 확장해 한계를 극복하는 방법과 새 도메인과 데이터에 적용하는 방법을 알아봤습니다.

이 책에서 배운 개념과 기술을 강화하고 싶은 분들을 위해 다음 단계를 안내하겠습니다.

허깅페이스 커뮤니티 이벤트에 참여하세요

허깅페이스는 생태계에 속한 라이브러리를 개선하기 위해 단기의 스프린트^{sprint}를 주최합니다. 이 이벤트는 커뮤니티 참여와 오픈소스 소프트웨어 개발을 맛볼 절호의 기회입니다. 지금까지 열린 스프린트에서 600개 이상의 데이터셋이 🤗 데이터셋에 추가되고, 300개 이상의 ASR 모델이 다양한 언어로 미세 튜닝되며, 수백 개 프로젝트가 JAX/Flax로 구현됐습니다.

자신만의 프로젝트를 만드세요

머신러닝 지식을 검증하는 효과적인 방법은 관심 있는 문제를 해결할 자신만의 프로젝트를 만드는 것입니다. 트랜스포머 논문을 다시 구현하거나 트랜스포머를 새 도메인에 적용해보세요.

🤗 트랜스포머스에 모델을 기여하세요

수준 높은 방법을 찾는다면 새로 공개된 아키텍처를 🤗 트랜스포머스에 추가해보세요. 라이브러리의 상세 내용을 빠짐없이 습득할 훌륭한 방법입니다. 이런 작업을 시작할 때 길라잡이가 될 🤗 트랜스포머스 문서의 가이드(https://oreil.ly/3f4wZ)를 참고하세요.

배운 것을 블로그에 쓰세요

배운 것을 다른 사람에게 가르치는 것이야말로 알고 있는 지식을 테스트하는 확실한 방법입니다. 어떤 면에서는 바로 이게 이 책을 쓴 동기입니다! 기술 블로깅을 시작하는 데 도움될 훌륭한 도구가 있습니다. 주피터 노트북으로 모든 것을 할 수 있으므로 fastpages(https://oreil.ly/f0L9u)를 추천합니다.

INDEX

INDEX

INDEX

INDEX

INDEX

INDEX

INDEX

INDEX

INDEX

INDEX